赤坂正浩

憲法講義（人権）

法律学講座

信山社

はしがき

　この本は，主として法学部生・法科大学院生を念頭に置いて，日本国憲法上の権利の解説を試みた教科書である。条文を基本としながら，憲法上の権利をひとまとまりの説明にふさわしい最小単位に分類した上で，それぞれ次のような疑問に答えるという順序で解説している。

　(1) **第1に，その権利は，市民のいかなる行為，状態または法的地位を保護対象としているか。**

　憲法上の権利は，ある場合には「集会」といった人間の行動を保護対象とし（憲法21条1項），ある場合には「令状なしに逮捕されない」といった一定の状態を保護対象とし（憲法33条），また「財産権」保障の場合には（憲法29条），すでに先行する法的な権利（法的地位）自体を保護対象としている。そこで，それぞれの権利が，条文の文言上，いかなる行為・状態・法的地位を保護しているのかを確認することが，憲法上の権利の内容を理解する出発点である。

　(2) **第2に，その権利がある行為・状態・法的地位を保護しているとは，いかなる意味か。**

　たとえば，「集会の自由」は，集会という人間行動を保護対象とし，その自由を保障している。そこで，権利の内容を理解するためには，集会の自由を保障するとはどういうことなのか，その意味を確認する必要がある。

　(3) **第3に，その権利が保護対象とする行為・状態・法的地位は，法令などによってどのような規制を受けているか。あるいは，どのように具体化されているか。**

　憲法上の権利が保護する行為等は，多くの場合，憲法下位法令によってさまざまな規制を受けている。あるいは，憲法上の権利を現実化するために，さまざまな法令が制定されている。そこで，当該権利の保護対象を規制したり，当該権利の保障を具体化・現実化するために，現にどのような法令や国家行為が存在しているのか，その概要を確認しておく必要がある。

　(4) **第4に，現行法および国家行為による当該権利の規制または具体化は，憲法上の権利の侵害とならないか。**

はしがき

　これが，通常，憲法上の権利をめぐる紛争の中心問題である。それぞれの権利について，現実にはどのような規制や具体化の合憲性が問題となり，裁判所はどのような憲法解釈を示しているのか。学説はどのような憲法解釈をよしとし，判例に応答しているのか。この点を理解することが，憲法上の権利に関する学習の主要部分である。

　この本のこうした解説の編成について具体的なイメージを得るためには，紛争事例が多くないために情報量が少ないという意味で「小さい」権利に関する解説を一読していただくとよい。たとえば「結社の自由」「学問の自由」「移動の自由」などの章である。

　もし読者が，日本国憲法上の権利について，これまでほとんど学んだことがない方々である場合には，どの権利についても「〜の合憲性審査」という項目の前まで，すなわち，上で述べた(1)〜(3)の疑問点の解説までをひととおり読んで先へ進んでいただければ，それぞれの権利の概略を理解することができるのではないかと思う。

　他方，憲法上の権利についてすでに相当学習している方々は，各権利を取り上げた章・節のうち，逆に上述の疑問点(4)の解説である「〜の合憲性審査」という項目だけを拾い読みすると，主要な判例の内容や動向，これに対する学説の反応や提言について，自分の知識を再確認・再検討することができると思う。

　著者は，以前から法学部において憲法系科目の講義やゼミを担当してきたが，この本は，2004年度に発足した法科大学院の授業において，それまでの自分の理解を再点検する作業をいやおうなしに迫られたことを契機として生まれた。法科大学院生のさまざまな質問から感じるのは，日本国憲法上の権利規定の解釈のために，これまで憲法学が主として外国法の研究をふまえて提案してきたいろいろな道具立ては，憲法問題について文書作成を求められる学生の側からは，まるで日本の伝統的な建築工具である「ちょうな」や「鑓鉋（やりがんな）」のように，練達の職人ワザが求められ，しかもその習得方法があいまいな，はなはだ使い勝手が悪いものに見えているのではないか，ということである。他方で，もともと個別の紛争を解決することに主眼がある裁判判決も，憲法問題の判断についていえば，射程が明確で筋道がたどりやすいとは必ずしもいえないようである。

はしがき

　この本では，憲法上の権利の構造と，判例・学説の合憲性審査のあり方が明確になり，自分で憲法論を組み立てる際に少しでも利用可能なものとなるようにという視点から，憲法上の権利をめぐるこれまでの議論を整理することを心がけた。もちろんこの試みに多少なりとも成功しているかどうかは，読者の判断に待つほかないことである。読者から建設的なご批判をいただいて，内容の一層の改善に努めることができるならば，望外の幸いである。

　この本をまとめる動機を与えていただいたという意味で，これまで神戸大学法科大学院での著者の授業を受講し，とりわけ毎回の授業終了後に，鋭利で切実なさまざまな質問を投げかけてくださった学生のみなさんに，この場を借りて心から御礼を申し上げたい。

　出版にあたっては，信山社の袖山貴社長と今井守氏に大変お世話になった。いろいろとわがままなお願いを申し上げたにもかかわらず，辛抱強くお聞き届けいただいたことに厚く御礼を申し上げる。

　2011年1月

著　者

◆ 大目次 ◆

第 1 章　基本用語の説明 (3)
第 2 章　人権の観念, 分類, 保護と制限 (5)
第 3 章　表現の自由(1)——一般論 (17)
第 4 章　表現の自由(2)——政治的表現 (33)
第 5 章　表現の自由(3)——性表現 (43)
第 6 章　表現の自由(4)——報道と名誉毀損的表現 (53)
第 7 章　表現の自由(5)——営利的表現・煽動的表現・差別的表現 (69)
第 8 章　表現の自由(6)——放送と通信 (75)
第 9 章　集会の自由 (83)
第 10 章　結社の自由 (95)
第 11 章　学問の自由 (101)
第 12 章　思想・良心の自由, 信教の自由 (109)
第 13 章　政教分離 (121)
第 14 章　職業の自由 (137)
第 15 章　財産権の保障 (151)
第 16 章　移動の自由 (163)
第 17 章　法定手続の保障 (169)
第 18 章　奴隷的拘束・その意に反する苦役からの自由, 刑事手続的人権 (179)
第 19 章　生存権 (197)
第 20 章　教育を受ける権利 (213)
第 21 章　勤労権, 労働基本権 (221)
第 22 章　国務請求権（裁判を受ける権利, 国家賠償請求権など）(233)
第 23 章　参政権 (251)
第 24 章　個人の尊重と幸福追求権 (265)
第 25 章　法の下の平等 (291)
第 26 章　憲法上の権利の主体(1)——序論 (311)
第 27 章　憲法上の権利の主体(2)——外国人 (319)
第 28 章　憲法上の権利の主体(3)——国家と特別な法律関係に立つ人々 (335)
第 29 章　憲法上の権利の主体(4)——法人・団体 (343)
第 30 章　憲法上の権利の名宛人（私人間の人権）(355)

◆ 目　　次 ◆

第 1 章　基本用語の説明 ―――――――――― 3

第 2 章　人権の観念, 分類, 保護と制限 ―――――― 5

Ⅰ　人権の観念 ……………………………………………………… 5
　1　立憲民主主義思想 (5)
　2　人権思想の原型 (7)
　3　人権思想上の人権と日本国憲法上の人権 (8)
Ⅱ　日本国憲法上の人権の分類 …………………………………… 9
Ⅲ　日本国憲法上の人権の保護対象, 制限, 制限の合憲性 ………… 10
　1　憲法上の権利の保護対象 (10)
　2　保護の意味 (11)
　3　憲法上の権利の制限 (12)
　4　憲法上の権利の制限の制限 (13)
Ⅳ　日本国憲法上の人権の主体と名宛人 ………………………… 15

第 3 章　表現の自由(1) ―― 一般論 ―――――― 17

Ⅰ　表現 ……………………………………………………………… 17
　1　憲法 21 条が保障する諸権利 (17)
　2　表現・情報・コミュニケーション (17)
　3　憲法 21 条の「言論」「出版」「その他一切の表現」(18)
　4　憲法 21 条の「表現の自由」の保護対象 (19)

Ⅱ　表現の自由 ………………………………………………………… 19
　　　1　表現の自由の保護内容 (19)
　　　2　表現の自由の保障目的 (20)
　　Ⅲ　表現の自由の規制 ………………………………………………… 21
　　　1　事前規制と事後規制の区別，内容規制と内容中立規制の区別 (21)
　　　2　表現規制の 4 類型 (21)
　　Ⅳ　表現の自由の規制の合憲性審査 ………………………………… 23
　　　1　目的手段審査論と二重の基準論 (23)
　　　2　目的手段審査と比例原則審査 (27)
　　　3　表現の自由の規制の審査 (29)

第 4 章　表現の自由(2) ── 政治的表現 ─────────── 33

　　Ⅰ　政治的表現 ………………………………………………………… 33
　　Ⅱ　政治的表現の自由 ………………………………………………… 34
　　Ⅲ　政治的表現の自由の規制 ………………………………………… 34
　　Ⅳ　政治的表現の自由の規制の合憲性審査 ………………………… 35
　　　1　概観 (35)
　　　2　公務員の政治活動制限の合憲性審査 (35)
　　　3　一般市民の政治活動制限の合憲性審査 (40)

第 5 章　表現の自由(3) ── 性表現 ───────────── 43

　　Ⅰ　性表現 ……………………………………………………………… 43
　　Ⅱ　性表現の自由 ……………………………………………………… 44
　　Ⅲ　性表現の自由の規制 ……………………………………………… 44
　　　1　性表現の事後規制 (44)
　　　2　性表現の事前規制 (44)
　　Ⅳ　性表現の自由の規制の合憲性審査 ……………………………… 45
　　　1　刑法 175 条の合憲性審査 (45)
　　　2　税関検査の合憲性審査 (48)

目　次

第6章　表現の自由(4) ── 報道と名誉毀損的表現 ── 53

Ⅰ　報道の自由と取材の自由 ………………………………………… 53
　1　報道と取材 (53)
　2　報道の自由, 取材の自由 (53)
　3　報道の自由の規制, 取材の自由の規制 (54)
　4　取材の自由の規制の合憲性審査 (55)
Ⅱ　報道による名誉毀損 ……………………………………………… 58
　1　名誉毀損的表現 (58)
　2　名誉毀損的表現の自由 (59)
　3　名誉毀損的表現の自由の規制 (59)
　4　名誉毀損的表現の自由の規制の合憲性審査 (62)

第7章　表現の自由(5)
── 営利的表現・煽動的表現・差別的表現 ── 69

Ⅰ　その他の表現内容規制 …………………………………………… 69
Ⅱ　営利的表現 ………………………………………………………… 69
　1　営利的表現 (69)
　2　営利的表現の自由 (69)
　3　営利的表現の自由の規制 (69)
　4　営利的表現の自由の規制の合憲性審査 (70)
Ⅲ　煽動的表現 ………………………………………………………… 70
　1　煽動的表現 (70)
　2　煽動的表現の自由 (71)
　3　煽動的表現の自由の規制 (71)
　4　煽動的表現の自由の規制の合憲性審査 (71)
Ⅳ　差別的表現 ………………………………………………………… 72
　1　差別的表現 (72)
　2　差別的表現の自由 (72)
　3　差別的表現の自由の規制 (72)

4　差別的表現の自由の規制の合憲性審査 (72)

第 8 章　表現の自由(6) ── 放送と通信 ─────── 75

Ⅰ　放送の自由 ………………………………………………………… 75
　1　放送 (75)
　2　放送の自由 (76)
　3　放送の自由の規制 (76)
　4　放送の自由の規制の合憲性審査 (78)

Ⅱ　通信の秘密 ………………………………………………………… 79
　1　通信 (79)
　2　通信の自由および秘密 (80)
　3　通信の自由および秘密の保護と制限 (81)
　4　通信の自由および秘密の制限の合憲性審査 (82)

第 9 章　集会の自由 ─────────────────── 83

　1　集会 (83)
　2　集会の自由 (85)
　3　集会の自由の規制 (85)
　4　集会の自由の規制の合憲性審査 (87)

第 10 章　結社の自由 ────────────────── 95

　1　結社 (95)
　2　結社の自由 (96)
　3　結社の自由の規制 (97)
　4　結社の自由の規制の合憲性審査 (98)

目　次

第*11*章　学問の自由 ――――――――――――――― 101

 1　学問 (101)

 2　学問の自由 (102)

 3　学問の自由の規制 (104)

 4　学問の自由の規制の合憲性審査 (105)

第*12*章　思想・良心の自由, 信教の自由 ――――――― 109

 I　思想・良心・信仰の自由 ………………………………………… 109

 1　思想・良心・信仰 (109)

 2　思想・良心・信仰の自由 (111)

 3　思想・良心・信仰の自由の規制 (111)

 4　思想・良心・信仰の自由の規制の合憲性審査 (112)

 II　宗教的行為の自由, 思想・良心にもとづく行為の自由 ………… 116

 1　宗教的行為, 思想・良心にもとづく行為 (116)

 2　宗教的行為の自由, 思想・良心にもとづく行為の自由 (118)

 3　宗教的行為の自由および思想・良心にもとづく行為の自由の規制 (118)

 4　宗教的行為の自由および思想・良心にもとづく行為の自由の規制の
  合憲性審査 (119)

第*13*章　政教分離 ――――――――――――――――― 121

 1　政教分離 (121)

 2　政教分離原則 (124)

 3　政教分離原則違反が争われた国家行為 (126)

 4　政教分離原則違反が争われた国家行為の合憲性審査 (127)

目　次

第*14*章　職業の自由 ———————————— 137

　　1　職業 (137)
　　2　職業の自由 (140)
　　3　職業の自由の規制 (141)
　　4　職業の自由の規制の合憲性審査 (143)

第*15*章　財産権の保障 ———————————— 151

　Ⅰ　財産権の保障 ……………………………………… 151
　　1　財産権 (151)
　　2　財産権の保障 (152)
　　3　財産権の具体化と制限 (153)
　　4　財産権制限の合憲性審査 (153)
　Ⅱ　損失補償 …………………………………………… 158
　　1　損失補償 (158)
　　2　損失補償請求権 (158)
　　3　損失補償請求権の成否と損失補償の程度 (158)
　　4　損失補償請求権の成否・補償の程度の合憲性審査 (161)

第*16*章　移動の自由 ———————————— 163

　　1　移動 —— 居住・移転, 外国移住, 国籍離脱, 旅行 (163)
　　2　移動の自由 (164)
　　3　移動の自由の規制 (166)
　　4　移動の自由の規制の合憲性審査 (166)

第*17*章　法定手続の保障 ———————————— 169

　　1　法定手続 (169)

目　次

　　2　法定手続の保障 (172)
　　3　法定手続の保障の不存在 (173)
　　4　法定手続の保障の不存在の合憲性審査 (174)

第18章　奴隷的拘束・その意に反する苦役からの自由, 刑事手続的人権 ― 179

　Ⅰ　奴隷的拘束からの自由, その意に反する苦役からの自由 ……… 179
　　1　奴隷的拘束からの自由 (179)
　　2　その意に反する苦役からの自由 (181)
　Ⅱ　刑事手続的人権 …………………………………………………… 184
　　1　33条～39条の諸権利の保護対象と権利内容 (184)
　　2　33条～39条の諸権利の制限と合憲性審査 (192)

第19章　生　存　権 ― 197

　　1　健康で文化的な最低限度の生活 (197)
　　2　健康で文化的な最低限度の生活を営む権利 (200)
　　3　健康で文化的な最低限度の生活を営む権利の具体化 (205)
　　4　健康で文化的な最低限度の生活を営む権利の具体化の合憲性審査 (205)

第20章　教育を受ける権利 ― 213

　　1　教育と学習 (213)
　　2　教育を受ける権利（学習権）(214)
　　3　教育を受ける権利（学習権）の具体化と制限 (216)
　　4　教育を受ける権利（学習権）の具体化と制限の合憲性審査 (217)

第21章　勤労権, 労働基本権 ― 221

　Ⅰ　勤労権 …………………………………………………………… 221
　　1　勤労 (221)

xv

2　勤労権 (221)
　　　3　勤労権の具体化 (222)
　　　4　勤労権の具体化の合憲性審査 (223)
　Ⅱ　児童の酷使されない権利 ……………………………………… 223
　Ⅲ　労働基本権 ……………………………………………………… 225
　　　1　団結・団体交渉・その他の団体行動 (225)
　　　2　団結権・団体交渉権・その他の団体行動権 (226)
　　　3　団結権・団体交渉権・その他の団体行動権の具体化と制限 (227)
　　　4　公務員の争議権制限の合憲性審査 (229)

第22章　国務請求権（裁判を受ける権利，国家賠償請求権など） ── 233

　Ⅰ　国務請求権 …………………………………………………… 233
　Ⅱ　裁判を受ける権利 …………………………………………… 233
　　　1　裁判所・裁判 (233)
　　　2　裁判所において裁判を受ける権利 (236)
　　　3　裁判所において裁判を受ける権利の具体化と制限 (236)
　　　4　裁判所において裁判を受ける権利の制限の合憲性審査 (237)
　Ⅲ　国家賠償請求権 ……………………………………………… 241
　　　1　国家賠償 (241)
　　　2　国家賠償請求権 (241)
　　　3　国家賠償請求権の具体化 (242)
　　　4　国家賠償請求権の具体化の合憲性審査 (243)
　Ⅳ　刑事補償請求権 ……………………………………………… 248
　Ⅴ　請願権 ………………………………………………………… 249

第23章　参 政 権 ── 251

　Ⅰ　参政権 ………………………………………………………… 251
　Ⅱ　選挙権 ………………………………………………………… 252
　　　1　選挙 (252)

目　　次

　　　2　選挙権（253）
　　　3　選挙権の具体化と制限（258）
　　　4　選挙権の制限の合憲性審査（259）
　Ⅲ　被選挙権 ………………………………………………………… 263

第24章　個人の尊重と幸福追求権 ── 265

　Ⅰ　個人の尊重 ……………………………………………………… 265
　　　1　「個人として尊重される」（265）
　　　2　「個人として尊重される」権利？（266）
　Ⅱ　幸福追求権 ……………………………………………………… 267
　　　1　生命・自由・幸福追求（267）
　　　2　生命・自由・幸福追求の権利（270）
　　　3　生命・自由・幸福追求の権利の具体化（271）
　　　4　生命・自由・幸福追求の権利の制限の合憲性審査（272）
　Ⅲ　プライバシー権 ………………………………………………… 272
　　　1　プライバシー（272）
　　　2　プライバシー権（273）
　　　3　プライバシー権の制限（274）
　　　4　プライバシー権の制限の合憲性審査（274）
　Ⅳ　肖像権 …………………………………………………………… 280
　　　1　肖像（280）
　　　2　肖像権（280）
　　　3　肖像権の制限（281）
　　　4　肖像権の制限の合憲性審査（281）
　Ⅴ　ライフスタイルの自己決定権 ………………………………… 283
　　　1　ライフスタイルの自己決定（283）
　　　2　ライフスタイルの自己決定権（285）
　　　3　ライフスタイルの自己決定権の制限（285）
　　　4　ライフスタイルの自己決定権の制限の合憲性審査（285）
　Ⅵ　環境権 …………………………………………………………… 288

xvii

1　環境 (288)

　　2　環境権 (288)

第25章　法の下の平等 ——————————— 291

　　1　平等 (291)

　　2　平等権 (295)

　　3　国家による市民相互の別扱い (297)

　　4　国家による市民相互の別扱いの合憲性審査 (298)

　　5　婚姻の自由，家族生活における平等権 (305)

第26章　憲法上の権利の主体(1)——序論 ——————— 311

　　1　憲法上の権利の人的保護対象 (311)

　　2　天皇・皇族の人権 (312)

　　3　未成年者の人権 (314)

第27章　憲法上の権利の主体(2)——外国人 ——————— 319

　　1　外国人 (319)

　　2　外国人の人権 (321)

　　3　外国人の人権の制限 (323)

　　4　外国人の人権の制限の合憲性審査 (324)

第28章　憲法上の権利の主体(3)
　　　　　——国家と特別な法律関係に立つ人々 ——————— 335

Ⅰ　問題の位置づけ ……………………………………………… 335

Ⅱ　公務員の人権 …………………………………………………… 336

　　1　公務員 (336)

　　2　公務員の人権 (336)

　　3　公務員の人権の制限とその合憲性審査 (337)

Ⅲ　刑事収容施設被収容者（在監者）……………………………………… 337
　　1　刑事収容施設被収容者（在監者）（337）
　　2　刑事収容施設被収容者（在監者）の人権（338）
　　3　刑事収容施設被収容者（在監者）の人権の制限（338）
　　4　刑事収容施設被収容者（在監者）の人権の制限の合憲性審査（339）

第29章　憲法上の権利の主体(4) ── 法人・団体 ── 343

　　1　法人・団体（343）
　　2　法人・団体の人権（345）
　　3　法人・団体の人権の規制（348）
　　4　法人・団体の人権と個人の人権の調整の合憲性審査（349）

第30章　憲法上の権利の名宛人（私人間の人権） ── 355

　　1　私人（355）
　　2　私人間の人権（355）
　　3　私人間の人権的利益の衝突（357）
　　4　私人間の人権的利益の衝突の調整（359）
　　5　国家の私法行為（368）

事項索引（巻末）／判例索引（巻末）

凡　例

（１）　法令名は適宜略称を用いると同時に，煩雑ではあるが正式名称をその都度カッコ書きで示した。
　　　例：クローン技術等規制法（ヒトに関するクローン技術等の規制に関する法律）
（２）　判例集・判決原文収録誌については，たとえば『憲法判例百選Ⅰ・Ⅱ』の末尾に示されている一般的な略称に従った。
　　　例：最高裁判所民事判例集→民集，判例時報→判時
（３）　引用文献はすべて本文中にカッコ書きで示した。文献案内欄に掲げた文献の太字部分は，頻繁に引用した文献の略称である。共著の文献の場合，引用箇所の執筆者名に下線を引いた。
　　　例：芦部信喜『憲法』（岩波書店，高橋和之補訂第4版2007年），**野中**俊彦＝**中村**睦男＝**高橋**和之＝**高見**勝利『憲法Ⅰ・Ⅱ』（有斐閣，第4版2006年）
（４）　解説は，第1章，第2章……，Ⅰ，Ⅱ……，1，2……，(1)(2)……，①②……，(ｱ)(ｲ)…という項目立てになっており，(1)(2)の単位で頁の欄外に青字の通し番号をふった。この本のなかでの記述の相互参照箇所は，すべてこの「欄外番号」で示した。

文献案内

1 憲法体系書 (刊行年順)

美濃部達吉　『日本国憲法原論』(有斐閣, 初版 1948 年, 宮沢俊義補訂版 1952 年)
佐々木惣一　『日本国憲法論』(有斐閣, 初版 1948 年, 改訂版 1952 年)
尾吹善人　『基礎憲法』(東京法経学院出版部, 1978 年)
小林直樹　『新版・憲法講義上・下』(東京大学出版会, 1980 年・1981 年)
佐藤幸治　『憲法』(青林書院, 初版 1981 年, 第 3 版 1995 年)
伊藤正己　『憲法』(弘文堂, 初版 1982 年, 第 3 版 1995 年)
小嶋和司　『憲法概説』(良書普及会 1987 年, 復刻版・信山社 2007 年)
樋口陽一　『憲法』(創文社, 初版 1992 年, 第 3 版 2007 年)
戸波江二　『憲法』(ぎょうせい, 初版 1992 年, 新版 1998 年)
野中俊彦＝中村睦男＝高橋和之＝高見勝利　『憲法Ⅰ・Ⅱ』(有斐閣, 初版 1992 年, 第 4 版 2006 年)
芦部信喜　『憲法学Ⅰ・Ⅱ・Ⅲ』(有斐閣, 1992 年, 1994 年, 1998 年・増補版 2000 年)
芦部信喜　『憲法』(岩波書店, 初版 1993 年, 高橋和之補訂第 4 版 2007 年)
阪本昌成　『憲法理論Ⅰ・Ⅱ・Ⅲ』(成文堂, 1993 年・補訂第 3 版 2000 年, 1993 年, 1995 年)
長谷部恭男　『憲法』(新世社, 初版 1996 年, 第 4 版 2008 年)
松井茂記　『日本国憲法』(有斐閣, 初版 1999 年, 第 3 版 2007 年)
浦部法穂　『憲法学教室』(日本評論社, 初版 2000 年, 全訂第 2 版 2006 年)
渋谷秀樹＝赤坂正浩　『憲法 1 人権・憲法 2 統治』(有斐閣, 初版 2000 年, 第 4 版 2010 年)
辻村みよ子　『憲法』(日本評論社, 初版 2000 年, 第 3 版 2008 年)
大石眞　『憲法講義Ⅰ・Ⅱ』(有斐閣, 初版 2004 年・第 2 版 2009 年, 初版 2007 年)
高橋和之　『立憲主義と日本国憲法』(有斐閣, 初版 2005 年, 第 2 版 2010 年)
渋谷秀樹　『憲法』(有斐閣, 2007 年)

2 人権体系書 (刊行年順)

宮沢俊義　『憲法Ⅱ』(有斐閣, 初版 1959 年, 新版 1971 年)
奥平康弘　『憲法Ⅲ』(有斐閣, 1993 年)
初宿正典　『憲法 2 基本権』(成文堂, 初版 1996 年, 第 3 版 2010 年)

3 コンメンタール類 (刊行年順)

法学協会編　『註解日本国憲法上・下』(有斐閣, 1953 年, 1954 年)
宮沢俊義　『日本国憲法』(日本評論社, 1955 年)『全訂日本国憲法』(芦部信喜補訂 1978 年)
佐藤功　『ポケット註釈全書・憲法』(有斐閣, 1955 年, 新版上 1983 年, 新版下 1984 年)
芦部信喜編　『憲法Ⅱ人権(1)・憲法Ⅲ人権(2)』(有斐閣, 1978 年, 1981 年)

文 献 案 内

　　　樋口陽一＝佐藤幸治＝中村睦男＝浦部法穂　『**注解法律学全集・憲法Ⅰ・Ⅱ・Ⅲ・Ⅳ**』（青林書院，1994 年，1997 年，1998 年，2004 年）

◆ **4 判例解説集**（刊行年順）─────────────────────────

　　　高橋和之＝長谷部恭男＝石川健治編　『**憲法判例百選Ⅰ・Ⅱ**』（有斐閣，第 5 版 2007 年）
　　　戸松秀典＝初宿正典　『**憲法判例**』（有斐閣，初版 1973 年，第 6 版 2010 年）
　　　中村睦男＝秋山義昭＝千葉卓＝常本照樹＝齊藤正彰　『**教材憲法判例**』（北海道大学図書刊行会，初版 1975 年，第 4 版 2001 年）
　　　野中俊彦＝江橋崇　『**憲法判例集**』（有斐閣，初版 1978 年，第 9 版 2004 年）
　　　尾吹善人　『**解説憲法基本判例**』（有斐閣，1986 年）
　　　井上典之　『**憲法判例に聞く**』（日本評論社，2008 年）
　　　大石眞＝大沢秀介編　『**判例憲法**』（有斐閣，2009 年）
　　　佐藤幸治＝土井真一編　『**判例講義憲法Ⅰ・Ⅱ**』（悠々社，2010 年）

◆ **5 憲法訴訟の体系書**（刊行年順）───────────────────────

　　　戸松秀典　『**憲法訴訟**』（有斐閣，初版 2000 年，第 2 版 2008 年）
　　　新正幸　『**憲法訴訟論**』（信山社，初版 2008 年，第 2 版 2010 年）

◆ **6 テーマ別解説書・演習書など**（五十音順）───────────────────

　　　赤坂正浩＝井上典之＝大沢秀介＝工藤達朗　『**ファーストステップ憲法**』（有斐閣，2005 年）
　　　安藤高行　『**人権判例の新展開**』（法律文化社，2010 年）
　　　市川正人　『**ケースメソッド憲法**』（日本評論社，初版 1998 年，第 2 版 2009 年）
　　　井上典之＝小山剛＝山元一編　『**憲法学説に聞く**』（日本評論社，2004 年）
　　　内野正幸　『**憲法解釈の論点**』（日本評論社，初版 1990 年，第 4 版 2005 年）
　　　内野正幸　『**新論点講義シリーズ 1・公法（憲法）**』（弘文堂，初版 2007 年，第 2 版 2009 年）
　　　大石眞＝石川健治編　『**憲法の争点**』（有斐閣，2008 年）
　　　木下智史＝村田尚紀＝渡辺康行編　『**事例研究憲法**』（日本評論社，2008 年）
　　　小山剛＝駒村圭吾編　『**論点探究憲法**』（弘文堂，2005 年）
　　　小山剛　『**「憲法上の権利」の作法**』（尚学社，2009 年）
　　　笹田栄司＝井上典之＝大沢秀介＝工藤達朗　『**ケースで考える憲法入門**』（有斐閣，2006 年）
　　　笹田栄司編　『**LawPractice 憲法**』（商事法務，2009 年）
　　　佐藤幸治＝中村睦男＝野中俊彦　『**ファンダメンタル憲法**』（有斐閣，1994 年）
　　　宍戸常寿　『**憲法 解釈論の応用と展開**』（日本評論社，2011 年）
　　　渋谷秀樹　『**日本国憲法の論じ方**』（有斐閣，初版 2002 年，第 2 版 2010 年）
　　　只野雅人　『**憲法の基本原理から考える**』（日本評論社，2006 年）
　　　永田秀樹＝松井幸夫編著　『**基礎から学ぶ憲法訴訟**』（法律文化社，2010 年）
　　　中村睦男　『**憲法 30 講**』（青林書院，初版 1984 年，第 2 版 1999 年）
　　　中村睦男　『**論点憲法教室**』（有斐閣，1990 年）
　　　松井茂記　『**LAW IN CONTEXT 憲法**』（有斐閣，2010 年）

文 献 案 内

棟居快行　『憲法フィールドノート』（日本評論社，初版 1996 年，第 3 版 2006 年）
棟居快行　『憲法解釈演習』（信山社，初版 2004 年，第 2 版 2009 年）
棟居快行ほか　『基本的人権の**事件簿**』（有斐閣，初版 1997 年，第 4 版 2011 年）
安西文雄ほか　『憲法学の**現代的論点**』（有斐閣，初版 2006 年，第 2 版 2009 年）

◆ 7　その他

高柳賢三＝大友一郎＝田中英夫『日本国憲法制定の過程 I・II』（有斐閣，1972 年）

憲法講義（人権）

第1章 基本用語の説明

　どのような学問分野でもそうであるように，日本国憲法の解釈学の場合にも，その全体に関係する基本的な専門用語というものがある。これらの用語については，当然のことながら，この本でも伝統的な使用法に従っている。しかし，伝統的な使用法が多義的な場合も多いので，この本での使い方について，はじめに簡単に説明しておきたい。

(1) 国　家

① 広義の国家　「憲法は国家の基礎法である」といわれる（芦部3頁）。したがって，憲法という法の内容を説明するためには，「国家」の概念を確認しておく必要がある。憲法学では一般に，「国家とは，特定の地理的領域に定住する住民によって構成され，その領域内の住民を実効的に支配する権力機構を備えた団体である」と定義されてきた（芦部3頁参照）。領土・人民・権力機構を不可欠の構成要素とする団体，という定義なので，「国家三要素説」とよばれる。

② 狭義の国家　しかし，憲法学では，上述の国家の三要素のうち，国家権力機構のことが特に国家とよばれることも多い。三要素説の国家概念よりも狭いので，狭義の国家ということになる。この意味の国家のことを，アメリカの用語法に従って「政府」とよぶこともある。しかし，日本語では，政府（日本政府）という言葉は，行政府（あるいは，そのなかの内閣）というもっと狭い意味で使われることが多い。つまり，政府という言葉にも，広狭2つの意味があり，広い意味の政府は狭い意味の国家と同義だということになる。

　この本では，国家という言葉は，一般的には上述の広義の国家の意味で使われているが，文脈によっては狭義の国家の意味で使われる場合もある。狭い意味で使用したいときには，「国家の権力機構」という言い方をすることもある。政府という言葉は，なるべく使わないことにする。

3 **(2) 憲　法**

　この本で,「憲法」というときには,通常は日本国憲法のことを指している。一般の憲法解説書では,憲法という言葉の説明の箇所で,「形式的意味の憲法」と「実質的意味の憲法」という用語法が取り上げられるが,この本のこれからの叙述にとって,この区別を理解しておくことが特に必要だということはない。憲法といえば,日本国憲法のことだという理解でとりあえず十分である。

4 **(3) 国民と市民**

　日本国憲法には何箇所か「国民」という言葉が出てくるが,その意味は条文によって異なっている。しかし,最も基本となるのは,国民とは日本国籍の保有者を意味するという用語法である。この本でも,特にことわりなしに「国民」という場合には,「日本国籍保有者」を指す。

　ところで,日本語には,日本国家の領土内にいるすべての人間をひとことで表す言葉がない。人とか人間といえば,それは日本国家の領土内に居住・滞在する人に限られないし,国民といえば,今度は日本にいる外国人（日本国籍をもたない人）が含まれないからである。そこでこの本では,日本国家の領土内に居住・滞在する人を総称したい場合には,「市民」または「一般市民」という言葉を使うことにする。市民という言葉もきわめて多義的なので,この本の特殊な用語法に注意していただきたい。

5 **(4) 人権と憲法上の権利**

　すぐあとに説明するように,「人権」という言葉の背景には,国家の存在以前から人間がもつ権利があるという思想（いわゆる「自然権思想」）があった(10〜12)。日本国憲法も,「基本的人権」という言い方で,この思想を前提としていることを示唆している(11条・97条)。厳密にこの考え方に立って,日本国憲法が規定している諸権利,すなわち,憲法上の権利には,前国家的といえる権利＝人権と,そうはいえない権利があるとする見方もある。憲法上の権利⊃人権ということである。

　しかし,憲法上の権利は,どれも人間にとって不可欠の権利という価値判断にもとづいて規定されたもので,自然権思想に直接由来するものでなくても,人権とよばれるにふさわしいという理解も可能である。この本では,この考え方に立って,「憲法上の権利」と「人権」とを同義語として互換的に使用することにしたい。

第2章 人権の観念, 分類, 保護と制限

I 人権の観念

◆ 1 立憲民主主義思想

(1) 立憲民主主義の企図

　どこの国でも，成文憲法の条文は，他の制定法と比べて簡略で断片的である。その理由には，国家の組織と作用の大枠を定める基本法という成文憲法のそもそもの役割のほか，革命や敗戦など政治体制の激変期に短期間で制定される場合が多いといった外在的な条件もある。いずれにせよ，成文憲法の内容を理解するためには，その背景にある基本思想に対する一定の理解が必要となる。

　日本国憲法が立脚する政治思想は「立憲民主主義」である。立憲民主主義思想は，近代ヨーロッパに端を発し，今日では世界の多くの国家の憲法によって共有されている政治思想である。

　他の政治思想に見られない立憲民主主義思想の独自性は，個人の自由に固有の価値を認め，個人の自由と両立する社会秩序の創出を企図していることである。ここにいう個人の自由とは，「他者による拘束の不存在」を意味する。立憲民主主義は，日常の些事から人生の重大事に至るさまざまな事項について，他者の強制・拘束を受けずに行動を選択できることが，個人にとって不可欠だというひとつの価値観を基盤としているのである。しかし，誰もが認めるように，人間はひとりで孤立しては生きられず，共同生活には秩序が不可欠である。秩序はふつう外在的な拘束なしには成立しないから，他者による拘束の不存在と両立する秩序の形成という立憲民主主義のもくろみは，そもそも実現不可能なように思える。

7　**(2) 民主主義的解答**

　個人の自由と両立する秩序の形成という，この難問に対するひとつの答えは，自由な個人が話し合いをおこない，全員一致の合意にもとづいてその集団の内部秩序を決定すればよい，というものだ。このようにして形成された秩序は，各人にとっては他律ではなく自律のはずであり，自由なままの個人の同意によって，同時に集団の秩序が調達されることになるはずだからである。これが，「治者と被治者の同一性」をキャッチ・フレーズとする理念的民主主義の思想である。

　しかし，人間の感情・意見・利害は複雑多様なので，ごく小規模の集団できわめて些細な事柄を決める場合でさえ，全員一致は実際にはなかなか実現しない。そうなると，次善の策は多数決である。集団の内部秩序を，構成員の話し合いののち，最終的には多数決で決定すれば，秩序への自律的服従者が他律的服従者よりも，少なくともつねにひとりは多いことになる理屈である。こうして，理念的民主主義の主張から多数決民主主義の主張が生まれる。

8　**(3) 自由主義的解答**

　これに対して，語の広い意味での自由主義者は，独裁権力ばかりでなく民主的権力であっても，権力はつねに濫用され個人の自由を侵害する危険性があるので，個人の自由を守るためには，選挙・討論・多数決という民主的秩序形成のプロセスだけでは不十分だと考える。秩序のなかで個人の自由を現実化するためには，多数決の支配を免れ，自己決定が尊重される個人の自由領域を認める必要があるというのだ。個人による自由の行使を，一定の場合には多数決の拘束を免れる権利として保障しようというコンセプト（人権保障）である。

　また，自由主義の考えでは，国家秩序のなかで個人の自由を真に現実化するためには，個人の自由の保障を権利として認めるだけではなく，国家の権力機構のうちに，権力の濫用や独裁を防止できるように工夫された特殊な分業と監視のシステムを組み込む必要があるとされる（権力分立原理にもとづく国家権力機構）。

9　**(4) 立憲民主主義の解答**

　つまり，立憲民主主義思想とは，民主主義的秩序形成の適用範囲に対して，人権保障・権力分立による制限を設けた政治体制，すなわち「制限民主制」＝「立憲民主制」こそ，経験的に最良の政治体制だと考える政治思想である。

◆ 2　人権思想の原型

(1)　自然状態・自然法・自然権

　このように，立憲民主主義思想の柱は，個人の自由の保障を権利として認める人権思想である。この本の主題もまさに人権保障であるから，説明の出発点として，さらに人権思想の源流・原型をふりかえっておくことにしたい。日本国憲法の条文にまでその影響がみてとれる人権思想の原型として，ふつう取り上げられるのが，17世紀イギリスの思想家ジョン・ロック（John Locke, 1632～1704）が『市民政府論』（鵜飼信成訳・岩波文庫1968年）で展開した見解である。

　ロックを含む17, 18世紀ヨーロッパの啓蒙主義思想家に共通する問題関心のひとつに，国家権力の正当性根拠の探求があった。われわれは，望むと望まざるとにかかわらず，税金を徴収されたり，交通規則を強制されたり，一定の行為を犯罪扱いされて警察の取調べを受けたり，などなど，国家の支配を受けている。この状況は，本質的には現代でも変わらない。しかし，そもそも国家はいったい何の資格があって，このような強制力を行使できるのだろうか。これが啓蒙主義思想家の問題提起である。

　彼らの解答の筋道にも共通性がある。まず，人間は存在するが国家は存在しない状態を想像し，そこからなぜ何のために国家が生まれたのかを考える，という発想だ。啓蒙主義思想家たちは，人間は存在するが国家は存在しない状態を「自然状態」とよんだ。自然状態のイメージは人によって大きく異なるが，ロックの場合には，国家が存在しないわけだから，各人はお互い誰の拘束も受けず，誰も他人を強制することができないという意味で，万人が自由・平等な状態を想定する。しかし，ロックによれば，自然状態における個々人も，神が人間理性に付与した「自然法」の拘束を受けている。その意味で，自然状態は無法状態ではない。神が人間に示した自然法の第1ルールは，個人は神の力によって生命・自由・財産を授けられた存在なので，誰も他人の生命・自由・財産を奪ってはならないというものだ。こうして，ロックは，自然状態における人間は「他人から生命・自由・財産を奪われない権利」をもっているとした。ロック自身は，「自然権」とか「人権」という言葉を使わなかったが，神が人間理性に示した自然法にもとづき，各人は，他人から自己の生命・自由・財産

を奪われない権利を有するというこの主張こそ，人権思想の原型である。

(2) 社会契約による国家の設立

自然状態における各人は，理性の力によって自分と他者の自然権を認識・尊重して，おおむね平和裡に生活し，自分の自然権を守るために必要で適切な措置を自分の判断でとることができる。この牧歌的なイメージでは国家の出番はないようにみえる。しかし，ロックによれば，自然権の侵害者に対して各人は自分で自分を保護することになるので，自然権の享有に不安定さが生ずるという。ロックの自然状態も，ホッブズほど端的ではないにしても，結局は弱肉強食を帰結しかねないわけである。そこで，この状態を脱するために，各人は互いに契約を結んで国家を設立し，自分の自然権をより確実に保障するのために，自然権の全面的執行権は放棄して，国家の支配を受け入れることに同意したのだと説かれる。

(3) 革命権

こうしてロックによれば，国家は，生命・自由・財産に対する個人の自然権を保護するために，またその限りで，個人間の「社会契約」にもとづいて設立された。したがって，国家自身が個人の生命・自由・財産を奪う存在となってしまった場合には（国家権力の濫用，独裁体制），個人（の集合である国民）は，設立目的に反する国家を改変する権利をもつ。改変には，政権交代のレベルもあるだろうが，政治体制の根本的変更＝「革命」も含まれる。

1688年のイギリス名誉革命期の国王に対する議会の主張や，1776年のアメリカ独立時のイギリス本国に対する独立13州の主張を根拠づけたこのロック的自然権思想・社会契約論は，日本国憲法にも受け継がれている。それを端的に示すのが，「そもそも国政は，国民の厳粛な信託によるものであって，その権威は国民に由来し，その権力は国民の代表者がこれを行使し，その福利は国民がこれを享受する」という憲法前文の宣言や，「すべて国民は，個人として尊重される。生命，自由及び幸福追求に対する国民の権利については，公共の福祉に反しない限り，立法その他の国政の上で，最大の尊重を必要とする」という13条の規定である。

◆ 3　人権思想上の人権と日本国憲法上の人権

「生命・自由・財産に対する個人の権利」というロック的自然権思想に由来

8

する「人権」は，もちろん権利の一種として構想されている。もともと人権の英語 human rights を直訳すれば「人間の権利」である。そこで，人権を理解するためには，「権利」の意味を確認しておく必要がある。権利にはさまざまな定義があるが，ここでは次のように理解しておこう。権利とは，「特定の根拠にもとづいて（権利の根拠），ある人（権利の主体＝権利者）が，別のある人（権利の名宛人＝義務者）に対して，正当に何かを要求できる（権利の内容）資格」である。この定義にしたがえば，権利は，その根拠・主体・名宛人・内容という4つの構成要素から成り立っている。

　この点は人権（人間の権利）にもあてはまるはずだが，注意しなければならないのは，ひとくちに人権といっても，思想のレベルの人権，特定国家の憲法に規定された人権，国際条約が定めた人権などによって，それぞれ根拠・主体・名宛人・内容に違いがあるということである。

　たとえば，上にあげたロックの自然権思想では，人権の根拠は神が定めた自然法，人権の主体はすべての人間，人権の名宛人もすべての人間，人権の内容は「他人から生命・自由・財産を奪われない」ということである。日本国憲法も，11条と97条で，憲法上の権利を「基本的人権」とよんで，人間には人間として当然の権利があるというロック的な思想にコミットしている。しかし，今日でも国際社会は独立国家を基本的な構成単位としているわけだから，日本国家の憲法である日本国憲法が定める人権の構造は，思想のレベルの人権のそれとは異なっている。

　そこで，この本の解説の対象である日本国憲法上の人権について考えてみると，その根拠はもちろん日本国憲法である。その権利主体は，原則として一般市民＝日本国憲法の適用を受けるすべての人（国民＋在留外国人）である（380）。そもそも憲法が国家を設立する基本法であり，憲法規定の名宛人は国家機構であるから，憲法上の人権の名宛人も，やはり原則として日本国家の権力機構である（417）。権利の内容は，個々の人権規定ごとに確認しなければならない（この本の大半を占める第3章〜第25章の主題である）。

Ⅱ 日本国憲法上の人権の分類

　上述のように，憲法上の権利の根拠・主体・名宛人は，どの権利についても

ごくおおざっぱにいえば共通である。これに対して，権利の内容は権利ごとに異なっているが，学説は，内容的に共通性の高い権利どうしのグループ分けをおこなってきた。細部については学説によって違いがあるが，ここでは比較的一般的と思われるグループ分けに従っておく。

すなわち，日本国憲法上の権利は，(1)自由権，(2)社会権，(3)国務請求権，(4)参政権，(5)包括的権利に大分類され，自由権はさらに（1-1）精神的自由，（1-2）経済的自由，（1-3）人身の自由に中分類される。

精神的自由には，①表現の自由（21条），②集会の自由（21条），③結社の自由（21条），④学問の自由（23条），⑤思想良心の自由（19条），⑥信教の自由（20条），経済的自由には，⑦職業の自由（22条），⑧財産権の保障（29条），人身の自由には，⑨居住移転の自由（22条），⑩奴隷的拘束等からの自由（18条），⑪法定手続の保障（31条），⑫刑事手続的人権（33条〜39条）がそれぞれ含まれる。社会権に分類されるのは，⑬生存権（25条），⑭教育を受ける権利（26条），⑮勤労の権利（27条），⑯労働基本権（28条）であり，国務請求権に分類されるのは，⑰裁判を受ける権利（32条），⑱国家賠償請求権（17条），⑲刑事補償請求権（40条），⑳請願権（16条）である。㉑参政権は15条に規定されている。どの引き出しにも入らない包括的あるいは横断的な特殊な権利に㉒幸福追求権（13条）と㉓平等権（14条, 24条）がある。条文を確かめてもらいたいが，これで，憲法13条〜40条に列挙された権利をすべてあげたことになるはずである。

III 日本国憲法上の人権の保護対象，制限，制限の合憲性

◆ 1 憲法上の権利の保護対象

15　この本では，日本国憲法上の権利を，基本的には条文を単位として以上のようなユニットの権利として捉えておくことにする。これらの権利ユニットごとに，その根拠・主体・名宛人・内容が問題となりうる。なかでも，権利の内容は，権利ごとに多様である。しかし，個別の人権の内容を理解するための共通の切り口というものは存在する。そこで，個々の権利ユニットの解説に入る前に，その点にもふれておくことにしたい。

◆ Ⅲ ◆ 日本国憲法上の人権の保護対象, 制限, 制限の合憲性

　個別の人権には，それぞれに固有の保護対象がある。保護対象は，人権によっては一定の行為であり，また，ときには一定の状態や法的地位のこともある（新正幸『ケルゼンの権利論・基本権論』慈学社 2009 年 446 頁参照）。こうした行為・状態・法的地位の内容を明らかにすることが，どの権利の内容理解にとっても，まずおこなわなければならない共通の作業である。

　① **行為の保護**　たとえば，憲法 21 条には，その文言によれば「出版の自由」の保障が含まれる。出版の自由は，「出版」という行為を保護対象としている。出版とは，印刷物による情報の伝達行為，つまり，書籍・雑誌・新聞・パンフレットなどの印刷物を製作し，その内容を人々に伝える目的でそれらの印刷物を売ったり配ったりする行為を指す。憲法上の権利が一定の行為を保護しているとはこのような意味である。

　② **状態の保護**　また，たとえば憲法 13 条の幸福追求権は「プライバシー権」を含むと理解されている。プライバシー権の保護対象はもちろん「プライバシー」であるから，幸福追求権の保護対象には「プライバシー」が含まれることになる。プライバシーの理解は多様だが，その中心が，個人の私生活の秘密であることには異論がない。つまり，13 条の幸福追求権の保護対象には，個人の私生活の秘密が守られているという状態が含まれるということだ。状態の保護とは，こういう意味である。

　③ **法的地位の保護**　憲法 29 条は「財産権」を保障している。財産「権」とは，文字どおり財産に関する「権利」であるから，29 条の保護対象は，その文言からみて，出版やプライバシーのような事実的な行為や状態ではなく，すでに成立しているたとえばマンションの所有権のような法的地位だろうと推測される。法的地位の保護として念頭に置いているのはこういう事態である。

　ところで，後に述べるように，憲法上の権利の正当な制限根拠として，権利に「内在的制約」が存在することを認める学説がある。しかし，内在的制約説は，内在的制約と外在的制約の明確な識別基準を示していないという批判を受けた。これに対して，この本では，ある行為・状態・法的地位が，ある権利の保護対象でない場合を，その権利の内在的制約と理解する。

◆ **2　保護の意味**

　このように，それぞれの権利が保護している行為・状態・法的地位を確認す

る作業と並んで，こうした行為・状態・法的地位の保護とは何を意味するのかという点も，検討する必要がある。伝統的な自由権は，それらが保護している市民の行為の放任を国家に命ずると理解されてきた。すなわち，その場合の保護とは，「制限されないこと」である。そこで，現に国家による制限がある場合に，その制限が憲法違反と認定されるなら，憲法の人権規定を根拠として，その制限の排除請求が認容されることになる。これに対して，社会権の場合には，保護として念頭に置かれているのは金銭やサービスの給付である。たとえば，「健康で文化的な最低限度の生活」を営めない状態に陥っている個人に対して，憲法25条の生存権を根拠とする金銭給付が認められるかどうかが問題となる。

◆ 3　憲法上の権利の制限

17　しかし現実には，国家は，憲法上の権利によって保護されているはずの市民の行為・状態・法的地位に対して，さまざまな理由から制限を設けてきた。憲法上の権利の制限の合憲性を判断するためには，(i)当該権利が保護している行為・状態・法的地位の内容を確認し，(ii)保護の意味を明らかにすることに加えて，当然のことながら，(iii)それぞれの権利が保護している行為・状態・法的地位が，法律（国会制定法）などによって現にどのように制限されているのかを確認する必要がある。

　なお，この本でも伝統的な用語法に従って，「憲法上の権利が保護している行為・状態・法的地位の制限」のことを，短く「権利の制限」とよぶ。権利の制限と類似の表現として，「権利の制約」，「権利の規制」という言い方もあるが，この本では「制限」「制約」「規制」という3つの言葉は同義語として使用し，どの言葉を使うかは，おおむね慣習的な言い回しに従う。

　また，この本の用語法では，制限＝制約＝規制の語は，憲法違反という意味を含んでいない。ある憲法上の権利に対する制限＝制約＝規制が違憲であるといいたい場合には（当事者や学説がそう主張している場合もあれば，判決がそれを認めている場合もあり，また，著者がそう考える場合もあるが），「権利の制限」ではなく「権利の侵害」とよぶことにする。つまり，憲法上の権利の制限（＝制約＝規制）は，合憲の制限と，違憲の制限＝権利の侵害とに分けられることになる。

◆ 4　憲法上の権利の制限の制限

(1) 法律の留保

　たとえ人権といえども，無制限に保障されると考える人はいないだろう。かといって，逆に権利が無制限に制限されるとすれば，権利を保障した意味がない。結局，憲法上の権利を制限する理由および限度を確定することが，日本国憲法の解釈学の最大の課題だといっても過言ではない。

　憲法は，人権制限の必要性や内容を，誰が判断すべきだと考えているのか。日本国憲法には，この点が一読してわかるような明確な規定はない。しかし，必要とあれば国会が法律（国会制定法）によって憲法上の権利の制限を決定することが，憲法の想定するしくみである。たとえば，憲法 31 条は，「法律の手続によらずに」刑罰を科せられない権利を保障しているが，これは裏からいえば，法律で定めれば刑罰を科すことができるという趣旨である。このように，憲法上の権利の制限を国会制定法に委ねるしくみを「法律の留保」という。

　しかし，明治憲法の権利規定のほとんどすべてが，これこれの権利は「法律の範囲内で」保障される，といった表現で，法律の留保を明瞭に認めていたのに対して，日本国憲法の権利規定の多くは，「法律の範囲内で」という条件を含んでいない。この違いを強調して，日本国憲法は法律の留保を否定した憲法だと説明されることも多い（芦部 84 頁，伊藤 64 頁）。

　法律の留保の否定という説明は，ミスリードな誇張表現というべきだろうが，たしかに明治憲法と日本国憲法の権利制限システムには大きな相違がある。明治憲法は，法律による憲法上の権利制限に何の限界も設けていないのに対して，日本国憲法は法律による制限の可能性を明文化しないことによって，法律といえども憲法上の権利をいかようにも制限できるわけではないことを示唆しているからである。法律の留保にも憲法上の限界が存在することが明治憲法との決定的な相違である。

(2) 公共の福祉と内在的制約

　① 「一元的外在制約説」とその問題点　　では，いかなる場合に法律による人権制限が合憲となるのか。この点について，日本国憲法制定直後は，12 条・13 条を根拠として，憲法上の権利はすべて，「公共の福祉」のために必要であれば合憲的に制限されると解釈された（公共の福祉による制約＝人権の外在的制約と

いう考え方なので,芦部 97 頁は「一元的外在制約説」とよんでいる)。

　しかし,初期の最高裁判例が,「すべての人権は公共の福祉のために必要であれば合憲的に制限されうる」(大前提)→「合憲性が争われている当該法令規定は,公共の福祉のために必要な制限を定めている」(小前提)→「したがって,当該規定は合憲である」(結論)という簡単な論証で済ませる,いわゆる「公共の福祉三段論法」を多用したため,「一元的外在制約説」への批判が高まった。

　②「内在・外在二元的制約説」とその問題点　　そこで,20 条・21 条など,条文中に「公共の福祉の範囲内」という留保がついていない権利には内在的な制約しか存在せず,個別の条文中に再び「公共の福祉」の留保がついている 22 条と 29 条の権利(職業選択の自由,居住移転の自由,財産権の保障)だけが,内在的制約＋公共の福祉による制約(外在的制約)に服するという新たな考え方が提唱された(法協・註解上 295 頁。芦部 97 頁は「内在・外在二元的制約説」とよぶ)。

　しかし,この考え方も,内在的制約と外在的制約とがつねに明確に識別可能なわけではないという難点や,この説のように 22 条と 29 条の「公共の福祉」には法的意味があるのに対して,13 条の「公共の福祉」には法的意味がないと捉えると,13 条からたとえばプライバシー権のような法的権利を導き出すことも難しくなって不都合だという難点が指摘された。

　③「一元的内在制約説」とその問題点　　このような議論の流れを受けて,1950 年代後半に宮沢俊義(『憲法Ⅱ』有斐閣,初版 1959 年)が唱えはじめた見解が,その後の学説の基盤となった。それは次のような考え方である。すべての人権は,「公共の福祉」のために必要であれば合憲的に制限される。しかし,これは,「一元的外在制約説」にいう「公共の福祉」とは異なる。「公共の福祉」とは,それぞれの人権に内在する制約のことであり,その内容は,人権相互の衝突の調整のことである。人権相互の衝突の調整は,自由権同士が衝突する場合と自由権と社会権が衝突する場合とでは異なる。前者を「自由国家的公共の福祉」,後者を「社会国家的公共の福祉」とよぶことができる。こうして,宮沢説によれば,「公共の福祉による制約」＝「内在的制約」＝「人権相互の調整のための制約」という等式が成り立つことになる(芦部 98 頁はこの点を捉えて,宮沢説を「一元的内在制約説」とよぶ)。

　しかし,人権を制限することができるのは他の人権との衝突を調整する場合だけだという主張は,昭和 20～30 年代の最高裁判決に対する反発という特定

の歴史的文脈のなかで理解されるべき誇張であって，額面どおりに受けとることはできない。たとえば，一般に学説は，生態系の多様性を維持するための企業活動規制のような，直接個人ないし集団の人権保護のためとはいえないような人権規制も，だからただちに違憲だと判断するわけではない。

④ **違憲審査基準論とその反省**　法律の留保を限界づける憲法上の唯一の手がかりが公共の福祉であることから，公共の福祉の内容をめぐる解釈論の対立が生ずることは自然な流れではある。しかし，1950年代末から60年代に入ると，「公共の福祉とは何か」という抽象性の高い問いかけに終始することの非生産性も次第に意識されるようになり，むしろどういう手順・方法で，事案ごとに公共の福祉の内容を判断すべきかという新たな次元の問いに関心が移るようになった。憲法訴訟論・違憲審査基準論への問題関心のシフト傾向である。アメリカに留学した伊藤正己・芦部信喜によるアメリカ最高裁判例の紹介検討がその先がけであった。

憲法学界には，司法試験準備など，法学教育を受ける学生の間では，違憲審査基準論の紋切り型の「あてはめ」で事足れりとする安易な傾向が目立つという不満がある。このような文脈で，学界には違憲審査基準論の過大評価を戒める論調もみられる。しかし，憲法上の権利を裁判を通じて適切に現実化していくために，公共の福祉の内容を具体的に主張し判断する論証のツールとして，違憲審査基準論がもつ重要な意義を否定することはできない。この本でも，日本国憲法上の権利は，原則としてすべて，公共の福祉を根拠として制限できるという理解を出発点として，公共の福祉の内容を具体的に論証し，判断するために，その方法としての違憲審査基準論を個別の人権ごとに取り上げて検討することになる（一般論的な解説としては 32〜36 を参照）。

Ⅳ 日本国憲法上の人権の主体と名宛人

憲法上の権利主体は市民，名宛人は国家だと述べたが，憲法上の権利の主体と名宛人に関する具体的な問題は，個別人権の保護と規制のあり方を通覧してからのほうが理解しやすいと思われるので，この本では個別の人権規定の解説（第3章〜第25章）ののちに取り上げる（第26章〜第30章）。

第3章 表現の自由(1) ── 一般論

I 表 現

◆ 1 憲法21条が保障する諸権利

　憲法21条は，1項で「集会，結社及び言論，出版その他一切の表現の自由は，これを保障する」と規定し，2項で「検閲は，これをしてはならない。通信の秘密は，これを保障する」と規定している。

　21条のこうした文言で保障されているのは，細かくみると，①「集会の自由」，②「結社の自由」，③「言論，出版その他一切の表現の自由」，④「検閲からの自由」，⑤「通信の秘密」の諸権利である。

　憲法解説書には，①～⑤の全体をおおざっぱに「表現の自由」に含める例もあるが（たとえば，浦部144頁以下），より狭い理解に立って，これらのうちの③④を「表現の自由」とよぶのが一般的である。通信の秘密（100～104）はプライバシー権の一種と位置づけられることが多いが（小嶋232～233頁，佐藤576～578頁，高橋223～226頁，大石Ⅱ98～101頁，長谷部230～232頁），この本では，条文の構成と，通信も表現である点を重視して，③④⑤の権利を一括して表現の自由とよぶことにする。

◆ 2 表現・情報・コミュニケーション

(1) 表現行為と表現物・表現内容

　それでは，憲法学説が21条（上述の③④⑤）で保護されているとする「表現」とは何か。「表現」の国語辞書的な意味は，「意見・感情など人間の精神的・内面的な事象を外面に表出すること，およびその結果としての身振り・記号・作品など」である（『大辞林』参照）。この説明からわかるように，表現という抽象

名詞には,「表現行為」と,その結果としての「表現物」ないし「表現内容」の双方が含まれる。したがって,憲法21条も,表現行為と表現物・表現内容の双方を保護対象とすると理解されるべきであり,現にそう理解されてきた。たとえば,アトリエで製作中の画家を,その創作活動のゆえに警察が逮捕すること(表現物の産出プロセスとしての表現行為の規制)も,展示されたその画家の作品を警察が強制撤去すること(表現物ないし表現内容の規制)も,いずれも表現の自由の規制だということになる。

23　**(2) 表現内容と情報**

憲法学は,表現行為の産物である表現物ないしその内容のことを「情報」ともよんでいる。「情報」という言葉は,「意見」と対比して主観的な価値判断や感想を含まない認識の表示を意味する場合も多いが,ここでいう情報は,内容の如何を問わずあらゆる表現物を指す。

24　**(3) 表現行為・情報交換行為・コミュニケーション**

表現物(の内容)を情報と言い換えるとするならば,表現行為は情報発信行為と言い換えることができる。表現物(の内容)＝情報はつねにその受け手を予定しており,場合によっては受け手が今度は表現行為の主体となることもある。こうした双方向性を表すには情報交換行為という言葉が適切である。情報交換行為は「コミュニケーション行為」とも言い換えることができる。

◆ 3　憲法21条の「言論」「出版」「その他一切の表現」

25　このように,21条の「言論,出版その他一切の表現」「通信」を一括して表現とよぶ場合,そこにいう表現とは,情報の発信(ないし交換)行為および発・受信される情報自体を意味する。しかし,憲法の文言は「言論」「出版」「その他一切の表現」「通信」となっているわけだから,これらの概念内容＝保護対象を確認しておくことも,憲法解釈学の任務である(「通信」については100)。

① 言論とは,口頭による情報伝達行為のことである。言論,すなわち音声による発話は,人類が言語を手に入れて以来利用してきた,最も基本的な表現媒体である。国家の規制・弾圧を受けることが多いのは政治演説や宗教的な説教などであるから,言論という場合にもふつうはこれらがイメージされるが,憲法の保護は別にこれらに限定されず,およそ口頭による情報伝達行為をすべて含むと解してよい。

② 出版とは，印刷物による情報伝達行為である。ヨーロッパの歴史をみても，紙媒体による情報伝達は，15世紀半ばに印刷術が発明される以前から存在していた（たとえば手書きの写本）。しかし，印刷術の発明は，大量の情報を安価・正確・迅速に広範囲の人に伝達することを可能にする画期的な技術革新であり，第1のメディア革命であった。

　③ その他一切の表現。言論・出版が表現媒体の種類の区別であることから，「その他一切の表現」も，言論・出版以外のあらゆる表現媒体による情報伝達行為と理解するのが自然である。言論・出版以外の主な表現媒体としては，ドイツ憲法にいう「フィルム」，すなわち19世紀の発明である写真と映画，さらに20世紀に第2のメディア革命をもたらした「電波メディア」（ラジオ・テレビ），そして20世紀末以降に急速に流布し，第3のメディア革命ともいえる「インターネット」をあげることができよう。

◆ 4　憲法21条の「表現の自由」の保護対象

　以上の説明を要約すると，憲法21条の表現の自由は，言論・出版をはじめとするさまざまな表現媒体を通じておこなわれるあらゆる情報伝達行為（より包括的にはコミュニケーション行為）とその産物である情報を保護対象とする，ということになる。

Ⅱ 表現の自由

◆ 1　表現の自由の保護内容

(1)　**表現の自由の自由権的**(介入排除権的)**側面**

　それでは，「表現の自由」権は，表現行為・表現内容をどのように保護しようとしているのだろうか。まず第1に，21条は，すべての市民に対して，「さまざまな媒体を通じた情報交換行為とその内容」を国家によって妨害されないことを権利として保障している。憲法上，国家の側は，自由な情報交換＝コミュニケーションを妨害しない義務を負う。この意味で，表現の自由は，自由権の一種だとされてきたのである。

(2) 表現の自由の給付請求権的側面

しかし，第2に，学説は，憲法21条1項を根拠として国民には，膨大な情報を蓄積・利用している国家に対して情報の開示を求める権利が認められるべきだと主張してきた。漠然と「知る権利」とか，より具体的に「政府情報開示請求権」とよばれる。

この権利は，情報の開示という積極的給付行為を国家に義務づけるものなので，伝統的な自由権としての表現の自由とは保障内容が異なる。また，請求権者，名宛人となる国家機関，開示情報の種類，情報の保存管理のあり方，開示の手続等を具体的に詰めることが必要になるので，法令による具体化が必要な権利である。

こうした憲法学界の通説によれば，21条から導かれる政府情報開示請求権は，法律・条例レベルの政府情報開示請求権の基礎にあり，場合によっては，法令の具体的な開示制度を違憲と評価することを可能にする憲法上の権利だということになる（芦部166頁，伊藤324頁，佐藤516頁，高橋188頁，長谷部217～218頁）。しかし，実務と行政法学は，一般に，21条から政府情報開示請求権を導き出す考え方を支持していない。

◆ 2　表現の自由の保障目的

表現の自由については，従来から，それを保障することにどのような意義ないし価値があるのかという点も，しばしば言及されてきた。これは，憲法上の権利のなかでも，表現の自由に対して相対的に高い価値を認め，その制限の合憲性を厳しくチェックすべきだとする「二重の基準論」(33) を根拠づける布石でもある。

表現の自由の意義に関しては，アメリカの憲法学者エマスンの次の説明が有名だ。「表現の自由の権利に法的保護を与えることにより社会が求めている価値は，4つの大きなカテゴリーにグループ分けすることができよう。表現の自由の体系を維持することは，第1に，個人の自力による目標達成を確実にするものとして，第2に，知識を深め，真理に到達する手段として，第3に，政治的なものを含む社会的政策決定に社会の全構成員の参加を確保する方法として，第4に，社会における必要なコンセンサスと健全な分裂すなわち安定と変化とのバランスを維持する方法として，不可欠である」（トーマス・I・エマスン＝木下

毅『現代アメリカ憲法』東京大学出版会 1978 年 86〜87 頁)。

　こうした説明を受けて通説は，表現の自由には，個人が自分らしい人生を設計するために不可欠だという「自己実現の価値」と，民主主義の実質化に不可欠だという「自己統治の価値」とがあるとしている（芦部 165 頁）。

Ⅲ 表現の自由の規制

◆ 1　事前規制と事後規制の区別，内容規制と内容中立規制の区別

　しかし，実際には，いつの時代のどの国家でも，さまざまな表現規制が存在してきた。こうした国家による表現規制は，ふつう次のようなタイプに分類されている。

　① **事前の規制と事後の規制**　　国家が，一般市民による情報の発信または受信の前に，情報の伝達そのものを阻止するのが「事前の規制」であり，情報の発信または受信後に，当事者に刑罰など何らかの不利益を課すのが「事後の規制」である。

　② **内容の規制と内容中立的規制**　　国家が，情報をその内容によって選別し，特定の情報の流通を妨害する目的でおこなうのが「内容の規制」であり，表現の内容とは無関係に，もっぱら表現行為の時・場所・方法だけを規制するのが「内容中立規制」である。内容規制と内容中立規制を適切に識別するためには，時・場所・方法の規制＝内容中立規制と短絡的に考えてはならない。内容規制も，何らかの表現方法をターゲットとするのがふつうだからである（たとえば，刑法 175 条も，頒布・販売という方法を規制している）。内容規制か内容中立規制かは，（たとえば，刑法 175 条がわいせつ表現だけを対象としているように）あくまで表現内容による選別かどうかで判断される。

◆ 2　表現規制の 4 類型

　表現規制の現実のしくみは，上に述べた 2 種類の規制態様の組み合わせによって，4 つの類型に分類することが可能である。「事前の表現内容規制」「事後の表現内容規制」「事前の表現内容中立規制」「事後の表現内容中立規制」である。日本国憲法のもとでも，この 4 つの類型のそれぞれに属する以下のよう

な規制が存在し，その21条適合性が訴訟で争われてきた。

　① **事前の表現内容規制**　　国家が，内容によって情報を選別し，特定内容の情報の発信または受信を事前に規制する「事前の内容規制」は，情報流通に対する負荷という観点からは，最も厳しい表現規制である。日本国憲法のもとで，この類型に属するとされてきた規制には，関税定率法21条1項（現関税法69条の11）にもとづく税関検査 (58)，学校教育法21条等にもとづく教科書検定 (254)，民事保全法の仮処分手続を利用した裁判所による表現の事前差止 (78) がある。また，都道府県の青少年保護育成条例にもとづく有害図書規制と，青少年インターネット規制法（青少年が安全に安心してインターネットを利用できる環境の整備等に関する法律）による「フィルタリングソフト登載義務」も，事前規制の問題を含んでいる（この法律については渋谷＝赤坂・1人権155〜156頁）。

　② **事後の表現内容規制**　　国家が，内容によって情報を選別し，その発信者，時には受信者に，事後的に不利益を課すのが「事後の内容規制」である。事後の内容規制も，不利益を予測した市民が表現行為を自粛するという，強い萎縮効果を生む場合があるので，事前の内容規制に次いで厳しい表現規制である。この類型に属する現行法上の主な規制には，刑法175条のわいせつ物頒布・販売・公然陳列罪 (57)，児童買春・児童ポルノ処罰法（児童買春，児童ポルノに係る行為等の処罰及び児童の保護等に関する法律）7条の児童ポルノ提供罪，刑法230条の名誉毀損罪 (74) などがある。

　③ **事前の表現内容中立規制**　　事前規制には，情報内容にもとづくのではなく，もっぱら情報発信の態様の特殊性を理由としておこなわれる規制もある。情報の内容を問題にしていない点で，内容規制よりは緩やかな規制だと考えられている。集会やデモ行進は，現実に多数人が集まる特殊な表現行為であるから，国家の側も事前にその開催情報を得て，警備の準備などをおこなう必要があるという理由で，立憲民主主義国家でも事前の許可や届出を義務づけられていることが多い。日本の現行制度にも，地方公共団体の公安条例による集会・デモ行進の許可制・届出制や，公共施設の管理規則等による使用許可制が存在する (108)。

　④ **事後の表現内容中立規制**　　表現内容とは無関係に，もっぱら特定の表現方法について，事後的な不利益扱いだけが定められている場合もある。4類型のなかでは最も軽微な規制だとされる。現行法上の例は，屋外広告物法と条例

にもとづく「立て看板・張り紙規制」である。また，公職選挙法138条による選挙運動中の「戸別訪問禁止」も，どの候補者・運動員・政党にも平等に適用される選挙運動方法の規制だという理解から，事後の内容中立規制に分類されるのが普通である。しかし，訪問販売のような商業宣伝のための戸別訪問には法規制がないのに，選挙運動の戸別訪問だけを規制するのは，政治的表現という内容ないしテーマに着目した規制だという解釈も可能である(53)。

これら4つの分類は，規制の強さの分類でもあることから，強い規制には厳しい審査，弱い規制には緩やかな審査という，合憲性審査の方法に関する提案と結びついている。したがって，違憲性の主張や審査をおこなうにあたっては，問題となっている個別の規制法令が，この4類型のどれにあたるのかを識別することが求められる。

IV 表現の自由の規制の合憲性審査

◆ 1　目的手段審査論と二重の基準論

(1)　目的手段審査

表現の自由の規制に限らず，憲法上の権利を制限する法令の違憲性や合憲性を主張し，そしてその当否を判断する場合に，学説が推奨する論証方法・論述方法の代表が，「目的手段審査」である。

目的手段審査は，抽象的な公共の福祉論のレベルから脱却し，人権の具体的な制限に応じて，公共の福祉の内容を具体的に主張し判断するための枠組みとして，学説がアメリカの判例理論から輸入してきたものである。個別の権利の解説のはじめにあたって，目的手段審査の内容を説明しておきたい。

目的手段審査とは，法令が憲法で保障された市民の行為・状態・法的地位に何らかの制限を加えている場合，以下のような論述の順番で，その違憲性または合憲性を論証する方法である。

① まず，どの法令のどの部分が違憲主張ないし違憲審査の対象なのか，規制される権利および規制態様はどのような性格をもつか，合憲性審査はどのようなグレードでおこなわれるべきか，これらを論述する。

② 当該法令部分が市民の行為 or 状態 or 法的地位を規制する目的は何なの

③　その目的の評価を論述する。
④　当該規制法令が選択している目的達成手段は何なのかを論述する。
⑤　この手段と目的との関係についての評価を論述する。

以上のうち、①はその後の合憲・違憲の主張を展開する出発点である。そして②③が目的審査、④⑤が手段審査である。目的と手段という視角から人間行動を理解しようとするのは、おそらく人間に普遍的に備わった認識形式のひとつだと思われる。しかし、目的手段審査という論証方法で人権制限の合憲性審査をおこなうことについて、あえて日本国憲法上の根拠を示すとすれば、それはやはり12条・13条の公共の福祉だということになるだろう。目的手段審査は、規制法令が公共の福祉のための法令といえるか否かを主張判断するひとつの「作法」なのである。

裁判所法10条3号が、裁判所に対して、当事者が主張していない違憲の論点の審査権を認めていることにも示されているように、違憲審査は職権事項であり、事実認定ではなく法解釈問題である。したがって、規制法令の目的・手段の認定も、最終的には裁判所に委ねられた職権的な法解釈問題だということになる。しかし、訴訟の現場においては、規制法令の目的・手段について可能な限りの主張を尽くすことが訴訟当事者に求められる。

(2) 二重の基準論

「二重の基準論」とは、具体的に規制対象となっている憲法上の権利の種類によって、目的手段審査の厳しさを変えるべきだという、目的手段審査のやり方に関する提案である。もともとは、合衆国最高裁の「キャロリーヌ・プロダクツ判決」(1938年) において、ストーン判事が展開した見解が出発点だとされる (伊藤正己『言論・出版の自由』岩波書店1959年24〜26頁、芦部信喜『憲法訴訟の理論』有斐閣1973年36〜39頁)。

日本でいわれる二重の基準論とは、以下のような考え方である。憲法上の権利のうち、「精神的自由」と「経済的自由」とを比較すると、精神的自由は、自由な報道、政党結成や政治活動の自由など、民主主義のプロセスが正常に機能するために不可欠の行為の保護を含む。その規制は民主主義のプロセスを歪め、極端な場合には独裁政治につながるため、いったん規制されると回復されにくい。したがって、裁判所は、精神的自由の規制の合憲性については、その

目的と手段の両面を厳しくチェックすべきである。これに対して，経済的自由，特にビジネスの自由の規制については，行政部や議会による政策的判断の必要性が高く，政策の形成や執行のノウハウをもたない裁判所が，内容に立ち入った審査をおこなうのは不適切である。規制の弊害が目につくようなら，民主制の政治プロセスで「投票箱」による是正の可能性も開かれている。したがって，裁判所は，経済的自由の規制の合憲性については緩やかにチェックすれば足りる。

(3)　4グレードの目的手段審査

このように二重の基準論は，規制対象となった権利が精神的自由か経済的自由かによって，2グレードの目的手段審査を提唱する考え方であった。しかし，アメリカでも日本でも，じっさいに判例・学説が展開してきた審査グレードは，事案に応じてもっと複雑である。この本では，日本の学説が識別する審査グレードを，次の4つに整理しておきたい。

① **明白性の審査**　この審査手法では，法令による規制の目的と，その目的を実現するために法令が採用している手段のうち，少なくともいずれかが「著しく不合理であることが一見して明白」な場合にだけ，当該法令は違憲と判断される。最も緩やかな審査グレードである。学説は一般に，人権規制法令についてこのような「ゆるゆるの」合憲性審査で足りる場合があるとは考えていない。しかし，判例は，たとえば25条の生存権の具体化が争われる事案（242〜245）や，いわゆる「積極目的」での職業選択規制の当否が争われる事案（172）などで，明白性の審査を多用してきた。

② **合理性の審査**　この審査手法では，法令による規制の目的が「正当（合理的）」と評価でき，目的を実現するために採用されている手段が目的と「合理的関連性」をもっていると評価できる場合に，当該規制は合憲と判断される。もともとアメリカの判例理論で，合憲性審査のベースラインとされる審査グレードであり，経済的自由の規制法令の合憲性の審査にふさわしいとされた。しかし，日本では，経済的自由の規制法令の合憲性も，場合によってはもっと厳しく審査されるべきだとされている。

③ **厳格な合理性の審査**　この審査手法では，法令による規制の目的が，「重要な公共の利益の保護」と評価でき，目的を実現するために採用されている手段が，目的と「実質的関連性」をもっていると評価できる場合に，当該規

制は合憲と判断される。ベースとなる合理性の審査と，最も厳しい審査の中間なので，「中間審査」といわれることもある。学説は，表現内容中立規制の合憲性審査，経済的自由の規制の合憲性審査の一部，生存権の具体化の合憲性審査，法令による差別が問題となる場合の合憲性審査などに多用されるべきだと提案してきた。最近では，このグレードの審査こそベースラインだという趣旨で，厳格な合理性審査を「通常審査」とよぶ学説もある（高橋125頁）。しかし，判例は経済的自由の規制の一部など，ごく限られた事案でこの種の審査をおこなってきたにとどまる。

④ **厳格審査**　この審査手法では，法令による規制の目的が，「どうしても実現されなければならない公共の利益（「やむにやまれぬ政府利益」）」と評価でき，採用されている目的達成手段が，目的実現にとって「不可欠」と評価できる場合にのみ，当該規制は合憲と判断される。学説では，表現内容規制の合憲性審査をはじめ，さまざまな箇所でこの審査手法の採用が求められてきたが，判例が実行した例は一件もないといってよいだろう。

目的手段審査のグレードの区別に関する以上の説明を表にまとめれば，次のようになる。

目的手段審査と二重の基準論のイメージ

	目的審査	手段審査
精神的自由を規制する法令，経済的自由を消極目的で規制する法令の目的手段審査	より厳しい審査	
^	目的はきわめて重要か ＋	手段は必要不可欠か →厳格審査
^	目的は重要か ＋	手段は目的と実質的関連性をもつか →厳格な合理性の審査
経済的自由を規制する法令の目的手段審査	より緩やかな審査	
^	目的は正当か ＋	手段は目的と合理的関連性をもつか →合理性の審査
^	目的・手段のいずれかが著しく不合理なことが明白か →明白性の審査	

◆ Ⅳ ◆ 表現の自由の規制の合憲性審査

◆ 2　目的手段審査と比例原則審査

(1)　比例原則審査

二重の基準論をベースとした以上のような「4グレードの審査」を，具体的事案に即して実際におこなおうとすると，さまざまな疑問に直面する。つまり，アメリカの判例理論に由来するこうした「違憲審査基準論」も，誰にとっても使い勝手のよいように，細部まで十分練られた道具だとは必ずしもいえないということだろう。

他方，アメリカ的な違憲審査基準論と類似の道具として，大陸法系には「比例原則審査」という考え方がある。日本でも研究の蓄積があり，最近では目的手段審査と比例原則審査との関係も議論の対象となっている。そういう学問的研究に参入することは，もちろんこの本の役割ではない。ただ，この本なりに，ドイツの比例原則審査論によって，上述の違憲審査基準論の補充を試みることで，多少なりとも使い勝手のよい道具作りを考えてみたい。

もともと行政法学で展開されてきた比例原則審査は，目的自体は是認される場合に，目的達成手段が目的と釣り合っていること（比例していること）を求める発想である。ドイツでは憲法論に転用され，規制手段は，目的達成手段としての「適合性（有効性）」「必要性」「狭義の比例性（副作用の程度）」を満たす場合にのみ，合憲と判断できるとされる。アメリカ的な目的手段審査と，ドイツ的な比例原則審査は，いずれも実質的には手段審査を主戦場とする点で，共通の発想であることがわかる。

(2)　手段審査のポイント

従来の手段審査を比例原則審査的に再解釈すれば，次のようにみることができる。手段審査とは，選択されている手段が，目的実現にとって「有効か」「必要か」「副作用はないか」という3点を問う審査である。自由の保護を原則とする立憲民主主義の立場からは，市民の行為等の規制はなしで済ませられるならそのほうがよい。そこで，行為等の規制の目的が是認される場合でも，とられている手段に有効性がないとすればお話にならず（違憲），有効であっても状況との関係でいまは不必要であればやはり過剰規制であり（違憲），有効かつ必要であっても重大な副作用があるなら，やはりその手段は断念されるべき（違憲）である。

規制手段が規制目的に対して，「著しく不合理であることが一見明白ではないか」「合理的関連性をもつか」「実質的関連性をもつか」「不可欠の手段といえるか」という4グレードの問いは，いずれも，選択されている手段が，目的実現にとって「有効か」「必要か」「副作用はないか」という3つの質問を問いかける点では共通している。ただ，合憲の心証を得るために，「有効性」「必要性」「副作用の程度」をどこまでシリアスに追求するかが異なるのである。

　(ⅰ) 手段の「明白性」審査は，有効性がない手段であること，または必要性がない手段であることが，誰の目にもあまりにもはっきりしている場合にだけ違憲といえばよい，というスタンスである。

　(ⅱ) 手段の「合理性」審査は，有効・必要な手段で，目につくような重大な副作用もないという心証が，「立法事実」の分析検討を経なくても，常識に訴える一般論を根拠に形成できれば，十分合憲と判断するスタンスである。

　(ⅲ) 手段の「厳格な合理性」審査は，手段としての有効性，必要性，重大な副作用の不存在について，立法事実を根拠に心証形成できなければ違憲と判断するスタンスである。

　立法事実とは，当該規制法令の「有効性」「必要性」「副作用の不存在」を根拠づけるような客観的事実である。訴訟となった事件の具体的事実関係である「司法事実」とは区別される。立法事実の有無の認定時は明確ではないが，少なくとも当該法令の制定時ではなく，訴えの提起時以降に立法事実の存在が確認できなければならない。

　このように，立法事実の有無まで問題とする手段審査のうち，「実質的関連性」の審査は，選択された手段に有効性・必要性があるかどうかを，立法事実にもとづいて吟味するという発想である。これに対して，「より制限的でない他の手段」(Less Restrictive Alternatives ― LRA) の審査は，選択された手段のほかに，より有効で副作用の少ない手段がないかどうかを立法事実にもとづいて吟味することで，選択されている手段の必要性を疑うという発想だ。手段と目的との直列的な因果関係だけを問う「実質的関連性」の審査よりも，他の手段の有無まで問題とするLRAの審査のほうがやや厳しいといえるだろう。LRAの審査を「厳格審査」(の手段審査)と捉える学説もあるが，他の手段があっても現に選択されている手段が合憲となる場合もあるLRAの審査と，他に手段がまったくないという心証形成を要求する厳格審査とでは，やはり違いがある

と考えておきたい。

(iv) 手段の「厳格」審査とは，とられている手段がどうしても必要な唯一の手段であり，重大な副作用もないという心証を得られなければ，違憲と判断するスタンスである。ある目的を実現できる手段がひとつしかないという事態はふつうは考えられないので，アメリカの場合，厳格審査の結果はほとんど違憲の結論となるといわれている。

◆ 3　表現の自由の規制の審査

違憲審査の方法に関する以上の一般論を踏まえて，表現規制の違憲主張・違憲審査についてはどう考えるべきか，学説の提案をまとめておきたい。

(1) 検 閲 禁 止

憲法 21 条 2 項前段が「検閲禁止」，すなわち「検閲からの自由」を明文で保障していることから，表現の事前規制がある場合には，その 21 条 2 項前段違反の点を，まず主張・判断する必要がある。他の人権にない表現の自由に特有の論点である。詳細は，第 5 章での税関検査の解説に譲る (61)。

(2) 明確性の審査

表現規制法令の構成要件が不明確な場合には，それだけで過剰規制として 21 条 1 項違反となる。学説では，明確性の審査は，表現規制の違憲主張・違憲審査における独立の論点であることが予定されている。しかし，目的手段審査の論述のなかで，手段の目的適合性の問題として，規制法令の構成要件の不明確性を取り上げることも，別に排除されているわけではない。

表現規制法令の構成要件の明確性の要請は，憲法 21 条 1 項から導かれるが，表現規制に限らず刑罰法規の構成要件の明確性の要請は，憲法 31 条から導かれ (196)，両者は重なり合う。明確性の問題は，札幌税関検査事件 (61)・徳島市公安条例事件 (110)・泉佐野市民会館事件 (111) などで，判例でも取り上げられた。

また，表現規制法令については，「漠然不明確」な文言による規制と並んで，「過度広汎」な文言による規制も 21 条 1 項違反だとされる。漠然不明確な文言による規制はつねに過度広汎だが，明確な文言による過度広汎な規制も想定することができる。なお，「明確性の審査」は，「明白性の審査」とまぎらわしいが別物なので注意が必要だ。

(3) 表現内容規制の目的手段審査

　法令による表現規制は，検閲禁止違反や不明確性の疑いをクリアできても，さらに目的手段審査による 21 条 1 項違反の審査をパスしなければならない。法令が表現の内容に着目した規制を定めている場合には，重要な人権に対する重大な規制であるから，学説は，当該法令の目的と手段の両面について，上述の「厳格審査」がおこなわれるべきだとしてきた。しかし，そもそも判例が表現規制の目的手段審査をおこなった例自体が少ない。「政治的表現」の章で取り上げる猿払事件判決・寺西事件決定がその数少ない実例だが，厳格な審査をおこなったわけではない (51〜52)。

　表現内容規制の厳格な目的審査の一例としては，「明白かつ現在の危険」の審査があげられる。これは，明らかな差し迫った危険の回避という目的を追求している場合にだけ，表現規制は合憲といえるという考え方である。「明白かつ現在の危険」の審査は，アメリカでは煽動罪の合憲性審査にあたっておこなわれてきた。日本でも集会規制や煽動規制という限られた表現ジャンルの規制について学説上提唱され，泉佐野市民会館事件判決など集会規制の判例理論にも影響がみられる (111)。

(4) 表現内容中立規制の目的手段審査

　内容中立規制は内容規制よりは緩やかな規制手法なので，その合憲性審査も上述の「中間審査」でよいとされる。表現内容中立規制の手段審査の一例として，前出の LRA の審査があげられる。

(5) 「パブリック・フォーラム」における表現規制の目的手段審査

　事前規制・事後規制，内容規制・内容中立規制という表現の自由の規制態様に着目するよりも，まず表現行為がおこなわれる「場」に着目して規制の合憲性を判断しようとするアイディアが，やはりアメリカの判例理論から輸入されている。「パブリック・フォーラム論」である。パブリック・フォーラム論については，表現の自由の個別テーマに関する解説でふれる機会がないので，この一般論の部分で，やや詳しく説明しておく。

　① **パブリック・フォーラムの意味と類型**　パブリック・フォーラムとは，表現行為に対して開かれた公共の場所のことを指す。アメリカ最高裁判例は，表現行為がおこなわれる「場」を，「伝統的パブリック・フォーラム」「指定的パブリック・フォーラム」「非パブリック・フォーラム」に区別する。伝統的パ

◆ Ⅳ ◆ 表現の自由の規制の合憲性審査

ブリック・フォーラムとは，道路・公園・広場のように，記憶にないほど昔から公衆の集会・演説・討論などの表現行為に使用されている場所であり，指定的パブリック・フォーラムとは，表現行為のために国家が設営する公共施設である。これに対して，非パブリック・フォーラムは，文字どおり表現行為のために使用されることが予定されていない場所を意味する。

② **パブリック・フォーラム論の主張**　パブリック・フォーラム論によれば，パブリック・フォーラムとみなされる場所は，その本来の利用目的や所有権・管理権の帰属先如何にかかわらず，広く一般市民の表現行為に対して開かれているべきであるから，パブリック・フォーラムでの表現行為に対する規制の合憲性は，より厳しく審査されなければならない。

③ **パブリック・フォーラムでの表現規制の審査**　伝統的パブリック・フォーラムについては，表現の内容や主題による規制をおこなうことは原則的に違憲となる。こうした規制の合憲性は，厳格審査によって判断されるべきである。他方，方法だけの内容中立的な規制は可能だが，その場合には内容中立的といえるかどうか，十分な代替手段が存在するかどうかが審査されるべきだとされる。指定的パブリック・フォーラムでの表現規制の合憲性判断も同様である。ただし，国家は，指定的パブリック・フォーラムを設置したり維持し続ける憲法上の義務を負うわけではないと考えられている。

④ **伊藤正己補足意見のパブリック・フォーラム論**　日本でも，伊藤裁判官が，**吉祥寺駅構内ビラ貼り事件判決**（最判昭和59・12・18刑集38巻12号3026頁）と，**大分県屋外広告物条例事件判決**（最判昭和62・3・3刑集41巻2号15頁）の補足意見において，利益衡量論の枠組みのなかで，パブリック・フォーラムの場合には，表現の自由と所有権・管理権との比較衡量は，表現の自由の保障に可能な限り配慮しておこなわれるべきことを説いた。

表現規制の合憲性に関する最高裁判例は，以上(1)～(5)のような学説の提案に必ずしも従っているわけではない。判例の内容と学説の反応については，以下個別の論点ごとに考察することにしたい。

(6)　**表現の自由の個別問題**

国家権力の担当者がつねに強い関心をもち，規制の必要性を感ずる表現の典型は，政治的表現，性表現，報道である。これらの規制は，政府批判の抑圧，情報の統制，国民生活の管理を通じて権力を維持しようとする動機に支配され

ている場合が多いので，立憲民主主義の観点からは合憲性の慎重な吟味が要請される。以下の章では，表現の自由の個別問題として，これらの表現領域を中心に，規制の状況と判例・学説の態度を整理しておく。

第4章 表現の自由(2)——政治的表現

I 政治的表現

　ここにいう政治的表現とは，広く国や地方公共団体の政策に影響を与えることを目的とする表現を指す。たとえば，政治資金規正法3条によると，「政治団体」とは，「政治上の主義若しくは施策を推進し，支持し，又はこれに反対すること」，あるいは「特定の公職の候補者を推薦し，支持し，又はこれに反対すること」を本来的目的とする団体だとされている。また，人事院規則14-7第5項は，特定の内閣を支持しまたはこれに反対すること，特定の政党・政治団体を支持しまたはこれに反対すること，特定の政策を主張しまたはこれに反対すること等を「政治的目的」と定義している。政治的表現の典型も，このような目的・内容をもつ表現だと考えればよい。憲法21条が保護する表現のなかに，政治的表現が含まれることにはまったく異論がない。それどころか，政治的表現こそ，表現の自由の保護対象の中心だといってもよい。

　政治的表現は，言論・出版・電波・インターネットを通じてのみならず，さらにさまざまな媒体と形態でおこなわれる。したがって，政治的表現行為は，憲法上の複数の権利の保護対象となることがあり，また，異なる表現カテゴリーに分類されることもある。たとえば，政治的表現が演説会の開催やデモ行進の実施という形態をとれば，集会の自由の保護対象（105〜106）と重複し，政治的表現のための団体活動という形態をとれば，結社の自由の保護対象（112）と重複する。また，政治的表現の内容が，暴動やテロの慫慂（しょうよう）であれば，むしろ煽動的表現という表現カテゴリーに区分される（85）。

II 政治的表現の自由

45　政治的表現の自由とは,「一般市民が広く国家の政策決定に影響を与える目的・内容の表現行為をおこなうことを, 国家から妨害されない権利」である。いつの時代どこの国でも, 国家権力の担当者がつねに最も高い関心を抱き, 操作し抑圧する最も強い動機をもつのは政治的表現である。政治的表現の自由度こそが, その国家における立憲民主主義の実効性のバロメーターである。

III 政治的表現の自由の規制

46　**(1) 概　観**

日本国憲法下の政治的表現規制法の中心は, 公務員の政治活動制限法令である。一般市民の政治的表現を直接規制する法令は, 公職選挙法の選挙運動規制, 破壊活動防止法 (118) を除いてほとんど存在しない。ただし, 集会等の内容中立規制が, じつは政治的表現行為の内容規制として機能しうることには注意が必要である。

47　**(2) 公務員の政治活動の制限**

公務員の政治活動を制限する現行法令としては, 特に以下の3つが重要である。

① 国家公務員法 102 条　　一般職の国家公務員について, 政党または政治的目的のための寄付金受領, 公職への立候補, 政党の役員等への就任を明文で禁止し, さらに1項で人事院規則への委任を定めている。また, その委任を受けて制定された人事院規則 14-7 が, 8項目の政治的目的とこの目的のためにおこなう 17 項目の禁止行為を規定している。違反者は, 国家公務員法 82 条によって, 免職・停職・減給・戒告という懲戒処分の対象となる可能性があるほか, 同法 110 条1項 19 号によって, 3年以下の懲役または 100 万円以下の罰金という刑事罰を受ける可能性もある。

② 地方公務員法 36 条　　一般職の地方公務員については, 地方公務員法 36 条1項および2項1～5号が, 国家公務員法と比較するとより詳細で具体的な政治活動制限を規定している。違反者には, 同法 29 条による懲戒処分の可能性はあるが, 国家公務員法と異なって刑事罰の規定はない。

③ **裁判所法 52 条 1 号**　裁判官については，裁判所法 52 条 1 号が，「国会若しくは地方公共団体の議会の議員となり，又は積極的に政治運動をすること」を禁止している。後述するように，寺西事件最高裁判決の法廷意見によれば，違反者は裁判所法 49 条および裁判官分限法 2 条により，分限裁判を経て戒告または 1 万円以下の過料という制裁を受ける可能性がある。

(3)　**一般市民の政治活動規制**

一般市民の政治的表現行為を規制する数少ない法令として，公職選挙法による選挙運動規制をあげることができる。戸別訪問の禁止（公選法 138 条），署名運動の禁止（公選法 138 条の 2），文書図画の配布・掲示の制限（公選法 142 条〜147 条）などである。これらの規制については，選挙運動をおこなうすべての人に平等に適用される方法規制である点に着目して，内容中立規制とみなす見解（芦部 198〜199 頁）と，選挙というテーマを対象とした規制であることに着目して，むしろ内容規制とみなす見解（渋谷 356 頁）がある。特定の政治的意見を規制する法令ではないが，政治がテーマとなる表現に特化した規制であることを重視すれば，後者の見方が適切だろう。

Ⅳ 政治的表現の自由の規制の合憲性審査

◆ 1　概　観

判例は，表現の自由の規制の領域では，学説が合憲性審査の標準的手順として推奨する目的手段審査を採用しないことが多い。しかし，政治的表現の規制の合憲性審査にあたっては，経済的自由の規制の合憲性審査（170〜171, 177〜178），平等審査（362）と並んで，1970 年代以降目的手段審査の形式がふまれてきた。とはいえ，学説が表現の自由の重要性を強調して厳しい合憲性審査を求めてきたのに対して（40），判例の目的手段審査は，緩やかな審査である合理性審査に終始している。

◆ 2　公務員の政治活動制限の合憲性審査

(1)　**概　観**

公務員の政治活動制限の合憲性に関する指導的判例は，猿払（さるふつ）事

件大法廷判決である。この事件は，下級審が国家公務員法・人事院規則の適用を違憲と判断して無罪判決を下したのに対して，最高裁が合憲判断に立って下級審判決を全面否定する有罪判決を下したことで注目された。最高裁猿払事件判決の法的構成は，戸別訪問禁止規定合憲判決，寺西事件判決など，政治的表現規制の合憲性審査の領域で，その後の最高裁判決に踏襲されている。また，最高裁によって否定されたものの，猿払事件一審判決の法的構成も，ひとつの代替案としての価値を失っていない。

(2) **猿払事件判決**（最大判昭和 49・11・6 刑集 28 巻 9 号 393 頁）

① **事 実 関 係**　郵便局の窓口業務を担当する職員（当時は一般職の国家公務員）が，勤務時間外に，衆議院議員総選挙の公設掲示板に，支持政党の公認候補者のポスターを貼ったり，貼るように依頼して他の支持者に渡したところ，この行為が国家公務員法 102 条 1 項，および人事院規則 14-7 の 5 項 3 号（「特定の政党……を支持」する目的で）・6 項 13 号（「政治的目的を有する……文書を……掲示し若しくは配布」する行為）に該当するとして起訴された刑事事件である。

被告人側は，国家公務員法 102 条 1 項および人事院規則 14-7 が，憲法 21 条 1 項等に違反することを理由として無罪を主張した。

② **下級審判決**　一審は，LRA の基準（36）を思わせる審査手法をとって，国家公務員法 102 条 1 項・人事院規則 14-7 を本件に適用することが憲法 21 条 1 項・31 条違反となることを認めて無罪判決を下し，控訴審もこれを支持した。かなり長大な一審判決のなかから，最も骨格的な部分だけ引用しておく。

(ア) **LRA の基準を連想させる一般的説示**　「法がある行為を禁じその禁止によって国民の憲法上の権利にある程度の制約が加えられる場合，その禁止行為に違反した場合に加えられるべき制裁は，法目的を達成するに必要最小限度のものでなければならないと解される。法の定めている制裁方法よりも，より狭い範囲の制裁方法があり，これによってもひとしく法目的を達成することができる場合には，法の定めている広い制裁方法は法目的達成の必要最小限度を超えたものとして，違憲となる場合がある。」

(イ) **この基準に照らした上で，本件事案に即しておこなわれた規制法の評価**　「非管理者である現業公務員でその職務内容が機械的労務の提供に止まるものが勤務時間外に国の施設を利用することなく，かつ職務を利用し，若しくはその公正を害する意図なしで人事院規則 14-7，6 項 13 号の行為を行う場合，

◆ Ⅳ ◆ 政治的表現の自由の規制の合憲性審査

その弊害は著しく小さいものと考えられるのであり，……国公法82条の懲戒処分ができる旨の規定に加え，3年以下の懲役または10万円以下の罰金［当時の規定］という刑事罰を加えることができる旨を法定することは，行為に対する制裁としては相当性を欠き，合理的にして最小限の域を超えている……。」

(ウ) **違憲の判断**　国家公務員法の罰則規定には「制限解釈を加える余地は全く存しないのみならず，……人事院規則14-7は，全ての一般職に属する職員にこの規定の適用があることを明示している以上，当裁判所としては，本件被告人の所為に，国公法110条1項19号が適用される限度において，同号が憲法21条および31条に違反するもので，これを被告人に適用することができないと云わざるを得ない。」

③ **最高裁判決**

(ア) **一般的説示**　最高裁によれば，「国公法102条1項及び規則による公務員に対する政治的行為の禁止が右の合理的で必要やむをえない限度にとどまるものか否かを判断するにあたっては，禁止の目的，この目的と禁止される政治的行為との関連性，政治的行為を禁止することにより得られる利益と禁止することにより失われる利益との均衡の3点から検討することが必要である。」

(イ) **本件法令の審査**　(i)政治的行為の禁止の目的は，公務員の政治的中立性を維持し，行政の中立的運営とこれに対する国民の信頼を確保することである。この目的は正当といえる。(ii)手段としての政治的行為の禁止は，目的と合理的関連性を有する。禁止が職種，権限，行為の時間，行為の場所を区別していなくても，合理的関連性は失われない。(iii)禁止は意見表明自体の禁止を目的としていない。行動の禁止に伴い，付随的・間接的に意見表明も制約されるにすぎない。得られる利益は公務員の政治的中立性，行政の中立的運営に対する国民の信頼である。失われる利益と得られる利益は均衡を失していない。

④ **一審判決および最高裁判決の特色**

対照的な法的構成と結論を示した一審判決と最高裁判決には，それぞれ疑問や批判を提起することができる。

まず，一審判決は，ふつう「適用違憲」判断の一例とされる（芦部370～371頁）。しかし，この判決は，法令の合憲性は当然の前提として，事案への適用行為の違憲性だけを問題にしているわけではない。たしかに，判決（上述②の(ウ)）は，国家公務員法102条1項および人事院規則14-7違反のすべての行為

について刑事罰を科す同法110条1項19号には合憲限定解釈の余地がないので，本件に適用される限りで同号は違憲だというのだから，事案によっては合憲的に適用できる場合があることを認めているように読める。しかしながら，合憲的に適用できる事案のみを過不足なくカバーしていない法令は，過剰規制のゆえに法令自体が違憲だという理屈も成り立つ。こう考えると，そもそも適用違憲という観念自体をさらに検討する必要があると思うが，ここでは適用違憲判断の一例という説明に一応従っておく（なお，最高裁判決には，特定の条文が意味的には違憲部分と合憲部分に可分的だとして，一部違憲判断を示した例もある。郵便法事件——300）。

次に，最高裁判決の合憲性審査手法（上述③の(ア)）は，学説の目からみると，合理性の審査と比較衡量論との併用のようにみえる。しかし，調査官解説によれば，本件判決自身は，③(ア)の3点による審査を合理性の審査と理解しているようである（香城敏麿『憲法解釈の法理』信山社2004年50頁）。学説の立場からみれば，表現規制の合憲性を合理性の基準で審査すること自体がそもそも不適切である。さらに，最高裁が，目的の認定においても，比較衡量においても，行政の中立的運営に対する国民の信頼の確保というきわめて抽象的な観念に依拠し，下級審が重視した公務員の職種・権限，行為の時間・場所・態様といった要素をまったく無視して合憲判断を導いている点も厳しい批判を受けてきた。選挙で選出されるわけではない一般の公務員に対して，議会制民主主義のもとで要請される政治的中立とは，政権交代があった場合にも，選挙で選ばれた公職の政策決定を助け，その新政策を粛々と実施することである。したがって，政策決定にかかわりをもつ公務員であればあるほど中立の要請も強くなり，反対に政策決定に関与しない公務員の勤務時間外の政治活動は，中立の要請と抵触する可能性が低くなると考えるべきだろう。

最高裁判決のもうひとつの問題点は，比較衡量に際して，規制は意見表明の禁止を目的とするものではなく，意見表明の禁止という効果はあくまで付随的・間接的なものにすぎないという「付随的・間接的規制論」を採用したことである（上述③の(イ)の(iii)）。最高裁の付随的・間接的規制論は，表現の内容ないし主題に着目した規制をおこなっている法令について，当該規制の目的ないし意図が意見表明の阻止にあるわけではないことを合憲判断の柱のひとつとするものであるから，結局表現内容規制を緩やかに審査する手法にほかならない。

◆ Ⅳ ◆ 政治的表現の自由の規制の合憲性審査

最高裁のいう付随的・間接的規制は，表現内容中立規制ではなく表現内容規制であることに注意する必要があるだろう（長谷部145～146頁参照）。

(3) **寺西事件決定**（最大決平成10・12・1民集52巻9号1761頁）

① **事 実 関 係**　X判事補は，組織犯罪対策法案に反対する市民集会にパネリストとして参加する予定でいたところ，地裁所長から裁判所法52条違反の疑いがあるとの警告を受けた。そこで，当日は一般参加者として出席し，パネルディスカッションの始まる前に身分を明かして自己紹介した上で，法案反対の立場で発言しても裁判所法52条違反になるとは思わないが，所長から懲戒処分もありうるとの警告を受けたので，パネリストとして参加することは取りやめたという趣旨の発言をおこなった。

この発言を裁判所法52条違反と判断した地裁所長の申立により，仙台高裁が裁判官分限法にもとづいてXの分限裁判をおこない，裁判所法52条違反を理由として同法49条の戒告処分を決定した。X判事補はこれを不服として最高裁に即時抗告したが，最高裁は抗告棄却の決定を下した。

② **法 的 構 成**

(ア) **裁判所法52条1号の「積極的に政治運動をすること」の解釈**　最高裁によれば，「積極的に政治運動をすること」とは，組織的，計画的または継続的な政治運動を能動的に行う行為で，裁判官の独立および中立・公正を害するおそれのあるものを指し，行為の内容・経緯・場所等の客観的事情と，本人の意図等主観的な事情を総合考慮して判断される。

(イ) **裁判所法52条1号の憲法21条適合性**　最高裁は，猿払事件判決の3基準をそのまま援用して，以下のように裁判所法52条1号を憲法21条1項に違反しないとした。禁止の目的は「裁判官の独立及び中立・公正を確保し，裁判に対する国民の信頼を維持するとともに，三権分立主義の下における司法と立法，行政とのあるべき関係を規律することにあり，この立法目的は，もとより正当である」。「裁判官が積極的に政治運動をすることは……裁判官の独立及び中立・公正を害し，裁判に対する国民の信頼を損なうおそれが大きいから，」これを禁止することと「目的との間に合理的な関連性があることは明らかである」。制約は「単に行動の禁止に伴う限度での間接的，付随的な制約にすぎず」，得られる利益は，裁判官の独立，中立・公正，国民の信頼の維持であるから，「得られる利益は失われる利益に比して更に重要」である。

(ウ) **本件行為の 52 条違反性**　最高裁によれば，本件言動は，「法案を廃案に追い込むことを目的として共同で行動している諸団体の組織的，計画的，継続的な反対運動を拡大，発展させ，右目的を達成させることを積極的に支援しこれを推進するものであり，裁判官の職にある者として厳に避けなければならない行為」であるから，裁判所法 52 条 1 号に該当する。

③ **最高裁決定の評価**　寺西事件決定には，猿払事件大法廷判決への上述の疑問・批判がそのままあてはまるほか，裁判所法 52 条 1 号の解釈と本件行為の評価についても疑問が提起されている。たとえば，「積極的に政治運動をすること」の禁止は，「政治的行為をしてはならない」という禁止（国家公務員法 102 条 1 項）よりも禁止の範囲が限定されており，これは上命下服の組織秩序をもつ行政公務員よりも裁判官の自由をより尊重する趣旨と解されるのに，最高裁の解釈はむしろ逆転しているのではないか（裁判所法制定過程においても，政治運動は政治活動よりも限定的な概念と理解されていたことについて，喜田村洋一「制定過程・類例から見た『裁判官の政治運動』」ジュリスト 1150 号 1999 年 31 頁以下），裁判所法 49 条・裁判官分限法 2 条には 52 条 1 号違反の場合が明示されていないので，制裁規定が欠けているのではないか（寺西事件決定の園部逸夫反対意見），といった点である。

◆ 3　一般市民の政治活動制限の合憲性審査

(1) 選挙運動規制

ここでは，戸別訪問禁止規定の合憲性の問題にふれておく（316 も参照）。最高裁の**戸別訪問禁止規定合憲判決**（最判昭和 56・6・15 刑集 35 巻 4 号 205 頁）は，猿払事件判決の定立した合憲性審査の方法をそのまま踏襲し，戸別訪問禁止の目的の正当性，戸別訪問禁止とその目的との合理的関連性，禁止によって得られる利益と失われる利益の均衡の 3 点を検討して合憲性を判断するとした。

最高裁は，公職選挙法 138 条 1 項の目的を，戸別訪問による買収・利益誘導の防止，選挙人の生活の平穏の確保，候補者側の負担の軽減によって，選挙の自由と公正を確保することだと認定し，目的は正当だと評価した。その上で，戸別訪問の一律禁止は全体としてこの目的と合理的関連性を有し，制約は間接的・付随的なものにすぎないのに対して，得られる利益は選挙の自由と公正の確保であるから，利益の均衡はとれていると評価した。

これに対して学説は，表現内容中立規制の一例として，LRA の基準による，より慎重な審査が必要な事例であると批判してきた（芦部 198 頁）。

(2) 住居侵入罪によるポスティング規制

近年，市民団体のメンバーなどが他人の住宅の郵便受けにビラを配布する行為（いわゆるポスティング）が，住居侵入罪に問われる事件がみられる。判例の考え方は違うが，この本では実質的な政治的表現の内容規制の問題として取り上げておきたい。代表的な事案として，**立川ビラ配布事件判決**（最判平成 20・4・11 刑集 62 巻 5 号 1217 頁）がある。

① **事実関係**　「立川自衛隊監視テント村」という民間団体に属する被告人らは，防衛庁立川宿舎内に管理権者・居住者の承諾を得ずに立ち入り，自衛隊のイラク派遣反対を内容とするビラを，各室玄関ドアの新聞受けに，2003 年 11 月から 2004 年 1 月にかけてほぼ月 1 回のペースで投函した。立川宿舎は，鉄製フェンスで囲まれているものの敷地の出入口に門扉はなく，敷地の出入口と各棟出入口の集合郵便受け付近に立入禁止・ビラ配布禁止等の注意事項を掲示していたが，各室玄関前まで事実上は誰でも立ち入ることができる状況であった。本件は，陸上自衛隊東立川駐屯地業務隊長等，立川住宅の管理権者の被害届を受けて，被告人らが刑法 130 条の住居侵入罪で起訴された刑事事件である。

② **最高裁の見解**　「表現の自由は，民主主義社会において特に重要な権利として尊重されなければならず，被告人らによるその政治的意見を記載したビラの配布は，表現の自由の行使ということができる。しかしながら，憲法 21 条 1 項も，表現の自由を絶対無制限に保障したものではなく，公共の福祉のため必要かつ合理的な制限を是認する……。本件では，表現そのものを処罰することの憲法適合性が問われているのではなく，表現の手段すなわちビラの配布のために『人の管理する邸宅』に管理権者の承諾なく立ち入ったことを処罰することの憲法適合性が問われている……」。本件場所は防衛庁職員と家族が私的生活を営む集合住宅の敷地・共用部分であるから，管理権者の意思に反して立ち入り，ビラを配布した行為は，管理権の侵害であるのみならず，居住者の平穏な生活の侵害である。これを「刑法 130 条前段の罪に問うことは，憲法 21 条 1 項に違反するものではない」。

③ **判決の評価**　刑法 130 条の合憲性は当然の前提とした上で，その適用行

為の合憲性が問題となった事案である。その意味で，猿払事件一審判決の場合とは異なり，「法令審査」と対比される純然たる「適用審査」のケースということができる。法令自体が合憲と判断される場合には，その適用行為については，一般には合憲法令の適用の誤りという意味での違法を問題とすれば必要十分と考えられる。法令が合憲であるにもかかわらず，適用行為が固有に違憲となるのはどういう場合か。その合憲性審査はどのようにおこなわれるべきか。これらの点に関する学説・判例の態度は必ずしも明確ではない。しかし，本件が，住居侵入罪による処罰行為の憲法21条1項適合性が合憲性審査の対象となる事案であることには合意があるといってよい。

　判決は，本件では「表現そのものの処罰」ではなく，「表現の手段の処罰」の合憲性が問われているにすぎないという論理に立って，きわめて簡単に管理権と私生活の平穏の侵害を認めた。これが，内容規制と内容中立規制の二分論を前提として，本件を内容中立規制と位置づける趣旨なのか，あるいはまた，猿払事件大法廷判決以来の「付随的・間接的規制論」に属するものなのかは明瞭ではない。しかし，当該表現行為の名宛人そのものである国家機関担当者（自衛隊員）が，住居の管理権者の資格でおこなった特定内容のビラ配布だけの被害届を端緒として，住居侵入罪を適用する裁判所の有罪判決は，政治的表現の内容規制と捉えることが適切だと思われる。刑法解釈上は住居侵入に該当するとしても，憲法の観点からは，違法性が阻却される事案か否かの慎重な利益衡量が求められるといえよう。もちろん，その結論が，当該住宅の管理状況と被告人の行為態様に応じて違ってくることは否めない。

第5章 表現の自由(3)——性表現

I 性表現

　性表現という用語も，憲法の条文上の概念ではなく学説上の概念である。性表現とは，何らかの性描写を含む表現行為・表現物を意味する。そもそも性表現は，憲法21条1項の保護対象だろうか。性表現のすべてではないが，そのなかのあるものは，憲法21条の保護を受けないという見解もきわめて有力である。最高裁判決の少数意見のなかには，「端的な春本（しゅんぽん）」あるいは「ハードコア・ポルノ」は，憲法21条1項の保護を受けないと明言している例もある。

　この立場に立つならば，刑法175条による「わいせつ」表現の規制，児童買春・児童ポルノ処罰法（児童買春，児童ポルノに係る行為等の処罰及び児童の保護等に関する法律）7条による「児童ポルノ」の規制などは，憲法21条1項がはじめから保護していない性表現だけを過不足なく規制対象としていれば，21条1項違反の問題はまったく生じないことになる。したがって，規制の合憲性審査は，第1に，現行法の規定が過剰包摂に陥っていないかどうか，第2に，当該事件で問題となっている表現物が保護を受けない性表現であることが適切に認定されているかどうか，この2点だけを判断すればよいことになる。

　これに対して，「ハードコア・ポルノ」を含めて，あらゆる性表現が「一応は」憲法21条1項の保護対象に含まれるという考え方も可能である。この立場をとれば，現行法上の規制は，目的手段審査によって，その目的と手段が是認できる場合にのみ合憲だということになる。この本では，保護される性表現と保護されない性表現の境界を探るというアプローチ（いわゆる「定義づけ衡量」）ではなく，あらゆる性表現を一旦は21条1項の保護対象とみて，その規制がどこまで正当化できるかを考える後者のアプローチを支持したい。保護される

性表現と保護されない性表現の線引きに手間をかけるより，規制の目的手段を評価するほうが，より表現保護的であると同時に思考経済的でもあると考えられるからである。

なお，憲法21条2項前段の「検閲からの自由」は，あらゆる表現物をその保護対象とする。したがって，ハードコア・ポルノは21条1項の保護を受けないという見解をとっても，ハードコア・ポルノの「検閲」は，21条2項前段違反という別の憲法問題を生じさせることになる。後述するように，関税定率法の旧21条（現関税法69条の11）による税関検査はその例である。

Ⅱ 性表現の自由

56　要するに，性表現の自由とは，「何らかの性描写を含む表現を国家から妨害されない市民の権利」である。憲法21条がこの権利を保障していることには合意があるが，保護される性表現行為・性表現物の範囲については上述のような見解の対立がある。

Ⅲ 性表現の自由の規制

◆ 1　性表現の事後規制

57　性表現物のうちのあるものは，その販売等が法律による処罰の対象となっている。つまり，性表現に関しては，現行法上「事後の表現内容規制」が存在する。主たる法律は，上にあげたように刑法175条と児童買春・児童ポルノ処罰法7条の2つである。そのうち，判例で問題となってきた刑法175条は，以下のような規定である。「わいせつな文書，図画その他の物を頒布し，販売し，又は公然と陳列した者は，二年以下の懲役又は二百五十万円以下の罰金若しくは科料に処する。販売の目的でこれらの物を所持した者も，同様とする。」

◆ 2　性表現の事前規制

58　性表現の事前規制としてこれまで一番問題となってきたのは，これも上にあげた関税定率法旧21条（現関税法69条の11）にもとづく「税関検査」である。税関による輸入禁制品の検査のうち，「風俗を害すべき」表現物かどうかの審

査が,「事前の表現内容規制」として違憲ではないかが争われてきた。判例で問題となった時期の関税定率法の条文を以下に掲げておこう。なお,現行関税法 69 条の 11 は,1 項第 7 号で旧法 3 号「公安又は風俗を害すべき書籍,図画,彫刻物その他の物品」をそのまま引き継いだ上で,第 8 号として「児童ポルノ」を追加した。

① 判例当時の関税定率法 21 条
第 1 項　次に掲げる貨物は,輸入してはならない。
　一　麻薬及び向精神薬,大麻,あへん及びけしがら並びに覚せい剤……
　二　けん銃,小銃,機関銃及び砲……
　三　公安又は風俗を害すべき書籍,図画,彫刻物その他の物品
　四　貨幣,紙幣若しくは銀行券又は有価証券の偽造品,変造品及び模造品
　五　特許権,……著作権,……を侵害する物品
第 2 項　税関長は,前項第 1 号,第 2 号,第 4 号又は第 5 号に掲げる貨物で輸入されようとするものを没収して廃棄し,又は当該貨物を輸入しようとする者にその積戻しを命ずることができる。
第 3 項　税関長は,第 1 項第 3 号に掲げる貨物に該当すると認めるのに相当の理由がある貨物があるときは,当該貨物を輸入しようとする者に対し,その旨を通知しなければならない。(以下略)

② 関税法 109 条
第 1 項　関税定率法第 21 条第 1 項（輸入禁制品）に掲げる貨物を輸入した者は,5 年以下の懲役若しくは 500 万円以下の罰金に処し,又はこれを併科する。

Ⅳ 性表現の自由の規制の合憲性審査

◆ 1　刑法 175 条の合憲性審査

(1) 判　例

刑法 175 条の憲法 21 条 1 項適合性,および表現物の刑法 175 条該当性が争われた刑事事件は数多いが,重要な判例としては次のものがある。
　(ア) チャタレー事件判決（最大判昭和 32・3・13 刑集 11 巻 3 号 997 頁）
　(イ) 悪徳の栄え事件判決（最大判昭和 44・10・15 刑集 23 巻 10 号 1239 頁）
　(ウ) 四畳半襖の下張り事件判決（最判昭和 55・11・28 刑集 34 巻 6 号 433 頁）
　(エ) ビニ本事件判決（最判昭和 58・3・8 刑集 37 巻 2 号 15 頁）

(2) 刑法 175 条めぐる論点

　ここでは，これらの判例で問題となった主要な論点を 2 つに整理しておきたい。ひとつは，刑法 175 条は憲法 21 条 1 項違反ではないかという論点であり，もうひとつは，刑法 175 条にいう「わいせつ」とは何か，ある表現物のわいせつ性をどのようなやり方で認定すべきか，という論点である。

　① 刑法 175 条の憲法 21 条 1 項適合性　チャタレー判決は，憲法上の権利はすべて公共の福祉のために合憲的に制限でき，表現の自由もその例外ではないとする一般論に続けて，「性的秩序を守り，最小限度の性道徳を維持することが公共の福祉の内容をなすことについては疑問の余地がない」と述べるだけで，いとも簡単に刑法 175 条を合憲と判断した。まさに「公共の福祉三段論法」(19) の典型である。1960 年代なかば以降，最高裁は基本的にはこうした安易な理由づけをしなくなったが，性表現規制の合憲性が問題となる事案では，いまでもこの説示をそのまま維持している。

　これに対して，すべての性表現が「一応」憲法 21 条 1 項の保護対象だという前提に立って，刑法 175 条の合憲性を目的手段審査の手法で論ずる場合には，審査のグレードがまず問題となる。表現内容規制の合憲性審査であるから「厳格審査」が適切だという考え方も成り立つし，性表現はいわゆる「低価値表現」だから，規制の合憲性審査は「中間審査」あるいは「合理性の審査」で足りるという考え方も成り立つ。いずれにせよ，刑法 175 条の目的は何か，それが「性的秩序を守り，最小限度の性道徳を維持すること」だというなら，この目的を国家が追求することは，採用した審査グレードの要求に応じて是認できるか，あるいは，青少年の保護といった別の目的を認定する場合にも，その目的を是認できるかが，目的審査の主題である。さらに，手段審査では，「わいせつ」表現物の頒布・販売等を処罰するという刑法 175 条が，目的といかなる関連性を有するかを評価することが主題となる。「わいせつ」という文言の不明確性をここで論ずることもできるし，児童買春・児童ポルノ処罰法施行以後の刑法 175 条の必要性を問題視することも可能だろう。

　②「わいせつ」の定義と「わいせつ性」の認定方法　上述のように判例は，刑法 175 条の合憲性は簡単に認め，むしろ「わいせつ」の定義と認定に，より大きな関心を向けてきた。「わいせつ」の定義は，やはりチャタレー判決以降変化がない。すなわち，わいせつ物とは「徒ら（いたずら）に性欲を興奮又は

◆ Ⅳ ◆ 性表現の自由の規制の合憲性審査

刺激せしめ，且つ普通人の正常な性的羞恥心を害し，善良な性的道義観念に反するものをいう」とする，いわゆる「わいせつ3要件」である。

しかし，わいせつ物の認定にあたっては，チャタレー判決から悪徳の栄え判決を経て四畳半襖の下張り判決に至る20年間で，判例の態度に大きな変化があった。1957年のチャタレー判決は，思想的価値や芸術的価値が広く認められているような作品でも，同時にわいせつ物となることはあるという，いわゆる「部分的考察方法」をとった。これは，発表の目的，受け手の性格や人数，製作部数，宣伝の有無などによって，同じ表現物でもわいせつ物と評価されたりされなかったりすると考える「相対的わいせつ概念」や，わいせつ性は作品全体の意図，思想性や芸術的価値，わいせつ表現の程度・分量などを総合的に考慮して判断されるべきだとする「全体的考察方法」の拒否を意味する。

これに対して，1980年の四畳半襖の下張り判決では，最高裁は次のように「全体的考察方法」を明確に採用するに至った。「文書のわいせつ性の判断にあたっては，当該文書の性に関する露骨で詳細な描写叙述の程度とその手法，右描写叙述の文書全体に占める比重，文書に表現された思想等と右描写叙述との関連性，文書の構成や展開，さらには芸術性・思想性等による性的刺激の緩和の程度，これらの観点から該文書を全体としてみたときに，主として，読者の好色的興味にうったえるものと認められるか否かなどの諸点を検討することが必要」である（メイプルソープ事件判決─62も参照）。

ところで，最高裁判決の法廷意見は，性表現のなかにはそもそも21条1項の保護を受けない表現があると考えているのか必ずしも明確ではない。これに対して，いわゆるビニ本判決の伊藤正己補足意見は，刑法175条の「わいせつ物」を，そもそも憲法21条1項の保護を受けない「ハードコア・ポルノ」と，それよりはわいせつ性の程度が低く，一応21条1項の保護対象となる「準ハードコア・ポルノ」に分け，後者の規制の合憲性は，作品がもつ他の価値との比較衡量で判断すべきだとした。

伊藤補足意見によれば，ハードコア・ポルノとは，「性器または性交を具体的に露骨かつ詳細な方法で描写叙述し，その文書図画を全体としてみたときにその支配的効果がもっぱら受け手の好色的興味に感覚的官能的に訴えるものであって，その時代の社会通念によっていやらしいと評価されるもの」であり，準ハードコア・ポルノとは，「性器または性交の直接の具体的描写ではないが，

47

その描写から容易に性器や性交を連想させ，その支配的効果がもっぱら又は主として好色的興味をそそるものであって，社会通念に照らして，ハードコア・ポルノに準ずるいやらしさをもつ文書図画」であるとされる。

　はじめから保護されない「ハードコア」と，一応保護対象となる「準ハードコア」とを定義で分けるという意味で，「定義づけ衡量」アプローチの例である。伊藤補足意見の立場に立てば，刑法175条は「ハードコア」と「準ハードコア」を規制対象としており，それ自体は憲法21条1項に反しないが，具体的な表現物のわいせつ性認定にあたっては，「準ハードコア」については事案ごとに比較衡量が求められることになる。

◆ 2　税関検査の合憲性審査

(1)　判　例

　税関検査の合憲性，すなわち関税定率法21条1項（現関税法69条の11）が定める税関による「公安又は風俗を害すべき」表現物の検査の合憲性が争われた判例として，次の2つをあげておく。(ア)がこのテーマの基本判例である。

　(ア)　**札幌税関検査事件判決**（最大判昭和59・12・12民集38巻12号1308頁）

　(イ)　**メイプルソープ事件判決**（最判平成20・2・19民集62巻2号445頁）

(2)　税関検査をめぐる論点

　税関検査の合憲性をめぐっては，2つの大きな論点がある。第1は，税関検査は憲法21条2項前段が禁止する「検閲」ではないかという論点であり（以下①と②），第2は，税関検査は「検閲」ではないとしても，憲法21条1項違反の事前の内容規制ではないかという論点である（以下③と④）。

　①　**検閲禁止の絶対性**　　憲法21条2項前段が保障する「検閲からの自由」の保護対象は，「一般市民が国家の検閲を受けない状態」である。すなわち，一般市民は，「検閲を受けない状態」を国家によって侵害されない権利をもつ。税関検査の仕組みを定める関税定率法の規定は，この権利の侵害ではないか。この点についての議論では，「検閲からの自由」は絶対的に保障されているのかという点も問題となった。

　仮に，憲法21条2項前段を，公共の福祉のためなら「検閲からの自由」の制限も認める規定だと解するなら，税関検査が「検閲」だとしても，なお21条2項前段違反にならない可能性もある。これに対して，「検閲からの自由」

◆ Ⅳ ◆ 性表現の自由の規制の合憲性審査

が絶対的なら，定義上「検閲」にあたる制度はただちに21条2項前段違反となる理屈である。

通説は，一貫して絶対的保障説をとる。憲法は，表現規制の劇薬である「検閲」を，いかなる理由にせよ許さないという解釈だ。しかし，かつて学説にも，「検閲からの自由」も他の人権と同様，公共の福祉のためには合憲的に制限できるとする少数説があり（山内一夫），札幌税関検査事件の控訴審判決もこの立場をとっていた。ところが，この事件の最高裁判決は，通説と同じく絶対的保障説に立つことをはじめて明言した。となると，決め手は「検閲」の定義だということになる。

② 検閲の定義と税関検査の検閲該当性判断　21条2項の「検閲」に関する学説は，広義説と狭義説に大別することができる。狭義説が多数説である。

(ア) 広義説　「検閲とは，公権力が外に発表されるべき表現内容をあらかじめ審査し，不適当と認めるときは，その到達を妨げる行為である」（芦部179〜180頁）。

(イ) 狭義説　検閲とは，「表現行為に先立ち行政権がその内容を事前に審査し，不適当と認める場合にその表現行為を禁止することを意味」する（佐藤519頁）。

広義説は，検閲の主体を行政権に限定せず，司法権も含めて広く公権力と捉える点と，発表の禁止のみならず，形式的に発表は許されても，たとえば発売直後の書籍の押収のような到達の妨害も検閲の行為態様に含める点で，「広義」である。これに対して，最高裁の定義は以下のとおりだ。

(ウ) 最狭義説（判例）　「憲法21条2項にいう検閲とは，行政権が主体となって，思想内容等の表現物を対象とし，その全部又は一部の発表の禁止を目的として，対象とされる一定の表現物につき網羅的一般的に，発表前にその内容を審査した上，不適当と認めるものの発表を禁止することを，その特質として備えるものを指す」。

この定義は，行為主体を行政権とし，行為態様を発表禁止とする点で，狭義説をベースとしているが，「網羅的一般的」な審査に限定する点では狭義説よりもさらに狭い。学説は，広義説も狭義説も，税関検査の検閲該当性を認める。しかし，最高裁は，最狭義説を前提として，税関検査は定義上「検閲」にあたらないと判断した。そのあてはめは，4つの柱からなるいわば「あわせ技」で

49

ある。すなわち，第1に，当該表現物は「国外においては既に発表済みのものであって，……事前に発表そのものを一切禁止するというものではない」。第2に，「……税関により没収，廃棄されるわけではないから発表の機会が全面的に奪われてしまうというわけのものでもない」。第3に，「税関検査は，関税徴収手続の一環として，これに付随して行われるもので，……思想内容等それ自体を網羅的に審査し規制することを目的とするものではない」。第4に，「税関長の通知がされたときは司法審査の機会が与えられているのであって，行政権の判断が最終的なものとされるわけではない」。

しかし，当該表現物が外国でどのように取り扱われているかは，日本の国家権力の行為の日本国憲法適合性判断にとって何の意味ももたず，また単に通知するだけで，ただちに没収廃棄するわけではないという点も，裁判で争えるという点も，表現物の国内発表ないし受領の妨害を正当化できる論拠ではない。さらに，「網羅的審査」ではないという理由づけも，検査主体である行政機関が特定ジャンルの表現物だけを審査対象とする場合や，検査方法が抜き取り検査にすぎない場合には，それは定義上検閲ではないという，検閲禁止の趣旨を没却したきわめて不合理な結論を招く。「検閲」の定義に「網羅的一般的」という副詞を加えたのは，最高裁の最狭義説の「狡知」ともいうべきだが，この判決は，税関検査合憲論者からも，「ゼロをいくら合計しても，ゼロにすぎない」と酷評された（山内一夫「税関検査合憲判決に対する批判」ジュリスト830号1985年6月。尾吹・解説167頁も参照）。

③「風俗を害すべき」という文言の明確性　税関検査が21条2項前段の「検閲」ではないとしても，さらに21条1項違反性が問題となる。その論点の1つが，関税定率法21条1項の「風俗を害すべき」という文言の明確性である。不明確な文言による表現規制は，表現者に強い萎縮効果を及ぼすので，条文の文言が不明確なら，ただちに憲法21条1項違反となるというのが学説の立場である（39）。

これに対して，最高裁判決の法廷意見は，この規定の「『風俗』とは専ら性的風俗を意味し，右により輸入禁止の対象とされるのは猥褻な書籍，図画等に限られるものということができ，このような限定的な解釈が可能である以上，右規定は，何ら明確性に欠けるものではな」いとした。

法廷意見は，この判断の前提として，合憲限定解釈が許される場合について，

次のような要件を示して注目された。「表現の自由を規制する法律の規定について限定解釈をすることが許されるのは，その解釈により，規制の対象となるものとそうでないものとが明確に区別され，かつ，合憲的に規制しうるもののみが規制の対象となることが明らかにされる場合でなければならず，また，一般国民の理解において，具体的場合に当該表現物が規制の対象となるかどうかの判断を可能ならしめるような基準をその規定から読みとることができるものでなければならない」。

しかし，関税定率法の「風俗」という文言がこの要件を満たすかどうかは，はなはだ疑問である。現に伊藤・谷口・安岡・島谷反対意見は，風俗の語は，性的風俗・社会的風俗・宗教的風俗等多義的で，これを害する表現物をわいせつ表現物に限る根拠がないとして，法廷意見に反対している。

④ **事前の内容規制の一種としての憲法21条1項適合性**　税関検査は，21条2項前段の検閲ではなく，21条1項の明確性の要求も満たしているとしても，事前の内容規制の一種であることはまちがいないので，その意味で表現の自由の侵害にはならないのだろうか。これは，学説の立場からは目的手段審査によって判断されるべき問題であろう。しかし，最高裁判決は，チャタレー判決の「公共の福祉三段論法」をリファーして，簡単に合憲と述べるにとどまった。

このようにいろいろな点を批判されながらも，この1984年の判決は，税関検査の合憲性にお墨付きを与えた。

⑤ **第三者の権利主張？**　札幌税関検査事件でもメイプルソープ事件（後述）でも，税関検査の違憲性を争っている当事者は，作品の作者などの表現行為者ではなく，情報受領者である。したがって，厳密には，当事者は表現行為者の表現の自由を主張することができるのか，受領者としての自己の権利主張だとすると，当事者はその点を明確に主張しているのかという点の検討が必要になりそうである。しかし，最高裁はこの点をまったく問題にしていない。発信と受領の表裏一体性を考えれば，情報受領者が情報発信者の権利を主張することは，第三者の権利主張にはあたらないという理解も成り立つ。いずれにせよ，合憲性審査は職権事項であるから，審査対象の確定は，最終的には裁判所の判断に委ねられている。

⑥ **その後の判例の動き**　最高裁は，札幌税関検査事件判決の趣旨をその後の同種の事案においても維持している。最近の判例として，**メイプルソープ事**

第 5 章　表現の自由(3)——性表現

件判決（最判平成 20・2・19 民集 62 巻 2 号 445 頁）をあげておく。

　事案は，1999 年，X がアメリカの写真家メイプルソープの写真集を渡航先から持ち込もうとしたところ，東京税関成田税関支署長から関税定率法 21 条 1 項 4 号の「風俗を害すべき書籍等」にあたるという通知を受けたため，この通知の取消しと国家賠償を求めた事件である。

　最高裁は，税関検査が憲法 21 条 2 項前段の「検閲」にあたらず，21 条 1 項の表現の自由の侵害ともいえないことは「当裁判所の判例とするところ」であるとして，違憲の主張を簡単にしりぞけた。

　しかし，本件写真集については，メイプルソープが写真による現代美術の第一人者という評価を受けていること，本件写真集が写真芸術に高い関心をもつ読者を想定し，芸術的観点から編集されたものであること，問題とされた写真は 384 頁中 19 頁にすぎないこと，写真はモノクロで性交等を直接表現したものではないことから，「風俗を害すべき書籍等」にあたらないという判断を示して注目された（通知処分の取消しは認めたが，税関支署長の過失を否定して国家賠償は認めなかった）。

　本判決は，四畳半襖の下張事件判決で明確化された全体的考察方法 (60) にもとづいて，関税定率法の「風俗」侵害の判断をおこなった判決とみることができる。

第6章 表現の自由(4)
——報道と名誉毀損的表現

Ⅰ 報道の自由と取材の自由

◆ 1　報道と取材

　日本国憲法には明文を欠くが,「報道の自由」「取材の自由」も憲法21条の問題として論じられてきた代表的なテーマである。
　報道とは,「事実に関する情報の伝達」行為（松井茂記『マス・メディア法入門・第4版』日本評論社2008年26頁）であり, 取材とは, 報道のための情報収集行為である。

◆ 2　報道の自由, 取材の自由

(1)「報道の自由」「取材の自由」の意味

　したがって, 報道の自由とは,「事実に関する情報の伝達を国家から妨害されない権利」を意味し, 取材の自由とは,「報道のための情報収集行為を国家から妨害されない権利」を意味することになる。

(2)「報道の自由」「取材の自由」の保障

　もともと表現の自由は, 思想や意見の表明行為の保護を念頭に置いた権利であるから, 報道行為・取材行為が憲法21条の保護を受けるかどうかは議論の余地がないわけではない。しかし, 学説は一般に,「報道すべき事実の認識や選択に送り手の意思が働いている」ので, 事実の報道と意見の表明を二項対立的に捉えるのは適切でないこと, また報道は国民の「知る権利」に奉仕すること, これらを理由に, 憲法21条は報道の自由も当然保障していると理解してきた。さらに, 取材は報道に必須の行為であるという理由から, 憲法21条は取材の自由も保障していると理解している（伊藤309頁）。

これに対して、後述するように判例は、憲法 21 条が報道の自由の保障を含むことは認めるが、取材の自由の位置づけについては微妙な言い回しをしている。

(3) 「報道の自由」「取材の自由」の主体

有力な学説が、「報道の自由とは、一般に、報道機関が印刷メディア（新聞・雑誌）ないし電波メディア（放送）を通じて、国民に『事実』を伝達する自由だと解されている」（芦部・憲法学Ⅲ 282 頁）と説明していることからもわかるように、報道・取材の自由の主体として念頭に置かれているのは、「報道機関」（マスコミ、マスメディア、プレスともいう）である。

しかし、報道機関の範囲をどう捉えるのか、また、たとえば記者クラブ加入メディアに独占取材を認めるなど、既存の報道機関に対して国家が認めている優遇措置を憲法上どう評価するのか、これらの疑問点は必ずしも解決済みではない。憲法学説も、メディアの特権承認論と否認論とに分かれている。

否認論は、報道機関に憲法上特別の地位を認めると、報道機関の範囲をどう判断するのかという定義問題と、一般国民やフリー・ジャーナリストなどとの平等問題が生じるので、「マス・メディアであっても、原則として一般国民と同じように表現の自由をもっているにとどまるものと考えるべきである」としている（松井・マス・メディア法入門 27 頁）。

これに対して、承認論によれば、報道機関の報道の自由は、国民の知る権利など、情報受領者全体の利益を根拠とするものであるから、報道機関にはこの役割にふさわしい「特権」と「特別の責任」が憲法上認められていると考えるべきで、特権否認論は、報道機関が現に果たしている役割や、特別におこなわれている保護と規制を、うまく説明することができないとされる（長谷部 217〜218 頁）。

◆ 3　報道の自由の規制, 取材の自由の規制

(1) 報道の自由の規制

報道が国家による厳しい規制を受けたり、記者などの報道関係者が国家権力の迫害を受けている国も珍しくない。しかし、日本国憲法下の日本では、幸いなことにこうした現象はほとんどみられない。名誉・プライバシー保護のための報道の法的規制は、数少ない規制例である。報道の自由と名誉権との調整の

問題は，72〜78 で取り上げる。

(2) 取材の自由の規制　68

報道自体の規制に比べると，国家による取材規制の局面には，合憲性が争われてきたいろいろな問題がある。その代表例として以下のものがあげられる。

① 国家機密を理由とする取材規制，記者の処罰
② 法廷取材（および裁判報道）の規制
③ 取材源（ニュースソース）の開示強制
④ 裁判所・捜査機関による取材フィルムの押収

◆ 4 取材の自由の規制の合憲性審査

(1) 判例の概観　69

報道の自由の規制の問題は次節に譲るとして，ここでは，取材の自由の規制の問題を取り上げておこう。上の①〜④に関する主な判例には以下のものがある。

① 国家機密を理由とする取材規制，記者の処罰
外務省秘密漏洩事件決定（最決昭和 53・5・31 刑集 32 巻 3 号 457 頁）
② 法廷取材（および裁判報道）の規制
(ア) **北海タイムス事件決定**（最大決昭和 33・2・17 刑集 12 巻 2 号 253 頁）
(イ) **法廷メモ採取事件判決**（最大判平成元・3・8 民集 43 巻 2 号 89 頁）
③ 取材源（ニュースソース）の開示強制
(ア) **石井記者事件決定**（最大決昭和 27・8・6 刑集 6 巻 8 号 974 頁）
(イ) **NHK 記者証言拒否事件判決**（最決平成 18・10・3 民集 60 巻 8 号 2647 頁）
④ 裁判所・捜査機関による取材フィルムの押収
(ア) **博多駅事件決定**（最大決昭和 44・11・26 刑集 23 巻 11 号 1490 頁）
(イ) **日本テレビ事件決定**（最決平成元・1・30 刑集 43 巻 1 号 19 頁）
(ウ) **TBS 事件決定**（最決平成 2・7・9 刑集 44 巻 5 号 421 頁）

(2) 取材源の開示強制──石井記者事件決定，NHK 記者証言拒否事件決定　70

取材源の開示強制の合憲性については，50 年以上の時を隔てた 2 つの判例が重要である。

① **石井記者事件決定**　1952 年の石井記者事件決定は，公務員の情報漏洩行為を裏づけるため，刑事訴訟で取材源に関する証言を求められた新聞記者が，

第6章　表現の自由(4)——報道と名誉毀損的表現

刑事訴訟法 149 条を根拠に証言を拒否したのに対して，最高裁が，証言拒絶権の承認は立法裁量の問題であって，憲法上の権利ではないこと，刑事訴訟法 149 条は限定列挙と解されるので，新聞記者には証言拒絶権は認められないことを判示したものである。

② NHK 記者証言拒否事件決定

(ア) **事 実 関 係**　他方，NHK 記者証言拒否事件は，アメリカの国税職員の情報漏洩によって損害を被ったとして，あるアメリカ企業が合衆国を相手に訴訟を提起したため，受訴裁判所の要請で，日本の裁判所が脱税報道をおこなった NHK 記者の証人尋問を実施したが，当該記者は民事訴訟法 197 条 1 項 3 号の「職業上の秘密」にあたるとして，取材源の証言を拒否した事案である。

(イ) **判　　旨**　下級審が証言拒絶を認めたため，アメリカ企業が最高裁に抗告したが，最高裁は棄却の決定を下した。本件決定は，第 1 に，取材源が民事訴訟法 197 条 1 項 3 号の「職業上の秘密」に含まれることを認めた上で，職業上の秘密のうち，保護に値する秘密についてのみ証言拒絶が認められるとした。そして，第 2 に，保護に値する秘密か否かは，比較衡量論の枠組みで判断するとし，具体的には，「当該報道が公共の利益に関するものであって，その取材の手段，方法が一般の刑罰法令に触れるとか，取材源となった者が取材源の秘密の開示を承諾しているなどの事情がなく，しかも，当該民事事件が社会的意義や影響のある重大な民事事件であるため，当該取材源の秘密の価値を考慮してもなお公正な裁判を実現すべき必要性が高く，そのために当該証言を得ることが必要不可欠であるといった事情が認められない場合には」，原則として取材源の証言を拒否することができるという要件を示した。

このように最高裁は，刑事訴訟法 149 条の証言拒絶権の規定は限定列挙と解されるので，新聞記者に取材源の証言拒絶権を認めるか否かは立法裁量の問題だとする一方で，民事訴訟法 197 条 1 項 3 号の職業上の秘密には報道関係者の取材源の秘密が含まれ，保護に値する秘密かどうかは比較衡量で決すべきだとしている。この不整合は，刑事と民事の相違というより，憲法制定後間もない時期の判例と，知る権利論，報道の自由論が相当蓄積してきた最近の判例の違いとみるべきだろう（鈴木秀美・憲法判例百選 I 156 頁）。

71　**(3) 報道・取材の自由と取材フィルムの押収——博多駅事件決定**

報道の自由と取材の自由について，最高裁がまとまった憲法論を展開した最

◆ I ◆ 報道の自由と取材の自由

初の判例は，博多駅事件大法廷決定である。そこで，この決定については少し詳しくみておくことにしよう。

① **事実関係**　1968年，アメリカ空母の寄港阻止を目的として長崎県の佐世保に向かう全学連学生と，これを阻止しようとした機動隊とが博多駅構内で衝突した。ある市民団体が，警察の警備に行き過ぎがあったとして，警察官を特別公務員暴行陵虐罪・公務員職権濫用罪等の容疑で検察に告発したが不起訴となった。そこで市民団体側が，刑事訴訟法262条にもとづき地裁に付審判請求をおこなった。請求を受けた地裁は，付審判決定をおこなうかどうかの審理にあたって，刑事訴訟法99条2項にもとづき，報道4社に対して事件当日の取材フィルムの提出を命じた。報道4社は，裁判所の提出命令が憲法上保障された報道・取材の自由を侵害するとして高裁に抗告し，さらに最高裁に特別抗告した。

② **法的構成**　最高裁は報道4社の特別抗告を棄却した。この決定で最高裁は，憲法が報道の自由を保障することを次のように明言した。「報道機関の報道は，民主主義社会において，国民が国政に関与するにつき，重要な判断の資料を提供し，国民の『知る権利』に奉仕する。したがって，思想の表明の自由とならんで，事実の報道の自由は，表現の自由を規定した憲法21条の保障のもとにあることはいうまでもない」。

これに対して，取材の自由については，「報道機関の報道が正しい内容をもつためには，報道の自由とともに，報道のための取材の自由も，<u>憲法21条の精神に照らし，十分尊重に値するものといわなければならない</u>」と述べるにとどまった。この説示からは，最高裁が取材行為を憲法21条1項の保護対象と認めているかどうかは明確ではない。しかし，ここでは，最高裁の趣旨は，取材も21条1項の保護は受けるが，保護の程度は報道に劣るということだと理解しておきたい。

最高裁によれば，取材行為の保護は，やはり憲法上の保護法益である公正な刑事裁判との比較衡量を避けられない。裁判所によるフィルム提出命令の違法性は，「一面において，審判の対象とされている犯罪の性質，態様，軽重および取材したものの証拠としての価値，ひいては，公正な刑事裁判を実現するにあたっての必要性の有無を考慮するとともに，他面において取材したものを証拠として提出させられることによって報道機関の取材の自由が妨げられる程度

よびこれが報道の自由に及ぼす影響の度合その他諸般の事情を比較衡量して決せられるべき」である。

　③ あてはめ　この判断枠組みに従って，最高裁は，次の諸点をあげて，地裁の提出命令は「まことにやむを得ない」と結論づけた。まず，本件は多数の機動隊員等と学生とが衝突した事案であるため，被疑者・被害者の特定すら困難であること，また，事件後2年近く経過し，第三者の新証言も期待できないこと，したがって，本件フィルムは証拠としてきわめて重要で，罪責の有無の判定にほとんど必須であること，これに対して，報道機関が蒙る不利益は，報道の自由ではなく将来の取材の自由が妨げられるおそれにとどまること。これらの点である。

　博多駅事件最高裁決定は，考慮要素間の相互関係や優先順位を明示せず，したがって判断過程の透明度が低い，総合考慮型の利益衡量論の典型である。天秤の一方に載る公益は重大で，他方に載る私益は些細だとされがちなため，この手法は人権擁護的ではないと学説から批判されてきた。現に，最高裁は，日本テレビ事件・TBS事件において，博多駅決定と同一の比較衡量論によって，裁判所ではなく捜査機関によるテレビ・フィルムの押収も許容した。いずれにせよ，この型の利益衡量論は，公共の福祉三段論法をとらなくなって以降の，最高裁の違憲審査手法のベースにあると評することができる。ちなみに，学説も，取材規制の合憲性審査をどのようにおこなうべきかについて，必ずしも具体的な提言をしていない。

II 報道による名誉毀損

◆ 1　名誉毀損的表現

　報道の自由に対する数少ない法的な内容規制の代表が，名誉毀損的報道の規制である。性表現規制の場合と同様，事後規制と事前規制が存在する。

　そもそも憲法21条は，名誉毀損的報道，より広くいえば名誉毀損的表現行為・表現物を保護の対象としているのだろうか。この問いに答える前提として，「名誉」の概念と「名誉毀損」の概念を確認しておく必要がある。

　後述する北方ジャーナル事件最高裁判決によれば，名誉とは，「人の品性，

徳行，名声，信用等の人格的価値について社会から受ける客観的評価である」。つまり，「名誉」は，本人の主観的な感情ではなく，他者ないし社会がその人に与える肯定的評価である。したがって，「名誉毀損」とは，ある人の社会的評価の低下を引き起こす行為である。ある人の社会的評価の低下は，つねに何らかの表現行為によって引き起こされるから，名誉毀損行為＝名誉毀損的表現行為ということになる。

　性表現の場合とまったく同様に，名誉毀損的表現についても，そもそも憲法21条1項の保護対象ではないという解釈も成り立つ。その場合には，名誉毀損的表現の事後規制は，それが名誉毀損的表現だけを過不足なく規制対象としていれば，何ら憲法問題を生じないことになる。これに対して，名誉毀損的表現も，「一応は」表現の自由の保護対象だという出発点に立てば，規制には相応の正当化根拠が求められる。

　性表現規制のときと同じく，この本の立場は後者である。性表現規制の場合には，「定義づけ衡量」のアプローチも有力だったのとは異なって，名誉毀損的表現については，判例・学説も憲法21条1項の保護対象であることを議論の出発点としていると思われる（たとえば戸波256〜257頁参照）。

◆ 2　名誉毀損的表現の自由

　名誉および名誉毀損に関する上述の理解を前提にすると，名誉毀損的表現の自由とは，「人の社会的評価を低下させる表現を国家から妨害されない市民の権利」ということになる。通説・判例は，これも憲法21条が保障していることを前提とする。しかし，他方で，通説・判例は，憲法13条の「幸福追求権」が，「自分の社会的評価を他者の表現行為によって低下させられない権利」という意味での「名誉権」の保障を含むことも認めている。そこで，国家は，名誉毀損的な内容を含む表現の自由と，名誉権の保護とを調整する憲法上の義務を負うと考えられてきた。

◆ 3　名誉毀損的表現の自由の規制

(1)　刑法230条の2

　名誉毀損的表現を規制する基本的な法律規定は，名誉毀損罪を定めた刑法230条である。しかし，第二次大戦後の1947年に，名誉毀損的な内容を含む

第6章　表現の自由(4)——報道と名誉毀損的表現

表現の自由と，名誉権の保護との線引きを表現側に有利に変更する意味で，刑法230条の2が追加された。これが表現の自由と名誉権の調整という問題に対する日本国憲法下の立法者の解答である。

刑法230条の2第1項は，名誉毀損行為が「公共の利害に関する事実に係り，かつ，その目的が専ら公益を図ることにあったと認める場合には，事実の真否を判断し，真実であることの証明があったときは，これを罰しない」と規定する。

表現行為者側が，表現内容の①「公共利害事実」性，②「公益目的」性，③「真実」性という3要件すべての立証責任を負い，裁判所が3要件充足の心証を得た場合には，名誉毀損罪は不成立となるのである。真実性が要件とされていることからわかるように，刑法230条の2の対象となる表現行為は事実情報の伝達行為であり，この規定の恩恵を最も受けるのは報道機関である。

①　**公共利害事実**とは，公衆が関心をもつべき事実である。公衆がじっさいに関心をもつ事実のすべてではない。230条の2第2項は，公訴提起前の犯罪事実を，また同第3項は，公務員または公選による公務員の候補者に関する事実を，それぞれ公共利害事実とみなしている。立法者は，これらを社会が関心をもつべき事実の代表と判断したということだろう。これに対して，芸能人の不倫や離婚などの純然たる私事は，ワイドショー番組の視聴率は上げるかもしれないが，公共利害事実ではない。

しかし，最高裁は，**月刊ペン事件判決**（最判昭和56・4・16刑集35巻3号84頁）において，「私人の私生活上の行状であっても，そのたずさわる社会的活動の性質及びこれを通じて社会に及ぼす影響力の程度などのいかんによっては，その社会的活動に対する批判ないし評価の一資料として，刑法230条の2第1項にいう『公共の利害に関する事実』にあたる場合があると解すべきである」として，この要件を拡張的に解釈している。しかしながら，この説示は，具体的にいかなる要件が満たされる場合に，私人の私生活が公共利害事実と判断されるのかを，明確化する機能を果たしているとはいえない。

②「専ら公益を図る」という**公益目的**の要件を厳格に捉えれば，営利事業でもある民間メディアの報道はすべて，公益目的を満たさないことになってしまう。しかし，一般にこの要件は，公共利害事実に関する通常の報道であれば当然充足されるとみなされている。ただし，ことさらな誹謗中傷，罵詈雑言に終

◆ Ⅱ ◆ 報道による名誉毀損

始する表現は，例外的に公益目的なしと判断されることがある（後述，北方ジャーナル事件判決参照）。

③ **真実性の証明**の要件について，最高裁は，表現内容のすべてではなく，主たる事実について証明されれば足りるとした。しかし，ニュースソースの秘匿を職業倫理とする報道機関にとっては，厳密な真実性の証明は，主たる事実に限定しても実際には困難なことも予想される。

そこで，最高裁は，**夕刊和歌山時事事件判決**（最大判昭和44・6・25刑集23巻7号975頁）において，「真実であることの証明がない場合でも，行為者が真実であると誤信し，それが確実な資料，根拠に照らして相当の理由があるときは，罪は成立しない」として，真実性の証明の要件を緩める解釈をとった。「相当性の証明」とよばれる。

(2) 民事名誉毀損責任

最判昭和41・6・23民集20巻5号1118頁は，表現行為者が被害者から名誉毀損の民事責任を問われている場合も，刑法230条の2とほぼ同様の要件で，表現の自由と名誉権を調整する態度を明らかにした。判決の説示部分を引用しておこう。

「民事の不法行為たる名誉毀損については，その行為が公共の利害に関する事実に係りもっぱら公益を図る目的に出た場合には，摘示された事実が真実であることが証明されたときは，右行為に違法性がなく，不法行為は成立しないものと解するのが相当であり，もし，右事実が真実であることが証明されなくても，その行為者においてその事実を真実と信ずるについて相当の理由があるときには，右行為には故意もしくは過失がなく，結局，不法行為は成立しないものと解するのが相当である。」

(3) 意見の表明と名誉毀損（「公正な論評（フェア・コメント）の法理」）

刑法230条は名誉毀損罪の成立要件を，「公然と事実を摘示し…」と規定しているが，名誉は事実情報に基礎を置いた意見表明（批判的コメント）によっても毀損される。しかし，自由な批判的表現が保護されるためには，意見表明も一定の場合には免責される必要がある。これがアメリカの判例理論で，「公正な論評 Fair Comment の法理」とよばれる原則である。「公正な論評の法理」とは，公衆の関心事についての意見表明が，公的活動とは無関係な私事の暴露や人身攻撃にわたらず，論評が公正であれば，表現が激烈・辛辣で，対象者の

社会的評価を低下させても，名誉毀損は成立しないとする考え方である（竹田稔『プライバシー侵害と民事責任・改訂増補版』判例時報社 1998 年 306 頁）。

しかし，日本の最高裁は，事実を基礎とする意見表明についても，事実報道が「公共利害事実」「公益目的」「真実性ないし相当性の証明」の 3 要件を満たす場合には，「人身攻撃に及ぶなど意見ないし論評としての域を逸脱したものでない限り」名誉毀損は成立しないとして，事実報道と同一の免責要件を課すにとどまっている（長崎教師批判ビラ事件判決・最判平成元・12・21 民集 43 巻 12 号 2252 頁，三浦和義氏の保険金殺人疑惑に関する一連の名誉毀損裁判のひとつである夕刊フジ事件判決・最判平成 9・9・9 民集 51 巻 8 号 3804 頁）。

◆ 4 　名誉毀損的表現の自由の規制の合憲性審査

（1）　事後規制の合憲性審査

名誉毀損的表現の事後規制の場合には，刑事はもちろん民事でも，上述した刑法 230 条の 2 の 3 要件とその最高裁解釈が解決準則とされ，「公共利害事実」「公益目的」「真実性ないし相当性」がすべて立証されれば，表現行為者は名誉毀損責任を問われないことになる。法律と判例が採用したこの調整方法自体が憲法 21 条 1 項違反であるという，理論的には可能なはずの主張は，現実には存在しないようである。したがって，名誉毀損的表現の事後規制の合憲性という問題は，これまで日本では提起されていないわけである。

なお，表現の自由が民主主義の実効性にとってきわめて重要な意義をもつことから，日本でもアメリカの判例理論に由来する「現実の悪意の法理」の採用を主張する学説がある（松井茂記『マス・メディア法入門・第 4 版』日本評論社 2008 年 104〜105 頁，浦部法穂・憲法判例百選Ⅰ・第 3 版 144 頁）。「現実の悪意の法理」とは，公人を対象とする報道の場合には立証責任を逆転させて，マス・メディアが報道内容を虚偽と知っていたか，虚偽かどうかを意に介していなかったことを，被害者である公人側が立証できた場合だけ，名誉毀損が成立するという考え方である（五十嵐清『人格権法概説』有斐閣 2003 年 8 頁，松井・前掲書 104 頁）。

しかし，現実の悪意の法理を採用すべきだとする提言が，刑法 230 条の 2 をそう解釈せよと主張しているのか，民事に関しては刑法 230 条の 2 を準用する必要はないと主張しているのか，刑法 230 条の 2 は表現の自由と名誉権との調整を誤っているので違憲だと主張しているのか，この点は必ずしも明確ではな

い。230条の2の文言を現実の悪意の法理のように読むのは難しいこと，市民間の名誉毀損は民事訴訟で争うのが本則なので，刑事よりも民事免責事由について被害者側に重い立証責任を負わせて，被害者に民事訴訟ではなく刑事告訴を選択する誘因を与えるのは合理的とはいえないこと，等価値的な憲法上の権利である表現の自由と名誉権との調整方法には選択の幅があり，刑法230条の2の調整を違憲とまではいえないと思われること，現に明示的な違憲論はまったく存在しないこと，これらの点を考慮すると，現実の悪意の法理説には無理があるようだ。ただし，事前差止めのケースでは，そもそも立証責任は被害者側が負っているので，現実の悪意の法理を適用することも可能である。実際に北方ジャーナル事件最高裁判決で，谷口正孝意見が事前差止めに関する現実の悪意の法理の採用を提唱している。

(2) 事前規制の合憲性審査

名誉毀損的表現の事前規制とは，具体的には裁判所による事前差止めである。私人である報道機関の表現の自由と，同じく私人である報道対象者の名誉権とが裁判で衝突している事案は，直接的には民事事件ないし刑事事件であり，憲法学の観点からは「私人間の人権」問題として構成することも可能だ（419）。しかし，同じ事案は，報道機関側の目からみれば，民事・刑事の裁判所という国家機関による表現規制の問題と映ることになる。

① 判　例

(ア) 裁判所は，名誉毀損を理由に，報道の事前差止めをおこなうことが憲法上許されるか。この問題が争われた指導的判例は，**北方ジャーナル事件判決**（最大判昭和61・6・11民集40巻4号872頁）である。

(イ) 裁判所による事前差止めが問題となった判例には，ほかにもモデル小説による名誉毀損・プライバシー侵害が争われた**「石に泳ぐ魚」事件判決**（最判平成14・9・24判時1802号60頁），

(ウ) 下級審の決定だが，プライバシー権侵害報道の事前差止めが争われた**週刊文春事件決定**（東京高決平成16・3・31判タ1157号138頁）などがある。

② **北方ジャーナル事件判決**（最大判昭和61・6・11民集40巻4号872頁）

(ア) **事 実 関 係**　北海道知事選挙に出馬を予定していたある市の元市長が，雑誌『北方ジャーナル』が自分についての誹謗中傷記事を掲載する予定であることを知り，裁判所に記事差止めの仮処分を申請して認められた。その後，

雑誌社の社長が，国とこの政治家を相手取って，民事損害賠償請求訴訟を提起した。これはその上告審判決である。

　(イ) **法的構成**　この事案の憲法問題の第1は，裁判所による記事の事前差止めが，憲法21条2項前段の検閲に該当しないかである。検閲の主体を公権力と捉える広義説 (62) に立てば，裁判所の事前差止めは，憲法が禁止する検閲に該当する (芦部185頁)。これに対して，検閲の主体を行政権と捉える狭義説に立てば，裁判所の事前差止めは，事前の表現内容規制の一種ではあるが，憲法21条2項前段の検閲ではないことになる。

　最高裁は，札幌税関検査事件判決で，狭義説をベースとした検閲概念を採用したのであるから (62)，裁判所による事前差止めは，定義上当然に検閲ではないことになりそうだ。しかし，結論的には検閲該当性を否定した本件最高裁判決の理由づけは，そのように単純ではなかった。最高裁には，**強制調停違憲決定** (最大決昭和35・7・6民集14巻9号1657頁──292) 以来，訴訟は司法作用だが非訟はそうではないとする訴訟と非訟の二分論というドグマがある。この立場からは，仮処分の決定は非訟＝非司法作用であるから，差止めの決定をおこなう裁判所は行政権の一種だという見方が成り立つ。そこで最高裁は，事前差止めが「非訟的な要素を有することを否定することはできないが，……表現物の内容の網羅的一般的な審査に基づく事前規制が行政機関によりそれ自体を目的として行われる場合とは異なる」として，検閲該当性を否定した。網羅性・一般性を検閲の定義に追加した最狭義説が，ここでも威力を発揮した形である。

　憲法問題の第2は，裁判所の事前差止めは，事前規制の一種として，憲法21条1項違反にならないかである。この点について本件最高裁判決は，出版物頒布の事前差止めは，検閲にはあたらないとしても「事前抑制」の性質をもつことはたしかだとして，「憲法21条の趣旨に照らし，厳格かつ明確な要件のもとにおいてのみ許容される」と判示した。その上で，最高裁は，本件のような公務員・公職候補者に対する評価・批判を内容とする表現 (＝公共利害事実に関する表現) の事前差止めは原則として許されないが，「その表現内容が真実でなく，又はそれが専ら公益を図る目的のものでないことが明白であって，かつ，被害者が重大にして著しく回復困難な損害を被る虞があるときは」，例外的に差止めが許されるという実体的要件をみずから定立した。これがこの判決の最大のポイントである。

本件の場合，さらに，口頭弁論または債務者審尋によって雑誌社側に弁明の機会を与えることなく，地裁の仮処分決定がおこなわれた点の手続的合憲性も問題となった。最高裁は，出版物の事前差止めの仮処分には，原則として口頭弁論または債務者審尋が必要であるが，債権者の提出した資料によって，実体的要件が満たされていると判断できるときは，これを経ないことも許されるとした。この判断には批判があるが，当時の民事訴訟法と異なって，現行の民事保全法23条4項は口頭弁論または債務者審尋を義務づけており，この問題は立法的に解決されたことになる。

　㈦ **あてはめ**　最高裁は，本件記事が，「天性の嘘つき」「己れの利益，己れの出世のためなら，手段を選ばないオポチュニスト」「クラブ（中略）のホステスをしていた新しい女（中略）を得るために，罪もない妻を卑劣な手段を用いて離別し，自殺せしめた」「利益漁りが巧みで，特定の業者とゆ着して私腹を肥やし」など，終始この政治家を誹謗中傷する内容であったという原審認定の事実を前提として，真実でないことが明白，公益目的でないことが明白といういずれの要件も充足し，重大で著しく回復困難な被害を蒙る虞のある場合にもあたるとして，本件差止めを合憲と判断した。

　㈣ **本件判決の意義**　事前差止めの憲法21条1項適合性は，目的手段審査の枠組みで判断することも可能だが，最高裁は，表現の自由と名誉権の調整問題として構成し，刑法230条の2を転用する要件をみずから定立して，そのあてはめによって事案を解決した。このような合憲性審査手法を，この本では「要件定立型審査」とよんで，目的手段審査・利益衡量型審査と区別することにしたい。

　本件判決に対しては，「公益目的でないことが明白」または「真実でないことが明白」のいずれかを満たせば差止めを認めるというのは，果たして適切かという疑問がわく。しかし，実際問題としては，事前差止めの仮処分を求める原告には，次の4点を疎明することが求められることになるだろう。すなわち，当該表現が，
　⒤ 公共利害事実ではないこと，
　⑾ 真実性がないことが明白なこと，
　⑿ 公益目的でないことが明白なこと，
　⒁ 重大かつ著しく回復困難な被害が生ずるおそれがあること

この4点である。

　ただし，本件判決によれば，裁判所は，(i)を欠く場合にも，(ii)または(iii)および(iv)の心証を得られれば，合憲的に差止め処分をおこなうことができるわけである。他方，判決は，公共利害事実ではないと判断した場合の事前差止めの許容性については言及していない。しかし，後述「週刊文春」記事差止事件の下級審決定からもうかがえるように，公共利害事実でなければただちに差止めを認めることが，判例の趣旨であるとは考えられない。その場合でも，裁判所がやはり(ii)または(iii)および(iv)の心証を得ることが要求されているとみるべきであろう。ただし，この心証形成は，公共利害事実の場合よりも緩やかになる可能性がある。

　③**「石に泳ぐ魚」事件判決**（最判平成14・9・24裁判集民事207号243頁）
　名誉保護のための報道の事前差止めの許容性が問題となった北方ジャーナル事件判決の定立した要件は，その後，名誉・プライバシー保護のためのモデル小説の出版差止め，プライバシー保護のための週刊誌の記事差止めの事案に転用されている。

　(ｱ)　**事実関係**　　前者が「石に泳ぐ魚」事件である。芥川賞作家・柳美里が雑誌に掲載した小説『石に泳ぐ魚』の登場人物のモデルとされた人物が，名誉・名誉感情・プライバシーを侵害されたとして，損害賠償と並んで単行本化の禁止を裁判所に求めた。単行本化の禁止は事前差止めにあたる。

　(ｲ)　**裁判所の判断**　　控訴審（東京高判平成13・2・15判時1741号68頁）は，本件小説の登場人物と一審原告とは同定可能なこと，顔面の腫瘍の詳細な描写等が名誉・名誉感情・プライバシーの侵害にあたることを認めた。そして，これらの利益を一括して「人格的価値」と捉え，きわめて重大な保護法益であるから，被害者には差止請求権が認められるとして，それが認容される要件について次のように説示した。

　「どのような場合に侵害行為の事前の差止めが認められるかは，侵害行為の対象となった人物の社会的地位や侵害行為の性質に留意しつつ，予想される侵害行為によって受ける被害者側の不利益と侵害行為を差し止めることによって受ける侵害者側の不利益とを比較衡量して決すべきである。そして，侵害行為が明らかに予想され，その侵害行為によって被害者側が重大な損失を受けるおそれがあり，かつ，その回復を事後に図るのが不可能ないし著しく困難になる

◆ Ⅱ ◆ 報道による名誉毀損

と認められるときは事前の差止めを肯認すべきである」。

この基準に従って，事案については，被害者が公人ではない「市井の一学生」であること，顔面の腫瘍等は公表されたくない事実であり，単行本化によって被害者の苦痛はますます増加し，日常生活の平穏が害される可能性も増大すること，これらを根拠として差止めを認めるべきだとした。

最高裁は，控訴審判決の掲げた事前差止めの認容基準をそのまま繰り返した上で，「人格権としての名誉権等に基づく被上告人の各請求を認容した判断に違法はな」いとして，控訴審判決を追認した。

㋒ **本件判決の意義**　控訴審を追認した最高裁判決は，第 1 に，一般読者ではなく周囲の人々が小説の登場人物と実在人物との「同定可能性」を認識できれば足りる場合があることを認めた点，第 2 に，名誉権侵害・プライバシー権侵害を区別せずに，「侵害行為が明らかに予想され，被害者側が重大な損害を受けるおそれがあり，事後回復が不可能ないし著しく困難」な場合という差止め要件を定立した点，この 2 点で注目される。しかし，事案が顔面の腫瘍の描写という特殊事例であったことを考えると，必ずしも一般化できる議論ではなく，先例としての意味は明確ではない（なお，モデル小説によるプライバシー権侵害事案の先例としては，339 で取り上げた「宴のあと」事件を参照）。

④ **週刊文春記事差止事件決定**（東京高決平成 16・3・31 判タ 1157 号 138 頁）

㋐ **事　実　関　係**　有名政治家の娘の離婚の顛末に関する週刊誌の記事について，報道対象となった女性が，東京地裁に差止めの仮処分を求めたところ認容された（東京地決平成 16・3・16）。そこで，出版社側が，地裁への仮処分異議申立（東京地決平成 16・3・19），さらに地裁の仮処分決定認可決定に対する高裁への保全抗告（東京高決平成 16・3・31）をおこなって争った事件である。

㋑ **裁判所の判断**　地裁の異議申立決定と高裁の保全抗告決定は，いずれもプライバシー権侵害を理由とする出版物の事前差止請求権を認め，これが認容される要件として，①当該出版物が「公共の利害に関する事項に係るものといえないこと」，②当該出版物が「専ら公益を図る目的のものでないことが明白であること」，③当該出版物によって「被害者が重大にして著しく回復困難な損害を被るおそれがあること」が必要だとした。その上で，本件事実については，地裁はこの 3 要件がすべて充足されていると認定して事前差止めを認めたが，高裁は③の要件が充足されていないと判断して地裁の決定を取消した。

(ウ) **本件決定の意義**　　下級審の判断なので，先例としての意義は小さい。しかし，プライバシー権侵害を理由とする報道の差止めについて，北方ジャーナル判決の要件を転用した点が，事案の処理として参考になる。「真実でないことが明白であること」という要件をはずしたのは，プライバシーは真実情報の暴露によってこそ侵害される性質をもつため，表現者側に真実証明を求めれば求めるほど，プライバシー権が一層侵害されるからだと説明される。

第7章 表現の自由(5)
——営利的表現・煽動的表現・差別的表現

I その他の表現内容規制

　国家による内容規制の合憲性が論じられてきた表現には，第4章・第5章・第6章で取り上げた「政治的表現」「性表現」「名誉毀損的表現」のほかに，「営利的表現」「煽動的表現」「差別的表現」などがある。もちろん，憲法条文上の概念ではなく，学問上の概念である。これらについては，最高裁判例の展開はほとんどみられないが，学説によって主としてアメリカの判例理論の紹介検討がおこなわれてきた。

II 営利的表現

◆ 1　営利的表現

　「営利的表現」とは，さまざまな商品情報などの宣伝広告である。営利的表現行為は経済活動の一種であるから，経済的自由によって保護されているという理解も可能だが，日本の学説はアメリカの判例理論を受容して，表現の自由の保護対象と理解している。

◆ 2　営利的表現の自由

　営利的表現の自由とは，「商品情報などの宣伝広告表現を国家から妨害されない市民の権利」を意味する。

◆ 3　営利的表現の自由の規制

　不当景品類及び不当表示防止法4条による商品等の不当表示の禁止，広告等

の適正化措置を講ずる国の義務を定めた消費者基本法15条などは，現行法上の営利的表現規制の代表である。

◆ 4　営利的表現の自由の規制の合憲性審査

(1) 学　説

営利的表現の自由の規制の合憲性審査は，非営利的表現の自由の規制の合憲性審査よりも緩やかでよいといわれている（芦部174〜175頁）。学説はその理由として，営利的表現がより価値の低い表現であることをあげるが，そういう表現内容の価値の優劣論にコミットしなくても，消費者保護の観点から規制の必要性が相対的に高い表現行為である点を考慮すれば必要十分であろう。

(2) 判　例

最高裁判決としては，**あん摩師・はり師・きゅう師法事件判決**（最大判昭和36・2・15刑集15巻2号347頁）があげられる。

①　**判　旨**　あん摩師はり師きゅう師及び柔道整復師法7条は，施術者の氏名・住所，同法の規定する業務の種類，施術場所・日時など，同法所定の事項の広告だけを認め，効能などの宣伝をおこなうことを禁止している。最高裁は，法7条は「国民の保健衛生上の見地から，公共の福祉を維持するためやむをえない」として，古典的な「公共の福祉論」にもとづいて合憲の判断を示した。

②　**評　価**　この判決に対しては，荒っぽい「公共の福祉論」という違憲審査手法を別としても，薬事法で薬局に認められている程度の広告も認めないのは，過剰規制ないし過度広汎な規制であって，違憲となるのではないかという批判がある（尾吹善人『憲法の基礎理論と解釈』信山社2007年580頁）。

III 煽動的表現

◆ 1　煽動的表現

「煽動的表現」とは，犯罪や違法行為を煽動する表現行為・表現物である。そもそも，こうした表現行為は，憲法21条1項の保護対象ではないという考え方も成り立ちそうだが，アメリカで煽動的表現として問題となってきたのが，

政治的表現であったこともあって，保護対象に含める見解が一般的である。

◆ 2　煽動的表現の自由

煽動的表現の自由とは，「犯罪や違法行為を煽動する表現を国家から妨害されない市民の権利」を意味する。

◆ 3　煽動的表現の自由の規制

犯罪や違法行為を煽動する表現は，さまざまな法律の規制対象となっている。内乱罪（刑法77条）・外患罪（刑法81条）・騒乱罪（刑法106条）などの教唆・煽動を独立の犯罪として処罰する破壊活動防止法38条〜40条がその代表である（破壊活動防止法については118も参照）。

◆ 4　煽動的表現の自由の規制の合憲性審査

(1) 学　説

学説は，煽動的表現の多くは政治的メッセージ性が高いことが予見されるという理由で，規制の合憲性を「明白かつ現在の危険」の基準で審査すべきだとする。さらに学説のなかには，1969年アメリカ最高裁判決の「ブランデンバーグの原則」を推奨するものも多い（芦部189頁，長谷部212頁）。「ブランデンバーグの原則」とは，暴力行為・違法行為の唱道は，そうした行為がただちに発生することを意図するものであって，そうした行為が発生する蓋然性が存在する場合にのみ処罰できるという考え方である。「明白かつ現在の危険の原則」では，表現者にその意図がなくても，重大な害悪の発生を切迫させたという判断で煽動の処罰が可能となるのに対して，「ブランデンバーグの原則」では，違法行為をただちにおこなうように呼びかけなければ処罰されないことになるので，合憲性の審査方法としてはより厳格だとされる（市川134頁）。

(2) 判　例

しかし，最高裁は，古典的な「公共の福祉論」にもとづいて，破壊活動防止法38条・40条を合憲と判断している（最大判昭和24・5・18刑集3巻6号839頁，最判平成2・9・28刑集44巻6号463頁）。

Ⅳ 差別的表現

◆ 1 差別的表現

「差別的表現」とは，少数民族，同性愛者など社会の少数者集団に対する差別・排斥・憎悪・侮辱等を内容とする表現である。

◆ 2 差別的表現の自由

したがって，差別的表現の自由とは，「マイノリティに対する差別・排斥・憎悪・侮辱等を内容とする表現を国家から妨害されない市民の権利」ということになる。

◆ 3 差別的表現の自由の規制

いまのところ日本には，差別的表現や差別語を規制する法律は存在しない。日本が1995年に加入した人種差別撤廃条約（あらゆる形態の人種差別の撤廃に関する国際条約）4条の(a)(b)には，人種的優越または憎悪にもとづく思想の流布，人種差別の煽動，人種差別を助長および煽動する団体・宣伝活動への参加を，締約国が犯罪として禁止する義務が含まれている。しかし，日本政府は条約加入にあたって，「日本国憲法の下における集会，結社及び表現の自由その他の権利の保障と抵触しない限度において」条約4条(a)(b)の義務を履行するという留保宣言を付した。

◆ 4 差別的表現の自由の規制の合憲性審査

（1）学　説

学説には，差別的表現を規制する法律の制定もまったく許されないわけではないが，その合憲性は「明確性の原則」と「ブランデンバーグの原則」によって厳格に審査されるべきだという見解もある（市川137〜140頁）。しかし，日本では，差別的表現に関するメディアの広範な自主規制がすでにおこなわれており，過度の自主規制が表現の自由に対して萎縮効果を及ぼす面があることにも注意が必要だ。

(2) 判　例

最高裁判例としては，**政見放送削除事件判決**（最判平成2・4・17民集44巻3号547頁）が数少ない例である。

① **事実関係**　　NHKが，ある候補者の政見放送の一部を，「明らかに身体障害者に対する差別感，侮べつ感を与える特定の文言」にあたるという理由で削除して放送した。これに対して，この候補者が，NHKの措置は「候補者届出政党が録音若しくは録画した政見をそのまま放送しなければならない」と定める公職選挙法150条1項後段に違反する不法行為だとして，損害賠償を求めた民事事件である。

② **判　旨**　　最高裁は，本件削除部分は「他人の名誉を傷つけ善良な風俗を害する等政見放送としての品位を損なう言動を禁止した公職選挙法150条の2の規定に違反する」と述べ，そもそも150条の2違反の言動をそのまま放送される法的に保護された利益はないという理由で，本件措置は不法行為にあたらないと判断した。また，NHKは行政機関ではないので，本件措置は憲法21条2項前段が禁止する「検閲」にもあたらないとした。

③ **評　価**　　この判決に対しては，学説から以下のような疑問が提起されている。本件判決は，当該発言部分がはたして公選法150条の2に該当するかどうかの綿密な検討を欠いている。仮に150条の2に該当するとしても，この条項は本来立候補者の心構えを規定したもので，強制力をもたない。仮に150条の2に強制力を認めるとすれば，重要な政治的表現行為の内容規制法であるから，その合憲性について厳格な審査が必要となる。また，公法上の特殊法人であるNHKを安易に行政機関ではないと解釈して，その事前審査を「検閲」ではないと簡単にいってよいかも疑問である。

第8章 表現の自由(6)——放送と通信

I 放送の自由

◆ 1 放　送

　報道の自由とも深い関連をもつ憲法上の権利として，「放送の自由」がある。憲法には放送の自由を保障する明文規定は存在しないが，学説は，21条が放送の自由の保障を含むと理解している (芦部174頁)。21条1項は，言論・出版という古典的な表現メディアを列挙すると同時に，「その他一切の［メディアによる］表現」を保障しているので，放送の自由の文言上の根拠はここにあると解釈することができる (25)。

　「放送」の辞書的意味は，「電波メディアによる不特定多数者に対する情報の伝達」である (『大辞林』参照)。これにはラジオ，テレビ，ケーブルテレビが含まれる。他方，これまで法律では，放送は，「公衆によって直接受信されることを目的とする無線通信の送信」と定義され (放送法旧2条1号)，一般用語と法律用語は，放送を不特定多数者を対象とする一方的な情報発信行為と捉える点では共通しているが，法律上の放送は，情報伝達手段を電波メディア一般ではなく，無線通信に限定されていた点で，辞書的な意味での放送より狭かった。これまでの定義によると，ケーブルテレビは放送ではなく，放送法とは別に有線テレビジョン放送法で規律されてきた。しかし，2010年11月に成立した放送関連法令の大改正により，ケーブルテレビ放送法は廃止されて放送法に統合され (鈴木秀美「融合法制における番組編集準則と表現の自由」阪大法学60巻2号2010年26~27頁)，放送の定義も，一般用語と同様，「公衆によって直接受信されることを目的とする電気通信…の送信」となった。

　この本では，多数説に従って，21条の保護対象には放送が含まれ，放送と

は「電波メディアによる不特定多数者に対する情報伝達行為」であると理解しておく。

◆ 2　放送の自由

上述の放送の概念を前提にすると，放送の自由とは，「市民が，電波メディアによって，不特定多数者に情報を伝達することを，国家から妨害されない権利」を意味することになる。

学説では，放送の自由が「電波メディアによる報道の自由」と定義されることがある（芦部174頁）。たしかに電波メディアによる事実情報の伝達は，現代社会においてきわめて重要な役割を演じているが，放送の自由を報道の自由の一部と理解するのは狭きに失するだろう。表現の自由一般と同様，放送の自由も，本来，ニュースか娯楽番組かといった情報のコンテンツを問わずに保障されていると解されるべきだからである。

放送の自由の権利主体は，一般論としてはすべての市民であるが，巨額の設備投資とランニングコストを必要とするラジオ，テレビ，ケーブルテレビによる放送の自由の権利主体は，事実上，一定規模の資本力・技術力・組織力を備えた事業体に限られる。この点をどう評価するかは，放送の自由の規制根拠論とも密接に関係する。

◆ 3　放送の自由の規制

(1)　規制の態様

現行法では，放送事業は新聞・雑誌などの印刷メディアが受けないさまざまな法的規制を受けている（以下の説明については大沢秀介「放送の自由」赤坂＝井上＝大沢＝工藤・ファーストステップ117頁以下，斎藤愛「放送の自由」安西ほか・現代的論点・第2版397頁以下参照）。そもそも放送事業を営もうとする者は，電波法4条にもとづいて総務大臣から放送用無線局の免許を受けなければならず，免許付与にあたっては，総務省令「放送局の開設の根本基準」との合致等が審査される。新聞社・雑誌社の設立については完全な自由設立主義がとられ，国家規制がまったくないのとは対照的である。

さらに，放送法は，放送内容についても，(i) 公安および風俗を害しないこと，(ii) 政治的に公平であること，(iii) 報道は事実をまげないこと，(iv) 意見が対

立している問題についてはできるだけ多くの角度から論点を明らかにすることを要請し（放送法3条の2（2010年改正法4条）第1項1～4号の「番組編集準則」），テレビ番組については，教養番組・教育番組・報道番組・娯楽番組を設けてそれらの調和を保つことも求めている（同法3条の2第2項（2010年改正法5条1項）の「番組調和原則」）。番組編集準則のうち，(ii)と(iv)は，特に「公平原則」とよばれる。これらも，印刷メディアには存在しない国家規制である。

　学説は一般に，番組編集準則を，法的拘束力をもたない倫理規定と理解している。しかし，電波法76条1項によれば，放送事業者が電波法・放送法に違反した場合，総務大臣は期間を定めて無線局の運用停止を命じたり，登録の効力停止や周波数等の制限をおこなうことができるとされており，番組編集準則違反を理由としてこの規定を適用する解釈も不可能ではない。また，電波法13条1項によれば，放送用無線局の免許の有効期間は5年であるので，事業継続には総務大臣の再免許が必要となるが，その際，番組編集準則違反が不利益考慮される可能性もある。現にいわゆる「朝日放送報道局長事件」（市川154頁以下参照）のときに，当時の所轄官庁であった郵政省側は，その可能性を示唆した。

(2) 規制の根拠

① **周波数帯稀少説と社会的影響力説**　当初，放送に対するこうした特殊な国家規制の根拠は，放送局の自由設立を認めると，電波の周波数帯が有限なため混線のリスクが高まり，放送事業の合理的な展開が困難になることに求められた。「周波数帯稀少説」とか「電波の有限稀少性説」とよばれる。

　周波数帯稀少説に対しては，今日では，稀少なのは周波数帯だけか，電波はほんとうに稀少か，という2つの異なる視点からの批判ないし疑問が提起されている。前者は，木材の乱伐が問題となっている現代世界の現状を考えると，紙資源もけっして無限ではないから，資源の有限性に印刷メディアと電波メディアの大きな違いを求めることがはたして合理的かという疑問であり，後者は，地上デジタル放送・BS放送・CS放送などによる多チャンネル化時代の到来によって，電波の有限性はかなり緩和されたのではないかという疑問である。

　これに対して，放送に対する特殊な国家規制を正当化するもうひとつの根拠が，放送の社会的影響力の大きさである。放送は，活字と異なり，視聴する人々の情動に対して瞬時・直接に働きかける強力なインパクトをもつメディア

なので，社会に対する放送の影響，特に子どもに対する影響の強さを考えると，印刷メディアとは異なる規制をおこなう必要性があるという見解である。「社会的影響力説」とよばれる。

　社会的影響力説は，今日でも多くの論者によって支持されているといってよいだろう。しかし，印刷メディアと明確に異なる放送の特殊な影響力なるものはほんとうに実証されたのか，人権保障の立場からは，国家ではなく一般市民こそが，どのような番組を視聴するか，また自分の子どもに視聴させるかを決定すべきではないかという批判も，従来から提起されてきた。

　② 学説の新たな動向　　そこで近年では，放送に対する特殊な規制を別な角度から正当化しようとするさまざまな議論がある。それらに共通するのは，実際に放送事業に参入できる人は，印刷メディアに比べると，今日でも事実上はるかに限定されていること，すなわち，放送の自由が事実上ごく少数の送り手に帰属する特殊な人権であることを重視する姿勢である。

　こうした放送の特殊性を前提とした上で，真に多元的な表現ルートを確保し，表現の自由が社会において相当程度現実化することを求めるならば，電波メディアについては，国家によるインフラ整備，参入チェック，コンテンツの多様性・正確性などを確保する規制が必要となる。これが，おそらく，放送の自由に関する憲法学者の多数説であろう（長谷部恭男『テレビの憲法理論』弘文堂 1992 年 94～95 頁，鈴木秀美『放送の自由』信山社 2000 年 309 頁，齋藤・前掲論文 411 頁）。マスメディアを新聞などの印刷メディアと電波メディアに大別し，両者の特性を考慮して電波メディアにより強い規制をかけることで，全体としてのメディアの多元性・多様性を確保できるという考え方なので，「マスメディアの部分的規制論」などとよばれる（市川 163 頁）。

◆ 4　放送の自由の規制の合憲性審査

　放送の自由の規制の合憲性問題は，これまで訴訟のなかで正面から取り上げられたことがないようである。

　学説からは，上述のような放送の特殊性論に依拠しつつ，放送を通じた情報の多様性・正確性の確保と，個人の名誉などの人権侵害の防止が必要であることを考えると，放送については印刷メディアに比べて国家規制の必要性が高いので，規制の合憲性は，内容規制に関しても厳格な合理性審査で足りるという

提言がある（鈴木秀美＝山田健太＝砂川浩慶編『放送法を読みとく』商事法務 2009 年 99～102 頁［鈴木］）。

II 通信の秘密

1 通信

　放送と対極的な表現形式として，この章で「通信」にも言及しておきたい。憲法 21 条 2 項後段は，「通信の秘密は，これを侵してはならない」と定める。「通信」の辞書的意味は，郵便・電信・電話などによる表現行為（コミュニケーション）である（『広辞苑』，鈴木秀美「通信の秘密」大石眞＝石川健治編『憲法の争点』有斐閣 2008 年 136 頁）。アメリカでは，従来，主要な表現媒体が印刷メディア，電波メディア（放送），郵便・電信・電話等の「コモン・キャリア」に 3 分類されてきた（山口いつ子「サイバースペースにおける表現の自由」東京大学社会情報研究所紀要 51 号 1996 年 17 頁）。通信はここにいうコモン・キャリアにあたる。

　明治憲法 26 条にも「日本臣民ハ法律ニ定メタル場合ヲ除ク外信書ノ秘密ヲ侵サルルコトナシ」という規定があり，学説は「信書」を「郵便電信電話」と理解していた（美濃部達吉『逐条憲法精義』有斐閣 1931 年初版 6 刷 380 頁）。日本国憲法の「通信」を上述の辞書的意味に理解するなら，それは明治憲法の「信書」と同義だということになる（宮沢・全訂 250 頁，佐藤功・註釈上 382 頁）。

　同一文面の手紙を手書きでたくさん書くことの煩雑さや，電話口で多数の人が同時に会話することの困難さを考えればわかるように，郵便・電信・電話という表現手段は，もともと不特定人または多数人への情報伝達には適しておらず，特定者間の 1 対 1 のコミュニケーション手段として利用されてきた。つまり，通信は，一定の親密な人間関係を前提とする私的な情報交換（「私信」）であることが予定されてきた。この意味で通信は，放送とは対極にある表現行為なのである。

　ところが，こうした放送と通信の対極性は，インターネットの普及によって一変した。インターネットは，たとえば少数特定者間の E メールのやりとりのように，従来の郵便・電信・電話を補完し，あるいはこれらに代替する表現手段としても広く利用されている。その意味では，インターネットによるコ

ミュニケーションは，上述の伝統的な通信に含まれる面をもつ。しかし，ホームページの開設，動画や音楽の配信など，インターネット上の表現は，不特定者を対象とする出版や放送類似の機能も果たし，また，ブログのような放送と通信の中間形態的なツールも，インターネットを通じて大きく発展している（放送と通信の融合現象。「公然性を有する通信」ともいわれる）。

　こうしたインターネットの多機能性を考慮した場合，通信を郵便・電信・電話・インターネットなどの表現媒体の観点から定義するのではなく，むしろ表現者間の関係に着目して，さまざまな表現媒体を利用した「特定人と特定人との情報の交換」と定義するほうが，通信の特色をなしてきた私事性を把握するのには適しているともいえる（高橋 223 頁，渋谷 371 頁参照）。そこで，この本では，憲法 21 条 2 項後段の通信の秘密の保護対象を，「口頭以外の手段による特定人相互のコミュニケーション」と捉えておくことにしたい（対面の口頭によるコミュニケーションは 21 条 1 項の「言論」に含まれる。25)）。ちなみに判例は，通信の秘密の対象を「信書」とし，信書を「特定人から特定人に対する意思を含む意識内容一般の伝達を媒介すべき文書」と理解している（札幌税関検査事件の最高裁判決が援用する同事件の札幌高裁判決。民集 38 巻 12 号 1407 頁を参照）。

◆ 2　通信の自由および秘密

　郵便・電信・電話による表現がもつ私事性・親密性という特色から，人々が通信の内容を第三者に知られたくないと考えるのは自然である。国家との関係でも，市民の通信内容を国家に知られないことが重視された。伝統的に通信の権利が「通信の秘密」として定式化されてきたのはこのためである。21 条 2 項後段を，プライバシー権の一部と位置づける学説も有力である（表現の自由と通信の秘密との相違を強調する学説として，大石Ⅱ 98 頁。通常の表現を外的コミュニケーション，通信を内的コミュニケーションと位置づけ，やはり通信のプライバシー性を強調する学説として，佐藤 576 頁。同旨，松井 513〜514 頁，長谷部 230 頁）。

　しかし，通信の秘密は，通信の自由の保障を当然の前提としている（阪本Ⅲ 139〜141 頁）。21 条 2 項後段は，まず第 1 に，表現の自由の一環として，「電話・インターネットなど，さまざまな手段による特定人相互のコミュニケーションを国家から妨害されない権利」を保障し，その上で，第 2 に，「特定者間のコミュニケーションを国家に知られない権利」も保障するのである。

◆ Ⅱ ◆ 通信の秘密

　なお，通信の秘密の保護対象には，通信の内容の秘密だけでなく，発受信履歴の秘密も含まれると理解されている。すなわち，市民は，21条2項後段によって，「差出人および受取人の氏名・住所，発受の日時・回数などの通信履歴を国家に知られない権利」も保障されている。

◆ 3　通信の自由および秘密の保護と制限

(1)　通信の秘密の保護

　憲法上の通信の秘密は，憲法下位法によって具体化されている。主な規定をあげておこう。刑法 133 条の「信書開披罪」は，市民であると国家であるとを問わず，信書の開披行為を処罰対象としている。刑法学説によれば，ここにいう信書は，上述のように憲法 21 条 2 項後段の通信と同義とされる信書よりも狭く，封印された（内容をみられない状態にされた）文書（紙媒体）を意味する（山口厚『刑法各論第 2 版』有斐閣 2010 年 129〜130 頁）。さらに，郵便法 8 条・電気通信事業法 3 条が，それぞれ郵便業務従事者・電気通信業務従事者に対して郵便物・電気通信の検閲を禁止し（調査禁止），また郵便法 9 条 2 項・電気通信事業法 4 条 2 項は，郵便および電気通信業務従事者の守秘義務を定めている（漏洩禁止）。

(2)　通信の自由および秘密の制限

　次に法令上の制限をみてみると，通信の自由自体の制限としては，刑事収容施設被収容者処遇法が定める刑事収容施設の長による受刑者・未決拘禁者・死刑確定者等の信書の発受の禁止や差止め（法 128 条・129 条・138 条・141 条参照），電話等による通信の許可制（法 146 条）をあげることができる。

　また，通信の秘密の制限としては，同じく，刑事収容施設被収容者処遇法 127 条・135 条が刑事収容施設の長による被収容者の信書の検査を定めるほか，刑事訴訟法 100 条には被告人が発しまたは被告人に発せられた郵便電信の裁判所による押収の規定があり，破産法 81 条・82 条には破産者宛郵便物を入手・開披する破産管財人の権限の規定がある。

　捜査機関による電話の傍受については，長く明確な法的規律が存在せず，原則として許されないものと考えられていたが，1999 年に麻薬・武器の密輸入，密入国者の輸送等の一定の犯罪の捜査について，裁判官の発給する傍受令状にもとづいて，捜査機関が電話を傍受することを認める通信傍受法が制定された。

◆ 4 通信の自由および秘密の制限の合憲性審査

104　通信傍受法の制定時には，違憲論を含む強い反対があったが（52で取り上げた寺西事件は通信傍受法制定反対闘争のひとコマである），制定後，特段の判例の蓄積はみられないようである。刑事訴訟法の郵便物押収規定についても，学説には違憲説があるが（佐藤578頁，樋口＝佐藤＝中村＝浦部・注解Ⅰ87頁，辻村244～245頁），判例にはみるべきものはない。

　刑事収容施設被収容者の通信の自由の制限については，「国家と特別な関係に立つ人々の人権主体性」の問題という位置づけで，394～401で取り上げる。

第9章 集会の自由

◆ 1 集 会

(1) 集会の概念

　憲法 21 条 1 項は，「集会の自由」を明文で保障している。21 条 1 項にいう「集会」とは，「複数人が，共通の目的をもって，特定の場所に一時的に集合する行為」である。ここでいう「集合する行為」には，集まってくる行為と集まりを継続している行為の双方が含まれる。すなわち，人々が集まってくる行為を規制しても，集まっている状態を規制しても，いずれも集会規制となる。

　デモ行進（集団示威運動）も「動く集会」として，一般に 21 条 1 項にいう集会の一種とみなされている。

　複数人とは，2 人以上を指す。ふつう，国家の側は，2〜3 人の集まりには規制の必要を感じないので，議論の実益があるのはもっと多人数であるが，定義としては 2 人以上とすべきだろう。たとえば，東京都公安条例に関する 1960 年の警視総監通達は，「厳格には二人以上」としながら，「一応，一般的には数十名程度以上のものを［条例による規制の］対象とすべきである」と指示している（奥平康弘編著『青少年保護条例・公安条例』学陽書房 1981 年 175 頁）。

(2) 「共通の目的」の理解

　憲法上の集会の概念要素である「共通の目的」については，これを特に限定しない広義説（初宿 301 頁）と，「あるテーマに関する共通の意見の表明ないし形成」，あるいは少なくとも「あるテーマに関する意見の交換」に目的を限定する狭義説とがある。狭義説によれば，憲法上の集会とは，「複数人が，特定のテーマに関する意見の表明・形成・交換を目的として，特定の場所に一時的に集合する行為」だということになる。

　通説の暗黙の前提は，狭義説の立場であろう。集会を表現態様の一種と捉え，

集会の自由を表現の自由の一部とみなしている（芦部165頁以下，浦部144頁以下）のはその表れである。二重の基準論を前提として，集会規制はより厳しい合憲性審査に服すべきだとする学説の提言も，狭義説を前提としている。

狭義説の立場からは，第1に，葬儀（上尾市福祉会館事件：最判平成8・3・15民集50巻3号549頁），結婚披露宴，スポーツの試合，親睦の合宿（東京都青年の家事件：東京高判平成9・9・16判タ986号206頁）のような，参加者による意見の表明・形成・交換を目的としない共同行為，第2に，映画館での映画鑑賞やパソコン教室への参加のような，共通の目的はあるが，参加者が共同行為を意図しているわけではない複数人の集まりは，いずれも駅のホームにたまたま多数人が居合わせている場合（単なる群集）と同じく，憲法上の集会ではないことになる。すなわち，人の集まりと憲法上の集会との関係は，以下のようになる。

(ア) たまたま複数の人がひとつの場所に居合わせている状態→集会ではない。

(イ) 共同行為ではない共通の目的（ex 観劇）で複数の人が集まっている状態→広義説では集会。狭義説では集会でない。

(ウ) 表現目的ではない共同行為のために複数の人が集まっている状態（ex 通常の葬儀・結婚披露宴）→広義説では集会。狭義説では非集会。

(エ) 何らかのテーマに関する意見の表明・形成・交換を目的とする複数の人の集まり→コアな集会。

同じく複数人による公共施設の利用でも，目的次第で憲法上の集会となったりならなかったりするという狭義説の結論には違和感を覚えるが，さりとて，集会を表現態様の一種だとする理解に立って，合憲性審査のあり方を考えるこれまでの発想を捨てることもできないというのであれば，集会するという行為自体を，その目的如何にかかわらず表現行為だと解釈するのがひとつの道である（浦部172～173頁）。しかし，これは，コンパであれ，花見であれ，すべてが表現行為だというに等しく，およそわれわれの一挙手一投足のすべてが憲法上の表現だという解釈にいきつく見方である。これはこれで，表現行為を特別視する二重の基準論とは整合的でない。

残る解決方法は，憲法上の集会を，意見の表明・形成・交換を目的とする集会と，それ以外の目的をもつ集会とに2分し，前者の規制の合憲性審査は表現の自由なみに厳格化し，後者の規制の合憲性審査は合理性審査で足りるとすることであろう。ちなみに，最高裁は，公共施設の利用の不許可処分など，複数

人の集まりに対する規制の合憲性が争われている場合には，いわば，規制から逆算して，葬儀であれ何であれ，当該集まりが憲法上の集会であることを前提とする実用主義的な態度をとっている（後述，上尾市福祉会館事件）。これはこれで，ひとつの対処方法であろう。

◆ 2　集会の自由

この本では，広義説の立場に立って，集会の自由とは，「複数人が，何らかの共通の目的で，特定の場所に一時的に集合する行為を，国家によって妨害されない市民の権利」を指すと理解しておこう。これに対して，狭義説をとれば，集会の自由とは，「複数人が，特定のテーマに関する意見の表明・形成・交換を目的として，特定の場所に一時的に集合する行為を，国家によって妨害されない権利」を意味することになる。

いずれにせよ，古典的な集会の自由の想定では，国家の義務は集会を妨害しないことである。しかし，現代国家では，所有者のいない不動産は存在しないのであるから，集会の自由は，結局，公道・公園・公立ホールなどの公的施設の利用権に還元されるといってもよい。こう考えると，集会の自由とは，「複数人が，何らかの共通の目的で公的施設を利用することを，国家から妨害されない権利」だということになる。

◆ 3　集会の自由の規制

(1)　公安条例による集会・デモ行進の規制

第二次大戦前には，治安警察法による全国一律の集会規制が存在したが，この法律が占領軍の指令で廃止されたため，敗戦直後の一時期は集会規制法令が存在しない状況となった。しかし，戦後の窮乏と混乱のなかで集会・デモ行進が頻発し，占領軍は，各地の軍政部単位でこれに対応した。早くも1948年には，大阪軍政部の要求にもとづき，大阪市が公安条例を制定し，この動きが全国に波及して，場所によっては市町村単位，場所によっては都道府県単位で，全国で60の公安条例が制定された。1952年の独立回復後，国会で全国一律の「集団示威運動等の秩序の保持に関する法律」案が審議されたが，審議未了廃案となった。したがって，今日でも，特に屋外集会・デモ行進の規制法の中心は，各地の公安条例である。

一般に公安条例による規制は，集会について公安委員会の事前の許可ないし公安委員会に対する事前の届出を求めるが，集会の内容に関与するものではないので，「事前の表現内容中立規制」に分類されている (31)。ここでは，指導的判例で合憲性が問題となった東京都公安条例と新潟県公安条例のしくみを，相互に比較しながら紹介しておこう。

　① **規　制　対　象**　　東京都条例は，「道路その他公共の場所で集会若しくは集団行進を行おうとするとき，又は場所のいかんを問わず集団示威運動を行おうとするとき」と規定して，屋内集会も規制対象とするのに対して，新潟県条例は，「行列行進又は公衆の集団示威運動（徒歩又は車輛で道路公園その他公衆の自由に交通することができる場所を行進し又は占拠しようとするもの……）」という規定で，屋外集会だけを規制対象としている。したがって，規制対象は新潟県条例のほうが狭い。

　② **許　可　制**　　いずれの条例においても，集会の主催者は，集会開催予定日時の72時間前までに，公安委員会に所定の許可申請書を提出し，その許可を受けなければならない。

　③ **許　可　条　件**　　東京都条例は，当該集会の実施が「公共の安寧を維持する上に直接危険を及ぼすと明らかに認められる場合の外は，これを許可しなければならない」と規定し，新潟県条例は，「公安を害する虞がないと認める場合は」許可しなければならないと規定する。例外的な不許可要件の規定ぶりは，東京都条例のほうが明確かつ厳格である。

　④ **許可推定条項**　　新潟県条例は，「申請を受理した公安委員会が当該行列行進集団示威運動開始日時の24時間前迄に条件を附し又は許可を与えない旨の意思表示をしない時は許可のあったものとして行動することができる」とする，いわゆる許可推定条項を置いているのに対して，東京都条例にはこの種の規定は存在しない。この点では，新潟県条例のほうが規制が緩やかなことになる。

　⑤ **条件付許可**　　いずれの条例でも，日時・場所・態様などについて，公安委員会が条件付の許可を与えることが認められている。

　⑥ **罰　則**　　いずれの条例でも，無許可集会・許可条件違反集会等の主催者に対する刑事罰が定められている。

(2) 公共施設の管理権による集会規制

国立公園，県立スタジアム，市民ホールのような，国や地方公共団体が設置管理している公共施設については，施設ごとに管理上のルールが定められ，これにもとづいて利用の制限がおこなわれている。地方公共団体の公共施設については，地方自治法244条が，正当な理由のない利用拒否と不当な差別を禁止している。こうした利用拒否も，集会の自由の制限となる場合がある。

◆ 4　集会の自由の規制の合憲性審査

(1) 公安条例の合憲性審査
① 判　例
公安条例の合憲性が問題となった重要判例としては，次の3つがある。
(ア) 新潟県公安条例事件判決（最大判昭和29・11・24刑集8巻11号1866頁）
(イ) 東京都公安条例事件判決（最大判昭和35・7・20刑集14巻9号1243頁）
(ウ) 徳島市公安条例事件判決（最大判昭和50・9・10刑集29巻8号489頁）
以下，集会の自由に関係する憲法解釈上の論点を中心に，3つの判決の内容を紹介しておく。

② 新潟県公安条例事件判決（最大判昭和29・11・24刑集8巻11号1866頁）
(ア) 一般的説示　「公共の福祉三段論法」を多用していた時期の最高裁判決としてはきわめて例外的なことだが，1954年のこの判決は，集会の合憲的な規制について，かなり具体的で明確な憲法解釈を示した。

それによると，第1に，届出をするだけで集会をおこなえる届出制を採用することは許されるが，国家の側が許可・不許可を決定する一般的な許可制を定めることは許されない。第2に，「公共の秩序を保持し，または公共の福祉が著しく侵されることを防止するため，特定の場所または方法につき，合理的かつ明確な基準の下に，予め許可を受けさせ，届出をさせて，このような場合には集団示威運動等を禁止する」限定的な許可制を条例で設けることは許される。第3に，「公共の安全に対し明らかな差し迫った危険を及ぼすことが予見されるときは」，集団示威運動等を不許可とする規定を置くことも許される。

この第3の説示は，アメリカの判例理論である「明白かつ現在の危険」の法理を連想させるもので，特に注目された。

(イ) 本件条例の評価　最高裁は，「公安を害する虞がないと認める場合」と

いう許可要件はきわめて抽象的なので改正が望ましいとしながら，許可対象は特定の場所・方法に限定されていること，公安委員会に検閲権を与えるものではないこと，許可推定条項が置かれていることなどから，「条例は全体として，一般的許可制をとるとはいえない」と判断した。

③ **東京都公安条例事件判決**（最大判昭和 35・7・20 刑集 14 巻 9 号 1243 頁）

これに対して，東京都条例判決は，1960 年の第 1 次日米安保条約改定反対闘争が国民的な盛り上がりをみせ，ちょうど国会周辺で 10 万人デモが実施された時期に重なったこともあって，「集団行動暴徒化論」とよばれる集会観を出発点としている点で，新潟県条例判決とはそのトーンが著しく異なっている。集団行動暴徒化論とは，以下のようなこの判決の説示の通称である。「平穏静粛な集団であっても，時に昂奮，激昂の渦中に巻きこまれ，甚だしい場合には一瞬にして暴徒と化し，……警察力を以てしても如何ともし得ないような事態に発展する危険が存在すること，群集心理の法則と現実の経験に徴して明らかである」。

この判決は，こうした集会観を基調として，不許可要件が「公共の安寧を保持する上に直接危険を及ぼすと明らかに認められる場合」に限定されているので，東京都条例の実質は届出制と変わらないと評価し，条例が場所を包括的に掲げていることや，許可推定条項が存在しないことも違憲とする理由にはならないとした。

東京都条例判決は，新潟県条例判決の定立した基準を明示的に変更したわけではないが，新潟県条例判決が試みた許可対象となる場所・方法の特定性や，許可推定条項の有無など規制権限の限定性についての吟味を放棄して，東京都条例をまるごと追認する結果となったので，事実上の判例変更だという批評もある。日本社会の状況が変化して，過激な街頭デモをめぐる刑事事件は目につかなくなったが，この判例自体は現在でも生きている。

東京都条例判決以降も，下級審には，行政事件訴訟法 25 条 2 項によって不許可処分の「執行停止」を認めるなど，公安条例の適用に限定を加えようとする動きがあった。デモ行進の不許可処分の執行を停止しても，あらためて許可を受けない限り，予定どおりにデモ行進を実施することはできないとする行政法学の通念に反して，最高裁自体が公安条例の許可制は実質的には届出制と異ならないとしていることを理由に，不許可処分や条件付許可処分の執行停止に

第 9 章　集会の自由

よって，自動的にデモ行進が可能になるという解釈である。しかし，こうした下級審の決定も，現実には行政事件訴訟法 27 条にもとづく「内閣総理大臣の異議」によって覆された。行政事件訴訟法 27 条に対しては，司法権の侵害だという違憲論も根強いが，この規定は 2004 年の行政事件訴訟法の大改正後も存置されている。

④ **徳島市公安条例事件判決**（最大判昭和 50・9・10 刑集 29 巻 8 号 489 頁）

　この判決は，2 つの論点について判断を示したことで注目されている。第 1 に，道路交通法がデモ行進にも道路使用の許可をとることを求めているのに，さらにデモ行進の許可制を定める公安条例は，重複規制となって道路交通法違反ではないか，したがって憲法 94 条違反ではないかという論点である。この点について最高裁は，法令と条例の対象事項・文言のみならず趣旨・目的・内容・効果を比較して，両者の抵触の有無を決すべきだとした上で，

(ア) 法令と条例の目的が異なっていると解される場合には，当該条例が法令の意図する目的・効果を阻害するのでなければ，条例は適法・合憲であり，

(イ) 法令と条例の目的が同一の場合でも，法令が全国一律規制の趣旨ではなく，単なるナショナル・ミニマムを定めたにすぎないと解されるときは，条例は適法・合憲である

という趣旨の判断基準を立てた。

　第 2 は，徳島市条例が許可条件のひとつとする「交通秩序を維持すること」という文言は，明確性を欠くのではないかという論点である。この点について，最高裁は，条例が交通秩序を乱す行為の具体例を示していないことは「立法措置として著しく妥当を欠く」としながら，憲法 31 条の明確性の要請に反するかどうかは，「通常の判断能力を有する一般人の理解において，具体的場合に当該行為がその適用を受けるものかどうかの判断を可能ならしめるような基準が読みとれるか」で判断されるとして，結論としては違憲とまではいえないとした。

(2)　公安条例以外の集会規制の合憲性審査

① **主要な判例**

　公安条例以外の集会規制の合憲性が争われた主な判例には次のようなものがある。

(ア) **成田新法事件判決**（最大判平成 4・7・1 民集 46 巻 5 号 437 頁）

(イ) **泉佐野市民会館事件判決**（最判平成7・3・7民集49巻3号687頁）
(ウ) **上尾市福祉会館事件判決**（最判平成8・3・15民集50巻3号549頁）
(エ) **広島市暴走族追放条例事件判決**（最判平成19・9・18刑集61巻6号601頁）
② **泉佐野市民会館事件判決**（最判平成7・3・7民集49巻3号687頁）

これらのうち最も重要な判例は，泉佐野市民会館事件判決である。少し詳しく検討しておこう。

(ア) **事実関係** Xらは，1984年6月3日に泉佐野市民会館ホールで「関西新空港反対全国総決起集会」を開催することを企画し，4月2日に市に使用許可申請をおこなった。これに対して市側は，市立泉佐野市民会館条例7条1号「公の秩序を乱すおそれがある場合」，同3号「その他会館の管理上支障がある場合」に該当するとして，4月23日付で不許可処分をおこなった。そこでXは，市を相手取って，違憲・違法な処分によって損害を被ったとして国家賠償請求訴訟を提起した。

(イ) **条例の合憲性審査** 最高裁は，公共施設の管理者はその管理権を適正に行使すべきであり，利用を拒否できるのは次の3つの場合に限られるとした。すなわち，第1は，当該施設の種類・規模・設備等からみてその集会が不相当な場合。第2は，利用の希望が競合する場合。第3は，その集会によって，「他の基本的人権が侵害され，公共の福祉が損なわれる危険がある場合」である。

最高裁によれば，第3の場合の制限が必要かつ合理的かどうかは，集会の自由と侵害されうる他の基本的人権との比較衡量によって判断すべきであり，集会の自由の制約は精神的自由の制約であるから，比較衡量は，経済的自由の制約の場合よりも厳格な基準のもとでおこなわれなければならない。

このようなスタンスに立つと，条例7条1号「公の秩序を乱すおそれがある場合」という文言は，当該集会によって「人の生命，身体又は財産が侵害され，公共の安全が損なわれる危険を回避し，防止することの必要性が優越する場合」の意味に限定解釈されるべきであり，この危険性の程度としては，「明らかな差し迫った危険の発生が具体的に予見されること」が要求される。

(ウ) **本件不許可処分自体の合憲性審査** 最高裁は，このようにみずから合憲限定解釈した条例の規定に照らして，本件不許可処分が，条例違反となり，したがって違憲の集会規制とならないかを検討している。

最高裁によれば，次のような理由で，本件不許可処分は合憲適法である。本件集会の実質的主催者と目される中核派は，この時期関西新空港建設を実力で阻止することを闘争方針とし，空港関係機関の爆破事件，対立グループとの衝突事件を起こしていた。本件集会が開催されれば，対立グループの妨害により，集会関係者のみならず会館職員や近隣住民の生命・身体・財産が侵害される事態が生ずることは，「客観的事実によって具体的に明らかに予見された」。他のグループの実力による妨害によって紛争が生ずるおそれを理由に，平穏な集会の利用を拒否することは，憲法21条の趣旨に反するが，本件では市側が警察に依頼して他グループの報復・襲撃を未然に防止することは不可能に近かった。

(エ) **判決の評価** この判決は，集会の自由と他者の人権との比較衡量によって不許可の合憲性を審査する手法をとり，比較衡量審査を二重の基準論の発想でおこなう態度を示した。精神的自由の規制の審査にあたって，二重の基準論的発想に立つことを示唆した初めての判決として注目される。具体的には，条例の規定を，「明白かつ現在の危険」の法理の趣旨で限定解釈した点が最も重要である。新潟県条例判決の精神は死んでいなかったともいえよう。また，対立グループの妨害のおそれを理由に平穏な集会を禁止することは違憲だという，アメリカ最高裁の「敵意ある聴衆の法理」を連想させる説示も重要である。

しかし，ここまで踏み込んだ合憲性審査をおこなうなら，条例を合憲限定解釈で救うのではなく，違憲の判断も十分ありえたであろう。また，最高裁の本件処分の評価に対しても次の疑問が提起されうる。過去の事例から暴力行為が予測されたのは，むしろ本件集会の主催者である中核派の側であるから，中核派が平穏に開催しようとしていた集会が，暴力による被害を生じさせる具体的危険がはたして明白だったといえるのか，また，警察力をもってしても混乱を阻止できない事情がほんとうにあったのかという疑問である。

③ **上尾市福祉会館事件判決**（最判平成8・3・15民集50巻3号549頁）

過激派の「内ゲバ」とみられる殺人事件の犠牲者となった労働組合の幹部について，労働組合葬を挙行するために，組合が市の施設の利用を申請したところ，不許可となった事件である。最高裁は，泉佐野市民会館事件判決で示唆した「敵意ある聴衆の法理」を次のように明確化し，この基準にもとづいて，不許可処分の違法性を認めた。「主催者が集会を平穏に行おうとしているのに，その集会の目的や主催者の思想，信条等に反対する者らが，これを実力で阻止

し，妨害しようとして紛争を起こすおそれがあることを理由に公の施設の利用を拒むことができるのは，……警察の警備等によってもなお混乱を防止することができないなど特別の事情がある場合に限られる」。

④ **広島市暴走族追放条例事件判決**（最判平成 19・9・18 刑集 61 巻 6 号 601 頁）

X は，2002 年 11 月 23 日午後 10 時 31 分ころから，「観音連合」などの暴走族構成員約 40 名とともに，広島市が管理する広島市西新天地公共広場において，公衆に不安や恐怖を覚えさせる集会をおこない，本件条例にもとづく市職員の退去命令を無視して午後 10 時 41 分頃まで同集会を継続したため，条例違反で起訴された。下級審で有罪判決を受けたため，X は，条例が憲法 21 条の表現の自由・集会の自由，31 条の明確性の要請に反するとして上告した。

最高裁は，市条例 2 条 7 号の「暴走行為をすることを目的として結成された集団又は公共の場所において，公衆に不安若しくは恐怖を覚えさせるような特異な服装若しくは集団名を表示した服装で，い集，集会若しくは示威行為を行う集団」という定義規定を適切ではないとしながら，「本条例が規制の対象としている暴走族は，本条例 2 条 7 号の定義にもかかわらず，暴走行為を目的として結成された集団である本来的な意味における暴走族の外は，服装，旗，言動などにおいてこのような暴走族に類似し社会通念上これと同視することができる集団に限られる」と解釈した。

このような合憲限定解釈をおこなった上で，最高裁は，暴走族の集会が公衆の平穏を害してきたこと，集会をただちに処罰するのではなく，市長による中止命令等に反した場合にはじめて処罰するとしていることを理由に，「弊害を防止しようとする規制目的の正当性，弊害防止手段としての合理性，この規制により得られる利益と失われる利益の均衡の観点に照らし」，本件条例は憲法 21 条 1 項および 31 条に反しているとはいえないと判断した。詳しい理由づけを欠いているが，判断枠組みは猿払事件判決（51）と同一の目的手段審査といってよい。

⑤ **まとめ**

判例は，泉佐野市民会館事件のような典型的な集会のケースのみならず，葬儀や暴走族の集団暴走行為のような 21 条の集会にあたるといえるか疑問のありうるケースについても，規制から逆算して集会性を承認してきた。これは集会の自由の解釈に関するひとつの合理的態度であるが，もちろん暴走行為のた

めの集会は憲法21条の保護対象ではないという立論も不可能ではない。

合憲性判断に関する判例の基本的枠組は比較衡量論である。しかし，判例は，集会規制側の利益として「明白かつ現在の危険」の存在を求め，「明白かつ現在の危険」が存在している場合でも，警察力によっても阻止できない規模の害悪発生が具体的に予見されるレアケースを別とすれば，「敵意ある聴衆」による妨害を集会規制の正当な根拠とは認めない。行政処分の合憲性判断は，実際には個別事案の具体的事実をどう評価するかによって大きく変わってくることになるが，90年代以降の判例は集会保護にかなり配慮しているということができるだろう。

法的構成に関する学説の代案は，集会規制についても目的手段審査である。しかし，広島市暴走族条例判決が採用した猿払型の合理性審査は，事案が暴走族の集会にかかわるものだったことを考慮すれば自然かもしれないが，学説の想定する審査グレードとはかけ離れたものである。最高裁の意識では，公務員の政治活動（47，51〜52）と暴走族の「集会」が同列だとすれば，そこにも問題がありそうだ。

第10章　結社の自由

◆ 1　結　社

(1)　結社の概念

　憲法21条1項は,「結社の自由」を明文で保障している。憲法21条1項にいう「結社」とは,複数人が,共通の目的で,団体を結成する行為,および結成された団体自体を意味する。集会が時間的にも場所的にも限定された一時的な人の集合であるのに対して,継続的に活動する団体とその結成行為である結社は,場所的・時間的な制約を受けない点が集会と異なる。

　第9章で述べたように,学説は,憲法上の集会の概念については,暗黙のうちに概念要素である「共通の目的」を「特定のテーマに関する意見の表明・形成・交換」に限定するのに対して (106),結社についてはこういう限定を想定していない。集会の概念については狭義説が多数説,結社の概念については広義説が多数説ということになる。多数説によれば,21条1項の結社は,政治・経済・芸術・スポーツ・学問・趣味・社交など,あらゆる目的の団体結成と団体活動を包含する（芦部205～206頁）。

　学説には,営利団体とその結成は21条1項にいう結社ではなく,憲法22条1項の「営業の自由」(166)の保護対象だとする有力説もある（高橋220頁,長谷部227頁,松井468頁）。この考え方の根底には,結社の自由を表現の自由の一部とみなす発想がうかがえる。しかし,結社には,民間の放送局や出版社のように,表現と営利の双方を目的とするものも多く,また趣味や社交の結社も社会生活上重要な意味をもつことを考えると,結社の概念を目的でしぼることは生産的だとは思われない。広義説をとると,結社の自由の保護対象は,表現行為を超える内容を含むことになる点に注意が必要である。

　なお,日本国憲法の条文構造上,宗教的結社は20条,労働組合は28条で,

それぞれ別枠で保護されている。21条1項の結社について広義説に立っても，この理解に変わりはない。

113　**(2) 結社行為**

結社の自由の保護対象となる行為を分解すると，それには以下の行為が含まれる。① 複数の個人が団体を結成する行為，② 個人が既存の団体に加入する行為，③ 個人が団体から脱退する行為，④ 個人が団体構成員として活動する行為，⑤ 団体自体が団体として活動する行為，⑥ 団体が解散する行為である。

◆ 2　結社の自由

114　**(1) 結社の自由の意味**

したがって，結社の自由とは，「個人が団体を結成すること，個人が団体に加入すること，個人が団体から脱退すること，個人が団体構成員として活動することを国家から妨害されない権利」という，個人を主体とする権利と，「団体が団体として活動すること，および団体が解散することを国家から妨害されない権利」という，団体自体を主体とする権利の双方を含むことになる。

さらに，結社の自由は，「個人が団体を結成せず，団体に加入せず，団体から脱退しない行為を国家から妨害されない権利」も含むとされる。こうした「不行使の権利」は，表現の自由，集会の自由など他の多くの人権についても想定できるが，団体と個人の対立緊張関係が問題となることが多い結社の自由については特に強調されてきた。

115　**(2) 国家・結社・個人**

時の政権によって野党が解散させられたり，新聞社が閉鎖されたり，といった国家による団体弾圧がいまでも世界中に存在することを考えると，結社の自由の主体には団体自体が含まれることを，いま一度強調しておくことには意義がある。

しかし同時に，団体の活動が，個人の自由とさまざまなあつれきを生むことも事実である。個人と団体との関係の問題は，憲法論のレベルでは「私人間の人権」(415以下) の一局面であるが，伝統的に「法人・団体の人権」という切り口で論じられてきた (402以下)。

◆ 3　結社の自由の規制

(1) 結社の法的保護

　社会的存在としての結社は自生的・自律的なものだが、現代国家は結社の存立と活動に法的基盤を与えるさまざまな法令を制定している。民法、一般法人法（一般社団法人及び一般財団法人に関する法律）、会社法、特定非営利活動促進法、宗教法人法、労働組合法などがその代表例である (408)。これらには、たしかに結社規制法という側面もあるわけだが、一般には、むしろ結社の活動の土俵を整備し、結社を保護する法律と理解されている。

(2) 結社の法的規制

　これに対して、まさに結社の規制を意図して制定され、結社の自由の侵害が問題となった法律としては、まず破壊活動防止法があげられる。ほかに暴力団規制法（暴力団員による不当な行為の防止に関する法律）、オウム真理教対策法（無差別大量殺人を行った団体の規制に関する法律）、組織犯罪処罰法（組織的な犯罪の処罰及び犯罪収益の規制に関する法律）も、結社規制の性格をもつ法律である。なお、個人情報保護法（個人情報の保護に関する法律）の制定時にも報道機関等の規制が問題となり、2003年に制定された個人情報保護法は、50条1項で報道機関・政治団体・宗教団体等を適用除外とした。

(3) 破壊活動防止法

　ここでは、これらのうち、破壊活動防止法（破防法）の内容を紹介しておく。

　① 破防法の目的および「暴力主義的破壊活動」の意味　　破防法は、「暴力主義的破壊活動」をおこなった団体の規制を目的とする法律である（法1条）。「暴力主義的破壊活動」とは、(ア)「内乱」（刑法77条）・「外患誘致」（刑法81条）などの行為、およびこれらを目的とする教唆・煽動・宣伝行為と、(イ)政治上の主義・施策の推進や反対を目的とする騒乱・放火・爆破・殺人・強盗などの行為を指す（法4条）。

　② 団体の活動規制　　公安審査委員会は、過去に「暴力主義的破壊活動」をおこなった団体が、「継続又は反復して将来さらに団体の活動として暴力主義的破壊活動を行う明らかなおそれがあると認めるに足りる十分な理由があるときは」、以下のような処分をおこなうことができる。すなわち、いずれも6ヵ月を超えない期間を定めて、(ア)特定地域内における集会・デモ行進の禁止、

(イ)機関紙の印刷・頒布の禁止，(ウ)当該団体の役職員・構成員が当該団体のためにおこなう行為の禁止である（法5条）。これらの処分は，直接には集会規制・表現規制であるが，特定の団体の活動を封じ込める意図をもつから，団体の活動規制という意味で結社規制でもある。

③ **団体の解散**　さらに破防法は，5条の要件を満たす団体と，5条の処分を受けたのちにも「暴力主義的破壊活動」をおこなった団体について，公安審査委員会が解散指定をおこなうことを認めている（法7条）。

④ **処分の手続**　5条・7条の処分は，公安調査庁長官の請求があった場合にのみおこなわれる。公安審査委員会は，この請求があった場合には，当該団体に弁明の機会を与え，公安調査庁長官が提出した処分請求書・証拠・調書，および当該団体が提出した意見書を審査した上で，文書によって処分についての決定をおこなう（法11条以下）。

◆ 4　結社の自由の規制の合憲性審査

119　**(1) 概　観**

これまで学説は，結社規制の合憲性審査のあり方を十分検討してきたとはいえない。しかし，結社の自由が表現の自由の一環であるという暗黙の前提に立って，より厳しい目的手段審査を想定していると考えられる。もちろん，前述のように，憲法21条1項が保障する結社にはさまざまなものがあることを考えると，集会規制の場合と同様，表現規制の意味をもつ結社規制の合憲性審査と，そうはいえない結社規制の合憲性審査とを区別する発想も可能だろう。

表現規制の意味をもつ破防法のような結社規制は，殺人・放火・強盗など刑法違反行為の事後的処罰や，公安条例による集会規制のような単発的な規制方式ではなぜ不十分なのかという点について，規制者側が十分説得力のある根拠を提示できなければ，合憲と評価することは困難であろう。破防法7条の解散指定処分の合憲性は，「明白かつ現在の危険」の基準で審査されるべきだとする学説もある（長谷部229～230頁，松井491頁）。

120　**(2) 実　例**

1952年の制定施行後，破防法5条・7条の処分が実際におこなわれた事例は1件もないこともあって，実際に訴訟で結社規制の合憲性が争われた事例は少ない。近年では，オウム真理教関係の事件が，結社規制の論点も含んでいる。

オウム真理教は宗教団体であるから，信教の自由の説明（131 以下）でふれるべきかもしれないが，宗教団体の規制というよりも，無差別大量殺人という著しく反社会的な行為を企図したと考えられる団体の規制が問題となった事案であり，破防法の適用とも関係するので，ここで取り上げておく。

① **オウム真理教解散命令事件決定**（最決平成 8・1・30 民集 50 巻 1 号 199 頁）1995 年の「地下鉄サリン事件」ののち，検察官および所轄行政機関である東京都知事は，サリンの生成を企てた殺人予備行為が宗教法人法 81 条 1 項 1 号（「法令に違反して，著しく公共の福祉を害すると明らかに認められる行為をしたこと」），2 号前段（「第 2 条に規定する宗教団体の目的を著しく逸脱した行為をしたこと」）に該当するとして，オウム真理教に対する宗教法人法上の解散命令を東京地裁に請求した。これを受けて東京地裁が解散命令を発し，抗告を受けた控訴審も東京地裁の決定を支持したので，教団側がさらに最高裁に特別抗告をおこなって争った。

最高裁は，法 81 条は宗教法人の世俗的側面を世俗的目的で規制するものであって，宗教活動に介入する意図をもつものではないこと，本件解散命令によって教団は法人格を失うが，団体の事実上の存続および宗教活動が妨げられるわけではないこと，宗教活動に何らかの支障が生ずるとしても，それは事実的・間接的なものである一方，本件の場合，法 81 条に該当する事実が明らかに認められるので法人格を失わせる措置は「必要かつ適切」であること，これらの理由で解散命令を合憲と判断した。

② **オウム真理教解散指定請求**　1996 年に公安調査庁長官は，「オウム真理教」教団の解散指定処分を請求した。破防法 7 条にもとづくはじめての解散指定請求であった。しかし，請求を受けた公安審査委員会は，教団幹部の逮捕，宗教法人法上の法人としての解散命令などによって，法 7 条の要件である「継続又は反復して将来暴力主義的破壊活動を行う明らかなおそれ」はなくなったとして，請求を棄却した（樋口＝佐藤＝中村・浦部・注解 II 41〜42 頁）。

③ **宗教法人アレフ観察処分事件判決**（東京地判平成 13・6・13 判時 1755 号 3 頁）オウム真理教の後継団体として，いわゆる「オウム真理教対策法」にもとづく公安審査委員会の観察処分を受けた宗教団体「アレフ」が，法律と処分の違憲性，および処分の違法性を理由に，公安審査委員会を相手取って処分の取消しを求めた行政訴訟である。

地裁判決（確定）は，観察処分制度の目的は無差別大量殺人をその準備段階

で発見することにあるから合理的だとした。観察処分を受けた団体には，構成員の氏名住所，団体活動用不動産の所在・用途，団体の資産，団体の意思決定の内容等について，公安調査庁に報告する義務が生じる。地裁によれば，これは「信教の自由」の直接の規制ではないが，宗教活動に事実上の支障を生じさせることがあるので，法5条1項1号～4号の観察処分の要件は，当該団体が再び無差別大量殺人の準備行為を開始するおそれがつねに存在すると通常人に思料させるに足りる事実がある場合に，合憲限定解釈されなければならない。

　この限定解釈にもとづいて，地裁は，旧オウム真理教の教祖がアレフに対していまだに強い影響力を有し，アレフは一連の有罪判決を受けたサリン事件について反省謝罪の意思も示していないことから，準備行為を開始するおそれがあると判断できるので，本件観察処分は法律の要件を満たすとした。

第11章　学問の自由

◆ 1　学　問

(1) 学問の概念
　憲法23条は,「学問の自由」を明文で保障している。23条にいう学問とは,「真理の探究を目的として行なわれる人間の論理的知的精神活動である」とされる（伊藤282頁）。これまで日本の法学界では, 法現象の客観的認識作用である「法の科学」と, 当事者の実践的意欲の産物である「法の解釈」とを区別する見方が主流を占めてきた（宮沢俊義『法律学における学説』有斐閣1968年65頁以下）。仮説→実験→証明→客観的真理の獲得という, 一部の自然科学のイメージを一般化したこのような「科学と解釈の二分論」と, 真理の探究という学問観とを結びつければ, 法の解釈はおよそ23条の意味における学問ではないということになりそうである。
　しかし, 真理の探究の意味をあまり厳格に受け取ることは, かえって学問という人間行動を保護する憲法の趣旨に反する。23条の保護対象としての学問については, 特定の狭い学問観に立つのではなく, 他の人間行動と区別可能な程度において, なるべく広い意味に理解するのが適切であろう。
　したがって, ここでは,「学問とは, 系統的な探究と基礎づけ, および間主観的な議論を通じて, 知識を発見・解釈・伝達する人間行動である」と捉えておきたい。法解釈や神学も学問に含まれる。

(2) 学問という行為の内容
　一般に学説によれば, 学問という行為は研究・研究発表・教授からなるとされる（芦部156頁）。しかし, ひとくちに研究といっても, 文献の閲読, 実験, フィールドワークなど, 分野やテーマによってさまざまな作業を含み, 研究発表についても, 学会での口頭報告, 著書論文の公刊という伝統的なスタイル以

外に，研究成果の実用化といった形態もありうる。教授という用語が想定しているのは，大学での講義・演習だが，研究成果の教育的な伝達の場も，大学・大学院・市民講座・公務員研修など，きわめて多様化している。しかも，個々の研究者の側からみると，こうした研究および教育上のさまざまな行為は相互に連動し重複し合っており，明確な区分が困難なことも多い。

したがって，研究・研究発表・教授という分類に，あえてこだわる必要もない。学問活動とは，研究とその成果の伝達の全プロセスだと考えておけばよいだろう。むしろ，他の人権の保護対象との関係では，学問という行為は，学問的「思考」，学問的「表現」，学問的「集会・結社」，学問的「プライバシー」等の複合現象であることに注意が必要である。

◆ 2　学問の自由

(1) 学問の自由の主体

① **一般市民**　日本国憲法は，明治憲法下の学問弾圧の歴史的経験を踏まえて，学問の自由を独立の権利規定とした。しかし，上述のように，学問活動は，学問的思考・学問的表現等の複合的プロセスであるから，学問の自由も，学問的思想の自由，学問的表現の自由，学問的集会・結社の自由，学問的プライバシー権などの複合体だと考えることができる。したがって，学問は，じつは19条・21条・13条によってもすでに保護されており，23条の権利主体は，これらの規定の権利主体と同様，すべての市民だということになる。

② **大学の自治**　しかし，学説は，学問活動の実質的な中心は大学だという認識から，23条が「大学の自治」の保障を含むとして，大学に憲法上の特殊な地位を認めてきた。23条は，学問の自由の保障を実質化するための憲法原則として大学の自治を含んでおり，ここにいう大学の自治は，教員人事に関する教授会の自治，施設・学生管理に関する大学の自律的決定権を主たる内容とするとされる（芦部162頁）。教員人事の自治は，1933年の「京大滝川事件」など，主として第二次大戦前の国立大学が，文部省に対する人事の自治を充分に確立できなかった教訓から，対文部科学省を念頭に主張され，施設・学生管理の自治は，とりわけ1960年代から80年代の大学紛争に際して，大学構内での警察活動との関係を念頭に置いて主張されたものである。

大学の自治は「制度的保障」だと説明されることが多いが，「制度的保障」

という概念をあえてもち出さなくても，私立大学はもちろんのこと国公立大学も，学問の自由の権利主体のひとつであり，学問の自由は「大学の自治権」を含むと考えれば必要十分であろう。もちろん，国立大学は，かつては法人格さえ認められない「国の営造物」であり，今日では「独立行政法人」であるから，個々の教職員や学生との関係では国家権力機構の一部である。しかし，同時に文部科学省や警察との関係では，学問の自由の主体でもあるということだ。人事や管理の自治権は，大学の学問の自由の一内容である。

大学の自治権と個々の大学構成員の学問の自由との関係は，国公立大学の場合は公権力対私人の関係，私立大学の場合は私人間の権利関係（団体の人権と個人の人権）として構成することが可能であろう。

(2) 学問の自由の性格

学問の自由は，学問活動を国家から妨害されない市民の権利，すなわち伝統的な自由権の一種である。しかし，現代の学問活動は，国家の助成なしには十分な成果をあげられないことが多い。研究助成制度の設営自体は，国家の広い立法裁量的行為と理解されるため，助成を受ける権利が憲法上保障されているとまではいえないだろう。しかし，いったん国家の助成制度が設営されれば，学問の自由の権利主体には，助成制度へのアクセスを不合理な仕方で妨げられない権利が生ずると考えられる。したがって，既存の研究助成制度の利用に関する国家とのトラブルは，自由とその規制という伝統的な自由権保障のアナロジーによって，学問の自由の規制の問題として構成することが可能である。

(3) 学問の自由の内容

こうして，23条の学問の自由は，次のような主体の次のような権利の集合ということになる。

① 個人・団体が，学問活動（研究）のテーマを選択することを国家から妨害されない権利
② 個人・団体が，文献の閲読，実験，学会報告，著書論文の発表，学術雑誌の発刊，研究者間の意見交換，シンポジウムの開催，研究成果の実用化など，さまざまな学問活動を遂行することを国家から妨害されない権利
③ 個人・団体が，研究成果の教授活動を実施することを国家から妨害されない権利
④ 大学が①〜③の活動をおこなうことを国家から妨害されない権利

⑤ 大学がこうした活動の自由を保持するのに必要な範囲で，研究者人事の決定，施設・学生の管理をおこなう権利

◆ 3　学問の自由の規制

(1) 規制の動向

第二次大戦前は「天皇機関説事件」(1935年)のような学問弾圧も生じたが，日本国憲法下では，国家権力によるこの種の露骨な干渉や規制はみあたらない。しかし，国立大学については，2004年の独立行政法人化(「国立大学法人法」)に際して，国庫支出の削減と学長・大学本部の管理権の強化が図られて現在に至っている。

大学紛争が過去のものとなるにつれて，社会的な関心の薄れた「大学自治権」の範囲の問題に代わって，近年では，先端的な科学研究に対する規制が強い関心をよんでいる。

日本の先端生命科学研究に関しては，学会など専門家集団の自主規制，監督官庁による行政指導，法律による規制の3類型が混在している。自主規制型・行政指導型の場合，専門家集団の意見が尊重され，状況の変化に比較的機敏に対応できる反面，拘束力が弱いため規制の実効性が上がらない事態も生ずる。他方，法律型の場合にはこれと裏腹に，強制力は強い反面，国会での審議議決が必要なので頻繁な改正は難しく，他の政治課題とリンクして，専門家には受け容れにくい政治的解決がおこなわれる可能性もある。日本では専門家集団と監督官庁の合意形成を重視した自主規制型・行政指導型が好まれる傾向があり，法律としては臓器移植法(臓器の移植に関する法律)とクローン技術等規制法(ヒトに関するクローン技術等の規制に関する法律)が制定されているにとどまる。

(2) クローン技術等規制法

ここでは，クローン技術の規制について例外的に採用された法律型規制であるクローン技術等規制法の特徴をみておこう。

① クローン技術等を規制する根拠，すなわち学問の自由を規制する根拠として，「人の尊厳の保持」「人の生命及び身体の安全の確保」「社会秩序の維持」という3つの利益を明示したこと(法1条)。通説に立てば，ここにいう「人の尊厳の保持」は，憲法13条に由来する観念だということになる (324)。なお，生命科学規制の根拠としての「人間の尊厳」には，種としての人の同一性の保

第 11 章　学問の自由

持が含まれるという考え方もある。
　② 胎内に移植して成長させればクローン人間となりうる「人クローン胚」や、同じく人と動物の雑種（キメラ）が誕生する可能性のある「ヒト動物交雑胚」など、9種類の「特定胚」を定義したこと（法2条）。
　③「人クローン胚」など4種類の「特定胚」については、人や動物の胎内に移植することを禁止し、違反者に対して10年以下の懲役または1000万円以下の罰金というかなり重い刑事罰を課すことにしたこと（法3条）。
　④「特定胚」の取り扱い全般については、文部科学大臣の指針に従うものとし、大臣に対して指針の制定を義務づけたこと（法4条）。
　⑤「特定胚」を取り扱う者にこの指針の遵守を義務づけ（法5条）、「特定胚」の作成・譲受・輸入にあたっては、文部科学大臣への届出制を定めたこと（法6条）。
　この法律に対しては、最小限の法的規制と行政指導方式との組み合わせによって、将来の研究状況に柔軟に対応できる、実質的には「日本初の生命倫理法」だという肯定的な評価（町野朔「ヒトに関するクローン技術等の規制に関する法律」法学教室247号2001年86頁）と、「特定胚」の作成・研究自体は禁止しておらず、異例に広範な生命操作を認める「クローン周辺技術容認法」だという否定的な評価（橳島次郎『先端医療のルール』講談社現代新書2001年10頁）とがある。

◆ 4　学問の自由の規制の合憲性審査

(1) 学　説

　学問の自由の規制の合憲性に関しては、判例が極端に少なく、他の人権と比べれば学説の展開も不十分である。学説は、学問の自由を「研究の自由」と「研究発表・教授の自由」とに大別し、研究の自由は思想・良心の自由の一部であり、研究発表・教授の自由は表現の自由の一部だという理解を出発点としてきた（芦部159〜160頁）。したがって、もともと学説には、研究の自由の規制の合憲性は、思想・良心の自由の規制と同一の手法で審査されるべきであり、研究発表・教授の自由の規制の合憲性は、表現の自由の規制と同一の手法で審査されるべきだという発想があった（佐藤510頁参照）。
　その上で、憲法学界では、かつては学問の自由に対する国家的規制が少なければ少ないほど23条の趣旨に適うと考えられ、自主規制方式を支持する学説

が主流だった（小林・上 381 頁）。

　しかし，すでに指摘したように，研究は，実験やフィールドワークなどの外部的・相互的行為を含むのであるから，研究の規制を思想・良心自体の規制と同一に考えることはできない。先端科学研究の進展がひとつの契機となって，近年では有力な学説も，この点を次のように認めるに至った。「研究の自由をすべて内心の自由だとして，絶対的な自由と考えることはできなくなったと言わざるを得ない。……研究の自由と対立する人権もしくは重要な法的利益（プライバシーの権利，人格権ないし生命・健康に対する権利）を保護するために不可欠な，必要最小限度の国家的規律（法律による規制）を課すことが許される例外的な場合もありうると解するのが妥当であろう」（芦部・憲法学Ⅲ 209 頁）。

129　**(2) 判　例**

　ポポロ事件判決（最大判昭和 38・5・22 刑集 17 巻 4 号 370 頁）が，ほとんど唯一の基本判例だといってもよい。事案は，東大ポポロ劇団というサークルの演劇公演を，私服の警察官が観衆として内偵していたのを見咎めた学生が，この警察官から警察手帳を奪うなど暴行を加えたとして，暴力行為等処罰法で起訴された刑事事件である。最高裁は，本件劇団の講演を学問活動と認めなかったため，学問の自由の規制の許容性については論じなかった。ただ，学問の自由の権利主体に関する次の説示は注目される。23 条は「学問的研究の自由とその研究結果の発表の自由とを含むものであって，同条が学問の自由はこれを保障すると規定したのは，一面において，広くすべての国民に対してそれらの自由を保障するとともに，他面において，大学が学術の中心として深く真理を探究することを本質とすることにかんがみて，特に大学におけるそれらの自由を保障することを趣旨としたものである」。

130　**(3) 合憲性審査の方向性**

　学問の自由の規制の合憲性に関しては，一応次のような方向で考えることが可能だろう。一方で，学問の自由に対する国家の介入は，知の探究を大きく歪め，学問の進展から社会が享受する利益を損なってしまうこと，しかし他方で，学問活動は一連のプロセスであり，発表前段階の研究も，先端生命科学の例に見られるように規制が必要と考えられる場合があること，この両面を考慮すれば，学問の自由の規制の合憲性は，研究・研究発表・教授を区別することなく，表現の自由と同様に，目的と手段の両面についてより厳しく審査されるべきで

あろう。ただし，「二重の基準論」を前提とするならば，研究成果の応用が営利事業と一体不可分となっているケースについては，規制の合憲性は緩やかに審査されてもよいと考えられる。

　学問の自由を規制する正当な目的として典型的なのは，他者の生命・身体・財産権侵害の防止であるが，先端生命科学規制に関しては，上述のように，法律が「人の尊厳の保護」を独立の規制目的として明示した点が，特に注目される。学問の自由の規制根拠として人間の尊厳を掲げる法律規定を合憲と判断するためには，人間の尊厳が日本国憲法上の保護法益であることを承認する必要があると思われる。この点は，憲法13条の解釈にも影響を与える (324)。

第12章 思想・良心の自由，信教の自由

I 思想・良心・信仰の自由

◆ 1 思想・良心・信仰

(1) 条文の構造

日本国憲法は，19条で「思想及び良心の自由は，これを侵してはならない」と定める。また，20条1項前段で「信教の自由は，何人に対してもこれを保障する」と規定するほか，2項でも「何人も，宗教上の行為，祝典，儀式又は行事に参加することを強制されない」として，信教の自由を保障している。この本では，お互い密接に関連する「思想・良心の自由」と「信教の自由」を一括して取り上げることにしたい。

(2) 「思想・良心・信仰」「思想・信条」「信条」

人間の脳内に生ずる意識の全体を「内心」とよぶなら，その一部が「思想・良心」および「信仰」である。おおざっぱないい方をすれば，どちらも人間が抱く「信念」である。「良心」の原語 conscience にも信仰の意味があるが，20条が信仰すなわち宗教的信念を保護対象としているので，思想・良心のほうは非宗教的信念を意味するという理解が一般的である。信仰（宗教的信念）と思想・良心（非宗教的信念）をあわせて「思想・信条」というよび方もよくおこなわれる。また，14条の「信条」は，この一語で，信仰・思想・良心のすべてを含むと理解されている（芦部130頁）。

(3) 宗 教

① **信教と信仰** 憲法の条文上の用語である「信教」が，宗教と同義であることについては異論がない。宗教が，人の内心の宗教的信念である信仰と，それにもとづく外部的な行為である宗教的行為を包括する概念であることにも合

②　**宗教の定義に関する客観説と主観説**　それでは，憲法上の宗教（信教）とは何か。この点については，客観的アプローチと主観的アプローチを区別することができる。裁判所として宗教の明確な定義を示した津地鎮祭事件控訴審判決の態度が，客観的アプローチの代表である。それによると，「憲法でいう宗教とは『超自然的，超人間的本質（すなわち絶対者，造物主，至高の存在等，なかんずく神，仏，霊等）の存在を確信し，畏敬崇拝する心情と行為』をいい，個人的宗教たると，集団的宗教たると，はたまた発生的に自然的宗教たると，創唱的宗教たるとを問わず，すべてこれを包含する」（名古屋高判昭和46・5・14行集22巻5号680頁）。

この定義にいう，「超自然的，超人間的本質……の存在を確信し，畏敬崇拝する心情」が信仰であり，「超自然的，超人間的本質……の存在を確信し，畏敬崇拝する……行為」が宗教的行為である。

客観説に対して主観説は，憲法解釈権をもつ国家機関が憲法上の宗教を定義すること自体が信教の自由と相容れないとし，「その人が宗教だと理解していれば，それは宗教だ」という立場をとる（松井430頁）。主観説に立つ場合には，本人の真摯さが，宗教（信仰）として認定するひとつの判断材料になると考えられる。

(4)　**思想・良心**

①　**思想と良心**　思想とは人間の内心の論理的作用，良心とは人間の内心の倫理的作用を意味するという少数説や，上述のように良心はconscienceの翻訳で，信仰を意味するという少数説もあるが，多数説は，思想と良心を区別する実益がないこと，良心を信仰と解すると20条との重複が生ずることを理由に，思想・良心を一括して非宗教的信念と理解してきた。

②　**狭義説と広義説**　しかし，多数説はさらに，「19条の思想・良心とは，体系性をもった世界観，人生観，政治上の主義主張である」と定義する狭義説と，「19条の思想・良心には，体系的な世界観に加えて，日常的な個別問題についての是非弁別（善悪の判断）も含まれる」とする広義説とに分かれる。宗教の場合と異なり，思想・良心に関する学説には，客観的アプローチと主観的アプローチの対立は存在しないようだが，狭義説は，思想・良心の範囲をしぼる定義であるから客観説的傾向をもち，広義説は，日常的な個別的テーマに関す

◆ I ◆ 思想・良心・信仰の自由

るものであっても，本人の真摯な信念であれば思想・良心として尊重する立場であるから，どちらかといえば主観説的傾向を帯びる。

(5) **内心と思想・信条**

仮に思想・良心について広義説をとり，あるいは信仰について主観説をとっても，人間の脳内に生ずる意識の全体を，憲法19条・20条が保護する思想・信条とみなすことにはならない。人間の意識のうち，たとえば純粋な感覚，感情，事実認識などは，思想・良心にも信仰にも含まれない。したがって，たとえば，知りえた事実の証言の強制は，思想・信条の侵害とはいえないことに注意が必要である。

内心＝意識	信条（思想・信条）	信仰＝宗教的信念（客観説と主観説）
		思想・良心＝非宗教的信念（狭義説と広義説）
	信条以外の意識＝感覚，感情，事実の知覚・認識	

◆ 2　思想・良心・信仰の自由

思想・良心・信仰の自由は，次のような権利を含むとされている。

① 特定の思想・良心・信仰（または特定の思想・良心・信仰をもたないこと）を国家によって強制されない市民の権利。

② 思想・良心・信仰（または特定の思想・良心・信仰をもたないこと）の告白を国家によって強制されない市民の権利。

③ 思想・良心・信仰の有無および内容を国家によって調査されない市民の権利。

④ 行動から思想・良心・信仰を国家によって推知され，それにもとづいて不利益扱いを受けない市民の権利。

◆ 3　思想・良心・信仰の自由の規制

したがって，たとえば，以下のような国家の行為は，思想・良心・信仰の自由の侵害として憲法19条または20条違反となる。

(ア) 戦前，治安維持法にもとづいて特高警察が推進した共産主義からの「転向政策」のように，極端な場合には，拷問・薬物などを用いて，国家が市民に特定の思想・良心・信仰を強制したり，その放棄を強制すること。

(イ) 江戸幕府が九州の諸藩に命じておこなわせた「踏み絵」のように，国家が市民に思想・良心・信仰の告白，または特定の思想・良心・信仰をもっていないことの告白を強制すること。ちなみに，従来の憲法解説書では，「踏み絵」は思想・良心の自由の典型的な侵害例としてあげられてきた（芦部144頁）。しかし，「踏み絵」はいうまでもなくキリシタン禁制の手段だったのあるから，端的に信仰の自由の侵害例と評されるべきものである。

(ウ) 国勢調査など国家による調査において，市民の思想・良心・信仰の有無および内容を調査対象とすること。

(エ) 特定の団体への加入などの外部的行動から，特定の主義主張の持ち主であると推測して，それを理由に国家が市民に不利益扱いをすること。

◆ 4　思想・良心・信仰の自由の規制の合憲性審査

(1) 概　観

　この本では，思想・良心・信仰自体に対する国家の介入を，狙い撃ち的な直接的介入にあたる場合と，市民一般に対する規制の間接的・派生的効果である場合に大別して整理しておきたい。前者は介入と認定されれば即違憲とされるべき事態であるのに対して，後者は市民一般に対する規制として19条・20条以外の点で合憲ならば，結果として特定の信仰・思想・良心をもつ者の負担となっても，19条・20条に関しても原則として合憲とみなされるべき事態であろう。

(2) 思想・良心・信仰に対する国家の直接的介入が問題となる場合

　あくまで内面の意識の一種である思想・良心・信仰それ自体の自由の保障は，絶対的だと解されている。したがって，問題となっているある人の内面の意識が，定義上，憲法が保護する思想・良心・信仰にあたる場合には，それに対する上述①～④のいずれかの国家介入があれば，それは即違憲となる。

　① 判　例　　思想・良心・信仰に対する直接的介入が問題となった代表的判例には，以下のものがある。

　(ア) 謝罪広告強制事件判決（最大判昭和31・7・4民集10巻7号785頁）

　(イ) 麹町中学内申書事件判決（最判昭和63・7・15判時1287号65頁）

　② 謝罪広告強制事件判決（思想・良心・信仰の告白強制にあたらないかが争われた事例）

(ア) **事実関係**　衆議院選挙の政見放送で，対立候補が副知事時代に汚職をしたと公言した候補者Yが，対立候補から民事名誉毀損訴訟を提起された。Yは，下級審から損害賠償と謝罪広告の新聞掲載を命じられ，謝罪広告の強制は憲法19条違反であるとして上告した。

(イ) **判　旨**　法廷意見は，下級審がYに新聞掲載を命じた「放送及び記事は真実に相違して居り，貴下の名誉を傷つけご迷惑をおかけいたしました。ここに陳謝の意を表します」という文面の謝罪広告は，「単に事態の真相を告白し陳謝の意を表明するに止まる程度のもの」であって，「屈辱的若くは苦役的労苦を科し，又は上告人の有する倫理的な意思，良心の自由を侵害することを要求するものとは解せられない」と述べ，本件謝罪広告の強制は憲法19条に違反しないとした。

多数派を構成した裁判官のうち，田中耕太郎裁判官と栗山裁判官は，それぞれ補足意見において，19条の思想・良心について明確に狭義説の立場を示した。田中補足意見によれば，本件で問題となる19条の「良心」とは，信仰・世界観・思想・主義主張を意味するので，謝罪広告の文面は「良心」に含まれず，その強制は良心の自由の侵害ではない。また，栗山補足意見によれば，「良心」とは信仰を意味するので，謝罪広告の強制は良心の自由の侵害ではない。

これに対して，藤田八郎裁判官の反対意見は，「良心の自由とは，事物に関する内心の是非弁別の自由と，これを外部に表現しまたはしない自由を意味する」として広義説の立場をとり，謝罪広告の強制を19条違反だとした。また，垂水裁判官の反対意見も，本件謝罪広告の文面は，信条上沈黙を欲する者の沈黙の自由の侵害という意味で，19条違反にあたると判断した。これも広義説を前提とした見解である。

本件判決は，これらの少数意見において，19条の（思想）・良心の定義の違いが明確化したことで注目されるが，法廷意見自体は，はたして狭義説をとるものなのか，いかなる根拠・基準で本件文面の謝罪広告を合憲と判断したのか，はなはだ明確さを欠く。

③ **麹町中学内申書事件判決**（思想・良心・信仰の推知による不利益扱いにあたらないかが争われた事例）

(ア) **事実関係**　大学紛争の激しかった1969年に，政治活動をおこなった

中学生について，下級審の認定によると中学校の内申書の備考欄・特記事項欄におおむね次のような記載がなされた。「校内において麹町中全共闘を名乗り，機関紙『砦』を発行した。学校文化祭の際，文化祭粉砕を叫んで他校生徒と共に校内に乱入し，ビラまきを行った。大学生ML派の集会に参加している。学校側の指導説得をきかないで，ビラを配ったり，落書をした。」

原告は，こうした内申書の記載により，高校受験において志望校を不合格になったと主張して，東京都と千代田区を相手に国家賠償請求訴訟を提起した。

(イ) **判　旨**　最高裁は次のように述べて，一審原告の上告を棄却した。「右のいずれの記載も，上告人の思想，信条そのものを記載したものでないことは明らかであり，右の記載に係る外部的行為によっては上告人の思想，信条を了知し得るものではないし，また，上告人の思想，信条自体を高等学校の入学者選抜の資料に供したものとは到底解することができない…」。この事案からもわかるように，公権力が思想・良心・信仰を推知し，それを根拠に不利益扱いをおこなったと立証することは，実際には困難な場合が多い。

(3)　**思想・良心・信仰の自由に対する国家の間接的・偶然的介入が問題となる場合**

① **問題の所在**　国家が，特定の思想・良心・信仰をターゲットとする規制（強制，告白強制，調査，不利益扱い）をおこなっているわけではなく，一般論としては合憲的な法的義務を市民に課しているにすぎない場合でも，特定の思想・良心・信仰を根拠としてこの一般的義務の履行を拒否する人に対して義務の免除を認めないと，この人の思想・良心・信仰を侵害することになるのだろうか。

一般論としては，法的義務の免除は認められない。たとえば，思想・信条にもとづく殺人や契約不履行などを承認することは，国家と法の存在目的に反すると考えられ，また，法の下の平等とも矛盾する（小嶋188〜189頁。他の市民との平等を重視するので「平等取扱説」とよばれる）。しかし，きわめて真摯な思想・良心・信仰にもとづく法的義務違反であって，実害が些細で，代替的な措置も可能であるような場合には，法的義務を免除しないことが例外的に19条・20条違反となることもありうる（安念潤司「信教の自由」樋口陽一編『講座憲法学3』日本評論社1994年195頁。「義務免除説」とよばれる）。

② **判　例**　この点が問題となった判例には，以下のようなものがある。

(ア) **加持祈祷事件判決**（最大判昭和38・5・15刑集17巻4号302頁）

◆ Ⅰ ◆ 思想・良心・信仰の自由

(ｲ) **牧会事件判決**（神戸簡判昭和 50・2・20 判時 768 号 3 頁）
(ｳ) **日曜日授業参観事件判決**（東京地判昭和 61・3・20 行集 37 巻 3 号 347 頁）
(ｴ) **剣道受講拒否事件判決**（最判平成 8・3・8 民集 50 巻 3 号 469 頁）

③ **加持祈祷事件判決**　僧侶が，家族の依頼を受けて精神障害者を治癒するために，線香を焚きこめ，苦しむ患者を無理やり押さえ込むなどして加持祈祷を続けたところ，患者がショック状態から心臓麻痺を起こして死亡した事件である。僧侶側は，真摯な信仰にもとづく宗教的行為であったことを理由に，違法性の阻却を主張した。しかし，最高裁は，「被告人の本件行為は……他人の生命，身体等に危害を及ぼす違法な有形力の行使に当るものであり，これにより被害者を死に致したものである以上，……憲法 20 条 1 項の信教の自由の保障の限界を逸脱したものというほかな」いと述べて，傷害致死罪の成立を認めた。

④ **牧会事件判決**　折からの大学紛争の影響で，校舎のバリケード封鎖を企図し，建造物侵入罪・凶器準備集合罪の嫌疑を受けて逃走中の高校生 2 名を，牧師が教会に 1 週間宿泊させ，「牧会活動」とよばれる宗教的行為を通じて説得の末，自首させた。この牧師が犯人蔵匿罪で起訴された刑事事件である。簡易裁判所は，「形式上刑罰法規に触れる行為は，一応反社会的なもので公共の福祉に反し違法であるとの推定を受けるであろうが，その行為が宗教行為でありかつ公共の福祉に奉仕する牧会活動であるとき」，国家の法益との優先順位は「具体的事情に応じて社会的大局的に実際的感覚による比較衡量によって判定されるべき」であり，「国家が自らの法益を保護するためその権利を行使するに当っては，謙虚に自らを抑制し，寛容を以てこれに接しなければならない」とした上で，本件牧師の行為は宗教的行為の自由を逸脱しておらず，正当業務行為として刑事免責されるとした。

⑤ **日曜参観事件判決**　牧師である父の主宰する教会の日曜学校に参加するため，公立小学校の日曜参観授業を欠席した児童とその両親が，指導要録への欠席の記載は「信教の自由」を侵害するとして，欠席記載の取消しと損害賠償を求めた事件である。

地裁判決（確定）は，欠席記載は児童の権利義務に直接変動を及ぼさない単なる事実行為にすぎず，事実上の不利益も生じていないとして，取消訴訟の対象としての処分性を否定した。さらに不法行為性については，日曜参観授業が

115

法令に根拠をもち，必要性のある正当な目的の行為であること，本件の場合，年1回という頻度も過剰な負担といえないこと，公教育の宗教的中立性を維持する観点からは，他の曜日に実施しても別の宗教との間で同様の問題に直面しうること，原告の主張する日曜午後の実施にも困難があり，校長の裁量権の逸脱とはいえないこと，これらの点をあげ，原告の受忍限度内だとした。

⑥ **剣道受講拒否事件判決**　公立のある工業高等専門学校が体育の必修種目に指定していた剣道について，真摯な絶対平和主義の信仰をもつ学生が，武道は自分の信仰と相容れないとして受講を拒否した。高専側は代替措置を認めず，2年続けて原級留置処分とした上，最終的には退学処分とした。これに対して，学生が校長を相手取って，退学処分の取消しを求める行政訴訟を提起した。

最高裁は，年間の体育の点数100点のうち，剣道に35点が割り振られ，1科目55点未満の場合に原級留置という本件高専の規程では，剣道非受講者の卒業はきわめて困難なこと，高専の教育上，剣道受講が必須とまではいえず，レポートなどの代替措置が学内秩序を乱すとも考えられなかったこと，原告は学業成績が優秀で授業態度もまじめであり，またその信仰もきわめて真摯であることが窺われ，剣道の代替措置を繰り返し求めていたこと，これらを根拠として，退学処分は「社会観念上著しく妥当性を欠き」，校長の裁量権を逸脱する違法な処分だと認めた。

最高裁は，本件を学校長に付与された裁量権の逸脱・濫用の問題と捉え，原告の信仰を学校長の裁量権行使にあたって義務づけられている要考慮事項と解した。憲法論としては，本件学校の学生としての一般的義務を免除しないと，原告の信仰の自由が侵害されるかどうかを，信仰の真摯さ，不利益処分の重大性，代替措置の可能性を端的に比較衡量して判断する構成も考えられる。

II 宗教的行為の自由，思想・良心にもとづく行為の自由

◆ 1　宗教的行為，思想・良心にもとづく行為

141　**(1) 宗教的行為**

憲法20条1項前段および同条2項の信教の自由規定は，信仰にもとづく行為を保護対象とする。保護される宗教的行為には，おおざっぱにいうと「礼

◆ Ⅱ ◆ 宗教的行為の自由，思想・良心にもとづく行為の自由

拝」「布教」「結社」が含まれる。

①　礼　拝　　礼拝とは，特定宗教の教義に従って個人または集団で祈る行為をはじめ，特定宗教の儀式・行事を挙行する行為である。憲法20条2項は，「何人も，宗教上の行為，祝典，儀式又は行事に参加することを強制されない」として，信教の自由が参加を強制されない消極的権利を含むことを確認した規定だが，この規定にいう宗教上の「行為」「祝典」「儀式」「行事」は，おおむねここでいう「礼拝」に含まれる。「宗教上の祝典」とは特定宗教の祝祭，「宗教上の儀式」とは特定宗教の方式にのっとった結婚式・葬儀など，「宗教上の行事」とは定例的に行なわれる特定宗教の催し，「宗教上の行為」とはこれらすべてを含み，信仰の表明にあたる一切の宗教的行為を指すとされるが，文言に沿って厳密に区別する実益はない（宮沢・全訂240頁）。

②　布　教　　布教とは，特定宗教の教えを広める行為である。礼拝が同じ信仰をもつ者のなかでの宗教的表現行為であるのに対して，布教は信仰を異にする者に向けた宗教的表現行為である。

③　**宗教的結社**　　宗教的結社とは，宗教団体を結成する行為および宗教団体自体を意味する。より具体的には，個人が宗教団体を結成し，これに加入し，当該宗教団体の一員として活動し，当該宗教団体から脱退する行為と，宗教団体自体が団体として活動する行為を含む。20条は，結社の自由（112以下）の宗教部分だけを，別枠で定めた規定だということができる。

(2)　思想・良心にもとづく行為

142

20条とは異なって，もともと19条は思想・良心自体を保護対象とし，思想・良心にもとづく外部的行為は，表現の自由など他の人権規定で保護されると理解されていた（宮沢・全訂235頁，佐藤功・註釈上292頁）。これまでの憲法解説書では，信教の自由と思想・良心の自由は，いずれも内心の自由の一種として位置づけられてきた（芦部・第八章）。しかし，信教（宗教）はそれ自体が行為を含む概念であるのに対して，思想・良心はまさに純粋に内面の事象だけを指す概念であることからすると，信教の自由と思想・良心の自由は，じつは異なる次元を含む権利である。内心の自由として一括できるのは，むしろ思想・良心の自由と信仰の自由である。

ところが，最近の判例・学説は，思想・良心にもとづく行為も19条の保護対象だと理解する傾向があるように思われる。そういう解釈をとれば，信教の

117

第12章 思想・良心の自由,信教の自由

自由と思想・良心の自由とがパラレルな関係に立つことになる。20条と対比すれば,文言上は旧説のほうが適切だが,思想・良心にもとづく行為を19条の保護対象と考えても,21条等の保護対象と考えても,合憲性審査のあり方が変わるわけではなく,思想・良心にもとづく行為に対する規制を19条の問題として論ずることは,自然な法的構成でもある。

◆ 2　宗教的行為の自由,思想・良心にもとづく行為の自由

(1) 宗教的行為の自由
143

宗教的行為の自由は,次のような権利に分解することができる。

① 特定宗教の教義に従って礼拝する行為を国家から妨害され,あるいは強制されない市民の権利
② 特定宗教の布教行為を国家から妨害されない市民の権利
③ 個人が宗教団体を結成し,これに加入し,そこから脱退し,または宗教団体を結成せず,加入しない行為を国家から妨害されない権利。および,宗教団体が活動する行為を国家から妨害されない権利
④ 思想・良心にもとづく行為を国家から妨害されない市民の権利

| 信仰（宗教的信念）の自由
20条1項前段・2項
＋
信仰にもとづく行為
（宗教的行為）の自由
20条1項前段・2項 | 思想・良心（非宗教的信念）の自由
19条
＋
思想・良心にもとづく行為の自由
19条？　or　21条など？ |

◆ 3　宗教的行為の自由および思想・良心にもとづく行為の自由の規制

144

日本国憲法の下では,宗教一般をターゲットとした法律的規制も,江戸時代のキリシタン禁制のような,特定宗教をターゲットとした法律的規制も存在しないといってよいだろう。宗教法人法は,一定の要件を備えて届け出た宗教団体に法人格を付与して,その活動の便宜を図る法律であるから,宗教規制法とはみなされていない。

◆ Ⅱ ◆ 宗教的行為の自由，思想・良心にもとづく行為の自由

◆ 4　宗教的行為の自由および思想・良心にもとづく行為の自由の規制の合憲性審査

(1)　合憲性審査のあり方

145

　上述のように，国家が市民の思想・良心・信仰自体に直接的に介入していると判断される場合には，ただちに19条または20条違反となる。これに対して，国家が市民の宗教的行為または思想・良心にもとづく行為を規制していると判断される場合には，その合憲性審査は，表現の自由の規制の合憲性審査と同様，学説の立場からは目的手段審査の枠組みでおこなわれるべきことになるだろう。

　しかし，いま述べたように，宗教的行為の規制が問題となった判例は少なく，合憲性審査のあり方に関する判例理論と学説の展開もほとんどみられない。

(2)　宗教的行為の規制に関する判例

146

　宗教的行為の規制が問題となった判例といえるものには，次のようなものがある。

　(ｱ)　奈良県文化観光税条例事件判決（奈良地判昭和43・7・17行集19巻7号1221頁）
　(ｲ)　京都市古都保存協力税条例判決（京都地判昭和59・3・30行集35巻3号353頁）
　(ｳ)　宗教法人オウム真理教解散事件判決（最判平成8・1・30民集50巻1号199頁）

　このうち，(ｳ)については，「結社の自由の規制の合憲性審査」の項（119, 120）で紹介した。

(3)　思想・良心にもとづく行為の規制に関する判例

147

　君が代伴奏拒否訴訟判決（最判平成19・2・27民集61巻1号291頁）は，思想・良心それ自体の直接的規制の合憲性が問題となった事案，思想・良心にもとづく行為に対する規制の合憲性が問題となった事案，思想・良心を理由とする一般的な法的義務の免除が認められるかが問題となった事案という，3つの捉え方が可能な難しいケースである。

　ある市立小学校に勤務している音楽教師Xは，校長から，入学式での「国歌斉唱」に際してピアノ伴奏をするように求められたが，「君が代」の伴奏行為は自分の思想・良心に反するとしてこれを断った。しかし，入学式当日，校長からあらためて伴奏を命ずる職務命令を受けたので，これに応じられない旨を返答した。入学式では，司会者の「国歌斉唱」という言葉にもかかわらず，Xがピアノを弾き始めなかったため，校長があらかじめ用意していた「君が

代」伴奏の録音テープを回させて，特に混乱もなく「国歌斉唱」がおこなわれた。Y教育委員会は，Xの行為（不作為）が地方公務員法32条・33条に反するとして，戒告処分をおこなった。Xは，この戒告処分が，自分の思想・良心の自由を侵害する憲法19条違反の処分であるという理由で，その取消しを求めて出訴した。

なお，「君が代」についてのXの考えとは，「君が代は日本による過去のアジア侵略と結びついており，自分はこれを公然と歌ったり伴奏したりすることはできない。また，子どもたちに君が代がアジア侵略で果たした役割等について正確な歴史的事実を教えず，子どもたちの思想・良心の自由に配慮する措置を取らないまま，君が代斉唱を強制するのは人権侵害行為であり，自分はこのような人権侵害行為に加担することはできない」というものであった。

最高裁法廷意見は，本件職務命令によるピアノ伴奏の強制は，Xの思想・良心の否定ではなく，特定の思想・良心の告白の強制でもないとして，19条違反性を否定した。なお，那須裁判官の補足意見には，公務員としての適法な義務を免除しないと19条違反になる事案ではないという捉え方も含まれている。

事案の伴奏拒否は，思想・良心にもとづく真摯な行為と解されること，現におこなわれたようにテープ等による代替措置が可能で，行事の実施に実害はほとんど生じていないこと，これらの点を考慮すれば，仮に公務員の職務上の義務免除と構成しても，義務免除が認められるべき事案だったと評することができるだろう。

第13章 政教分離

1 政教分離

(1) 「政教分離」という言葉の意味

「政教分離」とは，国家の宗教的中立性を意味する。国家権力と宗教との関係は，国により時代によってさまざまであり，現代立憲民主主義国家でも，イギリスのように特定の宗教を国の宗教（国教）としながら，同時に一般市民の信教の自由が保障されている例もある。しかし，歴史的経験によれば，国家権力と特定宗教とが癒着・融合している場合には，他の宗教の信者や無宗教者の信教の自由が侵害されることが多い。そこで，立憲民主主義憲法のなかには，政教分離すなわち国家の宗教的中立性を憲法原理とするものがある。「連邦議会は，国教を樹立し……てはならない」と定めるアメリカ合衆国憲法修正1条，「フランスは，不可分の，非宗教的，民主的かつ社会的な共和国である」と定めるフランス共和国憲法1条は，その有名な例である。

(2) 神社神道と近代日本国家

近代日本の場合，明治政府は，天皇を国民統合の基軸とするため，天皇制のイデオロギー的基盤として，日本人の民族宗教とされる神社神道の整備と国家的保護を図った。すなわち，1868年には祭政一致の方針を明示して神仏分離を命じ，1871年に天皇の祖先神である天照大神を祭神とする伊勢神宮を頂点とした全国の神社の社格を定め，1880年には神官の布教を禁止して神社神道と他の宗教との相違を明確化した上で（「神社は宗教にあらず」），神社と神官に対する国庫補助を強化していった。こうした体制は，神社神道の事実上の国教化という意味で「国家神道」とよばれる。

とりわけアジア太平洋戦争期には，児童生徒や植民地・占領地の人々に対して神社参拝が強制され，また大本教，ひとのみち教団，創価教育学会などの宗

第13章　政教分離

教団体が，治安維持法にもとづく激しい弾圧を受けた。

　第二次大戦終結直後の1945年12月15日，GHQは日本政府に対して，国家と神社神道との完全な分離，神社神道に対する国家の特別な保護監督の停止，公的財政援助の禁止，学校・役場などからの神棚等の撤去といった措置を指示した。いわゆる「神道指令」である。この方針が，日本国憲法の政教分離規定にも受け継がれている。このように日本の場合，国家の宗教的中立性は，特に神社神道との関係で問題となってきたことを理解しておく必要がある。

(3)　憲法20条1項後段，20条3項，89条前段の意味

　日本国憲法においては，次の3か条が，アメリカ憲法・フランス憲法と同様，政教分離原則を採用した規定として一括して理解されている。

　「いかなる宗教団体も，国から特権を受け，又は政治上の権力を行使してはならない」(20条1項後段)。「国及びその機関は，宗教教育その他いかなる宗教的活動もしてはならない」(20条3項)。「公金その他の公の財産は，宗教上の組織若しくは団体の使用，便益若しくは維持のため，……これを支出し，又はその利用に供してはならない」(89条前段)。

　信教の自由が憲法上の概念であるのに対して，このように政教分離原則のほうは，あくまで学説上の概念である。そこでまず，3つの条文の用語の意味を確認する必要がある。

　① **「宗教団体」「宗教上の組織若しくは団体」**　多数説によれば，20条1項後段にいう「宗教団体」とは，宗教法人法上の宗教法人にかぎらず，およそあらゆる宗教的組織を意味する。他方，政教分離を「国家と教会との分離」と理解する立場から，この場合の宗教団体を，宗教法人法2条2号の包括的な教派・宗派・教団・教会等に限定する少数説もある(田上穣治「宗教に関する憲法上の原則」清宮四郎・佐藤功編『憲法講座2』有斐閣1963年134頁)。しかし，たとえば，「宗教法人・靖国神社」のような単立の宗教法人を，20条1項後段の適用対象外とする合理的な理由は見出せない。国家の宗教的中立性をよりよく確保することが憲法の意図だと考えれば，多数説が適切であろう。

　89条前段の「宗教上の組織若しくは団体」についても，組織と団体を厳密に区別することは困難であるし，実益もないことから，20条1項後段の「宗教団体」と同義に解するのが判例および多数説の立場である。しかし，宗教的行為を本来の目的とする組織・団体でなくても，実際に宗教的行為をおこなっ

ていれば，89条前段の宗教上の組織・団体に含めるべきだという見解もある（佐藤功・註釈下1163～1165頁）。たとえば，箕面忠魂碑・慰霊祭訴訟の第一審は，この考え方をとって，戦没者遺族会を89条前段の「宗教上の組織若しくは団体」に該当すると認定した。

②「**特権**」「**政治上の権力**」　20条1項後段にいう「特権」とは，国家による優遇措置の意味である。特権付与の最たるものは国教に指定することだが，第二次大戦前のように，神社を公法人とし，神官を公務員待遇とする国家的保護も，ここで禁止された特権付与にあたる。他方，多数説は，宗教法人法上の宗教法人が，他の公益法人とともに各種税法上の非課税措置を受けていることや，文化財保護の観点から神社仏閣等に国家の助成がおこなわれていることは，宗教あるいは特定宗教の保護を目的としていないので，特権付与にあたらないとする。

20条1項後段の「政治上の権力」の意味については学説の対立がある。多数説は，たとえば，かつてヨーロッパ諸国でキリスト教会に認められていたように，立法権・警察権・裁判権・徴税権などの国家権力の一部を宗教団体に付与することの禁止だとする（芦部152頁）。これに対して少数説は，こうした事態は想定できないので，むしろかつて国家神道が軍国主義に宗教的基礎づけを与えたような，政治的権威の行使を禁止する趣旨だと考えたり（佐藤功・註釈上308頁），宗教団体の積極的な政治活動を禁止する趣旨だと考える（田上・前掲論文139頁）。

しかし，政治的権威の意味はきわめてあいまいであること，憲法は，宗教団体を基盤としたり，宗教団体と関係をもつ政党が，議会制民主主義のルールに則って活動することまで禁止したとは考えられないこと，これらの点から見て，多数説が適切であろう。

③「**宗教教育**」「**宗教的活動**」　20条3項の「宗教教育」とは，特定宗教を布教宣伝する教育，および宗教一般の信仰を勧めたり，逆に宗教の意義を否定し無宗教を勧める教育を意味する。しかし，国公立学校における普通教育でも，宗教の社会的意義を教える教育や，宗教的寛容を養う目的の教育は許されると考えられている（教育基本法15条1項参照）。また，国公立大学で，宗教現象を対象とする宗教学の講義や演習を実施することも，ここにいう宗教教育には含まれない。いうまでもないことだが，政教分離とは，あくまで国家の宗教的中立

性のことであるから、私立学校が特定宗教の布教教育をおこなうことは禁止されていない。それはむしろ信教の自由の一環である。

20条3項にいう「宗教的活動」とは何か、ある国家行為は「宗教的活動」にあたるのか。この点は、政教分離規定の解釈上、最も争われてきた論点である。後述「政教分離原則違反の合憲性審査」の項（156以下）であらためて検討することにしよう。

◆ 2　政教分離原則

151　**(1)　法原則としての政教分離**

一般に成文憲法は、国家の権力機構を設立し、その権限の基本を定める制定法であるから、憲法の全条項は、直接には国家とその機関を義務者としている。しかし、憲法上の権利規定の内容は、国家とその機関の義務規範であると同時に、一般市民の権利規範でもある。前章で説明したように、信教の自由の規定も、信仰と宗教的行為を国家から妨害されない市民の権利を保障した規定であり、それを裏返せば、市民の宗教生活を侵害しない国家の義務を定めた規定である (143)。

これに対して、判例・通説によれば、政教分離規定として一括されている3つの条文は、国家の義務を定めてはいるが、信教の自由とは異なって、同時に市民の権利を保障してはいない。この理解は、憲法20条の内容を信教の自由と政教分離原則に分ける読み方や、政教分離「原則」というネーミングによって、じつはすでに先取りされている。

ある国家が、特定の宗教を国教に指定したり、特定の宗教を布教したりすれば、その国家は宗教的に中立とはいえない。こうした国家行為は、別の宗教の信者や無宗教者にとっては不愉快であるに違いない。しかし、国家が特定宗教を優遇しても、他の宗教者や無宗教者に規制や弾圧を加えるのでないかぎり、古典的な権利観からすると、市民の信教の自由を侵害したとはいえない。市民の宗教生活を侵害しないことを義務づける信教の自由と、国家の宗教的中立を義務づける政教分離原則とでは、国家に課される義務の内容が違うわけである。政教分離原則は、あくまで信教の自由を支援するために設けられた「法原則」であることに注意が必要だ。

(2) 政教分離原則と「制度的保障」

152

後述する津地鎮祭事件最高裁判決（156, 157）は，政教分離規定を「制度的保障」の規定だと述べている。前後の文脈から判断すると，これは，政教分離規定は権利ではなく法原則を定めた規定だという，上述の説明と同様の趣旨をいおうとしたものである。政教分離規定は権利規定ではないという点さえ押さえておけば，制度的保障とは何か，日本国憲法上の政教分離規定はドイツの憲法学説に由来する制度的保障といえるのか，政教分離規定は制度的保障か客観的制度規定か，といった問いに頭を悩ます必要はない。

(3) 政教分離人権説，宗教的人格権論

153

これに対して，学説のなかには，政教分離規定を人権規定だとする少数説もある。この見解によれば，「日本国憲法は，直接的な強制・弾圧を排除するとともに，政教分離を定めることによって間接的な圧迫をも排除し，信教の自由の完全な保障をはかっているのである。このように考えるならば，政教分離は信教の自由の一内容をなすものととらえるべきであり，政教分離規定は，それじたい人権保障規定と解すべきことになる」（樋口＝佐藤＝中村＝浦部・注解Ⅰ 400〜401頁）。しかし，国家が，ある宗教を国教に指定してはいるが，その宗教行事に市民の参加を強制することはなく，また市民が別な宗教のための礼拝や布教をおこなうことを妨害することもない場合に，信教の自由が侵害されたとみなすことにはやはり無理があるだろう。

政教分離人権説と類似の考え方として，政教分離原則違反の行為は，同時に20条の信教の自由または13条の幸福追求権で保障された市民の「宗教的人格権」の侵害になるという見解もある。国の場合には地方公共団体とは異なって，自己の権利・利益の侵害が出訴要件ではない住民訴訟制度が存在しないので，この見解は国の行為の政教分離違反を争う場合に特に主張されてきた。宗教的人格権は，自衛官合祀訴訟の原告が主張したことで有名だが，最高裁は，「原審が宗教上の人格権であるとする静謐な宗教的環境の下で信仰生活を送るべき利益なるものは，これを直ちに法的利益として認めることができない性質のものである」とした。内閣総理大臣の靖国神社参拝を違憲とする訴訟でも，「宗教的人格権」ないし「宗教的プライバシー権」侵害の主張がおこなわれているが，裁判所は宗教的人格権という権利自体を認めないか，または内閣総理大臣の参拝による宗教的人格権侵害を認めない態度をとっている（158）。

第13章 政教分離

　上述のように，地方公共団体またはその機関の行為を対象とする政教分離訴訟には，地方公共団体の住民が，自分の権利利益の救済を求めるのではなく，地方公共団体の違法な公金支出を正す目的で提起することができる地方自治法242条の2の住民訴訟が利用されてきた。政教分離原則違反が人権侵害とはいえないとすれば，本来出訴の道はないところであるから，住民訴訟という「客観訴訟」の利用には理由があった。しかし，2002年に地方自治法が改正され，住民は違法な支出をおこなった公務員を直接訴えるのではなく，当該公務員に損害賠償請求をおこなうよう求める訴訟を地方公共団体の執行機関を相手取って提起し，地方公共団体側が敗訴した場合にはじめて，今度は地方公共団体が，違法支出をおこなった公務員を訴える仕組みとなった。公務員個人が，過去の職務行為について巨額の損害賠償請求にさらされるリスクを低減させる趣旨だとされるが，地方公共団体の政教分離原則違反を争う訴訟が，従来よりも煩雑になったことは否めない。

◆ 3　政教分離原則違反が争われた国家行為

(1)　法令と政教分離原則

　日本国憲法の下では，特定の宗教を「国教」に指定したり，第二次大戦前のように，たとえば神社神道を特に優遇するような法令は制定されていない。

(2)　国家の個別行為と政教分離原則

　これまで，政教分離原則違反が争われてきたのは，法令ではなく，国家の個別の行為である。こうした国家行為の評価は，いまでも激しい政治的対立をひきおこしている。政教分離違反が争われてきた国家行為には，国・地方公共団体，ないしその機関が主催する行為（主体型）と，私人の行為に参加・関与したり，財政的援助を与える行為（関与型）がある。それぞれについて，実際に裁判で争われた代表的な事例には，以下のようなものがある。

　① **国家機関の主催する行為が問題となった事例**（「主体型」）
　(ア) 市が，市立施設の起工式にあたって，神社神道式の地鎮祭を主催し，その費用を公費で負担した行為。
　(イ) 村が観音菩薩像を建立した行為。
　(ウ) 内閣総理大臣が靖国神社に公人として参拝した行為。
　(エ) 内閣が皇室神道にもとづく「即位の礼」「大嘗祭」を皇室の公的行為とし

126

て執行し，公費を支出した行為．
② **私人の行為に対する国家の参与ないし財政的援助が問題となった事例**（「関与型」）
 (ア) 市職員が忠魂碑の前で遺族会が実施した慰霊祭に参列した行為．
 (イ) 知事が「大嘗祭」「主基斎田抜穂の儀」に参列した行為．
 (ウ) 県が靖国神社や護国神社の祭礼に際して玉串料などを奉納した行為．
 (エ) 市が忠魂碑の移設費用を負担し，遺族会に対して忠魂碑の移設用地を無償貸与した行為．
 (オ) 市が町会に対して地蔵像の建立場所を無償貸与した行為．
 (カ) 市が町内会に対して長期にわたり神社の建物の敷地を無償貸与してきた行為．
 (キ) 県と市が献穀祭奉賛会という民間組織に補助金を支出した行為．
 (ク) 自衛隊の地方連絡部が，社団法人隊友会とともに，護国神社に対して殉職自衛官の合祀を申請した行為．

◆ 4 政教分離原則違反が争われた国家行為の合憲性審査

(1) 概 観

上述のように，政教分離原則違反が争われた事件は数多いが，最も代表的な判例には以下のものがある．最高裁は，空知太神社訴訟判決 (159) 以外のどの判決でも，1977 年に津地鎮祭事件判決で定立したいわゆる「目的効果基準」にもとづいて，政教分離原則違反の判断をおこなっている．
 (ア) 津地鎮祭事件判決（最大判昭和 52・7・13 民集 31 巻 4 号 533 頁）
 (イ) 自衛官合祀訴訟判決（最大判昭和 63・6・1 民集 42 巻 5 号 277 頁）
 (ウ) 箕面忠魂碑・慰霊祭訴訟判決（最判平成 5・2・16 民集 47 巻 3 号 1687 頁）
 (エ) 愛媛玉串料訴訟判決（最大判平成 9・4・2 民集 51 巻 4 号 1673 頁）
 (オ) 小泉総理大臣靖国参拝訴訟判決（最判平成 18・6・23 判時 1940 号 122 頁）
 (カ) 空知太神社訴訟判決（最大判平成 22・1・20 判タ 1318 号 57 頁）

(2) 最高裁の目的効果基準論

政教分離原則違反が争われた国家行為の合憲性審査方法として，いわゆる「目的効果基準」を確立したのが，津地鎮祭事件最高裁判決である．
① **事 実 関 係** 1965 年に三重県津市が，市立体育館の起工式に神主を招

いて神社神道式の地鎮祭を挙行し、神主の招聘費用等を公費で負担した。これに対して、当日招待されていた市議会議員の1人が、市の行為は政教分離原則に違反するとともに、この市議会議員の信教の自由を侵害するとして、地方自治法242条の2にもとづく住民訴訟と、通常の損害賠償請求訴訟を提起した。

一審と控訴審はどちらも、この市議会議員は本件地鎮祭への参加を強制されたわけではないとして、信教の自由の侵害を理由とする損害賠償請求は認めなかった。しかし、住民訴訟については、一審は請求棄却、控訴審は請求認容と、判断が分かれた。市長の上告を受けた最高裁は、市の行為は憲法20条3項の宗教的活動にあたらず、支出は89条前段が禁止する公金支出にもあたらないと判断した。

② **目的効果基準論の内容**　最高裁判決中、目的効果基準を説示したとされるのは以下の箇所である。長文だがそのまま引用しておこう。

「政教分離原則は、国家が宗教的に中立であることを要求するものではあるが、国家が宗教とのかかわり合いをもつことを全く許さないとするものではなく、宗教とのかかわり合いをもたらす行為の目的及び効果にかんがみ、そのかかわり合いが右の諸条件に照らし、相当とされる限度を超えるものと認められる場合にこれを許さないとするものであると解すべきである。」「憲法20条3項は、『国及びその機関は、宗教教育その他いかなる宗教的活動もしてはならない。』と規定するが、ここにいう宗教的活動とは、前述の政教分離原則の意義に照らしてこれをみれば、およそ国及びその機関の活動で宗教とのかかわり合いをもつすべての行為を指すものではなく、そのかかわり合いが右にいう相当とされる限度を超えるものに限られるというべきであって、当該行為の目的が宗教的意義をもち、その効果が宗教に対する援助、助長、促進又は圧迫、干渉等になるような行為をいうものと解すべきである。……そして、この点から、ある行為が右にいう宗教的活動に該当するかどうかを検討するにあたっては、当該行為の主宰者が宗教家であるかどうか、その順序作法（式次第）が宗教の定める方式に則ったものであるかどうかなど、当該行為の外形的側面のみにとらわれることなく、当該行為の行われる場所、当該行為に対する一般人の宗教的評価、当該行為者が当該行為を行うについての意図、目的及び宗教的意識の有無、程度、当該行為の一般人に与える効果、影響等、諸般の事情を考慮し、社会通念に従って、客観的に判断しなければならない」。

③ 目的効果基準論の特徴

最高裁の目的効果基準論には、いくつかの注意すべき特徴がある。以下、6点に分けて説明しておこう。

(ア) **2項の「宗教的行為」と3項の「宗教的活動」**　控訴審判決は、20条3項の「宗教的活動」には、20条2項の「宗教的行為」を含む一切の宗教的行為が網羅されるとする一方、国家による「非宗教的習俗行事」の挙行は3項に違反しないとした。この解釈によれば、「宗教的行為」か「習俗的行為」かという点が、20条3項違反の分かれ目となる。控訴審は、国家がおこなうと違憲となる「宗教的行為」のメルクマールとして、(i)当該行為の主宰者が宗教家であるかどうか、(ii)当該行為の順序作法（式次第）が宗教界で定められたものかどうか、(iii)当該行為が一般人に違和感なく受け容れられる程度に普遍性を有するものかどうか、という3点をあげた。

これに対して、最高裁は、3項の宗教的活動は、一般市民に対する参加強制の有無にかかわらず国家に禁止されている行為であるのに対して、2項の宗教的行為は、参加強制さえしなければ国家がおこなってもよいものを含むとして、3項の宗教的活動を2項の宗教的行為よりも狭く捉えた。最高裁の理論構成では、3項違反の行為かどうかの判別基準が目的効果基準なのである。

(イ) **目的基準と効果基準との関係**　最高裁判決の趣旨は、目的基準と効果基準という2つの要件が満たされた場合にのみ、当該国家行為は違憲となるということだと理解されている。現に、政教分離原則違反が争われた事案に関する最高裁の合憲判断はすべて、当該行為が2要件のいずれにも該当しないと認定し、違憲判決である愛媛玉串料訴訟判決は、逆に当該行為が2要件のどちらにも該当するとしている。

(ウ) **目的・効果の認定方法**　最高裁によれば、目的・効果は、(i)主宰者が宗教家かどうか、式次第が宗教の定める方式によっているかどうかなど、「当該行為の外形的側面のみにとらわれることなく」、(ii)当該行為のおこなわれる場所、(iii)当該行為に対する一般人の宗教的評価、(iv)当該行為者の意図・目的、宗教的意識の有無・程度、(v)当該行為が一般人に与える影響・効果等、「諸般の事情を考慮し、社会通念に従って、客観的に判断」するとしている。外形的側面に加えてこれら4要素等の総合判断をおこなうとした点が特徴的だ。この説示が、目的効果基準の実際の適用における根幹部分である。さらに2つの点

に注意しておきたい。

　第1に，「当該行為の外形的側面のみにとらわれること」を拒否したことで，最高裁は，宗教的行為と習俗的行為との二分論のみならず，宗教的行為と習俗的行為とを判別するために控訴審が提唱した具体的基準も否定し，当該行為の目的・効果を総合的に判断するという新たな方針を打ち出したことになる。

　第2に，「外形的側面」「行為の場所」「一般人の評価」「行為者の意識等」「一般人への影響」という諸要素等の総合判断によって目的・効果を測定するというのだから，最高裁の目的効果基準論は，まず目的審査をおこない，つづいて効果審査をおこなうという手順を踏むものではない。

　(エ)　**「本体行為」「関与行為」と目的効果基準**　　最高裁は，国・地方公共団体ないしそれらの機関が主催する「主体型」行為の政教分離原則違反が問題となる事案のみならず，国・地方公共団体ないしそれらの機関が私人の宗教的活動に関与する「関与型」行為の政教分離原則違反が問題となる事案にも，目的効果基準を適用している。しかし，関与型の場合には，関与行為の20条3項違反性を判断するにあたって，本体行為の性格をどこまで考慮に入れるべきかという問題が生ずる。この点について最高裁は，本体行為の性格，関与行為の性格，両者の相互関係を，目的・効果を判定する作業のなかで総合的に考慮する態度をとっている。

　(オ)　**89条前段と目的効果基準**　　目的効果基準は，直接には憲法20条3項の宗教的活動に該当するか否かの判別のために提唱された。しかし，政教分離問題の多くが争われた住民訴訟では，原告側はつねに，地方公共団体の職員の違法な公金支出を主張立証する必要があるため，89条前段違反もあわせて争われることが多い。最高裁は，89条前段違反の判断にあたっても，同じ目的効果基準を適用してきた。愛媛玉串料訴訟判決は，この点を次のように明示している。「89条が禁止している公金その他の公の財産を宗教上の組織又は団体の使用，便益又は維持のために支出すること又はその利用に供することというのも，公金支出等における国家と宗教とのかかわり合いが前記の相当とされる限度を超えるものをいうものと解すべきであり，これに該当するかどうかを検討するに当っては，前記と同様の基準によって判断しなければならない」。しかし，この点は，空知太神社訴訟判決 (159) で修正された可能性がある。

　(カ)　レモン・テスト。学説は，最高裁が目的・効果の総合判断方式によって

政教分離を緩和する傾向にあることを批判して、その代案としてアメリカ判例理論の「レモン・テスト」の適用を主張してきた（芦部・憲法学Ⅲ 164〜166頁）。

　レモン・テストとは、(i)問題となった国家行為が、世俗的目的をもつものかどうか、(ii)その行為の主要な効果が、宗教を振興しまたは抑圧するものかどうか、(iii)その行為が、宗教との過度のかかわり合いを促すものかどうかという3要件を個別に検討することによって、1つの要件でもクリアーできなければ右行為を違憲とするものである（芦部152〜153頁）。

　レモン・テストは、日本の最高裁の目的効果基準論の原型だといわれるが、3要件を独立に審査して、いずれか1つの要件に該当すれば違憲と判断する点で、目的・効果要件の双方に該当する場合だけを違憲とする最高裁の基準よりも厳格である。しかし、レモン・テストの第3要件である「過度のかかわり合いテスト」については、目的が世俗的で、宗教を振興または抑圧する効果もないが、宗教と「過度のかかわり合い」をもつ行為とは、いったいどういう行為なのかという疑問がわく。日本の学説は、日本の憲法解釈のレベルで、「過度のかかわり合いテスト」を具体化してきたとは必ずしもいえない。

(3) 津地鎮祭事件判決と愛媛玉串料訴訟判決のあてはめ

　目的効果基準を打ち出した津地鎮祭事件判決と、政教分離訴訟における初めての違憲判決である愛媛玉串料訴訟判決について、目的効果基準のあてはめを具体的に確認しておこう。

　① 津地鎮祭事件判決の場合、最高裁による目的効果基準のあてはめは、おおよそ以下のようなものだった。

　本件市立体育館の起工式は、工事の無事安全を祈願するために、専門の宗教家である神主によって、神社神道固有の祭式に則って挙行されたので、宗教とかかわり合いをもつことは否定できない。しかし、神社神道式地鎮祭は、長い年月の間に建築着工に際しての習慣化した社会儀礼と化し、一般人の意識においても、主催した津市長等関係者の意識においても、世俗的行事と評価されていたとみるべきだ。こうした事情から判断すると、神社神道式地鎮祭が、「参列者及び一般人の宗教的関心を特に高めることとなるものとは考えられ」ない。「以上の諸事情を総合的に考慮して判断すれば、本件起工式は、宗教とかかわり合いをもつものであることは否定しえないが、その目的は建築着工に際し土地の平安堅固、工事の無事安全を願い、社会の一般的慣習に従った儀礼を行う

という専ら世俗的なものと認められ，その効果は神道を援助，助長，促進し又は他の宗教に圧迫，干渉を加えるものとは認められない」。

　判決文は，最高裁自身が考慮要素としてあげた「外形的側面」「行為の場所」「一般人の評価」「行為者の意図」「一般人への影響」をそれぞれ順番に検討する体裁にすらなっていない。内容に関していえば，判断の決め手は，結局，神社神道式地鎮祭が「世俗的行事」と化しているという認識にあるのではないか，仏式・キリスト教式の起工式では異なる判断となるのではないか，そうだとすれば神社神道の特別扱いを承認する結果となるのではないか，などの疑問を提起することができる。

　② 愛媛玉串料訴訟では，1981年から86年にかけて，愛媛県知事が，靖国神社の例大祭に玉串料，みたま祭に献灯料，護国神社の慰霊大祭に供物料を，それぞれ公費から奉納した行為が，政教分離原則に反するかどうかが争われた。最高裁大法廷は，13対2で，本件行為を違憲と判断した。

　法廷意見は，津地鎮祭事件最高裁判決の目的効果基準論をほぼそのまま引用した上で，本件行為の目的・効果を次のように判定した。「神社自体がその境内において挙行する恒例の重要な祭祀に際して」(本体行為の場所・性格)「玉串料等を奉納することは，……起工式の場合とは異なり，時代の推移によって既にその宗教的意義が希薄化し，慣習化した社会的儀礼にすぎないものになっているとまでは到底いうことができず」(関与行為の性格)，「一般人が本件の玉串料等の奉納を社会的儀礼の一つにすぎないと評価しているとは考え難いところである」(関与行為に対する一般人の評価)。「そうであれば，玉串料等の奉納者においても，それが宗教的意義を有するものであるという意識を大なり小なり持たざるを得ない……」(行為者の意識)。「これらのことからすれば，地方公共団体が特定の宗教団体に対してのみ本件のような形で特別のかかわり合いを持つことは，一般人に対して，県が当該特定の宗教団体を特別に支援しており，それらの宗教団体が他の宗教団体とは異なる特別のものであるとの印象を与え，特定の宗教への関心を呼び起こすものといわざるを得ない」(一般人への影響)。玉串料等の奉納を，さい銭・香典と同列に論ずることはできず，戦没者の慰霊や遺族の慰謝を直接の目的としていても，本件行為の目的が世俗的であるとはいえない。「以上の事情を総合的に考慮して判断すれば」，本件行為は，目的が宗教的意義をもち，特定の宗教を援助・助長・促進する効果をもつ。

第13章　政教分離

　この判決には，さまざまな少数意見が付されている。そのうち，高橋・尾崎意見は，違憲の結論には賛成しつつ，目的効果基準をあいまいだとして否定した。また，可部反対意見は，津地鎮祭事件判決の立てた「行為の場所」等の4つの考慮要素を厳格に限定列挙と捉えて，これを関与行為にあてはめ，合憲の結論を導いている。

　法廷意見は，本体行為がその外形的側面から宗教的行為であることを前提として，他の4要素を順次検討する比較的整った形式をとっているが，津地鎮祭事件のような主体型が合憲とされ，本件のような関与型が違憲とされることはバランスを欠いているのではないかなど，事案の結論とは別に，目的効果基準の適用の一貫性について疑問を提起する見解もある。

(4)　靖国訴訟 ── 小泉総理大臣靖国参拝訴訟判決（最判平成18・6・23判時1940号122頁） 158

　① 内閣総理大臣の靖国神社参拝　　吉田茂をはじめ，戦後歴代の内閣総理大臣のなかには，在職中に靖国神社に参拝する者もいたが，総理大臣の参拝が特にクローズアップされるようになったのは，靖国神社を公式の戦没者追悼施設として国家管理下に移そうとする靖国神社法案が1969年以来繰り返し国会に上程され，1974年には衆議院を通過したものの，保革伯仲の参議院で審議未了廃案となってからのことである。これ以降，日本遺族会や自民党の「靖国国家護持」推進派は，総理大臣の「公式参拝」の実現を求めるようになった（樋口＝佐藤＝中村＝浦部・注解Ⅰ 402～404頁）。

　1975年8月15日には，三木総理大臣が，公用車を利用せず，記帳に肩書きを書かず，私人としての立場を明示して，戦後はじめて終戦記念日に靖国神社に参拝した。1978年10月17日の政府統一見解は，総理大臣等が公用車を利用して神社仏閣に参拝し，肩書つきで記帳しても，政府行事として参拝することが決定されたり，玉串料等を公費で支出するなどの事情が存在しないかぎり，純然たる私人としての参拝であるという解釈を示している（ジュリスト848号1985年115頁）。

　また，1979年には，その前年の10月に，靖国神社が第二次世界大戦のA級戦犯14人を昭和殉難者としてひそかに合祀していた事実が明らかになった。

　その後，中曽根総理大臣時代に官房長官の私的諮問機関として設置された「閣僚の靖国神社参拝問題に関する懇談会」（靖国懇）が，1985年8月9日の報

告書において，津地鎮祭判決を参考に，戦没者に対する追悼自体は必ずしも宗教的意義をもつものとはいえないとして，参拝の場所・方式等について宗教色を薄めた上ならば，総理大臣の公式参拝も許されるとの見解を示した。これを受けて，中曽根総理大臣は，1985 年 8 月 15 日に靖国神社に参拝し，総理大臣としての資格による公式参拝であることをはじめて明言した。1985 年 8 月 20 日の政府統一見解は，「内閣総理大臣その他の国務大臣が，国務大臣としての資格で，戦没者に対する追悼を目的として，靖国神社の本殿又は社頭において一礼する方式で参拝することは」20 条 3 項に違反しないとしている（ジュリスト 848 号 1985 年 115 頁）。この公式参拝に対しては，全国各地で違憲訴訟が提起された。近隣諸国の強い反発を受けたこともあって，この後しばらく総理大臣の靖国参拝は途絶える。

しかし，かねて在職中の参拝を公言していた小泉総理大臣は，就任後間もない 2001 年 8 月 13 日に公式参拝とは明示せずに参拝し，退任直前の 2005 年には 8 月 15 日に参拝して話題となった。

② **最高裁判決**　小泉総理大臣の 2001 年の参拝に対しては，東京・大阪・千葉・松山・福岡・沖縄の各地で，国家賠償等を求める訴訟が提起された。本件判決は大阪訴訟の上告審判決である。

靖国訴訟では，国家賠償法 1 条の責任の成立をめぐって，(i) 総理大臣の参拝は職務行為といえるか（公式参拝か），(ii) 参拝は違法か（政教分離違反か），(iii) 参拝によって特定人の法益侵害が生じたか（宗教的人格権・プライバシー権主張の当否）が争われ，下級審の態度も分かれている。とりわけ，**福岡地判平成 16・4・7**（判時 1859 号 76 頁）と**大阪高判平成 17・9・30**（訟月 52 巻 9 号 2801 頁）は，(ii) の点について目的効果審査をおこなった上で政教分離違反ないし違反の疑いを認めて注目された。しかし，中曽根総理大臣の参拝に対する訴訟も含め，過去に法益侵害を認めた判決はない。

本件最高裁判決は，(i)(ii) の論点には触れずに，「人が神社に参拝する行為自体は，他人の信仰生活等に対して圧迫，干渉を加えるような性質のものではないから，他人が特定の神社に参拝することによって，自己の心情ないし宗教上の感情が害されたとし，不快の念を抱いたとしても，これを被侵害利益として，直ちに損害賠償を求めることはできない」として，法益侵害がないことのみを理由に上告を棄却した。国の機関の行為については，地方自治法の住民訴訟に

あたる客観訴訟の道がないため，総理大臣の靖国参拝の違憲性を訴訟で争う方法が手詰まりの観を呈していることは否めない。

(5) 目的効果審査の流動化？ ── 空知太神社訴訟判決 (最大判平成22・1・20判タ1318号57頁)

2010年1月20日の空知太（そらちぶと）神社訴訟大法廷判決は，政教分離問題を主として憲法20条3項の「宗教的活動」の解釈問題と捉え，「主体型」であれ「関与型」であれ，端的な財政援助の場合であれそれ以外の場合であれ，すべて目的効果基準で判断するという，これまでの最高裁の態度に変化がみられる点で，今後の判例動向をうかがう上で注目される判決である。

① 事実関係 北海道砂川市は，1953（昭和28）年以来，市の所有地を，（地域の集会場にも使用され，内部に祠が設置され，外壁には神社の表示がある）本件神社の建物・鳥居・地神宮の敷地として，無償で空知太町内会に貸与してきた。もともと同神社は，1892（明治25）年に空知太地区の住民が建立したものだが，1948（昭和23）年に神社を移転する必要が生じたときに，ある住民が自分の所有地を移転先として提供した。神社敷地を所有することになったこの住民が，1953年に市に対して本件土地を寄付し，これ以降，市による町内会への無償貸与が続いてきた。

本件は，市の住民Xらが，無償貸与は憲法違反であるとして，地方自治法242条の2第1項3号にもとづき，違法に財産の管理を怠る事実の確認を求めて出訴した住民訴訟である。

一審判決（札幌地判平成18・3・3）・控訴審判決（札幌高判平成19・6・26）とも，市の行為が憲法20条3項の「宗教的活動」にあたるか，さらに89条前段の財産供与にあたるかを，目的効果基準にもとづいて審査し，いずれも違憲判断を示した。

② 最高裁の判断とその特色 最高裁も本件無償貸与行為が憲法違反であることを認めた。愛媛玉串料判決に続く，政教分離関係で2つめの違憲判決である。

本件判決がこれまでの最高裁判例と異なる点は，主として2つである（清野正彦最高裁調査官の解説。ジュリスト1399号2010年83頁以下）。第1は，これまでの判例では従たる論点にすぎなかった89条違反の有無を主要な問題として取り上げ，付随して20条1項後段の「特権付与」の有無にもふれた点である。20

条3項の「宗教的活動」禁止の射程を狭めた点，無償貸与の利益を享受する主体を氏子集団と捉えた上で，氏子集団が20条1項の宗教団体にあたることを当然の前提とする点が注目される。

第2は，これまでの判例で必ず繰り返されてきた津地鎮祭判決以来の「目的効果」の定式がみられないことである。判決は，89条違反の有無を判断するにあたっては，「当該宗教施設の性格，当該土地が無償で当該施設の敷地としての用に供されるに至った経緯，当該無償提供の態様，これらに対する一般人の評価等，諸般の事情を考慮し，社会通念に照らして総合的に判断すべき」だとしている。

本件判決も，政教分離違反となるか否かは，「我が国の社会的，文化的諸条件に照らし相当とされる限度を超えるもの」かどうかで判断するという，従来の最高裁の基本的スタンスを変更するものではない。しかし，目的効果基準の定式が消えた点は，今後の判例の流動化，個別化を予想させる重要な意味をもつ。調査官解説では，本件が従来の事案で問題となった個別の単発的行為とは事案が異なり，長期にわたる継続的行為である点の重要性が示唆されている。

本件判決は，違憲状態を解消する方法は複数あるとして，その点の審理を尽くさせるため原審に差し戻した。同様の例が全国各地にあるといわれ，具体的な処理方法の帰趨も注目されるところである。

第14章 職業の自由

◆ 1 職 業

(1) 職業の概念

　憲法 22 条 1 項後段は,「何人も, 公共の福祉に反しない限り, ……職業選択の自由を有する」と規定している。22 条 1 項後段にいう職業とは,「人が自己の生計を維持するためにする継続的活動である」(薬事法事件判決)。

　生計とは生活のことであるから (『大辞林』), 職業とは, 自分や家族の生活を維持していくため, すなわち衣食住を賄う収入を得て生きていくために, 人がおこなう社会的活動である。生業という言い方もある。

　したがって, 同一の社会的活動も, 時代・社会・個人の状況の違いに応じて, 憲法 22 条 1 項が保護する職業に含まれたり, 含まれなかったりする。たとえば, 紫式部は『源氏物語』の印税で生活していたわけではないが, いまの日本には印税で生計を立てている「職業作家」がいることからわかるように, かつてはそうはいえなかった社会的活動が, 現在では 22 条 1 項の職業に含まれることもある。逆に, それでは生計が成り立たなくなって, 職業としては衰退していく社会的活動もある。また, 同じ種目のスポーツも, プロスポーツの選手の場合は 22 条 1 項の保護を受ける職業活動であるが, アマチュアの競技者の場合は 22 条 1 項の保護を受けない活動である。

　憲法の職業概念がこういうものだとすると, パートタイムやアルバイトの労働がここにいう職業にあたるかどうかは明確ではない。裏からいえば, 国家がパートやアルバイトのような非正規雇用について何らかの規制をおこなった場合, それを職業の自由の規制とみなすことができるかどうかは不明確である。規制法令が対象としている非正規雇用の態様や, 当事者が当該パート・アルバイトでどの程度生計を維持しているかによって, 個別的に判断するほかないだ

ろう。

161　**(2) 職業選択と職業遂行**

「職業選択」とは，人が職種と職場を選択する行為を意味し，これに対して「職業遂行」とは，人が選択した職業に実際に従事する行為を意味する。22条1項の文言は職業選択となっているが，職業選択の自由は保障されても，選択した職業に従事する自由が認められないのでは意味がないという理由で，通説はこの規定が職業選択と職業遂行という2つの行為を保護対象とすると理解してきた（芦部210頁，佐藤557頁）。22条1項の文言では「職業選択の自由」となっているにもかかわらず，一般に学説が，22条1項後段の権利を「職業の自由」とよぶのはこのためである。この本も，こうした理解とよび方に従う。

選択と遂行の区別は，職業選択の規制は職業遂行の規制よりも重いという，職業規制の類型論と結びついており，それはさらに合憲性審査のあり方と連動していることから，憲法解釈上重要な意味をもつ。

162　**(3) 営業の概念**

憲法上の概念ではないが，判例・学説によれば，22条1項は，「営業の自由」も保障している。ところが，こうした解釈の前提となる「営業」という用語の意味理解については，3つの考え方が対立している。

① 職業遂行説　第1は，営業とは職業遂行行為のことだと定義する説である。「職業遂行説」とよんでおく。「憲法22条1項の保障する職業選択の自由は，自己の従事する職業を決定する自由を意味する。自己の選択した職業を遂行する自由，すなわち営業の自由もそれに含まれる」（芦部204頁）。これが多数説だと思われる。

② 営利事業遂行説　第2は，営業とは職業遂行行為のうち，営利事業の遂行行為だとする説である。「営利事業遂行説」とよんでおこう。「『職業選択の自由』には，自己の従事すべき職業を自由に選択するだけでなく，選択した職業を遂行する自由も含まれる。問題は，職業遂行上の諸活動のうちで，営利をめざす継続的・自主的な活動である『営業の自由』もまた，この『職業選択の自由』に含まれるかという点である」（野中＝中村＝高橋＝高見I 451頁）。

③ 営利事業説　第3は，営業とは，自己が主体となって営む営利事業を意味するという説である。「営利事業説」とよんでおく。「職業選択の自由を保障する22条1項は，職業を遂行する自由をも保障すると考えられている。これ

を一般に『営業の自由』とよぶ人もあるが，それは誤りである。警察官の職務の遂行も，工場労働者の労働も『営業』とはいわないからである。『営業』とは，職業のうち，継続的な，営利を目的とする自主的な活動をいう」(尾吹143頁。佐藤557頁も参照)。営利事業説によれば，企業の営業マンは職業を遂行しているが，営業の自由という場合の営業をおこなっているわけではなく，営業＝営利事業の主体は，あくまでこの営業マンの雇い主たる企業自体である。

この3つの学説のうちでは，最後の「営利事業説」が明らかに適切である。第1に，営業＝営利事業と定義することは，「営利の目的で行う事業」という営業の辞書的意味(『広辞苑』)に合致する。他方，公務員が公務を遂行する行為も職業遂行であるから，職業遂行一般を営業とよぶならば，営利事業説の指摘どおり，捜査中の警察官も営業中ということになって，日本語の通常の語感にまったくそぐわない。

第2に，「営利事業説」をとらないと，職業規制としての営業許可制の理解が困難になる。営業許可制とは，日常用語としても，行政法上の用語としても，営利事業への新規参入の許可制のことである。したがって，営業許可制は単なる職業遂行の規制にとどまらず，職業選択そのものの規制である(167～168)。営業を職業遂行と定義すると，この点が誤解されてしまい，職業規制の合憲性審査の理解にも大きな混乱を引き起こす。

営利事業説をとって，営業の概念を営利事業と捉えると，営業は職業と重なり合うが，職業に完全には包摂されないことになる。たしかに個人事業者は，営利事業によって自己の生計を維持しているので，個人事業者にとっては営業は職業の1ジャンルということができる。しかしながら，現代社会では，営利事業の主体の多くは法人であり，法人の衣食住，法人の生活・生計というものが観念できない以上(406も参照)，法人の営利事業は，定義上，職業とは異なる社会的活動ということになるからである。

(4) **営業の自由論争**

すでに明治憲法に関しても，営業の自由を憲法上の権利と認める見解があったが(伊藤博文『憲法義解』岩波文庫版1940年52頁)，この発想は現行憲法22条1項の解釈にも引き継がれて通説を形成した。これに対して，1970年代に，経済史学者から次のような批判が提起された。もともと営業の自由とは，独占が排除され取引の自由が確保された経済秩序を意味するのであって，個人や団体

の権利ではない。営業の自由を権利と捉えることは私的独占の容認につながり，むしろ「公序」としての営業の自由という本来の意味に反する結果を招く（岡田与好『独占と営業の自由』木鐸社 1975 年）。この批判の後も，憲法学説は，営業の自由を憲法上の権利と認めた上で，その弊害の問題には規制の合憲性審査のレベルで対処可能だとみなしている。

ちなみに，営業の私的独占を問題とする「営業の自由」論争も，営業を職業遂行や営利事業の遂行と理解しているわけではなく，営利事業それ自体という意味での営業の概念を当然の前提としているといえよう（岡田・前掲書 38〜40 頁では，営業の自由は「取引の自由」と等置されている）。

◆ 2　職業の自由

164　職業および営業の概念に関する以上の確認を踏まえて，憲法 22 条 1 項が保障する「職業の自由」「営業の自由」の内容をあらためて整理してみよう。

165　**(1) 個人の「職業選択の自由」と「職業遂行の自由」**

① **個人の職業選択の自由**　職業の自由には，職種および職場の選択を国家から妨害されない個人の権利が含まれる。つまり，就職・転職・退職についての自己決定を国家から妨害されない権利である。もちろんこの権利は，本人が望む職場を提供することを国家に対して義務づけるものではない。企業には雇い入れの自由があり，個人の職業選択の自由は，現実社会においては「失業の自由」を意味することもある。こうした労働者の地位の問題は，憲法 27 条・28 条で規定された「勤労の権利」「労働基本権」(259 以下) と，これを具体化する労働法の規律領域である。

② **個人の職業遂行の自由**　職業の自由には，選択した職業を実際にどう遂行するかについて，国家から指示・強制されない個人の権利が含まれる。しかし，職業選択と同様，職業の遂行方法に対しても，実際には多くの国家規制が存在しており (169)，憲法論としては，それらが 22 条 1 項違反とならないかが問題となる。

公務員の職務行為は，国家権力を行使する公的職務であり，その内容はもともと憲法・法令等による厳格な規制を受けるべきものであるから，公務員となった個人には憲法上の職業遂行の自由は保障されないという指摘もある（内野 87 頁）。

(2) 団体の「営業選択の自由」と「営業遂行の自由」　　166

　22条1項が営利事業の意味での営業の自由を保障するという理解に立つと，職業の自由には，営利事業を開始・継続・廃止する行為を国家から妨害されない個人の権利と，営利事業の遂行方法について国家の指示・強制を受けない個人の権利が含まれることになる。これは，それぞれ(1)で述べた個人の職業選択の自由と職業遂行の自由の一部である。

　しかし，22条1項の営業の自由の保障には，団体が営利事業を開始・継続・廃止することを国家から妨害されない権利と，同じく団体が営利事業の遂行方法について国家から指示・強制を受けない権利も含まれる。上述のように，団体自体の職業というものを観念できないとすれば，団体の営業の自由の保障は，職業の自由プラスアルファだということになる。

◆ 3　職業の自由の規制

(1) 職業選択の規制と職業遂行の規制　　167

　国家による職業規制は，職業選択の規制と職業遂行の規制とに大別される。職業選択の規制とは，ある職業への参入それ自体を阻み，あるいはある職業からの撤退を強制する規制である。これに対して，職業遂行の規制とは，その人が当該職業に従事し続けることは前提とした上で（あるいはその法人が当該営業に従事し続けることは前提とした上で），単にその職業（営業）に従事する方法・態様に対してだけ加えられる規制のことである。選択の規制はつねに遂行の規制を含むわけだから，このように考えないと選択の規制と遂行の規制という区別自体が成り立たない。この意味での職業遂行の規制は，職業選択の規制よりも軽微な規制だと考えられている。

　薬事法事件最高裁判決(172)も，この事件で争われた薬局の営業許可は職業選択の規制だという前提に立って，以下のように述べている。「一般に許可制は，単なる職業活動の内容及び態様に対する規制を超えて，狭義における職業の選択の自由そのものに制約を課すもので，職業の自由に対する強力な制限である……」。

(2) 職業選択それ自体の規制　　168

　国家による職業選択の規制としてすぐに想起されるのは，特定職種への新規参入の規制である。ふつう憲法解説書で，職業の自由の規制例としてあげられ

141

ているのは，すべてこれである。重要な判例も，ほとんど新規参入規制の合憲性が争われた事例に関する。代表的な新規参入規制の方式には，次のようなものがある。

(ア) 開業にあたって，行政機関の公簿への登録が義務づけられる「登録制」（例，電気通信事業法9条，旅行業法3条など）。

(イ) 開業にあたって，行政機関の営業許可を受けることが義務づけられる「許可制」（例，旅館業法3条，建設業法3条，鉄道事業法3条など）。

(ウ) 国家試験の合格者だけが当該職業への参入を許される「資格制」（例，医師法2条，弁護士法4条，弁理士法7条など）。

(エ) 事業免許を取得した事業者だけが営業を許される「特許制」（例，放送法2条の3の2および電波法4条・6条による放送事業）。

(オ) 国営企業が営業を独占する「国家独占」（例，かつての郵政事業・たばこ専売事業）。

(カ) 法律が当該職業を禁止する「全面禁止」（例，売春防止法3条）。

(3) 単なる職業遂行だけの規制

たとえば，薬事法24条は，「薬局開設又は医薬品の販売業の許可を受けた者でなければ，業として，医薬品を販売し，授与し，……陳列……してはならない」と規定している。これは，新規参入規制としての営業許可制，すなわち，医薬品販売業という職業（営業）を選択することを入り口でコントロールする職業選択それ自体の規制である。

これに対して，同じ薬事法の49条1項には，次のような規定がある。「薬局開設者又は医薬品の販売業者は，医師，歯科医師又は獣医師から処方せんの交付を受けた者以外の者に対して，正当な理由なく，厚生労働大臣の指定する医薬品を販売し，又は授与してはならない」。こちらは，医薬品販売業をさせる・させないというレベルの規制ではなく，医薬品販売業の営業方法に関する規制である。当該職業（営業）の継続を前提として，その方法・態様に対して加えられるこの種の規制を，前述のように職業遂行の規制とよぶ。

こういった職業（営業）遂行の規制を定めた法令も，それこそ無数にある。たとえば，有毒・有害な物質を含有する食品や，病原微生物に汚染された食品などの製造・輸入・調理等を禁止する食品衛生法6条，誇大広告を禁止する不当景品類及び不当表示防止法4条，商品の正確な長さ・質量・体積の表示を義

務づける計量法 11 条，工場などからのばい煙排出規制を定める大気汚染防止法 13 条の 2 などなど，である。

ただし，こうした職業遂行の規制も，違反者に対する制裁が，罰金刑や営業停止の行政処分を超えて，営業許可の取消しのような当該職業・営業からの撤退強制に至れば，職業選択それ自体の規制となる点に注意が必要である。

◆ 4　職業の自由の規制の合憲性審査

(1) 概　観

職業規制の合憲性審査のあり方について，判例理論の展開がみられるのは，とりわけ営業への新規参入規制の合憲性である。この領域では，最高裁判例も，目的手段審査の枠組みで合憲性審査をおこなっている。最高裁は，1972 年の小売市場判決と 1975 年の薬事法判決で，新規参入規制が積極目的でおこなわれている場合と，消極目的でおこなわれている場合では審査グレードが異なるとする，いわゆる「目的二分論」を打ち出した。しかし，財産権規制の指導的判例である 1987 年の森林法判決が，目的手段審査の枠組みはとりながら，目的二分論には立っていないと思われることから，判例の射程の理解が困難になった。

薬事法判決までの学説は，二重の基準論の立場から，経済的自由の規制（職業規制・財産権規制）の合憲性は合理性審査で判断すれば足りるとしていたが，学説の大勢は，小売市場判決・薬事法判決による目的二分論を支持した。その後の学説は，目的手段審査を当然の前提として，職業選択自体の規制か職業遂行だけの規制かという規制態様，消極目的・積極目的といった規制の目的などの要素を考慮して，合憲性審査のグレードを変えるべきだというスタンスをとっている（芦部 214 頁）。

(2) 判　例

職業の自由の規制の合憲性が問題となった重要判例には，以下のものがある。

(ア) 公衆浴場事件旧判例（最大判昭和 30・1・26 刑集 9 巻 1 号 89 頁）
(イ) 小売市場事件判決（最大判昭和 47・11・22 刑集 26 巻 9 号 586 頁）
(ウ) 薬事法事件判決（最大判昭和 50・4・4 民集 29 巻 4 号 572 頁）
(エ) 公衆浴場事件新判例（最判平成元・3・7 判時 1308 号 111 頁）
(オ) 酒類販売免許制事件判決（最判平成 4・12・15 民集 46 巻 9 号 2829 頁）

(3) 小売市場事件判決と薬事法事件判決

以上の諸判決のうち、ここでは職業（営業）への新規参入規制に関する指導的判例である前述の小売市場事件判決と薬事法事件判決を、やや詳しくみておくことにしたい。

① 2つの事件の概要

(ア) **小売市場事件** まず、小売市場事件と薬事法事件の事案を簡単に確認しておこう。1959年に制定された小売商業調整特別措置法は、別に政令で定める特定の市で、10店舗以上の区画を持つ建物を建設し、各店舗を生鮮食料品など特定の商品を販売する小売商に賃貸または譲渡しようとする者は、知事の許可を受けなければならないと規定している。

小売市場事件は、この法律が適用される東大阪市で、1965年に知事の許可を受けずに店舗数49の建物を建設し、生鮮食料品等の小売商に賃貸していた業者が、同法違反で起訴された刑事事件である。

被告人側は、この法律の営業許可制は職業の自由の侵害にあたり違憲無効であるから、処罰の根拠法律を欠くという意味で、被告人は無罪だと主張した。

(イ) **薬事法事件** 職業規制の説明のなかでもとりあげたように、薬事法は、薬局を開設または医薬品を販売しようとする者に対して、あらかじめ知事の許可を受けることを求めている。薬事法の旧6条は、この許可要件の1つとして、「薬局の設置の場所が配置の適正を欠く」と判断した場合には、知事は営業不許可の処分をおこなうことができると定め、具体的には薬事法の委任を受けた都道府県の条例が、薬局開設予定地から条例の定める距離以内にすでに薬局が存在する場合には、知事は新規営業を不許可とする旨を規定していた。

事案は、薬事法と広島県条例にもとづいて営業不許可処分を受けた業者が、こうした距離制限制は憲法22条1項の職業の自由を侵害するとして、不許可処分の取消しを求めた行政訴訟である。

② 目的手段審査の採用と二重の基準論へのコミット

(ア) **目的手段審査** この2つの事件とも、最高裁は目的手段審査の枠組みで違憲審査をおこなった。小売市場事件判決の場合、次の箇所が、規制の目的と手段の両面について合憲性を判定する目的手段審査の法的構成を示す一般的説示部分である。「国は、積極的に、国民経済の健全な発達と国民生活の安定を期し、もって社会経済全体の均衡のとれた調和的発展を図るために [→立法

目的〕，立法により，個人の経済活動に対し，一定の規制措置を講ずることも，それが右目的達成のために必要かつ合理的な範囲にとどまる限り〔→規制手段〕，許されるべきであって，決して，憲法の禁ずるところではない」。

薬事法事件判決も，一般に許可制は「職業の自由に対する強力な制限であるから，その合憲性を肯定しうるためには，原則として，重要な公共の利益のために〔→立法目的〕必要かつ合理的な措置であることを要」する〔→規制手段〕と述べて，やはり「目的手段審査」の枠組みをとっている。

(イ) **二重の基準論**　すでに説明したように，二重の基準論は，規制を受けた行為・状態・法的地位がどの権利で保護されているかに応じて，目的手段審査の強度を変え，精神的自由権によって保護された行為・状態・法的地位の規制が問題となっている場合には，規制の目的手段審査はより厳しくおこない，経済的自由権によって保護された行為・状態・法的地位の規制が問題となっている場合には，規制の目的手段審査は緩やかにおこなうべきだという提案である(33)。

1972年の小売市場事件判決は，学説が1950年代末にはすでに提唱していた二重の基準論を，最高裁がはじめて受け容れた判決として，学界から大変注目され歓迎された。それは，判決文の次のような説示である。「憲法は，国の責務として積極的な社会経済政策の実現を予定しているものということができ，個人の経済活動の自由に関する限り，個人の精神的自由等に関する場合と異なって，右社会経済政策の実施の一手段として，これに一定の合理的規制措置を講ずることは，もともと，憲法が予定し，かつ，許容するところと解するのが相当」である。薬事法事件判決も，「職業は，……その性質上，社会的相互関連性が大きいものであるから，職業の自由は，それ以外の憲法の保障する自由，殊にいわゆる精神的自由に比して，公権力による規制の要請がつよ」いとして，やはり二重の基準論へのコミットを示唆した。

③ **規制目的二分論の展開**

(ア) **消極目的規制と積極目的規制という類型的区別**　こうした二重の基準論的発想の上に，最高裁は経済的自由の規制に関する「目的二分論」とよばれる考え方を展開した。

この議論の前提となる経済的自由の「消極目的規制」(警察規制)とは，19世紀的な夜警国家観(「小さな政府」)のもとでも国家の役割とされた，市民の生

145

命・健康・安全を守るために必要な国家的規制を指し，「積極目的規制」とは，20世紀以降，弱者救済などの観点から国家に期待されるようになった，経済活動に対する政策的規制を指す。たとえば，武器や毒物の製造販売規制は消極目的規制の典型例であり，小売業を保護するための大規模スーパーの出店規制のようなものが積極目的規制の代表例である。

小売市場事件判決は，一般論としてはどちらの規制も「必要かつ合理的」である限り許されるとした。その上で，特に社会経済政策的な規制（積極目的規制）については，社会経済実態の正確な資料にもとづいて規制の利害得失を評価判断することは立法府の任務だという理由で，「立法府の政策的技術的な裁量に委ねるほかなく，裁判所は，立法府がその裁量権を逸脱し，当該法的規制措置が著しく不合理であることの明白な場合に限って，これを違憲として，その効力を否定することができる」と述べている。

小売市場事件判決の最大の特徴は，このように二重の基準論の発想をベースとしながら，経済的自由の規制を消極目的規制と積極目的規制とに区別し，積極目的規制の合憲性については，「規制が著しく不合理なことが明白な場合だけ違憲」という，いわゆる明白性の審査(34)を適切だとした点である。

(イ) **消極目的規制のより厳しい審査**　これに対して，小売市場事件判決と比較した薬事法事件判決の特徴は，次の2点である。

第1に，小売市場事件判決は，「憲法は，…経済的劣位に立つ者に対する適切な保護政策を要請していることは明らか」だとして，もっぱら弱者救済を積極目的の具体的内容として想定しており，しかも消極目的と積極目的を2項対立的に捉えていた。

これに対して，薬事法事件判決によれば，職業は多種多様であるから，「その規制を要求する社会的理由ないし目的も，国民生活の円満な発展や社会公共の便宜の促進，経済的弱者の保護等の社会政策及び経済政策上の積極的なものから，社会生活における安全の保障や秩序の維持等の消極的なものに至るまで千差万別」である。薬事法事件判決のこの書きぶりによれば，積極目的の内容は小売市場判決よりも広く捉えられ，さらに消極目的と積極目的は，規制目的のグラデーションの両極と位置づけられている点が注目される。

第2の特徴は，小売市場事件判決ではペンディングとなっていた消極目的規制の違憲審査方法を示したことである。やや長いが，その説示箇所を引いてお

146

こう。「一般に許可制は，単なる職業活動の内容及び態様に対する規制を超えて，狭義における職業の選択の自由そのものに制約を課するもので，職業の自由に対する強力な制限であるから，その合憲性を肯定しうるためには，原則として，重要な公共の利益のために必要かつ合理的な措置であることを要し，また，それが社会政策ないし経済政策上の積極的な目的のための措置ではなく，自由な職業活動が社会公共に対してもたらす弊害を防止するための消極的，警察的な措置である場合には，許可制に比べて職業の自由に対するよりゆるやかな制限である職業活動の内容及び態様に対する規制によっては右の目的を十分に達成することができないと認められることを要する」。

ここで示された審査方法の特徴としては，2つの点が重要である。第1は，職業選択の規制と職業遂行の規制とを区別し，前者はより強力な規制であるから，より厳しい審査が必要だとしたこと，第2は，消極目的規制の具体的な審査手法として，「重要な政府利益の存在」＋「より制限的でない他の手段の不存在」(LRA) の確認という，より厳格な審査方法（「厳格な合理性の審査」，33参照）を提示したことである。しかし，最高裁は，消極目的規制についてより厳しい審査を適切とする理由はまったく示していない。学説には，市民の生命・健康・安全保護を目的とした規制の必要性は，裁判所でも内容的な審査をおこなうことが十分可能なので，立法事実に立ち入った審査が適切だという裁判所の能力論を根拠に，判例を正当視する見解もあるが，消極目的規制はもともと最小限度の規制のはずなので，その必要性は簡単にチェックすれば足りるはずだという反対論もある。

④ 2つの判決の審査方法のあてはめ

(ア) 小売市場事件判決　第1に，判決は，小売商業調整特別措置法が採用した許可制の目的を，法1条から「経済的基盤の弱い小売商の事業活動の機会を適正に確保すること」および「小売商の正常な秩序を阻害する要因を除去すること」であると認定した。

第2に，判決は，この目的を達成する手段としての営業許可制について，過当競争による共倒れから小売商を保護する措置であること，政令で指定する特定商品の小売商を含まない場合や，所定の市場形態をとらない場合を除外していること，これらの点から，「過当競争による弊害が特に顕著と認められる場合」に限定されていると評価した。

その結果，判決は，目的・手段を次のように評している。「その目的において，一応の合理性を認めることができないわけではなく，その規制の手段・態様においても，それが著しく不合理であることが明白であるとは認められない」。

(イ) **薬事法事件判決**　最高裁は，医薬品販売業の許可制自体の合憲性は簡単に認めた上で，本件で争われた薬事法の適正配置規定と，これにもとづく条例の距離制限制の22条1項後段適合性について，目的手段審査の枠組みで詳細な認定と評価をおこなった。

第1は，目的の認定と評価である。最高裁によれば，距離制限制の目的は，不良医薬品の供給による国民の生命・健康に対する危険の防止という「消極的，警察的目的」である。こうした規制目的は「公共の福祉に合致するものであり，かつ，それ自体としては重要な公共の利益ということができる……」。

第2は，目的達成手段の認定と評価である。一審被告側は，距離制限制の根拠として，① 距離制限の欠如→② 薬局の偏在→③ 過当競争→④ 一部薬局の経営の不安定→⑤ 医薬品管理の不備や不良医薬品の乱売といった弊害の発生という因果関係を主張していた。これに対して，最高裁は，薬事法・薬剤師法等による医薬品の製造・貯蔵・販売・調剤等に対する厳しい規制と，これにもとづく行政の立入調査権・是正命令権などを考えると，一部薬局の経営の不安定が不良医薬品の乱売等による健康被害を発生させる危険があるとする④→⑤の連鎖を「単なる観念上の想定」にすぎないと評価し，その結果，距離制限制という手段について「必要性と合理性を肯定しうるにはなお遠い」と結論づけた。

上で確認したように，この判決は，一般的説示では「許可制に比べて職業の自由に対するよりゆるやかな制限である職業活動の内容及び態様に対する規制によっては右の目的を十分に達成することができないと認められることを要する」として，LRA (36) を想起させる手段審査を提案しており，あてはめ部分でも，保健所の立入調査など，より緩やかな規制手段でも目的が達成されうることを指摘している。しかし，手段違憲判断の決め手は，むしろ許可要件としての距離制限制と不良医薬品供給による健康被害発生の防止という目的との間に「実質的関連性」がないという評価であるように思われる。

その意味では，一般的説示（規範定立部分）とこれにもとづく本件法令の評価（あてはめ部分）との間に齟齬がみられなくもない。しかし，いずれにせよ，最

高裁の史上 2 回目の法令違憲判断である薬事法判決は，消極目的規制の合憲性は積極目的規制の合憲性とは異なってより厳しく審査されることを示した点と，具体的な審査にあたって立法事実 (36) に立ち入った審査手法をとった点で注目すべき判決であり，設立後 60 数年間の最高裁人権判決中，最も厳密な合憲性審査をおこなった判決のひとつと評することが可能である。

第15章　財産権の保障

I 財産権の保障

◆ 1　財　産　権

(1)　財産権の語義と憲法29条の財産権

一般に財産権とは，「経済的利益を目的とする権利の総称」であるとか，「一切の財産的価値を有する権利」であると説明され，所有権をはじめとする物権，契約などによって発生する債権，著作権・特許権などの知的財産権，漁業権・鉱業権のような特別法上の権利のすべてを含むとされる（野中＝中村＝高橋＝高見Ⅰ460頁）。

そして憲法学説は，憲法29条にいう財産権も，このような法律用語としての財産権と同一だと理解してきた（佐藤565頁）。

(2)　29条の保護対象の特徴

ふつう憲法上の権利の保護対象は，言論，出版，集会，信教，職業など，人の特定の行為であることが多い。またときには，健康で文化的な最低限度の生活（25条）とか，公権力によって自分の容ぼう・姿態を撮影されない状態（13条から導かれる肖像権）のように，権利者の作為・不作為ではなく，権利者の一定の事実状態が保護対象となっている場合もある。

これに対して，29条は，財産権を保護対象としている。財産「権」は，「財産」と同義ではない。財産権は，たとえば家や車のような物（財産）それ自体ではなく，家や車を対象とする法的権利である。つまり，29条の保護対象は，他の人権の場合のように事実的な行為や状態ではなくて，はじめから法的な権利なのである。

◆ 2　財産権の保障

175　1789年のフランス人権宣言が所有権の不可侵を謳っていることに示されているように，財産権は，言論の自由，信教の自由などと並んで，典型的な古典的自由権のひとつであり，立憲民主主義憲法が資本主義憲法であることの証左でもある。しかし，19世紀ヨーロッパ大陸型の立憲民主主義憲法では，憲法上の権利はすべて法律の留保に服するとされ，文言上は「不可侵」とされる財産権といえどもその例外ではなかったから，憲法のシステムの上では，財産権の内容形成と制限は，じつは議会制定法に丸投げされていた。これに対して，日本国憲法上の人権には，立法者も手をふれることが許されない中核部分があり，立法者による制限の合憲性は，裁判所によって判断される。この仕組みは，財産権保障の解釈については特別の困難を引き起こす。

　上述のように，憲法29条の保護対象が民事法で保障された諸々の財産的権利であると理解するなら，憲法が保障する財産権とは，結局現行民事法上の財産権の総和だということになりそうである。しかし，憲法29条の財産権が，その時々に民事法が規定している財産権の総和であるとするなら，国会が法律を改正して民事法上の財産権の内容を変更すれば，今度はそれが憲法上の財産権だということになるだろう。もしそう理解してもよいなら，法令上の財産権の内容が，憲法29条違反だということは，理屈上ありえないことになる。

　他方，この見解とは正反対に，民事法上の財産権の総和が同時に憲法上の財産権でもあるとするならば，日本国憲法制定時点の民事法上の財産権の内容を，その後当事者にとって不利益に変更した法令はすべて，憲法上の財産権を侵害する法令だという，まったく逆の結論を導き出すこともできそうである。

　しかし，現実の学説は，憲法上の財産権の内容はまったくその時々の法令次第だとも考えていないし，現状の不利益変更はすべて憲法上の財産権の侵害だとも考えていない。学説によれば，憲法は財産権の具体的な内容の形成を立法者に委ねているが（29条2項），立法者が手をふれることの許されない憲法上の財産権というものがあって，これが憲法29条1項で保護されているのである。

　こうした憲法上の財産権の内容と考えられてきたのが「私有財産制度」である。私有財産制度とは，土地・資源などすべての財貨の私的所有が認められる制度＝資本主義体制を意味する。すべての財貨を対象とする自由な取引システ

152

ムを完全に否定するような立法は，憲法で授権された財産権の具体化の限界を逸脱して憲法上の財産権自体を侵害することになるとされる。29条1項は，立法者に対して資本主義体制を維持するように指示した憲法規範という意味で，経済体制に関する憲法規範，すなわちドイツの憲法学にいう「経済憲法」条項だということになる。

　また，近年では，判例の分析を手がかりに，単独所有形態の所有権（「一物一権主義」）が憲法29条1項の想定する憲法上の財産権の内容に含まれるという説も支持を集めている（安念潤司「憲法が財産権を保護することの意味」長谷部恭男編著『リーディングズ現代の憲法』日本評論社 1995年 137頁）。

◆ 3　財産権の具体化と制限

　こう考えると，財産権に関する法令を，憲法上の財産権の具体化法令と憲法上の財産権の制限法令とにはっきりと区別することは，理論的には不可能だといえるだろう。財産権に関する特定の法令は，見方により立場によって，財産権の内容形成ともいえるし，財産権の制限ともいえるということである。言い換えれば，現に存在する財産権関係法令や，それらを改廃する法令によって，不利益を受ける人は，それらの法令は憲法上の財産権制限法令だと構成することが可能なのである。法令の改廃によって，自分がこれまで享受してきた財産法上の地位の不利益変更が生じた場合には，当該改正法令によって憲法上の財産権が侵害されたという主張がしやすいことはたしかである。しかし，森林法判決の事例のように (178)，行為時にすでに存在する法令によって不利益を受ける場合でも，自分の憲法上の財産権が侵害されたと主張することが可能である。

◆ 4　財産権制限の合憲性審査

(1)　概　観

　当事者が，事案の法令は憲法上の財産権の制限法令だと構成すれば，その合憲性は，一般論としては当該制限が「公共の福祉」のためといえるか否かで判断されることになる。「財産権の内容は，公共の福祉に適合するやうに，法律でこれを定める」とする29条2項の文言は，文字どおりにはむしろ，財産権の内容こそが公共の福祉に合致することを求めているように読めるが，学説は

早くから，公共の福祉に合致すべきは制限のほうだと解してきた（法協・註解上566～567頁参照）。いずれにせよ，通説・判例によれば，実際の合憲性審査は，目的手段審査の枠組みでおこなわれる。

178　**(2) 判 例**

財産権制限の合憲性が問題となった判例では，以下の2つが重要である。

(ア) **森林法事件判決**（最大判昭和62・4・22民集41巻3号408頁）。

(イ) **証券取引法事件判決**（最大判平成14・2・13民集56巻2号331頁）

① 森林法事件判決

(ア) **事 実 関 係**　山林を兄と共有持分2分の1ずつの共有形態で所有していた弟が，持分に応じた分割を請求して，兄を被告とする民事訴訟を起こした。下級審は，森林法186条が共有持分2分の1以下の共有者による分割請求を認めないと明文で規定していたことを根拠として，弟の請求を斥けた。そこで弟は，森林法186条が憲法29条に違反すると主張して上告した。

(イ) **法 的 構 成**　最高裁は，憲法29条の保障内容について，次のように通説と同様の立場を示した。憲法29条は「私有財産制度を保障しているのみでなく，社会的経済的活動の基礎をなす国民の個々の財産権につきこれを基本的人権として保障するとともに，……立法府は公共の福祉に適合する限り財産権について規制を加えることができる，としているのである」。

その上で，財産権制限の合憲性審査の手法については，職業の自由に関する薬事法判決の説示を，「職業」を「財産権」に置き換えただけでほぼそのまま踏襲し，次のように述べている。財産権の種類・性質は多様であり，財産権制限の目的も「社会公共の便宜の促進，経済的弱者の保護等の社会政策及び経済政策上の積極的なものから，社会生活における安全の保障や，秩序の維持等の消極的なものに至るまで多岐にわたる」ので，規制の合憲性は，規制の目的・必要性・内容，制限される財産権の種類・性質・制限の程度を比較考量して決めるべきである。

そして，本件森林法規定については，「立法の目的が前示のような社会的理由ないし目的に出たとはいえないものとして公共の福祉に合致しないことが明らかであるか，又は規制手段が右目的を達成するための手段として必要性若しくは合理性に欠けていることが明らか」な場合にかぎり，29条2項違反となるとした。学説とは審査グレードの定式が異なるが，この説示は，一般には合

理性の審査と同義と理解されている。
　(ウ) **共有分割請求権の性格**　以上の一般方針に従って森林法 186 条の憲法 29 条 2 項適合性を審査するにあたって，判決はまず，民法の共有分割請求権の性格論を展開した。最高裁によれば，共有者間に紛争が生ずると，「共有物の管理，変更等に障害を来し，物の経済的価値が十分に実現されなくなる」ので，民法 256 条は「かかる弊害を除去し，共有者に目的物を自由に支配させ，その経済的効用を十分に発揮させるため，各共有者はいつでも共有物の分割を請求することができるものとし……ているのである。このように，共有分割請求権は，各共有者に近代市民社会における原則的所有形態である単独所有への移行を可能ならしめ」るために発展してきた権利であるから，分割請求権の否定は，「憲法上，財産権の制限に該当し，かかる制限を設ける立法は，憲法 29 条 2 項にいう公共の福祉に適合することを要する」。

　単独所有が近代市民社会における原則的所有形態だという説示は，現行民法の拠って立つ基本思想の解釈ともいえるが，前述のように憲法学者側からは，29 条 1 項が保障する憲法上の財産権の内容に関する解釈と受け取られた。憲法が単独所有権制度を保障していると解するならば，法令上の共有規定は憲法上の財産権の制限ということになり，その合憲性が目的手段審査によって判断されることになる。

　(エ) **目的の認定と評価**　最高裁によれば，森林法 186 条の目的は，「森林の細分化を防止することによって森林経営の安定を図り，ひいては森林の保続培養と森林の生産力の増進を図り，もって国民経済の発展に資することにある」。この目的は，「公共の福祉に合致しないことが明らかとはいえない」。

　最高裁は，薬事法判決と異なって，自分が認定した目的が消極目的にあたるのか，それとも積極目的にあたるのかを明示していない。しかし，「森林経営の安定」とか「国民経済の発展に資する」という表現から，森林法 186 条の共有分割制限の目的を積極目的と捉えたものと理解すると，「公共の福祉に合致しないことが明らかとはいえない」という評価は，小売市場判決の定式どおり，明白性の審査をおこなったものとして平仄が合う。

　(オ) **手段の評価**　ところが，この判決の手段審査は，持分 2 分の 1 以下の共有者による分割請求の禁止が，目的達成手段としていかに有効性に欠けるかを，立法事実に即して詳細に論証しており，最高裁としては最も厳密に合憲性

審査をおこなった判決のひとつに数えられる。この点では，小売市場判決・薬事法判決の定式と齟齬をきたすことになる。

いずれにせよ，本件で最高裁は，分割請求禁止という手段の有効性を否定する論拠として以下の諸点をあげて，森林法186条には，その「立法目的との関係において，合理性と必要性のいずれをも肯定できないことは明らかであ」るとした。共有者には森林経営について相互に協力する権利義務があるわけではない。分割請求を認めないと，紛争によってかえって森林の荒廃が永続化する。森林の単独所有者が所有林を細分化して譲渡することや，持分過半数の共有者が分割請求をおこなうことは認められており，持分2分の1以下の共有者の分割請求によって，これらの場合と比較して一層細分化が進むとはいえない。現物分割でも共有物の性質や共有状態に応じた合理的な分割は可能であり，代金分割の方法もあるので，分割請求権の容認が直ちに森林の細分化を招くとはいえない。

② 証券取引法事件判決（最大判平成14・2・13民集56巻2号331頁）

(ア) 事実関係　証券取引法（現金融商品取引法）164条1項は，上場会社等の役員または主要株主が，当該上場会社の株券等を買い付け後6か月以内に売り付け，または売り付け後6か月以内に買い付けることによって利益を得た場合（いわゆる短期売買差益），当該上場会社等は，この役員または主要株主に対して，当該短期売買差益を会社に提供するよう請求できると定めている。164条1項によれば，これは，役員・主要株主が職務または地位によって取得した当該会社の秘密を不当に利用する「インサイダー取引」の防止を目的とする。

本件は，この規定にもとづいて会社から請求を受けた主要株主が，本件では秘密の不当利用も一般投資家の損害も発生していないので，本件に適用されるとすれば証券取引法164条1項は憲法29条の財産権侵害にあたると主張した事件である。

(イ) 法的構成　この判決の一般的説示部分は，以下のように述べている。「財産権の種類，性質等は多種多様であり，また，財産権に対する規制を必要とする社会的理由ないし目的も，社会公共の便宜の促進，経済的弱者の保護等の社会政策及び経済政策に基づくものから，社会生活における安全の保障や秩序の維持等を図るものまで多岐にわたるため，財産権に対する規制は，種々の態様のものがあり得る」。したがって，その合憲性は，「規制の目的，必要性，

(ウ) **あてはめ**　この一般的説示を前提として，最高裁は証券取引法164条1項の憲法29条適合性について，目的手段審査の構成で次のように判断した。まず，いわゆるインサイダー取引を防止する目的は，証券取引市場の公平性・公正性の確保，一般投資家の信頼の保持であると認定して，この目的が「正当性を有し，公共の福祉に適合するものであることは明らか」であると評価した。次に，6か月以内の短期売買差益の提供という手段について，個々の具体的な取引における秘密の不当利用や一般投資家の損害の発生を要件とすると，その立証・認定は困難なため，会社の請求権の迅速な行使を妨げることになるといった理由をあげて，内閣府令の規定する類型にあたれば，具体的な秘密の不当利用や一般投資家の損害発生を要件とせずに，会社による差益の提供請求を認める方法は，目的達成手段として「必要性又は合理性に欠けるものであるとはいえない」と判断した。

③ **ま と め**

職業の自由に関する小売市場判決の積極目的・消極目的の二分論 (172) は，薬事法判決では積極目的から消極目的に至るグラデーション論へと変化し，続いて，薬事法判決ではあてはめ部分で当該規制が積極目的か消極目的かが明示的に認定されていたのに対して，森林法判決ではこの認定がおこなわれなくなった。そして，証券取引法判決では，一般的説示部分においても積極目的・消極目的という用語自身が使用されていない。

判例の流れをこのように要約すると，最高裁が経済的自由の規制の合憲性審査の場面で，目的二分論の軌道修正を図ってきた様子をうかがうことができる。最高裁は，規制目的の性格，規制の態様と強度等を総合考慮して，目的手段審査のグレードを設定しているとみるべきであろう。しかし，事案の処理や法的見解の構成に際しては，積極目的，消極目的，その他の目的という規制目的の性格分析も，合憲性審査グレード決定のひとつの手がかりとなることには変わりがない。

第 15 章　財産権の保障

II 損失補償

◆ 1　損失補償

損失補償とは，適法な国家行為によって一般市民に何らかの経済的な損失が生じた場合，その損失を国家が補填する行為ないし制度のことである。所有権不可侵の思想にもとづいて，フランス革命期からすでに必要視されていた(1789年フランス人権宣言17条)。日本国憲法は，29条3項において，「私有財産は，正当な補償の下に，これを公共のために用ひることができる」として，損失補償を明文化した。

◆ 2　損失補償請求権

憲法29条3項によって，一般市民は，国家に対して損失補償請求権を有することになるが，この規定の解釈をめぐっては，次の3点が問題となってきた。

① 29条3項の「私有財産を公共のために用いる」とはいかなる場合か。すなわち，いかなる場合に損失補償が必要となるのか（損失補償の要否）。

② 29条3項の「正当な補償」とはいかなる補償か（正当な補償の内容）。

③ 補償請求には個別法令上の根拠規定が必要か（憲法のみによる補償請求権の存否）。

このほかに，一般に憲法解説書レベルではふれられることの少ない問題だが(例外として野中＝中村＝高橋＝高見I 468~469頁)，29条2項と3項との関係という難しい解釈問題がある。すなわち，

④ 財産権制限の29条2項適合性と，29条3項の損失補償の要否は，いかなる関係に立つか。

◆ 3　損失補償請求権の成否と損失補償の程度

(1) 損失補償の要否

① 財産権制限の場合　古典的には，損失補償は公用収用の場合に必要となると考えられ，その場合の公用収用とは，「公的事業目的のために，行政行為によっておこなわれる，特定人の土地（不動産）所有権の移転」と理解されていた。こうした古典的公用収用概念を採用し，損失補償をこの場合に限定する

◆ Ⅱ ◆ 損失補償

のであれば，補償の要否の判断はきわめて容易である。しかし，29条3項の「私有財産を公共の福祉のために用いる」という要件は，古典的公用収用の意味で理解されていない。したがって，補償の要否の判断も単純ではない。行政法学説では，国家が私人の財産権を制限するにあたって損失補償をおこなう必要があるかどうかは，(ア)制限の目的，(イ)制限の程度，(ウ)制限の特殊性を総合的に考慮して判断すべきだとされている（宇賀克也『国家補償法』有斐閣1997年399〜401頁）。

すなわち，(ア)財産権制限の目的が市民の生命・健康・安全を保護する「消極目的」であり，(イ)制限の程度が所有権の剥奪ないしそれと同等といえるほどのものではなく，(ウ)制限が特定人を狙い撃ちするものではない場合には，補償は不要である。これに対して，(ア)(イ)(ウ)のいずれかの要件について，状況が上述とは異なると解される場合には，補償の要否は3要件の総合考慮によって判断されるべきことになる。その際，制限が古典的公用収用概念に近づけば近づくほど，補償の必要性は高くなる。

② **財産権制限以外の場合**　予防接種の副作用によって子どもが死亡したり障害を負った予防接種事故に関して議論された。一方で予防接種自体は違法行為とはいえず，故意過失の認定もむずかしいので，予防接種事故は国家の不法行為責任を追及する国家賠償請求の対象になりにくいが，他方で予防接種は子どもを「公共のために用いる」ものでないことは当然で，被害も生命身体にかかわるもので財産権制限ではないから，単純に損失補償の対象と考えるわけにもいかない。いわば国家賠償と損失補償とのすきまの問題である。現在では，予防接種法上，特別の救済の道が開かれ，問題は一応立法的に解決された。下級審判例には，損失補償の観念を拡張して対処するものと，予防接種制度自体の欠陥を「組織的過失」と認定するものがある。

(2)　**正当な補償の意味**

占領期の農地改革における地主への補償額の合憲性が争われた**農地改革事件判決**（最大判昭和28・12・23民集7巻13号1523頁）では，最高裁は「正当な補償」を相当補償で足りると解する「相当補償説」をとったが，これはあくまで農地改革の特殊性にもとづく解釈である。その後の実務・通説は「完全補償説」（時価）に立っている。

183 **(3) 憲法のみにもとづく損失補償**
　河川附近地制限令事件判決（最大判昭和 43・11・27 刑集 22 巻 12 号 1402 頁）は，補償請求権を明文化した個別法律が存在しない場合には，憲法 29 条 3 項だけを根拠として損失補償を請求することができることを認めた。

184 **(4) 29 条 2 項と 3 項の関係**
　① **29 条 2 項適合性の判断を先行させるアプローチ**　29 条 2 項と 3 項との関係について，学説は必ずしも明確ではない。問題へのアプローチは 2 通り考えられる。第 1 は，ある法令を財産権制限法令と性格づけた場合，当該法令が 29 条 2 項違反となるかどうかの判断をまずおこなう方法である。この判断に際しては，前述のように規制態様・規制目的を総合的に考慮した上で審査グレードを設定し，目的手段審査をおこなうことになる。この 2 項違反の判断にあたっては，補償の要否の問題は考慮材料としなくてよい。いずれにせよ，河川附近地制限令判決によれば，補償が必要なのに補償規定を設けていない法令が 29 条 3 項違反となるのではなく，29 条 3 項にもとづいて当事者に補償請求権が発生するだけである（違憲無効説ではなく，請求権成立説）。当該法律が 29 条 2 項違反ではないと判断された場合には，さらに損失補償の要否が別個に考察されなければならないが，もちろんそもそも損失補償の問題を論ずる必要がない規制だと判断できる場合もある。

　② **29 条 3 項の補償の要否の判断を先行させるアプローチ**　まず最初に，当該事案における財産権の制限が，損失補償を必要とする制限かどうかを判断する。前述のように，29 条 3 項の「財産を公共のために用いる」という要件を，古典的公用収用の意味で理解するなら，この判断は容易である。しかし，この要件は古典的収用概念の意味に理解されておらず，目的・程度・人的範囲が総合考慮されなければならない。補償が必要なケースと判断された場合には，もし当該法令に補償規定がなければ 3 項から独自に補償請求権が成立するという構成で処理される。逆に補償を要しないケースと判断された場合には，あらためて 2 項違反の規制ではないかどうかが問題となる。これは目的手段審査の枠組みで判断すればよいことになる。

　思考経済的には，①のアプローチが合理的であろう。補償の要否の判断と理由づけが複雑でコストがかかる上に，補償が必要な事案と判断した場合に，単純に 3 項問題と位置づけて，請求権成立説で処理すれば足りるのか，すなわち，

◆ Ⅱ ◆ 損 失 補 償

補償を要する財産権規制については，2項違反の論点は成立の余地がないのか，この点も疑問だからである。

◆ 4　損失補償請求権の成否・補償の程度の合憲性審査

① **補償の成否と合憲性審査**　29条2項適合性の判断を先行させるアプローチをとると，29条2項に適合する財産権の制限によって一般市民に経済的損失が生ずる場合には，さらに損失補償の要否が判断されなければならない。損失補償が必要であるのに，当該法令に損失補償規定が存在しない場合について，上述のように判例・通説は，その法令を違憲無効と解するのではなく，29条3項のみによって損失補償請求権が成立すると解してきた。すなわち，補償の要否に関しては，29条3項違反となる法令は存在しないわけである。

② **補償の程度と合憲性審査**　損失補償請求権が成立する場合，補償の程度は，完全補償でなければ29条3項違反となる。

第16章 移動の自由

◆ 1 　移動 ── 居住・移転，外国移住，国籍離脱，旅行

(1) 居住・移転

憲法22条1項前段は，「何人も，公共の福祉に反しない限り，居住，移転……の自由を有する」と規定している。ここにいう居住とは，住所（生活の本拠となる場所。民法上の「住所」「居所」の双方を含む）を定める行為，およびそこに住み続ける行為であり，移転とは，住所を変える行為である。つまり，「居住，移転」とは，住む場所を選んでその場所に住み続け，あるいは別な場所に住み変える人間行動を意味する。

ただし，22条2項が居住・移転とは別に「外国移住」を保護対象としているので，1項の居住・移転は，日本国内で住所を定め，そこに住み続け，住む場所を変える行為だということになる。

(2) 外国移住，国籍離脱

憲法22条2項は，外国移住の自由と国籍離脱の自由を保障している。外国移住とは，日本の領土外に住所を移す行為である。国籍離脱とは，日本国籍を有する者が日本国籍を捨て，外国の国籍を取得する行為である。

(3) 旅　行

判例・学説は，日本国憲法が「旅行」も保護の対象としていると解する点では一致している。しかし，旅行は厳密には居住・移転の概念に含まれないので，根拠条文については説が分かれる。考え方としては，①国内旅行を22条1項の「移転」に含め，外国旅行を22条2項の「外国移住」に含める説（野中＝中村＝高橋＝高見Ⅰ445頁。後述の帆足計事件最高裁判決法廷意見も，外国旅行を22条2項の外国移住に含める），②旅行をすべて22条1項の「移転」に含める説（伊藤365頁），③居住・移転と外国移住はいずれも住所選択行為なので，旅行は22条

の保護対象に含まれないという理由から，旅行を13条の幸福追求権の保護対象とみなす説（帆足計事件最高裁判決の田中耕太郎・下飯坂潤夫補足意見）がある。

たしかに旅行は，厳密には居住・移転の概念にも外国移住の概念にも含まれないが，現代社会の一般市民にとっては，居住・移転や，まして外国移住よりもはるかに日常的な行為であり，個人や社会にとって重要な意味をもつ人間行動であるから，旅行を憲法上の権利の保護対象に含める解釈には実質的な合理性がある。条文上の根拠としては，13条説も可能だが，さまざまな人間行動を可能な限り個別人権規定の保護対象と解するという一般的な解釈方針をとるなら，国内旅行は22条1項の居住・移転に含め，外国旅行は22条2項の外国移住に含める理解が洗練されている。

189　（4）　移　動

このように22条は，①国内での住所の選択と変更（居住・移転），②国内旅行，③外国への住所の移転（外国移住），④外国旅行，⑤日本国籍からの離脱という5つの行為類型を保護対象としている。日本国籍からの離脱は，直接には人の物理的移動を意味しないが，一般には外国への移住と結びついた行為であり，残り4つの行為はすべて人の物理的移動行為であるから，（職業を除く）22条の保護対象を一括して，「移動」とよぶことができる。

◆ 2　移動の自由

190　（1）　移動の自由の意味

すなわち，憲法22条1項前段・2項は，「移動の自由」を保障している。

①　移動の自由には，各人が日本国内で住む場所を選んでそこに住み続け，または別な場所に住み変えることを，国家によって妨害されない権利が含まれる（1項前段）。判例・通説は，この権利は外国人が日本に入国する権利を含まないと理解しているが，疑問である。22条1項には外国人が日本に入国・滞在する権利の保障も一般論としては含まれると解した上で，法令による規制の合憲性を検討する姿勢が，憲法の人権理念にはより適うと考えられる（384）。

②　移動の自由は，一般市民が日本国内を旅行することを国家から妨害されない権利を含む（1項前段）。

③　移動の自由は，日本国民が外国に移住すること，すなわち国外に住所を移すことを日本国家から妨害されない権利を含む（2項前段）。外国移住の自由

は，22条2項の文言では「何人も」としてすべての人に保障されているようにみえるが，日本国には外国人が別の外国に移住することを保障する事実上の能力がない以上，この権利は日本国民のみの権利とみなすほかない (381)。

④ 移動の自由は，日本国民が外国に旅行することを日本国家から妨害されない権利を含む。

⑤ 移動の自由は，日本国籍保有者が日本国籍を離脱し，外国の国籍を取得する行為を，日本国家から妨害されない権利を含む。外国人が自国籍を離脱する行為を日本国が保障することは事実上不可能なので，この権利の主体も日本国民に限られる。

(2) 移動の自由の性格

ヨーロッパでも日本でも，前近代の封建制社会では，支配階級である領主身分の存在自体が農民からの年貢の収奪によって支えられていたため，とりわけ農民身分には職業選択の自由と移動の自由の双方がいわばワンセットで否定されていた（「農奴の土地緊縛」）。これに対して，近代資本主義社会は，労働力の自由な売買なしには存続できないので，封建制社会とは正反対に，職業身分制度の廃止を要請し，職業選択の自由と移動の自由の双方を要請する。こうした資本主義社会の構造を反映して，たとえばワイマール憲法（1919年制定のドイツ共和国憲法）11条のように，移動の自由と職業の自由を同一条文で保障する例が外国の憲法にもみられる。日本国憲法もそういう形式をとっている。

そこで，多数説は，このような条文のあり方に忠実に，移動の自由も経済的自由に分類してきた（芦部216頁）。しかし，人々が移動する理由は，経済活動のためばかりではなく，教育を受けるため，ボランティア活動のため，趣味のため，気晴らしのためなどさまざまであるから，移動の自由をむしろ精神的自由の一種と捉える見解もある（佐藤554頁）。

たしかに，人々の移動の動機はさまざまであるが，移動という行為自体は，身体の物理的運動であるから，この本では，移動の自由を人身の自由の一種と理解しておきたい（次章で取り扱う法定手続の保障が，日本国憲法上の人身の自由の中心規定である）。

こうした分類論は，移動の自由の規制の合憲性審査の方法と関係する。

◆ 3　移動の自由の規制

192　日本でも，江戸時代には幕府や藩による厳しい移動規制がおこなわれていた。かつてのソ連型社会主義諸国でも，計画経済体制の維持や資本主義の影響の排除のため，国民の移動が厳しく制限されていた。日本国憲法のもとでは，国家による包括的な移動規制はもちろん許されない。移動の自由は，けっして自然現象ではなく，過疎・過密問題という「ツケ」を払いながら，また比較的安全な社会が実現していることを前提として，はじめて享受できる貴重な自由である。

　日本の現行法律上の移動の自由の規制としては，刑法典をはじめとする種々の刑罰法規と刑事訴訟法にもとづく懲役刑・禁固刑，刑事訴訟法にもとづく逮捕・勾留等の身柄拘束，感染症予防法（感染症の予防及び感染症の患者に対する医療に関する法律）19条・20条にもとづく強制入院，精神保健福祉法（精神保健及び精神障害者福祉に関する法律）23条以下にもとづく措置入院などがあげられる。

◆ 4　移動の自由の規制の合憲性審査

193　**(1) 学　説**

　移動の自由を経済的自由の一種とみなすならば，二重の基準論を前提とする以上，移動の自由の規制の合憲性は比較的緩やかに審査されてよいことになるはずである。

　しかし，多数説は，移動の自由を経済的自由と捉えながら，この権利にはさまざまな側面があることを認め，移動規制の合憲性審査に二重の基準論をもちこんで，移動の目的の違いに応じて合憲性審査のグレードを変えるべきだとしている。すなわち，表現行為を目的とする移動が規制されている場合には，規制の合憲性はより厳しく審査されるべきであり，ビジネスを目的とする移動が規制されている場合には，規制の合憲性は緩やかに審査されるべきだとするのである（伊藤358頁，野中＝中村＝高橋＝高見Ⅰ440～441頁）。

　これに対して，この本は，上述のように移動の自由を人身の自由の一種と捉える立場から，移動規制は人間の最も基礎的な自由の規制であるから，その合憲性はより厳しい審査に耐えなければならないと考える。

(2) 判　例

　移動の自由が争点となった代表的な判例としては，**帆足計**（ほあし・けい）**事件判決**（最大判昭和 33・9・10 民集 12 巻 13 号 1969 頁），**ハンセン病国家賠償訴訟判決**（熊本地判平成 13・5・11 判時 1748 号 30 頁）がある。

　① **帆足計事件判決**　　1952 年，政治家 X らはモスクワで開催される国際会議に出席するために，外務大臣にパスポートを申請したところ，外務大臣は旅券法 13 条 1 項 5 号（現 7 号）の「著しく且つ直接に日本国の利益又は公安を害する行為を行う虞があると認めるに足りる相当の理由がある者」に該当するとして，パスポートの発給を拒否した。そこで X らは国を相手取って国家賠償請求訴訟を提起した。

　法廷意見は，憲法 22 条 2 項の「外国移住の自由」に外国旅行の自由が含まれるとした上で，旅券法 13 条 1 項 5 号は公共の福祉のために外国旅行を合理的に制限したもので，22 条 2 項に違反しないとした。公共の福祉三段論法(19)の典型ともいえる判決である。田中耕太郎・下飯坂潤夫裁判官の補足意見は，憲法 13 条が外国旅行の自由を保障するという解釈をとったが，本件の結論では法廷意見に同調している。

　他方，X らは「明白かつ現在の危険」の法理による審査を要求した。表現行為のための海外渡航であるから，多数説の立場からも，旅券法 13 条 1 項 5 号自体について，少なくともより厳しい目的手段審査がおこなわれるべきであり，本件処分についても，厳格な裁量統制がおこなわれるべき事案だということになるだろう。

　② **ハンセン病事件判決**　　1953 年に制定された「らい予防法」は，戦前の法律を引き継いで，ハンセン病患者の強制隔離などの厳しい人権制限を定めていた。少なくとも 1950 年代の半ばまでには，ハンセン病の伝染性はきわめて微弱であること，スルフォン剤による治療効果がきわめて高いことが明確になっており，ハンセン病に関する国際会議も規制の撤廃を繰り返しよびかけていたにもかかわらず，国会は 1996 年まで「らい予防法」を廃止せず，厚生省の隔離政策も続行された。これに対して，元患者らが国家賠償訴訟を提起した。

　熊本地裁は，厚生省の隔離政策によって憲法 13 条および 22 条の権利が著しく侵害されたことについて，厚生大臣の過失を認定した。さらに，地裁は，「立法の内容が憲法の一義的な文言に違反しているにもかかわらず国会があえ

て当該立法を行う」場合という最高裁在宅投票制判決の要件は絶対的なものではなく，特殊例外的な場合に限定されることを強調する趣旨であり，本件は明白に違憲といえる例外的な場合にあたるとして，立法の不作為を理由とする国家賠償請求も認容した。国が控訴を断念してこの判決が確定した（301 も参照）。

第17章 法定手続の保障

◆ 1　法定手続

(1) 憲法31条の源流

　信教の自由，言論出版の自由，財産権の保障などは，直接には絶対王政に対して新興市民階級が要求し闘い取った権利に由来する。これに人間の生来の権利という性格を与えたのがジョン・ロックのような啓蒙主義自然法論者である（6）。これに対して，身柄の自由や公正な裁判への要求はさらに歴史が古く，封建制下のヨーロッパの伝統法にさかのぼる。「自由人は，その同輩の合法的裁判によるか，国法によるのでなければ，逮捕・監禁・差押・法外放置・追放を受けない」と定め（高木八尺＝末延三次＝宮沢俊義編『人権宣言集』岩波文庫1957年45～46頁），国王に対する貴族の身分特権を確認した1215年のマグナ・カルタ39条は，その最も有名な例である。

　身柄の自由に関するこうした封建特権も，イギリスでは17世紀の市民革命の時代に，イギリス市民の権利，さらには人間の権利として再解釈され，これがイギリス領アメリカ植民地を経てアメリカ合衆国に受け継がれた。日本国憲法31条の直接のモデルは，アメリカ合衆国憲法修正5条および修正14条の「何人も，法の適正な手続 due process of law によらなければ，その生命，自由および財産を奪われない」という，いわゆるデュープロセス条項である（初宿正典＝辻村みよ子編『新解説世界憲法集・第2版』三省堂2010年78頁，80頁［野坂泰司訳］）。

(2) 法定手続の内容

　憲法31条は，「何人も，法律の定める手続によらなければ，その生命若しくは自由を奪はれ，又はその他の刑罰を科せられない」と定める。この規定をめぐっては，「手続」の意味をどう理解するのか。母法ともいえるアメリカ合衆

国憲法と異なって「適正な」という文言が欠けることをどう解釈するのか。この 2 点が当初から問題となった。

 31 条にいう「手続」を，実体法に対する手続法という狭い意味に理解し，「適正な」という文言が欠けることを，文字どおり 31 条は刑事手続法の内容の適正さまでは要求していないと考えるならば，31 条は単に刑事訴訟法を国会が法律で定めることだけを指示する規定だということになる。実際，このような狭義説をとる学説もあった（田中英夫「憲法第 31 条（いわゆる適正手続条項）について」初出 1965 年，のちに田中英夫『デュー・プロセス』東京大学出版会 1987 年 281 頁以下に再録）。その根拠としてあげられたのは，マッカーサー草案の起草者たちは，合衆国憲法のデュープロセス条項が合衆国最高裁によって拡張解釈され，ニューディール立法に対して次々と違憲判断を下すために濫用されたという認識に立って，31 条についてはデュープロセス条項とは異なる表現を選んだという起草者意思の理解であった。

 しかし，多くの憲法学者は，31 条にいう「手続」とは実体法と厳密に区別された手続法だけを指す趣旨ではなく，また 31 条は「適正」の要求も当然に含むと解釈してきた。つまり通説は，31 条が 4 つの要請を含む規定だと考えてきたのである。すなわち，①刑事手続法は議会制定法で定められなければならない，②刑事手続法の内容は「適正」でなければならない，③刑事実体法も議会制定法で定められなければならない，④刑事実体法の内容も「適正」でなければならないという 4 つである（芦部 229〜230 頁）。以下，この 4 つの要請について補足的な説明をしておく。

 ① 刑事手続法の法律主義　　31 条は，国家権力による刑罰権の恣意的行使を防ぐために，選挙によって有権者が選んだ国会が，国民代表の資格で刑事手続法を法律（国会制定法）で定めることを要請する。憲法が想定する唯一の例外は裁判所規則である（77 条）。

 ②「適正な」刑事手続法の要請　　31 条は，刑事手続法が「適正な」内容をもつことを要請する。「適正な」刑事手続法とは，当事者に告知・聴聞（告知・弁解・防御）の機会を保障する手続法だと理解されている（佐藤功・註釈上 506〜507 頁）。

 「告知」とは，逮捕・捜索・勾留などに際して，被疑事実や保障される権利内容などを当人に説明すること，「聴聞（弁解・防御）」とは，弁明，証拠・証人

の申請，反論の機会を本人に十分に与える審理のことである。弁解・防御はもちろんのこと，告知も被疑者とされた一般市民に不必要な不安を与えないためにも，人道的観点からきわめて重要な手続である。

　日本国憲法には，裁判官の令状にもとづく逮捕・捜索（33条・35条），抑留・拘禁の理由開示（34条），公平な裁判所の公開裁判（37条1項），被告人の証人審問権（37条2項）など，「適正手続」の理念を具体化するかなり詳細な個別規定が置かれている（214以下）。しかし，無罪推定の原則や違法収集証拠排除の原則のような重要な手続原則で明文化されていないものもあるので，31条はこれらの全体を含む総則的規定という意味をもつ。

　③ 刑事実体法の法律主義　すなわち「罪刑法定主義」の保障である。罪刑法定主義とは，「国家が市民に刑罰を科すためには，いかなる行為が犯罪として扱われ，それに対していかなる刑罰が科されるのかは，あらかじめ議会制定法で定めておかなければならない」という法原則である。罪刑法定主義は，「慣習刑法の禁止」「遡及処罰の禁止」「類推解釈の禁止」「絶対的不定期刑の禁止」「構成要件の明確性の要請」といった派生原則を含むとされる。

　犯罪とは不道徳な行為と同義ではなく，議会制定法によってあらかじめ犯罪と定められた行為のみを指し，その刑罰の種類・程度もあらかじめ議会制定法で定めておかなければならないという法原則は，市民の行動の予測可能性と自律的決定の保護にとってきわめて重要である。そこで，ヨーロッパ大陸の近代刑法学は，罪刑法定主義を国家刑罰権の濫用を防ぐために不可欠の法原則とみなしてきた。日本でも，最初の近代刑法典である1880年制定の旧刑法は，その第2条で「法律ニ正条ナキ者ハ何等ノ所為ト雖モ之ヲ処罰スルコトヲ得ス」として，罪刑法定主義の原則を明文化していた。ところが，1907年制定の現行刑法典にはこういう規定がない。他方，日本国憲法も，罪刑法定主義の派生原理の一部には言及しているが（39条は「遡及処罰の禁止」を定め，73条6号は「慣習刑法の禁止」を含意している），やはり罪刑法定主義自体の明確な規定を置いていない。そこで，通説は，31条に罪刑法定主義の原則が含まれると解釈しているのである。

　④「適正な」刑事実体法の要請　31条は，刑事実体法の内容が「適正」であることを要請する。「適正な」刑事実体法の具体的な内容としては，一般に刑罰謙抑主義と罪刑均衡の原則があげられる。仮に31条が存在しなくても，

171

他の個別の人権規定が，人権規制法としての刑事実体法に対して，これらの原則に従うことを当然要請するので，必ずしも31条に適正な刑事実体法の要請を読み込む必要はないとする学説もある（市川正人「刑事手続と憲法31条」樋口陽一編『講座憲法学4』日本評論社1994年206〜207頁）。しかし，同じことは罪刑法定主義そのものについてもいえることである。むしろ，憲法の体系的理解という観点からは，他の個別人権規定との部分的な重複をいとわず，31条を刑事手続法・刑事実体法の基本原則を定めた総則的規定と位置づける解釈が適切であろう。

◆ 2　法定手続の保障

(1)　法定手続の保障を受ける権利

197

法定手続の内容を上述のように解することは，31条が一般市民に対して以上のような法定手続の保障を受ける権利を認めていると考えることを意味する。これには次の4つの権利が含まれることになる。

① 法律によらない刑事手続法にもとづいて刑罰を受けない市民の権利。
② 適正な内容をもたない刑事手続法にもとづいて刑罰を受けない市民の権利。
③ 法律の明文で犯罪として規定されていない行為について刑罰を受けない市民の権利。
④ 内容的に適正でない刑罰を受けない市民の権利。

(2)　行政手続と憲法31条

198

31条は，刑事法（刑事手続法・刑事実体法）の基本原則規定である。それでは，31条の保障は行政手続には及ばないのだろうか（関連する問題として229も参照）。すなわち，それ自体としては市民に刑罰を科すわけではない種々の許認可事務のような行政手続においても，市民には，上述②の権利と同様，適正手続によらなければ不利益を蒙らない権利が保障されないのだろうか。学説は，行政手続にはさまざまなものがあるが，刑事手続と類似する行政手続には適正手続の保障が及ぶと解する点では一致している。しかし，根拠条文の理解の違いから，さらに以下の3説に分けられる。

① **31条適用ないし準用説**　憲法学者の多数説は，行政機関の職務は多種多様なので，そのすべてに刑事手続と同一の適正手続の遵守を要求することはか

えって不合理な結果を招くとして，強制や不利益の程度に応じて，行政手続にも憲法31条が適用ないし準用されると理解する（芦部231頁，戸波325頁）。

② 13条および32条説　手続的正義の要請は憲法13条の幸福追求権に由来し，刑事手続については31条，非刑事手続については32条が直接の根拠規定となると理解する学説もある（佐藤462～463頁，松井543頁。高橋141頁）。

③ 法治国家説　特定の憲法規定を援用せず，憲法上の原則としての法治主義から導かれると構成する学説である（成田新法事件判決の園部逸夫意見：民集46巻5号449頁，曽和俊文＝山田洋＝亘理格『現代行政法入門』有斐閣2007年117～118頁）。

もちろん，これらは根拠づけの相違による区別であって，行政手続に対して要請される「適正」の度合が，3つの学説ごとに異なるわけではない。

◆ 3　法定手続の保障の不存在

一般市民に不利益を課することを定める法令に，憲法31条が求めるような適正手続の保障が欠けている場合，31条の権利の侵害問題が生ずる。現実には，国会制定法である刑事訴訟法が刑事手続の詳細な規律をおこなっているので，その規定が憲法31条（や33条～39条）に違反しないかという憲法問題が当然おこりうる。もちろん，刑事手続に関する法的な問題の大半は，個別処分が刑事訴訟法に違反しないかという法律問題である。

他方，行政手続の適正の保障は長い間等閑視されてきたのだが，1993年に行政手続法が制定されたことで状況が変化した。憲法学サイドの目からみれば，行政手続法は，憲法31条の具体化法律である。この法律によって，行政機関が一般市民に対する不利益処分をおこなう場合，許認可等の取消し，資格等の剥奪に際しては当事者の事前の聴聞が義務づけられ，その他の不利益処分の場合には弁明の機会の付与が義務づけられた（法13条1項）。ただし，行政手続法の適用を受ける不利益処分そのものについて種々の例外があるほか（法2条4号但書，法3条），聴聞や弁明の機会の付与についても，「公益上，緊急に不利益処分をする必要がある」場合など5項目の例外が設けられているため（法13条2項），行政手続法の保障の程度と範囲はなお不十分だという批判もある。

◆ 4　法定手続の保障の不存在の合憲性審査

(1)　概　観

これまで 31 条違反が争われた主な論点には，㋐適正な刑事手続保障の欠如，㋑条例による刑罰の罪刑法定主義違反，㋒刑罰法令の明確性の欠如，㋓行政手続における適正手続の欠如の 4 つがある。それぞれに関する主要な最高裁判例として，

　㋐　**第三者所有物没収事件判決**（最大判昭和 37・11・28 刑集 16 巻 11 号 1593 頁）
　㋑　**大阪市売春取締条例事件判決**（最大判昭和 37・5・30 刑集 16 巻 5 号 577 頁）
　㋒　**徳島市公安条例事件判決**（最大判昭和 50・9・10 刑集 29 巻 8 号 489 頁）
　㋓　**成田新法事件判決**（最大判平成 4・7・1 民集 46 巻 5 号 437 頁）
があげられる。

　いずれの問題局面でも，31 条が要求しているにもかかわらず，当該法令には適正手続の保障が欠如しているかどうか，同じく当該法令には 31 条が要求する罪刑法定主義の保障が欠如しているかどうか，これが合憲違憲の分かれ目である。ただし，刑事手続の場合には，適正手続の要請が満たされていないと判断されれば，ただちに 31 条違反となるのに対して，行政手続の場合には，法令が適正手続の要請を満たしていない場合でも，そのことに当該行政手続の性格に由来する一定の合理的根拠があれば 31 条違反の評価を受けない点が異なる。この判断に際して，最高裁は，成田新法事件判決で比較衡量の構成をとった（204）。しかし，当該行政手続が，いかなる目的のために，どの程度適正手続の要請を満たしていないのかを，目的手段審査の枠組みで判断することも可能だろう。

(2)　適正な刑事手続保障の欠如 ── 第三者所有物没収事件判決（最大判昭和 37・11・28 刑集 16 巻 11 号 1593 頁）

　① **事実関係**　旧関税法は，密輸品や密輸に利用された船舶などを附加刑として没収する規定を置いていた。**最大判昭和 32・11・27**（刑集 11 巻 12 号 3132 頁）は，この没収を悪意第三者の所有物に限る合憲限定解釈を示した。これを受けて国会は関税法を改正し，悪意第三者の所有物だけを没収できるという明文規定を置いた（関税法 118 条 1 項）。そこで今度は，当該第三者に対して弁明の機会を与えないで没収をおこなうことが憲法 31 条違反ではないかが争われ

た。当初，最高裁は，被告人が第三者所有物の没収手続の違憲を主張することは，「他人の権利に容喙干渉」することであるから許されないとしていた（最大判昭和35・10・19刑集14巻12号1574頁）。しかし，昭和37（1962）年大法廷判決は，昭和35（1960）年判決を明示的に変更して違憲の判断を示したことで注目された。国会は，この判決の翌1963年に，「刑事事件における第三者所有物の没収手続に関する応急措置法」を制定して，第三所有者に告知・聴聞の機会を設けたので，問題は一応立法的解決をみた。

② **判　旨**　「第三者の所有物の没収は，被告人に対する附加刑として言い渡され，その刑事処分の効果が第三者に及ぶものであるから，所有物を没収せられる第三者についても，告知，弁解，防禦の機会を与えることが必要であって，これなくして第三者の所有物を没収することは，適正な法律手続によらないで，財産権を侵害する制裁を科するに外ならない……。……従って，前記関税法118条1項によって第三者の所有物を没収することは，憲法31条，29条に違反するものと断ぜざるをえない」。

「かかる没収の言渡を受けた被告人は，たとえ第三者の所有物に関する場合であっても，被告人に対する附加刑である以上，没収の裁判の違憲を理由として上告をなしうることは当然である。のみならず，被告人としても没収に係る物の占有権を剥奪され，またはこれが使用，収益をなしえない状態におかれ，更には所有権を剥奪された第三者から賠償請求権等を行使される危険に曝される等，利害関係を有することが明らかであるから，上告によりこれが救済を求めることができるものと解すべきである。これと矛盾する昭和……35年10月19日当裁判所大法廷言渡の判例は，これを変更する……。」

③ **判決の意義**　第1に，31条が「適正な」刑事手続法を要請し，その場合の「適正」手続の内容には，当事者に「告知・弁解・防禦」の機会を与えることが含まれることを認めた点に，31条の解釈に関する本件判決の重要性がある。

第2に，最高裁が，判例を明示的に変更して，第三者の権利を主張できる場合があることを認めた点も重要である。しかし，この判決は，第三者の権利の主張適格が認められる要件を明示したわけではない。判例・学説とも，訴訟で救済を求める権利利益は自分の権利利益でなければならないという「主観訴訟」の枠組みを前提として，第三者の権利の主張適格は例外的にしか認められ

ないと考える点では共通している。ではいかなる場合が例外か。この点については，当該第三者に対して自分の権利利益を主張する機会が訴訟制度上当然には保障されていないこと，および当該第三者の利益が当事者の利益と密接に結びついていること，この2点が一応の目安となるだろう（渋谷644〜645頁）。

　第3に，判決は「没収すること」が違憲であるとしているため，学説はこの判決を関税法118条1項自体の法令違憲判決と捉えていない（松井茂記・憲法判例百選Ⅱ251頁参照）。しかし，判決文の表現の綾にもかかわらず，法令違憲の判断だと捉えるのが実質に即した理解であろう（適用違憲の問題については猿払事件一審判決も参照— 51）。この判決は適用違憲判断の典型例とはいえない。現に国会は，上述のような特別法を制定して対処した。

202　**(3) 条例による処罰の罪刑法定主義違反 —— 大阪市売春取締条例事件判決**（最大判昭和37・5・30刑集16巻5号577頁）

　売春防止法制定前に，街頭での売春勧誘行為等を処罰する大阪市の条例に反したとして起訴された被告人が，条例は憲法31条に違反すると主張した。最高裁は，「憲法31条はかならずしも刑罰がすべて法律そのもので定められなければならないとするものではなく，法律の授権によってそれ以下の法令によって定めることもできる」とし，当時の地方自治法2条3項7号「風俗を汚す行為の制限」「風俗のじゅん化に関する事項の処理」という授権規定が相当具体的であること，条例は民主的な地方自主立法であることを根拠に，大阪市条例は合憲だとした。憲法31条は罪刑法定主義の保障を含むという理解が前提にあると解される。

203　**(4) 刑罰法令の明確性の欠如 —— 徳島市公安条例事件判決**（最大判昭50・9・10刑集29巻8号489頁）

　許可条件違反のデモ行進の指導者が起訴された刑事事件で，被告人側は，公安委員会が条件をつけることができる事項を列挙した条例3条のうち，起訴の根拠となった3号の「交通秩序を維持すること」という規定が明確性を欠き，憲法31条に違反するという主張もおこなった。

　最高裁は，本件規定を「立法措置として著しく妥当を欠く」と評しながら，31条違反か否かは「通常の判断能力を有する一般人の理解において，具体的場合に当該行為が適用を受けるものかどうかの判断を可能ならしめるような基準が読みとれるかどうかによってこれを決定すべきである」という基準を示し，

その上で次のように判断した。本件規定は，平穏な集団行進に「随伴する交通秩序阻害を超えた，殊更な交通秩序の阻害をもたらすような行為を避止すべきことを命じているものと解される」。通常の判断能力を有する一般人であれば，「だ行進，うず巻行進，すわり込み，……いわゆるフランスデモ等の行為が，」平穏な集団行進に随伴する交通秩序阻害を超えて，「殊更な交通秩序の阻害をもたらすような行為にあたるものと容易に想到することができる」。したがって，本件規定は明確性を欠くものではない。この判決も，31条が罪刑法定主義の保障を含むこと，その派生原理として犯罪構成要件の明確性を要請することを前提としていることになる。

ほかにも構成要件の明確性の有無が争われた事件には，すでにふれた**札幌税関検査事件**（62。最高裁は，関税定率法の「風俗を害すべき書籍」等の「風俗」がもっぱら性風俗を意味することは明確だとした），**福岡県青少年保護育成条例事件**（最大判昭和60・10・23刑集39巻6号413頁。最高裁は，青少年との「淫行」の禁止とは，誘惑・威迫・欺罔など不当な手段で青少年とおこなう性交，青少年を自分の性的欲望の対象として扱っているとしかいえない性交の禁止であることは明確だとした）などがある。最高裁自身が限定解釈を施すことによって，文言の不明確性の主張をしりぞけるこうした態度に対しては，罪刑法定主義の予測担保機能を損ない，市民の側に萎縮効果を生むという批判が可能である。

(5) 行政手続における適正手続の欠如 ── 成田新法事件判決（最大判平成4・7・1民集46巻5号437頁）

① **事実関係**　新東京国際空港（成田空港）は，1978年3月に開港予定だったが，中核派・革労協・第4インターなどの「過激派集団」による妨害工作のため，開港を延期せざるをえなかった。国会は，こうした暴力主義的破壊活動に対処するため，同年5月に「新東京国際空港の安全確保に関する緊急措置法」（名称を「成田国際空港の安全確保に関する緊急措置法」と改めたが，現行法である）を制定した。

この法律にもとづいて，運輸大臣（現国土交通大臣）は，空港反対派地主の敷地内に建設された「横堀要塞」とよばれる鉄塔の所有者に対して，これを「多数の暴力主義的破壊活動者の集合」「暴力主義的破壊活動に使用される爆発物等の製造保管」のために使用することを禁止する処分を1年単位で数年間繰り返した。

空港反対同盟は，この処分の取消し等を求める行政訴訟において，法律が当該工作物の所有者・管理者・占有者に告知・弁解・防御の機会を与えていないのは31条違反だという主張もおこなった。

② **判決の法的構成**　「行政手続については，それが刑事手続ではないとの理由のみで，そのすべてが当然に同条［憲法31条］による保障の枠外にあると判断することは相当ではない。」「しかしながら，一般に，行政手続は，刑事手続とその性質においておのずから差異があり，また，行政目的に応じて多種多様であるから，行政処分の相手方に事前の告知，弁解，防御の機会を与えるかどうかは，行政処分により制限を受ける権利利益の内容，性質，制限の程度，行政処分により達成しようとする公益の内容，程度，緊急性等を総合較量して決定されるべきものであって，常に必ずそのような機会を与えることを必要とするものではない」。

③ **あてはめ**　「本法3条1項に基づく工作物使用禁止命令により制限される権利利益の内容・性質は」，当該工作物を「多数の暴力主義的破壊活動者の集合の用に供する」こと，「暴力主義的破壊活動等に使用される爆発物等の製造保管の用に供する」こと，「航空機の航行に対する暴力主義的破壊活動者の妨害の用に供する」ことの「三態様における使用であり，右命令により達成しようとする公益の内容・程度・緊急性等は，新空港の設置，管理等の安全という国家的，社会経済的，公益的，人道的見地からその確保は極めて強く要請されているものであって，高度かつ緊急の必要性を有するものであることなどを総合較量すれば，右命令をするに当たり，その相手方に対し事前に告知，弁解，防御の機会を与える旨の規定がなくても，本法3条1項が憲法31条の法意に反するものということはできない。」

④ **判決の意義**　この判決は，一般論としては行政手続にも31条の適正手続の要請が及ぶ場合があることを認めた点で学説と共通する。しかし，具体的な判断は最高裁が多用する総合的な利益衡量によることを示した点，本件法律へのあてはめ判断において，特に国家利益を前面に出している点には批判もある。

第18章 奴隷的拘束・その意に反する苦役からの自由, 刑事手続的人権

　第16章では人身の自由の基盤である移動の自由, 第17章では人身の自由の総則的権利である法定手続の保障を取り上げた。この章では, やはり人身の自由に分類される諸権利, すなわち, われわれの身体の物理的拘束に関連するその他の諸権利を概観することにしたい。これには, ひとつは18条の権利, もうひとつは33条以下の刑事手続的権利が含まれる。

Ⅰ 奴隷的拘束からの自由, その意の反する苦役からの自由

◆ 1　奴隷的拘束からの自由

(1)　奴隷的拘束

　憲法18条前段は「何人も, いかなる奴隷的拘束も受けない」と規定する。

　① 奴隷　　奴隷とは, 人間でありながら人間であることを否定され, 法的には家畜と同様, 財産権の客体として使役される人間である。奴隷制度は, ギリシア・ローマをはじめ, 古代世界には広く存在した。近代では, 何といってもアメリカ合衆国の黒人奴隷制が有名である。アメリカの奴隷制は, 1865年に南部奴隷州の敗北によって南北戦争が終結したのを受けて合衆国憲法が改正され, 修正13条として「奴隷または意に反する苦役は, 犯罪に対する処罰……を除いて, 合衆国……に存在してはならない」(初宿正典＝辻村みよ子編『新解説世界憲法集・第2版』三省堂2010年80頁［野坂泰司訳］)という明文規定が追加されるまで, 法的な制度として存続した。合衆国憲法修正13条が, 日本国憲法18条のモデルであることは一目瞭然である。

　② 奴隷的拘束　　奴隷的拘束とは,「自由な人格者であることと両立しない程度に身体が拘束されている状態」を意味する (1981年3月10日の政府答弁書。

佐藤功・註釈上288頁参照)。近代日本には，もちろん法制度としての奴隷制は存在しなかったが，奴隷的拘束と称すべき状況は存在した。労働者を監禁状態に置いて過酷な肉体労働に従事させる「タコ部屋・監獄部屋」と俗称される雇用形態や，娘を遊郭に年季奉公に出す条件で，親がまとまった金を前借りする人身売買的な「娼妓契約」がその例である。

207　**(2)　奴隷的拘束からの自由**

憲法18条前段の保護対象は，奴隷的拘束を受けないという状態である。すなわち，18条前段は，日本国憲法下の市民には，法制度としての奴隷制によって人権を全面的に剥奪されない権利があるのみならず，人権主体としての地位と両立しないような身体的拘束を国家から受けない権利があるという，あまりにも当然の事理を明文化したものである。

208　**(3)　奴隷的拘束からの自由の制限**

奴隷的拘束は，各人の人間の尊厳（13条—324）と人権主体性の否定にほかならないから，奴隷的拘束からの自由はいかなる制限も受けない。これにはさらに2つの意味が含まれている。すなわち，第1に，奴隷的拘束を受けない自由は，本人の意思でも放棄することができない（伊藤331頁，野中＝中村＝高橋＝高見Ⅰ387頁，長谷部255頁）。第2に，奴隷的拘束を受けない自由は，市民相互間にも直接適用される（佐藤585頁，辻村273頁，渋谷215頁。私人間効力一般については415以下参照）。もっとも，市民相互の奴隷的拘束に対しては，憲法18条前段を直接適用するまでもなく，民法90条の公序良俗違反，民法709条の不法行為，刑法220条，224条〜229条の逮捕・監禁罪，略取・誘拐罪，人身売買罪，労働基準法5条の強制労働の禁止，さらに人身保護法などの諸法律によって十分対処可能である。

209　**(4)　奴隷的拘束からの自由の制限の合憲性審査**

このように，奴隷的拘束からの自由は，いかなる例外も認められず，本人の同意によっても制限できないという意味で絶対的保障を受ける権利であるから，奴隷的拘束とよぶべき事態が存在すれば，それはただちに18条前段違反となる。

◆ I ◆ 奴隷的拘束からの自由，その意に反する苦役からの自由

◆ 2　その意に反する苦役からの自由

(1)　その意に反する苦役

憲法 18 条後段は「犯罪に因る処罰の場合を除いては，その意に反する苦役に服させられない」と定める。

「苦役」の理解については，3 つの考え方がある。第 1 は，「通常人が多少とも苦痛を感ずる程度の労役」を意味するという説である（法協・註解上 395 頁，小嶋 180 頁，高橋 252 頁。狭義説）。第 2 は，苦痛の有無を要件とせず，「広く本人の意思に反して強制される労役」を指すとする説である（芦部 229 頁，伊藤 331 頁，佐藤功・註釈上 285 頁，佐藤 585 頁，長谷部 255 頁。広義説）。第 3 は，苦痛の有無を要件とせず，また労役に限定せず，「強制労役またはそれに準ずるような隷属状態をひろく含む」と解する説である（宮沢 II 334 頁，芦部編・憲法 III 263〜264 頁［杉原泰雄］。最広義説）。

「強制」労働はつねに本人の「意に反する」のであるから，苦役を広く強制労働（プラスアルファ）と捉える広義説・最広義説に立つと，「その意に反する苦役」は「強制された強制労働」という同語反復に陥る（渋谷 216 頁）。また，18 条後段は，国家が市民に対して苦役を強制することも，犯罪に対する刑罰としては許されるとするのであるから，苦役には刑罰として科すにもふさわしいような内容の労働というニュアンスがある。

そこで，この本では，苦役とは，肉体労働・精神労働を問わず，通常人が多少とも苦痛を感ずるような労役であると理解しておく。狭義説の立場だが，肉体労働に限定されない点と，苦痛の判断は本人の主観ではなく，訴訟を念頭に置けば通常人を基準とする裁判官の判断による点を補足しておきたい（高橋 252 頁参照）。

(2)　その意に反する苦役からの自由

18 条後段は，その意に反する苦役に服させられないという一定の状態を保護対象とする。すなわち，市民は，18 条後段によって，通常は苦痛を感じてもおかしくない内容の労働を国家から強制されない権利を保障されている。なお，関連する権利として，憲法 27 条 3 項が規定する「児童の酷使されない権利」がある（266〜270）。

212 **(3) その意に反する苦役からの自由の制限**

その意に反する苦役にあたるのではないかが問題となる現行法には，以下のようなものがある。

第1のグループは，証人の出頭義務・証言義務を定める刑事訴訟法160条～162条，民事訴訟法192条～194条，議院証言法（議院における証人の宣誓及び証言等に関する法律）1条，納税額等の申告義務を定める各種税法（例，所得税法120条）である。裁判員法（裁判員の参加する刑事裁判に関する法律）の制定過程では，裁判員候補の出頭義務など（裁判員法29条），裁判員の職務強制もその意に反する苦役にあたるのではないかという疑義があった（緑大輔「裁判員制度における出頭義務・就任義務と『苦役』」一橋法学2巻1号2003年305頁以下）。

第2のグループは，災害時に付近住民の応急的労務提供を求める消防法29条5項，水防法24条，災害救助法24条，道路法68条2項，河川法22条2項などである。

第3のグループとしては，防衛関係の役務が想定される。現行法上の関連規定には，自衛隊に防衛出動命令が発せられた場合の，物資の生産・出荷・輸送業者等に対する業務従事命令（自衛隊法103条），武力攻撃事態法（武力攻撃事態等における我が国の平和と独立並びに国及び国民の安全の確保に関する法律）8条の国民の協力がある。

213 **(4) その意に反する苦役からの自由の制限の合憲性審査**

奴隷的拘束とは異なって，禁止されているのは「その意に反する」苦役であるから，本人の同意があれば「苦役」も許されることになる。さらに，学説には，その意に反する苦役からの自由は合憲的に制限できることを正面から認めた上で，基本的な身柄の自由にかかわることを理由に，合憲性の厳格審査を求める考え方もある（渋谷216頁）。

しかし，これまでの学説の大勢は，上述のような法令上の義務はその意に反する苦役にあたるか否かという，保護対象の概念論のレベルで合憲性を判断してきた。

すなわち，第1グループの証言・出頭・申告については，公正な刑事裁判の実現，適正な租税徴収の確保という憲法上要請される国家目的の実現に不可欠の行為であるから，現実に苦痛を感ずる市民がいるいないにかかわらず，そもそも苦役ではないと理解されてきた（樋口＝佐藤＝中村＝浦部・注解Ⅰ370頁，渋谷

◆ I ◆ 奴隷的拘束からの自由，その意に反する苦役からの自由

216〜217頁）。この考え方に立てば，裁判員の職務義務も，裁判員制度が国民の司法参加として憲法上望ましいとされる以上 (293)，憲法上の正当な根拠があって苦役ではない，ということになろう。

第2グループの各種災害対策法上の労務提供義務については，学説には，これらの法律は罰則規定を欠くので，苦役ではあるが強制にはあたらないという意味で，「その意に反する」苦役ではないという解釈もある（芦部編・憲法Ⅲ 266頁［杉原泰雄］，樋口＝佐藤＝中村＝浦部・註解Ⅰ 370頁，辻村 273頁）。しかし，自然災害に直面して，被害の拡大を防止するために必要不可欠で緊急を要する労務提供義務に限定されていれば，罰則規定の有無にかかわらず，苦痛と感ずべきでない労務として，そもそも苦役にはあたらないという解釈も可能であろう（宮沢Ⅱ 335頁，小嶋 180頁，佐藤 586頁）。

第3グループについては，第二次大戦前に国家総動員法で認められた「国民徴用」のような制度が，18条後段の権利侵害となることはいうまでもない（法協・註解上 395頁）。自衛隊に対する防衛出動命令発令時の業者等の業務従事命令（自衛隊法 103条）は，罰則がないので「その意に反する」苦役ではないと説明されている（佐藤功・註釈上 287頁）。武力攻撃事態法8条が定める国民の協力は，あくまで協力要請であって義務規定ではない（礒崎陽輔『武力攻撃事態法の読み方』ぎょうせい 2004年 38〜39頁）。

ところで，防衛関係の役務の典型は兵役義務である。立憲民主主義国家でも徴兵制を採用する国家は存在する。また，国際人権B規約8条3項は，「何人も，強制労働に服することを要求されない」と規定するが，「軍事的役務」を強制労働から除外している（3項(c)(ii)）。これらから考えると，国民の兵役義務が一般論としてその意に反する苦役にあたるとはいえないだろう。しかし，日本国憲法の場合には，兵役義務は9条の趣旨に反するという意味で違憲となると解される。もっとも，国会議員の質問趣意書に対する1980年8月15日付の政府答弁書は，兵役義務は「憲法第13条，第18条などの規定の趣旨からみて，許容されるものではないと考える」と回答している。

第1グループ〜3グループのいずれについても，学説のように「苦役」または「その意に反する」苦役にあたるかどうかの概念論のレベルで考察するよりも，「その意に反する苦役」の賦課にあたると認めた上で，厳格な目的手段審査によって18条後段適合性を慎重に吟味するほうが，合憲性審査のあり方と

183

してはスッキリしたものとなるだろう。

Ⅱ 刑事手続的人権

◆ 1　33条〜39条の諸権利の保護対象と権利内容

(1)　概　観

　憲法33条〜39条は，他の立憲民主主義諸国の憲法と比較すると，かなり詳細に刑事手続的権利を列挙して，刑罰権の発動という最も強力な国家権力の行使に対してきめ細かな手続的制約を課すことで，市民の身柄の自由を確保しようとしている。

　主な憲法解説書では，33条〜39条の諸権利は，主として起訴前の被疑者段階で意味をもつ権利（33条〜35条）と，主として起訴後の刑事被告人段階で意味をもつ権利（36条〜39条）に分けて説明されることも多い（芦部232〜241頁，芦部編・憲法Ⅲ 127〜239頁〔杉原泰雄〕，伊藤338〜354頁，辻村277〜291頁，戸波327〜333頁，渋谷219〜249頁）。

　このように，被疑者段階の権利と被告人段階の権利という大くくりに分類することは，憲法上の刑事手続的権利全体のイメージをつかむ上で有用だが，この本では，ほぼ条文の順番に従って，条文ごとに権利の保護対象を簡単に確認しておくにとどめたい。

(2)　令状なしに逮捕されない権利（33条）

　① 33条は，「何人も，現行犯として逮捕される場合を除いては，権限を有する司法官憲が発し，且つ理由となつてゐる犯罪を明示する令状によらなければ，逮捕されない」と規定する。

　② 33条の保護対象は，司法官憲の発する令状なしに逮捕されないという状態である。犯罪の被疑者の逃亡や罪証隠滅を防止するためにその身柄を拘束することが，刑事訴訟法上の逮捕である（刑訴199条以下）。これに対して，憲法33条の逮捕は，刑事訴訟法上の身柄拘束の着手のみを意味する。刑事訴訟法では，48時間（刑訴203条）〜72時間（刑訴205条）を限度とする逮捕直後の留置も逮捕の概念に含まれるが，憲法では逮捕直後のこうした短時間の留置は34条の抑留にあたり，概念上逮捕には含まれないからである。憲法上の逮捕

概念は，逮捕直後の留置を含まない点では刑事訴訟法よりも狭く，被告人・証人などを特定の場所に引致する刑事訴訟法上の勾引（の着手）を含む点では，刑事訴訟法上の逮捕よりも広い（田中開＝寺崎嘉博＝長沼範良『刑事訴訟法・第3版』有斐閣2008年67頁，芦部233頁）。

なお，33条の文言では，令状の発給者は「権限を有する司法官憲」という迂遠な表現となっているが，令状逮捕制度の目的は，裁判官のコントロールによって捜査機関の権力濫用を抑止することにあるから，司法官憲とは裁判官の意味である。刑事訴訟法では裁判官と規定されている（刑訴199条1項）。

③ 市民は，33条によって，裁判官の発する令状なしには，捜査機関による身柄の拘束（刑事訴訟法にいう逮捕・勾引の着手）を受けない権利を保障されている。令状逮捕の明文の例外は，現行犯の場合である。

(3) 不当な抑留・拘禁を受けない権利（34条）

① 34条によれば，「何人も，理由を直ちに告げられ，且つ，直ちに弁護人に依頼する権利を与へられなければ，抑留又は拘禁されない。又，何人も，正当な理由がなければ，拘禁されず，要求があれば，その理由は，直ちに本人及びその弁護人の出席する公開の法廷で示されなければならない」。

② 34条の保護対象は，抑留・拘禁の条件である。34条は，犯罪捜査のための市民の身柄拘束のうち，比較的短時間の拘束を抑留，比較的継続的な拘束を拘禁とよんで区別している。上述のように刑事訴訟法では，逮捕・勾引直後の留置（34条にいう抑留）も逮捕・勾引に含めて観念されているので，憲法とは概念のずれがある。

憲法上の拘禁のほうは，刑事訴訟法にいう勾留（刑訴60条以下，207条）と鑑定留置（224条・167条）を含む（芦部233頁）。勾留とは，逮捕（憲法でいう逮捕＋抑留）の後，被疑者・被告人の身柄を拘束する裁判とその執行を指す（すなわち，起訴前の勾留と起訴後の勾留がある）。憲法には拘禁の時間的制限は規定されていないが，刑事訴訟法によれば，起訴前勾留は原則10日間に制限されている。さらに裁判官が「やむを得ない事由があると認めるときは」最大10日以内の延長が認められる（刑訴208条）。

34条によれば，捜査機関は，被拘禁者の要求があれば，ただちに本人・弁護人出席の公開法廷で拘禁理由を開示しなければならない。いうまでもなく，不当な身柄拘束の継続を防止するためである。これを受けて，刑事訴訟法が勾

留理由開示制度を設けている（刑訴82条〜86条。田中＝寺崎＝長沼80頁）。

③　市民は，34条によって，理由を告げられ弁護人依頼権を認められなければ抑留・拘禁されず，さらに本人および弁護人の出廷する公開法廷で，捜査機関により正当な理由が開示されることなしには拘禁（刑事訴訟法上の勾留・鑑定留置）されない権利を保障されている。

(4) 令状なしに捜索・押収されない権利（35条）

①　35条は，捜索・押収に関して次のように定めている。第1項「何人も，その住居，書類及び所持品について，侵入，捜索及び押収を受けることのない権利は，第33条の場合を除いては，正当な理由に基いて発せられ，且つ捜索する場所及び押収する物を明示する令状がなければ，侵されない」。第2項「捜索又は押収は，権限を有する司法官憲が発する各別の令状により，これを行ふ」。

②　35条の保護対象は，裁判官の発する令状なしには捜査機関の捜索・押収を受けないという状態である。捜索・押収とは，捜査機関が物的証拠を収集保全する行為である。

35条にいう捜索は，刑事訴訟法上の捜索と検証を含む（田中＝寺崎＝長沼101頁）。刑事訴訟法上の捜索とは，「物の発見を目的として，人（被疑者など）の身体，物（カバンなど），または住居その他の場所について調べる」行為を指し，検証とは，「場所，物または人について，その存在，内容，状態，性質等を五官の作用で認識する」行為を意味する（田中＝寺崎＝長沼100頁）。

35条にいう押収は，刑事訴訟法上の差押え（刑訴99条1項・218条1項など）を指す。刑事訴訟法上の押収の概念は憲法よりも広く，差押えのほか捜査機関が被疑者の遺留物や第三者の任意提出物の占有を取得する領置（221条）も含み，さらに公判裁判所の差押え・領置・証拠提出命令も含む（田中＝寺崎＝長沼101頁）。事の性質上，差押え以外については令状は要求されない。

③　市民は，35条によって，捜索する場所，押収する物を各別に明示した裁判官の令状なしには，捜査機関による捜索（刑事訴訟法上の捜索・検証）および押収（刑事訴訟法上の差押え）を受けない権利を保障されている。

明文の例外は「33条の場合」である。判例（最大判昭和30・4・27刑集9巻5号924頁）と刑事訴訟法学説は，33条の場合とは，適法な逮捕の場合をすべて含む，すなわち，令状逮捕・現行犯逮捕のみならず，刑事訴訟法が認める準現行

◆ Ⅱ ◆ 刑事手続的人権

犯逮捕（刑訴 212 条）・緊急逮捕（刑訴 210 条）の場合も含むと解している（芦部 234 頁，田中＝寺崎＝長沼 101 頁）。

(5) 公平・迅速・公開の刑事裁判を受ける権利（37 条 1 項） 218

① 37 条 1 項は，「すべて刑事事件においては，被告人は，公平な裁判所の迅速な公開裁判を受ける権利を有する」と規定している。

② 37 条 1 項の保護対象は，公平な裁判所の迅速な公開裁判を受けられるという状態である。公平な裁判所とは，「構成其の他において偏頗（へんぱ）の惧（おそれ）なき裁判所」（最大判昭和 23・5・5 刑集 2 巻 5 号 447 頁）である。37 条 1 項を受けて，裁判官等の除斥・忌避・回避（刑訴 20 条〜26 条，刑訴規則 13 条），裁判員の不選任（裁判員法 36 条）の制度が設けられている。

刑事裁判は，被告人の早期解放と法秩序の速やかな回復の観点から，迅速におこなわれることが要請される（田中＝寺崎＝長沼 9 頁，高橋 262 頁）。しかし，37 条 1 項の「迅速な裁判」の保障は，**高田事件判決**（最大判昭和 47・12・20 刑集 26 巻 10 号 631 頁。後述）までは，単なる「プログラム規定」(238) と考えられていた（田中＝寺崎＝長沼 229 頁）。最高裁はこの判決で，37 条 1 項が「迅速な刑事裁判を受ける権利」を保障していることを認め，迅速な裁判を受ける権利の侵害がある場合には，審理を打ち切って免訴の判決を言い渡すべきだとした。ただし，判決によれば，迅速性の判断は個別の事案ごとの利益衡量に委ねられる(231)。

公開裁判とは，対審・判決が公開される裁判である。公平な裁判所の公開裁判を受ける権利は，刑事裁判に限らず，すべての裁判について 32 条でも保障されており(287)，対審・判決の公開は 82 条でも保障されている。

③ 刑事被告人は，37 条 1 項によって，構成等に偏頗の惧れのない裁判所により，対審・判決が公開される，迅速な裁判を受ける権利を保障されている。

(6) 証人審問権・証人喚問権（37 条 2 項） 219

① 37 条 2 項によれば，「刑事被告人は，すべての証人に対して審問する機会を充分に与へられ，又，公費で自己のために強制的手続により証人を求める権利を有する」。

② 37 条 2 項の保護対象は，証人を審問し，喚問するという，刑事被告人の行為である。学説によれば，証人とは，刑事訴訟法上の狭義の証人にとどまらず，鑑定人・参考人・通訳人・翻訳人・共同被告人を含む（渋谷 234 頁。伝統的

な刑事訴訟法学説として，平野龍一『刑事訴訟法』有斐閣 1958 年 203 頁参照）。これに対して，判例は，狭義の証人に限定解釈している（最大判昭和 24・5・18 刑集 3 巻 6 号 789 頁。渋谷 234 頁参照）。

証人審問権・喚問権の保障は，「伝聞法則」（伝聞証拠排除の原則）を含意すると解されている（平野 203 頁。ただし，判例の立場は必ずしもそうではない。田中＝寺崎＝長沼 291〜292 頁）。

③ 学説によれば，刑事被告人は，37 条 2 項によって，供述証拠を提供する広義の証人を審問する権利，および自己のために広義の証人を申請する（喚問する）権利を保障され，伝聞証拠によって有罪とされない権利を保障されている。

220　(7)　**弁護人依頼権（37 条 3 項）**

① 37 条 3 項によれば，「刑事被告人は，いかなる場合にも，資格を有する弁護人を依頼することができる。被告人が自らこれを依頼することができないときは，国でこれを附する」。

② 37 条 3 項の保護対象は，弁護人を依頼する行為である。強大な組織である捜査機関に個人として直面する被告人が，十分な防御を尽くすためには，専門家による法的助言が不可欠である。37 条 3 項前段は，そのために刑事被告人の弁護人依頼権を保障した。なお，上述のように，身柄を拘束された被疑者にも 34 条が弁護人依頼権を保障している。

37 条 3 項後段は，被告人について国選弁護人依頼権を認めた規定である。これに対して，憲法には，被疑者の国選弁護人依頼権を保障した規定はみあたらない。しかし，2004 年の刑事訴訟法改正で，死刑，無期懲役・禁錮刑，3 年以上の有期懲役・禁錮刑にあたる重大事件については，勾留段階での国選弁護人依頼権が法律上保障されるようになった（刑訴 37 条の 2）。

③ 刑事被告人は，37 条 3 項によって，弁護人なしに刑事裁判を受けない権利を保障されている。ただし，判例は，被告人本人が請求しなければ，弁護人を付さない裁判も違憲ではないとしている（最大判昭和 24・11・2 刑集 3 巻 11 号 1737 頁）。

221　(8)　**黙秘権（38 条 1 項）**

① 38 条 1 項は，「何人も，自己に不利益な供述を強要されない」と規定する。

② 38条1項の保護対象は，供述を拒否するという行為である。文言の表現は，合衆国憲法修正5条の「自己負罪拒否特権」と類似しているが，何が自分の刑事責任と結びつく供述となるかは客観的には判定できないことから，38条1項は，一切の供述を法的・事実的に強制されないという意味での黙秘権の保障と解される（田中＝寺崎＝長沼129頁，渋谷229頁）。刑事訴訟法も，こうした包括的黙秘権を保障している（311条・198条2項）。

権利の主体について，文言は「何人も」となっているが，必ずしもすべての市民の趣旨ではなく，被疑者，被告人，刑事裁判の証人のほか，たとえば税務署による税務調査のように，「実質上，刑事責任追及のための資料の取得収集に直接結びつく作用を一般的に有する手続」の当事者と理解すべきであろう（川崎民商事件判決：最大判昭和47・11・22刑集26巻9号554頁—229。渋谷228頁）。

③ 被疑者・被告人・刑事裁判の証人，刑事手続以外でも刑事責任追及と直接結びつく手続の当事者は，38条1項によって，一切の供述を拒否するという意味での黙秘権を保障されている。

(9) 自白の証拠能力・証明力の制限の保障（38条2項・3項）

① 38条2項によれば，「強制，拷問若しくは脅迫による自白又は不当に長く抑留若しくは拘禁された後の自白は，これを証拠とすることができない」。また3項によれば，「何人も，自己に不利益な唯一の証拠が本人の自白である場合には，有罪とされ，又は刑罰を科せられない」。

② 38条2項・3項の保護対象は，自白の証拠能力と証明力の制限である。自白とは，「被告人の供述のうち，自己の犯罪事実の全部または主要部分を認めるもの」を指す（田中＝寺崎＝長沼269頁）。「自白は証拠の女王」という法諺もあるように，国家権力は自白を重視する傾向をつねにもっているが，自白偏重は拷問や冤罪の温床である。

そこで，38条2項は，任意性のない自白の証拠能力を否定した。刑事訴訟法学説では，「自白法則」または「任意性の原則」とよばれる（刑訴319条1項。田中＝寺崎＝長沼271頁）。また，38条3項は，任意の自白であっても，それだけを証拠として有罪とすることを禁止し，自白の証明力に制限を設けた。自白以外の補強証拠を要求する原則なので，「補強法則」とよばれる（刑訴319条2項。田中＝寺崎＝長沼280頁）。なお，公判廷における自白にも38条3項が適用され，やはり補強証拠が必要となるのかという点については争いがあった。しかし，

刑訴319条2項が憲法38条3項の適用を認めたことで，被告人に有利に立法的解決をみた（芦部239頁，田中＝寺崎・長沼280～281頁）。

③ 刑事被告人は，38条2項・3項によって，任意性のない自白を証拠として採用されない権利，および自白だけでは有罪とされない権利を保障されている。

(10) 遡及処罰を受けない権利（39条前段前半部）

① 39条前段前半は「何人も，実行の時に適法であつた行為……については，刑事上の責任を問はれない」と定める。

② 39条前段前半の保護対象は，行為時に適法な行為を，あとから法律を制定して処罰されないという状態である。遡及処罰は，市民が刑事制裁の可能性を予測することを阻害し，さまざまな人権規定で保護された行動の自由に対する大きな脅威となるので許されない。遡及処罰の禁止（事後法の禁止）は，憲法31条が保障する罪刑法定主義の一部でもある(196)。不利益変更の禁止であるから，刑事罰を廃止・軽減する法律の遡及適用は許される。行為時に当該行為を禁止する法律規定は存在していても，刑事制裁の規定が欠けている場合には，その行為は行為時に適法な行為に含まれる（渋谷245頁）。遡及処罰の禁止は，直接には刑事実体法に対する要求であるが，刑事手続法の内容を不利益変更し，これを遡及適用することも，公訴時効や挙証責任規定のように，実体法と密接に関連し，被告人の地位に直接影響する場合は許されないとされる（伊藤353頁，佐藤608頁）。

③ 市民は，39条前段前半によって，行為時に刑事制裁規定がなかった行為を事後的に処罰されない権利を保障されている。

(11) 一事不再理と二重の危険（39条前段後半部・39条後段）

① 39条前段後半部によれば，「何人も，……既に無罪とされた行為については，刑事上の責任を問はれない」。39条後段によれば，「又，同一の犯罪について，重ねて刑事上の責任を問はれない」。

② 39条前段後半部と39条後段の保護対象については，前段後半部が「一事不再理」の保護，後段が「二重の危険」からの保護と理解する説，前段後半部と後段ともに「一事不再理」を定めた規定と理解する説，逆に両者ともに「二重の危険」を定めた規定と理解する説がある（芦部239～240頁，佐藤609頁など，主な憲法解説書に共通の学説分類である。各学説を主張する具体的な文献については，

渋谷 247 頁の注 156〜158 参照)。

　一事不再理とは，無罪判決・有罪判決・免訴判決の確定後は，再び同じ事件で実体審理を受けない効力である（田中＝寺崎＝長沼 342 頁参照）。他方，二重の危険とは，同じ犯罪について，「刑事裁判を受けるという手続的負担を二重にかけない」（高橋 267 頁）効力である。

　両者の具体的な相違は，一事不再理の保護であれば，検察官側の上訴は（判決確定前であるから）認められることになるのに対して，二重の危険からの保護であれば，検察官上訴は，現にアメリカ法では原則そうであるように，認められないことになる点にある。しかし，判例は，一事不再理と二重の危険を明確に区別せず，「危険とは，同一の事件においては，訴訟手続の開始から終末に至るまでの一つの継続的状態」だとして（最大判昭和 25・9・27 刑集 4 巻 9 号 1805 頁），検察官上訴（刑訴 351 条 1 項）を合憲と解している。一般に憲法学説もこの判例に異を唱えず，前段後半部と後段を一事不再理の保護と捉えても二重の危険からの保護と捉えても大差ないと説明している（芦部 240 頁，伊藤 353 頁，高橋 267 頁，辻村 291 頁。前段後半部と後段が一事不再理の保障であることを明示する説として佐藤 609 頁。反対に，裁判員制度を前提とすれば，二重の危険からの保護と解すべきだとして，検察官上訴を違憲とする説として渋谷 247〜248 頁。長谷部 272 頁も参照）。

　③ 市民は，39 条前段後半部・後段によって，無罪判決・免訴判決の確定後，同じ事件について再び刑事裁判を受けない権利，および有罪判決の確定後，同じ事件について刑罰を加重するための刑事裁判を受けない権利を保障されている。

⑿　拷問を受けない権利，残虐な刑罰を受けない権利（36 条）

　① 36 条は，「公務員による拷問及び残虐な刑罰は，絶対にこれを禁ずる」と，強い調子で規定している。

　② 36 条前段の保護対象は，拷問を受けない状態である。刑事手続的権利保障の文脈であるから，ここにいう拷問とは，「主として自白を得るために肉体的・精神的な苦痛を加えること」（松井 533 頁）と説明される。その最も主要な権利主体は，起訴に向けて加熱しがちな取り調べに直面する被疑者であり，義務の主体は捜査機関である。しかし，2002 年に名古屋刑務所で発覚したような，刑務官による受刑者の暴行もここにいう拷問と解すべきである。36 条前段は，自白を目的とするしないにかかわらず，広く刑事手続の全過程における

拷問の禁止規定と理解される。

他方，36条後段の保護対象は，残虐な刑罰を受けないという状態である。こちらは，事の性質上，刑事被告人の権利である。判例（**最大判昭和23・6・30刑集2巻7号777頁**）によれば，残虐な刑罰とは，「不必要な精神的，肉体的苦痛を内容とする人道上残酷と認められる刑罰」である。

③ 市民は，36条によって，刑事手続の全過程で拷問を受けない権利，有罪が確定しても人道上残酷という意味での残虐な刑罰を受けない権利を保障されている。

◆ 2　33条〜39条の諸権利の制限と合憲性審査

(1)　概　観

以下では，これまで保護対象を概観してきた33条〜39条の諸権利について，過去に制限の合憲性が問題となった代表的な論点から，(i)緊急逮捕制度と33条，(ii)接見交通権の制限と34条・37条3項，(iii)行政調査と35条・38条1項，(iv)死刑制度と36条，(v)裁判の長期化と37条1項，(vi)公訴時効の不利益変更の遡及適用と39条前段前半部の問題を取り上げて，簡単に紹介しておく。

(2)　緊急逮捕制度と33条

刑事訴訟法210条1項は，以下のようにいわゆる緊急逮捕制度を定めている。「検察官，検察事務官又は司法警察職員は，死刑又は無期若しくは長期3年以上の懲役若しくは禁錮にあたる罪を犯したことを疑うに足りる充分な理由がある場合で，急速を要し，裁判官の令状を求めることができないときは，その理由を告げて被疑者を逮捕することができる。この場合には，直ちに裁判官の逮捕状を求める手続をしなければならない。逮捕状が発せられないときは，直ちに被疑者を釈放しなければならない」。

このように，緊急逮捕は，純然たる現行犯逮捕とも令状逮捕とも異なるので，学説には違憲論もある（例，芦部編・憲法Ⅲ175頁［杉原泰雄］）。しかし，判例（**最大判昭和30・12・14刑集9巻13号2760頁**）は，刑訴210条1項が，罪状の重い犯罪についてのみ，緊急やむをえない場合に限って緊急逮捕を認め，事後的な令状発給を義務づけていることを理由として，33条の趣旨に反しないと判断した。

(3) 接見交通権の制限と 34 条・37 条 3 項

34 条と 37 条 3 項の弁護人依頼権は，勾留されている被疑者・被告人が必要な場合には，適宜に専門家の法的助言を受けうるという状態の保護を含む。弁護人との接見交通権とよばれる（これは同時に弁護人側の固有の権限でもある。田中＝寺崎＝長沼 132 頁）。

しかし，刑事訴訟法 39 条 3 項には，次のような被疑者の接見交通権の制限規定が置かれている。「検察官，検察事務官又は司法警察職員……は，捜査のため必要があるときは，公訴の提起前に限り，第 1 項の接見又は授受に関し，その日時，場所及び時間を指定することができる。但し，その指定は，被疑者が防禦の準備をする権利を不当に制限するようなものであつてはならない」。

この刑訴 39 条 3 項本文の合憲性が争われたいわゆる**安藤事件判決**（最大判平成 11・3・24 民集 53 巻 3 号 514 頁）において，最高裁は，刑訴 39 条を憲法 34 条が保障する被疑者の弁護人依頼権と，国家の刑罰権ないし捜査権との調整を図った規定だと位置づけ，刑訴 39 条 3 項本文を以下のように限定解釈した上で，憲法 34 条に反しないと判断した。「同条 3 項本文にいう『捜査のため必要があるとき』とは，右接見等を認めると取調べの中断等により捜査に顕著な支障が生ずる場合に限られ，右要件が具備され，接見等の日時等の指定をする場合には，捜査機関は，弁護人等と協議してできる限り速やかな接見等のための日時等を指定し，被疑者が弁護人等と防御の準備をすることができるような措置を採らなければならない……」。判決は，「捜査に顕著な支障が生ずる場合」として，現に取調べ中，または実況見分等に立ち合わせ中の場合，間近に取調べ等をおこなう確実な予定があり，接見を認めると開始できなくなる場合を例示している。

1988 年までは，一般指定書方式によって接見交通が事実上原則禁止され，捜査機関が個別に接見を認める運用がとられていたが，88 年以降は弁護人の接見申出ごとに，捜査機関が日時を指定する必要があるか否かを判断する方法に改められたため，この判決の趣旨は実務上も実現しているといわれる（田中開・刑事訴訟法判例百選・第 8 版 2005 年 76 頁）。

(4) 行政調査と 35 条・38 条 1 項

上述のように (198, 221)，令状なしに捜索・押収を受けない権利と黙秘権の保障が，刑事手続以外にも及ぶか否かが問題となった判例として，**川崎民商事**

件判決（最大判昭和 47・11・22 刑集 26 巻 9 号 554 頁）がある。

　1965 年改正前の所得税法は，「収税官吏」に質問検査権を付与し，「検査を拒み，妨げ又は忌避した者」「質問に対し答弁をなさない者」に対する刑事制裁を定めていた（現行所得税法も 234 条で国税職員の質問検査権を定め，答弁を拒否した者，検査を拒んだ者等については，242 条 9 号で 1 年以下の懲役または 20 万円以下の罰金という刑事制裁を定めている）。税務調査に抵抗し，答弁も拒んだとして所得税法違反で起訴された被告人が，質問検査権の規定は憲法 35 条・38 条 1 項違反であると主張した。

　最高裁は，旧所得税法の質問検査と刑事罰が憲法 35 条・38 条に反するという主張は受け容れなかったが，一般論としては，これらの規定の保護が刑事手続に限定されないことを次のように認めた。「憲法 35 条 1 項の規定は，本来，主として刑事責任追及の手続における強制について，それが司法権による事前の抑制の下におかれるべきことを保障した趣旨であるが，当該手続が刑事責任追及を目的とするものでないとの理由のみで，その手続における一切の強制が当然に右規定による保障の枠外にあると判断することは相当ではない。」38 条 1 項「による保障は，純然たる刑事手続においてばかりではなく，それ以外の手続においても，実質上，刑事責任追及のための資料の取得収集に直接結びつく作用を一般的に有する手続には，ひとしく及ぶ」（行政手続一般と 31 条の適正手続保障について，198・204 参照）。

(5) 死刑制度と 36 条

　① **判　例**　　死刑に対する判例の態度は，憲法 13 条が「生命に対する権利」も「公共の福祉」によって制限されることを認めていると読めること，憲法 31 条が法律の定める手続によれば死刑も可能だと解釈できること，この 2 点を根拠とする合憲論である。その上で，死刑と 36 条との関係については，死刑自体は合憲だが，その執行方法がたとえば「火あぶり，はりつけ，さらし首，釜ゆで」など，「その時代と環境とにおいて人道上の見地から一般に残虐性を有するものと認められる場合には」，36 条違反となるとしている（最大判昭和 23・3・12 刑集 2 巻 3 号 191 頁）。

　② **学　説**　　主要な憲法解説書でも，死刑を憲法 36 条違反と明示的に主張するものは見受けられない。しかし，死刑が残虐な刑罰にあたるか否かは死刑の威嚇力による一般予防効果次第だという見解（芦部編・憲法Ⅲ 272 頁［杉原泰雄］，

高橋 265 頁）や，人間の尊厳保護との矛盾を考慮すべきだという見解（戸波 332 頁）など，学説のトーンはいわば懐疑説だといえよう。国民感情は合憲の根拠とならないのではないかという指摘（戸波 333 頁，辻村 288 頁，長谷部 271 頁）にも傾聴すべきものがある。

　なお，アメリカや中国のような死刑存置国もあるとはいえ，死刑廃止ないし不実施国が 130 カ国以上に達し，国際的には廃止が大きな潮流といえるだろう。

(6)　裁判の長期化と 37 条 1 項

　上述のように (218)，**高田事件判決**（最大判昭和 47・12・20 刑集 26 巻 10 号 631 頁）は，37 条 1 項の迅速な刑事裁判の保障を権利規定と認めた。判決は，権利保障のためには補充立法がなされるのが望ましいとした上で，「立法措置を欠く場合」でも「あらゆる点からみて」違憲といえる「異常な事態」であれば，権利侵害となるとしている。

　この明らかな「異常事態」か否かを判断する最高裁の審査手法は利益衡量論である。最高裁によれば，合憲性は「遅延の期間のみによって一律に判断されるべきでなく，遅延の原因と理由などを勘案して，……遅延がやむをえないものと認められないかどうか，」公正な刑事裁判の実現というこの権利の保護法益が「どの程度実際に害されているかなど諸般の情況を総合的に判断して決せられなければならない」。

　最高裁は，本判決の事案では，15 年あまりまったく審理がおこなわれなかったこと，1953 年・54 年の審理中断が第一審における検察官立証段階で生じたこと，巡査派出所を襲撃したとして起訴された被告人 33 人中 20 人が別の刑事事件でも起訴されていたため，弁護人の要望で先行することとなった別事件が 1969 年に至ってようやく結審したこと，検察官が審理促進の申出をした形跡がないことなどを総合的に判断して，権利侵害を認め，免訴判決を相当として原判決を破棄した。

　しかし，高田事件判決以後，最高裁が迅速な刑事裁判を受ける権利の侵害を認めた例はない（安藤高行・百選Ⅱ 268 頁）。なお，短期集中審理方式をとる裁判員制度が 2009 年から実施に移されたことで，刑事裁判の現場には大きな変化が生ずることが予想される。

(7)　時効の不利益変更の遡及適用と 39 条前段前半部

　2010 年 4 月 27 日に成立した改正刑事訴訟法には，公訴時効を廃止または延

長する 250 条 1 項の改正が含まれている。改正によって，人を死亡させた罪のうち，死刑にあたる罪の公訴時効が廃止され，無期懲役・禁錮にあたる罪については 15 年が 30 年になるなどの延長がおこなわれ，公布とともに施行された。

　この改正刑訴法の附則 3 条 2 項により，時効の廃止・延長は，「施行前に犯した罪で禁錮以上の刑に当たるもので，この法律の施行の際その時効が完成していないものについても，適用される」こととされた。すなわち，時効の廃止・延長という行為者にとって不利益な変更が，時効完成前の一部の重大犯罪については遡及適用されることとなったわけである。これまでの憲法学説の立場からは，この改正には 39 条前段前半部違反の疑いがある。

第19章　生 存 権

◆ 1　健康で文化的な最低限度の生活

(1)　社会権の観念

　GHQ民政局による日本国憲法草案の起草作業において，「人権の章に関する小委員会」が作成した第2次試案では，人権の章は「総則」「自由権」「社会的権利および経済的権利」「司法上の権利」の4つの節に区分され，現行憲法の25〜29条の原型は「社会的権利および経済的権利」に分類されていた（高柳＝大友＝田中Ⅰ217頁以下，同Ⅱ148頁）。マッカーサー草案段階で節の区分は削除されたが，25〜29条の内容は全体としては維持されて日本国憲法となった。現に25〜29条を22条とともに「社会的・経済的権利」として一括する学説もある（渋谷250頁以下。小嶋225頁も参照）。

　しかし，民法学者・我妻栄が，1947年に発表した論文において，立憲諸国では19世紀的な「自由権的基本権」から20世紀的な「生存権的基本権」への重点移動が生じており，それは日本国憲法にもあてはまると説いて，25〜28条の4ヵ条を「生存権的基本権」と捉えたことが憲法解釈に決定的な影響を与えた（我妻栄「基本的人権」，のちに我妻『民法研究Ⅷ』有斐閣1970年70頁以下に再録）。今日でも多くの憲法解説書は，25〜28条をひとつの権利グループとみなし，22条・29条の経済的自由権とは区別している。ただし，我妻の用語法とは異なって，25〜28条の権利を一括して「社会権」とよび，そのうちの25条の権利を「生存権」と略称するのが一般的である。この本もこれに従う。

　このように日本国憲法を含む20世紀後半以降の現代立憲民主主義憲法は，1789年フランス人権宣言に代表される古典的な「自由権・平等権」，1919年ワイマール憲法が皮切りとなった「社会権」，さらに20世紀後半に発展を見せる「新しい人権」（プライバシー権など）という3種類の権利グループが，層状に積

み重なる構造をもっていることになる。
　日本国憲法の場合，社会権全体の総則的規定と理解されているのが，25条の生存権規定である。

(2) 「健康で文化的な最低限度の生活」の意味

　憲法25条1項によれば，「すべて国民は，健康で文化的な最低限度の生活を営む権利を有する」。憲法上の個別人権の保護対象には，「表現」「職業」のような特定の人間行動もあれば，「財産権」のような法的地位もあるが，25条1項が保障しているのは，「健康で文化的な最低限度の生活」という一定の「状態」である。

　では「健康で文化的な最低限度の生活」とは，どのような状態か。「健康で文化的な」とは，「人間にふさわしい」「人間たるに値する」という趣旨である。つまり，「健康で文化的な最低限度の生活」とは，「人間たるに値する（主として物質面の）最低限度のレベルを満たした生活」という意味である。

　ある特定人の具体的な生活レベルが，人間にふさわしいといえる最低限度の状態を満たしているかどうか。国家のサポートによってこの状態が達成されたかどうか。それを判断するのは誰か。これらの点こそ，まさに25条の適用上最も争われてきた論点である。

(3) 「社会福祉」「社会保障」「公衆衛生」

　憲法25条2項は，「国は，すべての生活部面について，社会福祉，社会保障及び公衆衛生の向上及び増進に努めなければならない」と規定する。

　社会保障，社会福祉という用語は多義的であるが，一般には，病気・老齢・失業などによって生活困窮状態に陥っている人に，国家が援助の手を差しのべる制度を，包括的に「社会保障」とよぶことが多い。たとえば，1950年の社会保障制度審議会答申は，社会保障を「疾病，負傷，分娩，廃疾，死亡，老齢，失業，多子その他の生活困窮に対し，国家扶助により最低生活を保障する制度」と定義している（なお，「廃疾」という表現は今日では使われない）。広義の「社会保障」には「社会保険」「公的扶助」「社会福祉」「公衆衛生」が含まれるが，ふつう「公衆衛生」は「社会保障」とは異なる制度と理解されることが多い。

　いずれにせよ，一般的な用語法では，「社会福祉」は「社会保障」の下位概念とされる。すなわち，社会保障のうち，社会保険と公的扶助・社会福祉は，財源が保険方式であるか（社会保険），税方式であるか（公的扶助・社会福祉）に

よって区別され、公的扶助と社会福祉は、給付内容が金銭や現物の給付であるか（公的扶助）、サービスの提供であるか（社会福祉）によって区別される。しかし、日本の現実の社会保障制度は、これらを複雑に組み合わせている場合が多い。たとえば、介護保険の財源は強制加入の保険方式と税負担のミックスであり、給付には在宅介護というサービスの提供が含まれる。

　GHQ内部での25条2項の起草過程において、当初別立てとなっていた複数の条文を整理した結果、ひとつの条文に「社会福祉」と「社会保障」という2つの用語が併存することとなったが、両者が厳密に区別されていた形跡もない（高柳＝大友＝田中Ⅱ 174〜176頁）。したがってここでは、上記のような通常の用語法に従って、25条2項は、広く（社会福祉を含む）社会保障と公衆衛生全般の享受を保護対象とするという理解で満足しておこう（宮沢・全訂271頁参照）。

(4) 環　境

　公害問題が重大な社会問題となっていた1970年、大阪弁護士会の有志が民事差止請求の根拠として憲法上および民法上の環境権を主張して以来、憲法学の多数説も環境権を日本国憲法上の権利として認めてきた（小林・講義上561頁、芦部256頁。否定説として松井592頁）。明文規定がない環境権の根拠条文としては、25条と13条の双方をあげるのが一般的である（芦部256頁、野中＝中村＝高橋＝高見Ⅰ 489頁）。

　こうした多数説の解釈に立てば、25条1項の「健康で文化的な最低限度の生活」には、「良好な環境のもとでの生活」という意味が含まれていることになる。「環境」という言葉は、広く文化財・社会的インフラといったいわゆる「社会環境」を含めて使われる場合と、より狭く動植物・微生物・土壌・大気・水・気候など、「自然環境」だけを指して使われる場合がある。「環境権」の保護対象についても両方の理解があるが、自然環境と捉えるのがふつうであろう。

　しかし、良好な自然環境という一種の「財」ないし状態は、通常の憲法上の権利の保護対象のように個人に独占的に帰属させることができない。すなわち、表現行為、信仰、特定物の財産権、衣食足りた人間らしい暮らし等々は、（Aの小説、Bの信仰、Cの宝石、Dの暮らしといった具合に）他者と区別された特定個人に帰属しうる行為・法的地位・状態であるのに対して、清浄な空気・水・土壌、多様な生態系などの良好な自然環境は、個人に分割的に帰属させられるもので

◆ 2　健康で文化的な最低限度の生活を営む権利

(1)　25条1項と2項との関係に関する判例学説

　文言に従えば，25条1項は，国民に「健康で文化的な最低限度の生活を営む権利」を保障し，2項は国家に社会保障と公衆衛生の向上・増進に努めることを義務づけている。沿革的にみると，マッカーサー草案には25条2項にあたる規定しか存在せず，1項は明治憲法改正の手続を踏むために開かれた帝国議会の衆議院審議に際して，社会党の提案で付加された（高柳＝大友＝田中Ⅱ177頁）。その意味で，25条1項は日本側のオリジナルである。

　① **1項・2項一体論**　通説と最高裁判例は，1項と2項は同じ事柄を一方は権利，他方は義務の形式で表現したものだとして，両者を一体のものと理解してきた。「1項と2項は，独立に別箇のことがらを規定しているのではなく，1項は生存権保障の目的ないし理念を宣言したもの，2項はその目的・理念の実現のための方法ないし手段を定めたという不可分の関係に立つ」（佐藤功・註釈上435頁）。

　② **1項・2項分離論**　これに対して，堀木訴訟控訴審判決（大阪高判昭和50・11・10行集26巻10=11号1268頁）は，1項は国家の「救貧施策」（すでに「健康で文化的な最低限度の生活」レベルを割り込んでいる人の救済策），2項は「防貧施策」（国民が「健康で文化的な最低限度の生活」以下に落ち込まないための予防策）をそれぞれ要請する規定だと解釈し，裁判所は1項違反の法令審査を厳格におこなう反面，2項違反の法令審査にあたっては立法府の広汎な裁量を認めるべきだという解釈を示して注目された。

　しかし，堀木訴訟の上告審判決はこの解釈に何ら応答しなかったため，1項・2項分離論は，最高裁によって拒否されたと考えられている。また，学説からも，個別の社会保障法令の諸規定を救貧規定と防貧規定に截然と区別することは困難なので，分離論に立つとすると，現行法では結局生活保護法だけが救貧法律とみなされ，その他すべての社会保障法令については緩やかな違憲審査が正当化される結果となるという批判を受けた（芦部253〜254頁参照）。

この本でも，通説的理解に従って，1項・2項は一体のものとして，生存権（健康で文化的な最低限度の生活を営む権利）を保障していると理解しておく。

(2) **25条の法的意味に関する学説**

それでは，25条はいかなる法的意味をもつのか。特に1項が「健康で文化的な最低限度の生活を営む権利を有する」として，文言上，権利の保障という形式をとっていることをどう考えるのか。言い換えると，国民は，憲法25条を根拠として，「健康で文化的な最低限度の生活」という状態の維持に関して，国家に何を請求できるのか。この点に関する学説は，ふつう「プログラム規定説」「抽象的権利説」「具体的権利説」の3説に分類されてきた。

① **プログラム規定説**　プログラム規定説は，25条は国家の政策指針（すなわち政策の「プログラム」）を定めた規定であるから，法的な拘束力をもつわけではなく，あくまで国家の政治的・道徳的義務を定めたにすぎないと考える。理念型的意味でのプログラム規定説によれば，25条は国民の法的権利の保障規定でないのみならず，国家の法的義務の規定でもない。あからさまな言い方をすれば，25条は法的にはゼロだという説である。

プログラム規定説の論拠は，第1に，日本国憲法は29条1項で私有財産制度＝資本主義体制を保障しており（175），資本主義のもとでは各人の生活の維持は本来自己責任であること，第2に，社会保障には財源の裏づけが必要なので，25条を各人の具体的な給付請求権の保障規定だと読むのは非現実的であること，この2点である。日本が第二次大戦の敗戦と混乱から立ち直っておらず，社会保障法令の整備も進んでいなかった昭和20年代には，プログラム規定説が通説であった（たとえば法協・註解上487頁参照）。

② **抽象的権利説**　この学説は，25条は国民の権利を保障した規定だが，各人が国家に対して具体的な請求をおこなうためには，25条を具体化する法令が必要だと考える。抽象的権利説によれば，25条の生存権は，いわば法令による具体化待ちの権利である。これは2つのことを意味する。第1に，25条だけを根拠とする給付請求は認容されない。しかし，第2に，25条は社会保障関係法令の合憲性審査の基準になるという意味での「裁判規範」である。

抽象的権利説とプログラム規定説は，いずれも国民が25条だけを根拠として国家に何らかの具体的な給付請求をしても，請求は認容されないとする点では共通する。抽象的権利説が，プログラム規定説と同様，25条だけにもとづ

く具体的請求権の成立を否定する根拠は，生存権の実現には財源の裏づけが必要だということと，社会保障行政を実施し，国民の個別の要求に応ずるためには，25条の抽象的な文言を具体化する要件効果規定や手続規定が不可欠だということである。

　しかし，抽象的権利説は，たとえば行政処分の取消訴訟で，処分の根拠法令の25条適合性審査がおこなわれる可能性を認めるのに対して，プログラム規定説は，こうした25条の裁判規範性自体を否定する点に，両説の相違がある。抽象的権利説は，直接には朝日訴訟 (243) の地裁判決をひとつの契機として，学界に流布するようになった。1960年代になると日本も高度成長期に入り，社会保障関係法令も次第に拡充されて，25条をいわば絵に描いたモチ扱いする必要がなくなったことが，学説の変化の背景にあると推測される。

　なお，憲法解説書には，抽象的権利説によれば，憲法25条を具体化する法律は憲法25条と一体となって違憲審査の基準になるという理解がみられることがある（芦部254頁参照）。しかし，それは，文言がほぼ同一である憲法25条と生活保護法3条（「この法律により保障される最低限度の生活は，健康で文化的な生活水準を維持することができるものでなければならない。」）との間で偶然生ずる関係にすぎない。抽象的権利説が25条の裁判規範性を承認するという意味は，法律が25条違反となりうるということである。つまり，抽象的権利説によれば，25条はその具体化法令のあくまで上位法なのであって，一般論として25条の具体化法律が25条と一体化するということではない。

　③ **具体的権利説**　抽象的権利説に対しては，すでに1960年代に，国民は自分に必要な社会保障関係法律が存在しない場合，25条にもとづいて「立法不作為の違憲確認訴訟」，すなわち，立法者が適切な社会保障関係法律を制定していない事態が，25条違反であることの確認を求める訴訟を提起できるという学説が唱えられた（大須賀明『生存権論』日本評論社1984年71頁以下）。この見解によれば，憲法による生存権の保障は資本主義の修正を意味し，予算の議決も憲法に拘束されているのであるから，財源問題を理由に国家の憲法上の義務を否定するのは本末転倒だということになる。この見解が一般に「具体的権利説」とよばれてきた。

　具体的権利説に対しては，行政機関の行為を対象とする行政事件訴訟法によって，立法者の作為・不作為の違憲を主張することには無理がある上に，た

とえ違憲確認判決を得ても，それでは救済方法が指定されたことにはならず，現実の救済は得られないという批判が提起され（野中＝中村＝高橋＝高見Ⅰ487頁），少数説にとどまった。

しかし，その後，国会の故意過失にもとづいて立法の不作為（法律の不存在）が生じている場合には，これを国家賠償法1条1項の「公務員の違法な公権力行使」と捉えて，国家賠償を請求できるとする学説が現われた。また，最高裁も，1985年の在宅投票制廃止国賠訴訟において，ごくごく例外的には法律の不存在を根拠として国家賠償が認められる可能性を承認した。学説は，25条についても，「健康で文化的な最低限度の生活」の維持を適切に支援する社会保障法律が存在しない場合には，立法不作為の違憲を理由として国家賠償を請求するという法的構成をとるようになった（301も参照）。

教科書的記述には抽象的権利説が多数説だとする通念が存在するが，学説は一般に，社会保障法律の不存在によって国家賠償請求権が成立する場合があることを認めるのであるから，その意味では，無意識のうちに具体的権利説に鞍替えしたとも評することができる。

(3) 25条の自由権的側面と「制度後退禁止」

239

25～28条の社会権に共通する法的意味は，国家に対する給付請求権を基礎づける点にある。この点で，社会権は，国家による妨害の排除を求める自由権とは異なると説明される。たしかに，これは社会権の大きな特徴だが，同時に社会権規定は，国家による妨害の排除を求める市民の請求を根拠づける場合もある。25条にもこうした法的意味が含まれるとされ，わかりにくい言い方だが，「生存権規定の自由権的側面」とよばれている。

25条の自由権的側面として想定されているケースには，学説によって相違がある（松本和彦「生存権」小山剛＝駒村圭吾編『論点探究憲法』弘文堂2005年234頁）。

第1説は，なんとかぎりぎり「健康で文化的な最低限度の生活」を自分で維持している国民に対して，たとえば高率の所得税を賦課する課税処分がおこなわれる場合のように，国家の行為によって「健康で文化的な最低限度の生活」が侵害されるケースを想定する（樋口＝佐藤＝中村＝浦部・注解Ⅱ153頁）。実際，総評サラリーマン税金訴訟（246）の原告は，このような主張をおこなった。

第2説は，社会保障関係法令にもとづいて一旦定められた給付水準が，その後の法令改正等によって切り下げられたケースを想定する（長谷部284～285頁）。

第19章　生存権

　第2説の発想からはさらに，25条は，法令によって一旦定められた社会保障給付の水準が切り下げられることを一切許さない趣旨なのかという解釈問題が出てきた。「25条は，制度後退禁止原則なのか」という言い方がされる。しかし，給付水準の切り下げが，つねに25条違反になると考えることは，憲法上の権利の規制や規制の強化が，つねに自動的に違憲になると考えるのと同様，現実的妥当性を欠く見解だということになるだろう。

　「25条の自由権的側面」という言葉を使って，2つの想定のどちらか一方を念頭に置くこともできるし，両方を含めて考えることもできる。つまり，具体的な事案を分析する場合，この2つケースとも25条違反の問題として論ずることができる点に注意が必要である。しかし，第1説が想定するケースでも，第2説が想定するケースでも，法令や国家行為が25条違反となるかどうかは，やはり当該法令・行為によって「健康で文化的な最低限度の生活」を割り込む事態が生じているかどうかで決まることになる。この点は，給付請求（「25条の給付請求権的側面」）の場合とまったく同じであることにも，同時に注意が必要である。

240　(4)　**25条の法的意味のまとめ**

　以上，(2)と(3)における考察をふまえると，結局，学説は25条の法的意味を次のように理解してきたとまとめることができるだろう。

　①「健康で文化的な最低限度の生活」を享受できていないと考える国民が，25条だけを根拠とする給付請求をおこなっても認容されない。

　②　一定の困窮状態にある国民に給付請求を認める具体的な法令規定があれば，当該国民には法令上の具体的請求権が発生する。

　③「健康で文化的な最低限度の生活」を享受できていないと考える国民は，法令に自分への給付を認めない明文規定が存在する場合には，その法令にもとづく給付拒否処分を争う訴訟を提起して，当該法令の25条適合性を争うことができる。

　④「健康で文化的な最低限度の生活」を享受できていないと考える国民は，法令に自分の給付要求を根拠づける明文規定が存在しない場合には，25条に反する立法者の作為・不作為（法律規定の不存在）を理由とする国家賠償請求訴訟を提起して，本案審査を受けることができる。

　⑤　国家の行為によって「健康で文化的な最低限度の生活」以下の水準に落

ち込んだと考える国民は，訴訟で当該国家行為の 25 条違反を争うことができる。

◆ 3　健康で文化的な最低限度の生活を営む権利の具体化

　明治以降，急速な近代化≒資本主義化の道を歩みはじめた日本国家は，長く社会保障制度を整備する余裕をもたなかった。戦時公債の消化にあてるなど総力戦の遂行政策とリンクして，1937 年以降形式上さまざまな社会保障法令が制定されることになるが，それまでは，わずかに官吏・軍人の恩給制度や工場労働者の健康保険制度があったにすぎない。

　しかし，日本国憲法下の日本では，生活保護法を代表とする公的扶助制度や，国民年金法・厚生年金保険法・国民健康保険法・国家公務員等共済組合法といった社会保険制度など，社会保障関係法令が——それらの内容に対してはさまざまな評価がありうるとしても——，かなりの程度網羅的に整備されている。憲法学の観点からは，これらは，立法者が憲法 25 条によって課された法的義務を履行し，25 条を具体化したものと理解することができる。

◆ 4　健康で文化的な最低限度の生活を営む権利の具体化の合憲性審査

(1)　概　観

　① **紛争の類型**　立法者による憲法 25 条の具体化法律が，当の 25 条に違反していないかどうか。これが 25 条に関する最大の争点である。この問題を考えるにあたっては，社会保障をめぐる法的紛争の構造を確認しておく必要がある。社会保障をめぐる法的紛争には，法律問題が争点となっている紛争と，憲法問題が争点となっている紛争が含まれる。

　(ア)前者は，憲法 25 条の具体化法律を執行する行政機関の行為が，当該法律に違反していないかどうかが問題となるケースである。これに対して，後者には，(イ)憲法 25 条を具体化したはずの法律が，25 条に違反していることが問題となるケース，(ウ)憲法 25 条を具体化する法律が存在しないことが問題となるケース，(エ)25 条の具体化の性格をもたない法令や処分によって，結果的に 25 条が侵害されたことが問題となるケースがある。(イ)(ウ)(エ)という 3 類型の憲法問題は，すでに述べた 25 条の法的意味の③④⑤に対応している。

社会保障をめぐる法的紛争の多くは(ア)であるが，憲法解釈学が取り扱うのは(イ)(ウ)(エ)である。有名な朝日訴訟は，実質的には行政機関の行為の法律適合性が問題となった(ア)の類型の事件だが，25条論もクローズアップされた最初期の重要判例なので，一般に憲法解説書でも取り上げられてきた。

いずれにせよ，事案の分析に際しては，社会保障をめぐる当該紛争が，(ア)〜(エ)のどの類型に属するのかを，まず識別する必要がある。

② **主な判例** 25条の解釈に関して最小限押さえておくべき判例には以下のものがある。

(ア) 実質的には法律問題が争われたケースだが，憲法判例としても注目されてきたものとして，いま述べたように**朝日訴訟判決**（最大判昭和42・5・24民集21巻5号1043頁）がある。

(イ) 行政処分の根拠となった社会保障関係法律の規定が，憲法25条違反ではないかが争われた最も重要な判例は，**堀木訴訟判決**（最大判昭和57・7・7民集36巻7号1235頁）である。

(ウ) 25条の権利を具体化する適切な法律規定の不存在が問題となった事件としては，**学生無年金障害者訴訟**（最判平成19・9・28民集61巻6号2345頁）があげられる。

(エ) 直接25条の具体化とはいえない法令・国家行為によって，「健康で文化的な最低限度の生活」が侵害されたかどうかが争われた事件としては，**総評サラリーマン税金訴訟**（最判平成元・2・7判時1312号69頁）が有名である。

(2) **行政機関の行為が25条具体化法律に違反していないかが争点となったケース**——**朝日訴訟判決**（最大判昭和42・5・24民集21巻5号1043頁）

① **事実関係** 重度の結核で入院療養中のXは，医療費免除と月額600円の日用品費支給という生活保護を受けていた。しかし，Xが兄から月額1500円の仕送りを受けることになったので，国は生活保護の変更を決定し，この1500円から日用品費600円を賄わせ，残り900円を医療費として納付させることとした。Xは，この変更決定の根拠となった厚生省告示「生活扶助基準」が憲法25条，生活保護法3条・8条2項に反するとして，不服申立をおこなったが，厚生大臣がこれを却下したので，却下裁決の取消しを求める行政訴訟を提起した。

第19章　生存権

②　**上告審の判断**　最高裁は，上告中にXが死亡したことを受けて，生活保護法上の保護受給権は一身専属的なものであり，これを前提とする不当利得返還請求権も相続の対象とならないという理由で，訴訟終了の判決を下した。

しかし，最高裁は「なお，念のため」として，生活保護変更決定の根拠となった厚生省告示「生活扶助基準」が，憲法25条および生活保護法3条・8条2項に違反していないかという本来の争点について，おおむね次のような判断を示した。すなわち，憲法25条1項は国民各人に具体的権利を付与したものではない。具体的保護受給権は生活保護法で与えられる。厚生大臣が定める具体的な保護基準は，法8条2項の要件を満たしていなければならない。しかし，生活保護基準の設定は，厚生大臣の専門技術的裁量に委ねられる。原審が，国民所得，国の財政状態，国民の一般的生活状態，都市と農村の生活格差，低所得者の生活程度と国民全体に占める比率なども考慮に入れて，本件「生活扶助基準」に裁量権の逸脱はないと判断したことは妥当である。

③　**論点**　この判決の本来の先例的意味は，生活保護受給権は一身専属的なので，相続人はこれに関する訴訟を承継することができないとした点にある。しかし，いわゆる「なお書き」の説示も，最高裁判例と受け取られている。

「なお書き」で，最高裁が，25条は国民の具体的権利を保障していないとしたことを，プログラム規定説だと理解する学説もあるが，前述のように，この点は抽象的権利説も同じである。むしろ重要なのは，25条に法規範性を認めるか否かである。しかし，判決は，生活保護法3条・8条2項は，行政機関に対して，国民所得や国の財政状態など種々の要素を考慮して保護基準を設定する広汎な専門技術的裁量権を付与していること，本件「生活扶助基準」は，法3条・8条2項が認める行政裁量権を逸脱していないこと，これらの点を認めたものであるから，憲法25条が生活保護法をどのように拘束しているのかという問題には，じつは何も答えていない。生活保護法3条・8条2項が，憲法25条と同趣旨の文言であることから，25条と生活保護法とが一体のものとして理解されているのだが，この事件の真の争点は，行政行為の法律適合性の問題（前述した紛争類型(ｱ)）であることに注意が必要だ。

(3) 行政機関の行為の根拠法律が憲法 25 条に違反しないかが争点となったケース──堀木訴訟判決（最大判昭和 57・7・7 民集 36 巻 7 号 1235 頁）

① 事 実 関 係　ほぼ全盲の視力障害者 X は，離婚後自活しながら子育てをしていたが，生活が苦しかったため，すでに受給中の障害福祉年金に加えて，児童扶養手当の受給資格認定の請求をおこなった。しかし，児童扶養手当法 4 条 3 項 3 号は，他の公的年金給付受給資格者には児童扶養手当は支給されないことを規定していた（「併給調整条項」とか「併給禁止条項」とよばれる）。そのため，権限行政機関である県知事は，受給資格認定請求を却下した。そこで X は，知事を相手取り，児童扶養手当法の「併給禁止条項」が憲法 25 条・14 条に違反することを理由に，却下処分の取消訴訟を提起した。

② 上告審の判断

(ｱ)　**法 的 構 成**　憲法 25 条は国の責務を宣言した規定である。25 条 1 項は，国が個々の国民に具体的・現実的義務を有することを規定したものではない。「健康で文化的な最低限度の生活」はきわめて抽象的・相対的な概念である。その具体的内容は，その時々の文化の発達の程度，経済的・社会的条件，一般的な国民生活の状況との相関関係で判断されるべきであるとともに，国の財政状況も無視できず，複雑多様な高度の専門技術的考察と政策的判断を必要とする。したがって，立法府には広い裁量の余地があり，立法府の決定が「著しく合理性を欠き明らかに裁量の逸脱・濫用と見ざるをえないような場合を除き」司法審査に適しない。

(ｲ)　**あ て は め**　国民年金法・児童扶養手当法の各種制度の趣旨を通覧すると，児童扶養手当はもともと母子福祉年金を補完するために設けられた所得保障制度である。したがって，児童扶養手当は，母子福祉年金のみならず，国民年金法所定の各種年金，本件の障害福祉年金とも同一性格の給付である。稼得能力は，「複数事故」に比例して低下するとは必ずしもいえない。したがって，立法府が社会保障給付全般の公平を図るため，公的年金相互間の併給調整をおこなうことが，ただちに憲法 25 条に反する裁量権の逸脱であるとはいえない。

③ 論　点　この判決も，朝日訴訟判決と同様，25 条は国民に対する国の具体的給付義務，したがって国民の具体的給付請求権を保障するものではない

としている。しかし，繰り返し述べたように，プログラム規定説でも抽象的権利説でもこの点は同じである。憲法25条は，それを具体化する法律の制定にあたる立法者を法的に拘束するのかという，プログラム規定説と抽象的権利説との分岐点についてこの判決が示した解答は，広汎な立法裁量の承認である。立法裁量論とは，憲法の枠内で立法者に一定のフリーハンドが認められるという考え方，言い換えれば，立法裁量権の行使のあり方如何で法律が違憲となる可能性を認める考え方である。つまり，堀木訴訟判決は，憲法25条の法規範性を認めているわけだから，プログラム規定説に立つとはいえない。

　判決は，25条具体化法律が「著しく合理性を欠き明らかに裁量の逸脱・濫用」と判断される場合にのみ違憲となるという「明白性の審査」をおこなう方針を示した。これは，朝日訴訟が行政裁量権の統制にあたって示したいわゆる「濫用・踰越型」の行政裁量統制の方針と共通である。これに対して，朝日訴訟の一審判決は，生活扶助基準の日用品費の算定基準を詳細に検討し，購入単価が物価水準より著しく低額に見積もられている品目もあるなど，生活扶助基準は生活保護法が要求する「最低限度の生活」を充足しないと判断した。このように，裁判所が，行政の裁量権行使の内容の妥当性を独自に判断する方法を，行政法学者は「判断代置型」統制とよぶ（曽和俊文＝山田洋＝亘理格『現代行政法入門』有斐閣2007年136頁）。

　25条と具体化法律との関係についても，これと同様の区別が成り立つ。堀木訴訟判決は，立法裁量の25条適合性判断にあたって，行政裁量の「濫用・踰越型」統制と類似の「明白性」審査をおこなう方針をとった。これに対して，学説は，生存権が人間存在に不可欠の権利であることを根拠に，訴訟当事者が提出した立法事実関係資料をベースとしつつ，裁判所が立法裁量の合憲性をもっと厳格にチェックする「判断代置」的な違憲審査が適切だと主張してきた（芦部255頁参照）。

(4) 法律規定の不存在が憲法25条に違反しないかが問題となった争点となったケース——学生無年金障害者訴訟判決（最判平成19・9・28民集61巻6号2345頁）　　　　　　　　　　　　　　　　　　　　　245

① **事実関係**　1959年に制定された国民年金法は，20歳以上の国民を国民年金保険料の強制徴収対象者としたが，20歳以上でも学生の場合には徴収対象外とし，ただし任意加入の道は開いていた。しかし，学生の任意加入率は

きわめて低く，加入しない間に障害を負った学生が，国民年金法上の障害福祉年金（のちには障害基礎年金）の給付を受けられない事態が生じた。いわゆる「学生無年金者」問題である。1970年代半ば頃からすでに，障害者団体などがこの問題の存在を指摘し，改善を要望するようになった。

　1985年の国民年金法改正によって，国民年金被保険者の配偶者も新たに強制徴収対象者に加えられたが，20歳以上の学生の取り扱いは59年法のままとされ，従来から20歳未満の障害者については学生も含めて無拠出でも障害福祉年金（85年改正後は障害基礎年金）が支給されていたのに対して，20歳以上の学生無年金者に対する救済措置は講じられなかった。

　国会は，1989年の国民年金法改正によって20歳以上の学生を強制徴収対象者に加え，さらに2000年の法改正によって学生の徴収猶予制度を整備した。これによって，ようやく学生無年金者問題に対する制度的な対応がなされることになったわけである。なお，一連の訴訟が立法にも影響を与え，過去の学生無年金者問題に対処するために，2004年に国会は「特定障害者に対する特別障害給付金の支給に関する法律」を制定している。

　学生時代に障害を負ったが，国民年金に任意加入していなかったため，障害基礎年金の受給資格申請を却下された人々が，この問題が遅くとも1970年代半ば頃には明らかになっていたにもかかわらず，国会が国民年金法をすみやかに改正しなかった立法不作為の違憲などを主張して，却下処分の取消しと国家賠償を求める行政訴訟・国家賠償請求訴訟を全国各地で提起した。

② **裁判所の判断**

㋐ **東京地判平成16・3・24**判時1852号3頁。下級審判決のなかには，この東京地裁判決のように，原告の主張を一部認容する判決も現れた。

　本件原告は，障害者には25条によって所得保障を受ける権利がある旨主張したが，東京地裁は，障害基礎年金を受ける権利が25条から直接発生するわけではないとして，堀木訴訟最高裁判決の広汎な立法裁量論を繰り返して請求をしりぞけた。

　しかし，東京地裁は，1985年の国民年金法の改正時に立法者が学生無年金問題を放置したことは，この改正によって20歳未満で障害を負った者は無拠出でも障害基礎年金を受給できるようになったことと比較して，憲法14条の法の下の平等に反するとし，立法の不作為を理由とする国家賠償請求を一部認

容した。

　(ｲ)　**最判平成19・9・28民集61巻6号2345頁**　　上記東京地裁判決は東京高裁でくつがえされ（東京高判平成17・3・25判時1899号46頁），一審原告が上告したが，最高裁は上告を棄却した。

　上告人側は，1985年改正における立法不作為が憲法25条・14条の双方に違反すると主張した。これに対して，最高裁は，本件改正が25条違反，14条違反の問題を生じさせる可能性は認めながら，25条違反の判断は堀木訴訟判決の明白性の審査によっておこない，14条違反の判断は公務員待命処分判決(363)以来の合理性の審査によるとした上で，おおむね以下のような理由で85年改正の違憲性を否定した。

　無拠出給付制度の実現は国の財政事情に大きく左右されるので，保険方式の国民年金制度にどの範囲・要件で補完的に無拠出制の年金を設けるかは，拠出制に比べてさらに広汎な立法裁量に服する。20歳未満障害者には国民年金に任意加入する機会もなかったのに対して，初診日が20歳以上であった障害者にはその機会があった。そこで両者を別扱いするか否かは立法裁量事項である。

　③　**論　点**　　福祉受給権に関して法令等の違憲性を争う場合には，25条違反の主張のみならず，多くの場合14条の平等権侵害を争うことが可能である(363)。最高裁もこの点を認めている。また，本件のように，国会が問題の存在を意識しながら，長期にわたって放置したと評しうるような事情がある場合には，立法不作為を理由に国家賠償を請求すれば，少なくとも本案の審査は受けられることになる(301)。

(5)　**25条の具体化とはいえない法律とそれにもとづく処分によって25条の権利が侵害されたかどうかが争点となったケース**──総評サラリーマン税金訴訟判決（最判平成元・2・7判時1312号69頁）

　①　**事実関係**　　1971年の夫の年収は148万円余り，その所得税が8万1000円，妻の年収は123万円余り，その所得税が7万2000円だった夫婦が，給与所得者の源泉徴収制度は憲法14条に違反し，1971年の所得税徴収処分の根拠である所得税法の課税最低限の定めが憲法25条に違反するとして，国を相手取って不当利得返還請求訴訟を提起した事案である。

　②　**上告審の判断**

　(ｱ)　**一般的説示**　　憲法25条にいう「健康で文化的な最低限度の生活」は，

きわめて抽象的・相対的であり，その具体的内容の決定には多方面にわたる複雑多様な専門技術的判断を要するので，立法府の広汎な裁量にゆだねられている。立法府の裁量判断は，それが「著しく合理性を欠き明らかに裁量の逸脱・濫用と見ざるをえないような場合を除き，裁判所が審査するのに適しない事柄である」。

(イ) **あてはめ**　したがって上告人（一審原告）は，所得税法の給与所得関連諸規定が「著しく合理性を欠き明らかに裁量の逸脱・濫用と見ざるをえない」ことを具体的に主張しなければならない。しかし，上告人は，1971年の所得税法上の課税最低限が日本労働組合総評議会（総評）の算定する生計費を下回ることを主張するにすぎず，25条違反の主張は失当である。

③ **論　点**　この判決でも最高裁は，堀木訴訟判決の広汎な立法裁量論と明白性の審査という一般方針をそのまま踏襲した。いずれにせよ，本件のように，「生存権の自由権的側面」が問題となるケースでも，法令および国家行為の憲法25条適合性判断の決め手が，「健康で文化的な最低限度の生活」が維持できるか否かの評価であることは，これまでの事案と変わらない。

最高裁が，一貫してこの評価権をもつのは立法者と行政部だとしているのに対して，学説は，25条は裁判所による独自の判断形成を認めていると理解して，より厳格な合憲性審査を求めてきた。その根拠は，学説によれば，何が「健康で文化的な最低限度の生活」であるかは，時代と場所を限定すれば客観的に認識可能なはずだからである（芦部255頁）。

しかし，問題の実質は，憲法が裁判所に付与した違憲審査権を前提とし，生存権の重要性を考慮した場合，はたして憲法は裁判所にどこまでの実質的判断権を認めたと考えるべきなのかという，国会・内閣と裁判所の権限分配問題だということになるだろう。

第20章 教育を受ける権利

◆ 1　教育と学習

　憲法26条1項は,「すべて国民は,法律の定めるところにより,その能力に応じて,ひとしく教育を受ける権利を有する」と定める。この規定が保護しているのは,「教育を受ける」という行為である。主な憲法解説書をみる限り,ここにいう「教育」についての説明は特にない。憲法解釈はそれでも事足りているということになるが,あえて教育の語義を探ると,たとえばある教育学者は,「教育とは,誰かが意図的に,他者の学習を組織化しようとすることである」と述べている（広田照幸『ヒューマニティーズ教育学』岩波書店2009年9頁）。

　26条1項の文言では「教育を受ける」という受身の表現となっているが,憲法学説によれば,「教育を受ける権利」は,むしろ学ぶ者本人の主体的な「学習権」として再解釈されるべきだとされてきた（芦部258頁,野中＝中村＝高橋＝高見Ⅰ492頁）。上に紹介した教育の定義は,このような26条解釈の流れと平仄が合う。この定義では,「教育を受ける」とは他者の組織化したプログラムに従って学習することにほかならず,「学習」が「教育」の前提となることが明瞭に意識されているからである。したがって,26条1項の保護対象は,学習という行為であるといってよい。この場合の学習とは,「新しい知識の獲得,感情の深化,よき習慣の形成などに向かって努力を伴って展開される意識的行動」（『大辞林』）を指すと解される。

　26条1項の保護対象であるこうした学習は,個人が人間として,また社会の構成員として,人格を陶冶させ能力を開花させるのを促す役割を果たす。これを組織化する教育は,同時に各人を社会に適応させる役割を担っている（教育の機能については,たとえば渋谷313頁）。その意味で,教育にはつねに他者による「刷り込み」の側面がある。しかし,日本国憲法は,あくまで各人の成長発

達の援助という本質的に個人主義的な教育観に立脚しており，戦前に高唱された国家に有用な人材育成といった全体主義的ないし集団主義的な教育観には立っていない。

◆ 2　教育を受ける権利（学習権）

248　**(1)　学習権の内容**

かくして，通説によれば，26条1項の保護する行為は学習であり，26条1項は学習権の保障規定だということになる。

学説は，教育学・教育法学の影響のもとに，26条1項の学習権を，「子どもが教育を受けて学習し，人間的に発達・成長していく権利」だと定式化している（野中＝中村＝高橋＝高見Ⅰ492頁。芦部258頁参照）。教育学者は「発達権」という言い方もする。

また判例も，26条の背後には，「国民各自が，一個の人間として，また，一市民として，成長，発達し，自己の人格を完成，実現するために必要な学習をする固有の権利を有すること，特に，みずから学習することのできない子どもは，その学習要求を充足するための教育を自己に施すことを大人一般に対して要求する権利を有するとの観念が存在している」と述べて，直接には26条の背景にある思想という位置づけだが，学習権の理念を認めた（旭川学テ事件：最大判昭和51・5・21刑集30巻5号615頁。257）。

249　**(2)　学習権の主体**

学習が一生の課題である以上，26条1項の学習権の主体は，すべての市民である。現に生涯学習ということがいわれ，教育にも家庭教育・社会教育などが含まれる。しかし，旭川学テ判決の説示にもあるように，26条1項が主として念頭に置く教育は「学校教育」であり，学習権の主たる権利主体は学齢期の子どもである。上述のように，学説はこの点を無意識に反映して，学習権を「子ども」の権利として定式化するのがふつうであるが，厳密にいえば正確でない。

250　**(3)　学習権および教育を受ける権利の性格**

① **学習権の理念的性格**　　学習権は，発達権という言い方もされることからわかるように，個人の人格形成・能力開花の権利という，多分に理念的権利である。26条1項は，学習行為の中心として教育を受ける行為を想定し，広く

学習権一般を理念的に保障するとともに，これを特に教育を受ける権利として具体化した規定と理解することができる。

② 教育を受ける権利の自由権的側面と社会権的側面　教育を受ける権利には，教育への国家の介入を排除する権利という側面（自由権的側面）と，国家による教育サービスを求める権利という側面（社会権的側面）がある。

このうち，市民（特に子ども）が，国家から教育サービスを受ける権利は，25条の生存権や27条の勤労の権利と同様の意味で，立法措置を必要とする抽象的権利である（238, 262参照）。ただし，義務教育無償規定（26条2項後段）によって保障された「無償で義務教育を受ける権利」は，具体的権利と理解されている。

(4) **26条2項の意味**　　251

26条2項は，「すべて国民は，法律の定めるところにより，その保護する子女に普通教育を受けさせる義務を負ふ。義務教育は，これを無償とする」と規定している。

2項前段は，とりわけ学齢期の子どもの教育を受ける権利の裏面として，国民が自分の養育する子どもに教育を受けさせる義務を負うことを明文化した条項である。「子女」の「子」はson,「女」はdaughterで，あわせて自分の子どもを意味する表現だが，現代日本語ではあまり使われない。

他方，2項後段は，上述のように国民が無償で義務教育を受ける具体的権利を有することを，国家の義務の側から表現した規定と理解されている。

(5) **26条が保障する親および教師の権利**　　252

学習権および教育を受ける権利の主体は，学習する者，教育を受ける者であるが，1960年代〜80年代を中心に，26条1項をめぐってむしろ激しい論議の対象となったのは，26条1項が，教育を提供する側にいかなる権利ないし権限を認めているのかという問題であった。多分に理念的な「学習権」の主張は，子どもの学習権を実現するために，誰が教育内容を決定すべきかという議論と結びついていた。この論争では，「国家の教育権」説と「国民の教育権」説とが対立した。「教育権」論争は，26条は教育に対する国家的規制をどこまで許容するのかが争われたという意味で，教育を受ける権利の自由権的側面に関する議論である。

「国民の教育権」説は，普通教育の具体的内容を決定する権限と権利をもつ

のは，学習権の主体である子どもとその親から付託を受けた教育現場の教師集団だと解する。この説では，国家（具体的には文部省，1999年以降は文部科学省）は，校舎など教育施設の設置維持や，教師の給与・勤務条件の維持改善など，教育の外的諸条件を整備する権限と義務を有するが，教育内容に関しては科目の種類・時間数の大枠の決定など「大綱的基準」の定立権をもつにとどまるとされる。これに対して「国家の教育権」説は，普通教育の全国的な水準を維持するため，国家には一定程度具体的な教育内容を決定する権限が認められるとする見解である。両説は，教科書検定制度の合憲性，学習指導要領の法的効力などの争点をめぐって激しく対立した。

のちにみるように，最高裁は，学習権思想を背景とする現場教師の教育内容決定権にも一定の理解を示してはいるものの，少なくともかつての全国一斉中学校学力調査，教科書検定，学習指導要領の合憲性や法的効力を承認しているという意味で，実質的には「国家の教育権」説を支持してきたといえるだろう。

253　(6)　ま と め

これまでの叙述からわかるように，26条は以下の諸権利の保障規定と理解されてきた。

① すべての市民は，自己の人格を陶冶し能力を開花させるために学習する権利を，抽象的一般的に保障される。
② すべての市民，特に学齢期の子どもは，学習する権利の具体化として，教育を受ける行為を国家から（そして親からも）妨害されない権利を保障される。
③ 学齢期の子どもは，国家の教育サービスを受ける抽象的権利を保障される。
④ 学齢期の子どもは，無償で義務教育を受ける具体的権利を保障される。
⑤ 学齢期の子どもの親および教師は，一定範囲で教育内容を決定する権利を保障される（他方，判例によれば，国家にも一定範囲の教育内容決定権が認められる）。

◆ 3　教育を受ける権利(学習権)の具体化と制限

254　第二次大戦前は，天皇の名において制定された「教育勅語」によって，儒教イデオロギーを基調とする忠君愛国の精神が，教育の基本理念として鼓吹され

た。教育勅語は小学校をはじめとする教育現場で全校児童生徒を前に「奉読」され、無教会主義のクリスチャンであった内村鑑三が奉読に際して敬礼しなかったとして高等中学校の教師を辞職に追い込まれたり、勅語を読みまちがった学校長が自殺する事件が起きるなど、教育勅語は「皇民」教育の主柱として神聖化された。

　26条1項が、「法律の定めるところにより」と規定するのは、教育を受ける権利が法律による具体化を必要とすることを示したものだが、同時に、このような教育勅語体制を清算し、「教育法律主義」を採用する趣旨でもある（佐藤功・註釈上444頁）。こうした個人主義的・立憲民主主義的教育理念を具体化するために、教育基本法が日本国憲法と並行して制定された。教育基本法は、その前文で、「個人の尊厳を重んじ、真理と平和を希求する人間の育成を期するとともに、普遍的にしてしかも個性ゆたかな文化の創造をめざす教育を普及徹底しなければならない」と謳っていた。

　しかし、2006年には、1947年の制定後はじめて教育基本法が改正され、前文も手直しされたほか、新たに設けられた教育の目標規定（2条）において、幅広い知識と教養の修得、個人の価値を尊重して能力を伸ばす精神の涵養などと並んで、「伝統と文化を尊重し、それらをはぐくんできた我が国と郷土を愛する」態度の涵養が掲げられた。愛国心教育の明文化は、教育勅語体制のアンチテーゼである憲法の教育観を後退させるものではないかという批判を受けている（渋谷＝赤坂1人権127頁）。

　26条は教育基本法以下の関連法令で具体化され、しかし同時に規制を受けている。すでに述べたように、規制の合憲性が争われた問題には学校教育法にもとづく教科書検定、文部（科学）省告示の形式をとる学習指導要領による教育内容の決定などがある。

4　教育を受ける権利(学習権)の具体化と制限の合憲性審査

(1) 概　観

　これまで判例は、法令や国家行為の憲法26条適合性の問題について、いくつかの重要な判断を示してきた。しかし、以下に紹介するように、判例の主眼は、26条2項の義務教育無償はいかなる費用まで含むか、学校教育法が定める教科書検定制度は憲法26条・21条に反しないかなど、個別の争点について

解釈を示すことにあり，26条に関して合憲性審査の一般的基準を定立したわけではない。

256　**(2)　憲法 26 条 2 項後段の無償の範囲——義務教育無償制事件判決**（最大判昭和 39・2・26 民集 18 巻 2 号 343 頁）

　26 条 2 項後段が規定する無償で義務教育を受ける権利については，無償とは授業料不徴収の意味であるとする「授業料無償説」と，教科書代金をはじめ，給食費や教材費など，就学に必要な経費の不徴収の意味であるとする「就学必需費無償説」とが対立していた。

　最高裁は，教科書代金の徴収を違憲とする親が，国を相手に代金徴収行為の取消しと代金返還を求めて提起した訴訟において，公立学校における義務教育では従来から「月謝」をとっていないことと，教育基本法 4 条 2 項（現 5 条 4 項）も授業料無償を定めていることを傍証として，26 条 2 項後段は義務教育の対価（授業料）を徴収しない趣旨だと解釈し，授業料無償説の立場を明示した。なお，1963 年に「義務教育諸学校の教科用図書の無償措置に関する法律」が制定され，法律レベルで教科書無償政策がとられている。

257　**(3)　教育権の所在**

　これまで最高裁は，かつて文部省が実施した「全国中学校一斉学力調査」，教科書検定，学習指導要領について，それらが憲法 26 条に違反する国家の不当な教育介入とはいえないという判断を示してきた。

　① **旭川学テ事件判決**（最大判昭和 51・5・21 刑集 30 巻 5 号 615 頁）

　(ｱ) **事実関係**　文部省は，1956 年から 10 年間，「全国中学校一斉学力調査」を実施した。これに対して，全国各地の教師が，憲法・教育基本法に反する教育介入だとして抗議行動をおこなった。本件は，旭川市の公立中学校の教師が，学力調査の実施を実力で阻止しようとして，建造物侵入・公務執行妨害・暴行の罪で起訴された刑事事件である。一審・控訴審は，本件学力調査が違法であることを理由に公務執行妨害については無罪とした。

　(ｲ) **判　旨**　最高裁は，本件学力調査を適法なものとし，公務執行妨害罪の成立を認めた。最高裁は，前述のように学習権の理念を承認したが，そこから教育内容決定権の所在が一義的に決まるわけではないとした。

　「親の教育の自由は，家庭教育等学校外における教育や学校選択の自由にあらわれるものと考えられるし，また，私学教育における自由や前述した教師の

教授の自由も，それぞれ限られた一定の範囲においてこれを肯定するのが相当であるけれども，それ以外の領域においては，一般に社会公共的な問題について国民全体の意思を組織的に決定，実現すべき立場にある国は，国政の一部として広く適切な教育政策を樹立，実施すべく」，憲法上「子ども自身の利益の擁護のため，あるいは子どもの成長に対する社会公共の関心と利益にこたえるため，必要かつ相当と認められる範囲において，教育内容についてもこれを決定する権能を有する」。

最高裁によれば，教育基本法 10 条（現 16 条 1 項）の「不当な支配」の禁止も，許容される目的のために必要かつ合理的なものであれば，教育の内容・方法に対する国家の介入を全面的に禁止するものではない。

② **第 1 次家永訴訟上告審判決**（最判平成 5・3・16 民集 47 巻 5 号 3483 頁）

(ア) 教科書検定制度（現行学校教育法では 34 条・49 条・62 条）は憲法 26 条違反か。教育内容への国家介入は「できるだけ抑制的」であるべきで，「誤った知識や一方的な観念を子どもに植え付けるような内容の教育」を強制するなど，子どもが自由・独立の人格として成長することを妨げる介入は許されない。しかし，国は，子どもの利益，子どもの成長に対する社会の関心にこたえるため，必要かつ相当な範囲で教育内容決定権を有する。

児童・生徒には授業内容に対する十分な批判能力がなく，学校・教師を選択する余地も乏しいことから，教育内容が正確・中立であり，全国的に一定水準であることが要請される。教科書検定は教育内容に及ぶが，この目的のため必要かつ合理的な範囲を超えているとはいえない。

(イ) 教科書検定制度は憲法 21 条 2 項前段違反か。一般図書としての発行は禁止されていないので，発表禁止目的の発表前審査ではないから「検閲」ではない（検閲については 62 参照）。また，この判決は，検閲ではなくても許されない事前抑制にあたる，不明確ゆえに 21 条 1 項に違反する，教科書製作者の学問の自由を侵害するなど，他の違憲主張もすべて斥けた。

(4) **学習指導要領の法的性格——伝習館高校事件判決**（最判平成 2・1・18 民集 44 巻 1 号 1 頁）

文部省検定済みの教科書を使用せず，学習指導要領から逸脱した授業をおこなったとして懲戒免職処分を受けた教師たちが，処分の取消しを求めた行政訴訟である。控訴審は，学習指導要領の法的拘束力を認めたが，処分自体は学校

長の裁量権の逸脱にあたるとした。これに対して最高裁は，学習指導要領の法的拘束力を認めた上で，学校長の裁量権濫用を否定した。

　告示という法形式の法的意味については行政法学説でも議論が分かれるが，判例は，少なくとも文部（科学）省告示である学習指導要領については，政省令と同様，いわゆる法規命令としての法的拘束力を認めたわけである。行政機関が，法律による委任関係が明確でない告示の形式によって，法的拘束力をともなって教育内容について決定できるということになれば，民選議会が制定した法律で26条を具体化しようとする憲法の構想が形式面からかいくぐられるわけであり，この意味でも判例には疑問が提起される。

第21章 勤労権，労働基本権

I 勤労権

◆ 1 勤労

　憲法27条1項・2項は，「すべて国民は，勤労の権利を有し，義務を負ふ（第1項）。賃金，就業時間，休息その他の勤労条件に関する基準は，法律でこれを定める（第2項）」と規定している。

　日本語の一般的意味では，勤労とは労働のことである。勤労（労働）は，精神と肉体を使う人間活動全般を広く意味することもある（最広義の勤労）。しかし，より狭くは「人が自己の生計を維持するためにおこなう社会的活動」を意味する（広義の勤労）。この意味の勤労（労働）は，22条にいう職業と同義である（160）。しかし，27条および28条にいう勤労（労働）は，さらに狭く，22条の職業のうち，「他人に雇われて従事する職業」，すなわち雇用労働を指して用いられる（狭義の勤労）。

　つまり，27条1項の保護対象は，雇用労働のための職場が確保されているという状態である。

◆ 2 勤労権

(1) 勤労権の意味

　したがって市民は，27条1項によって，「雇用労働のための職場が確保されている状態」を維持するよう，国家に求める権利をもつ。この権利は，国家に対する介入排除請求を根拠づける自由権的側面と，国家に対する給付請求を根拠づける社会権的側面の双方を含むとされる。

(2) 勤労権の自由権的側面

261　市民は，27条1項によって，「雇用労働を選択し雇用労働に従事することを，国家から妨害されない権利」を保障される。勤労権の自由権的側面である。しかし，これは，22条の職業の自由（165）に完全に包摂されている。

(3) 勤労権の社会権的側面

262　また，市民は，27条1項によって，「国家から雇用労働の機会を提供される権利」を保障される。これが勤労権の社会権的側面である。勤労権の社会権的側面については，生存権の場合と同様（238），プログラム規定説（法協・註解上520頁），抽象的権利説（野中＝中村＝高橋＝高見Ⅰ 498～499頁ほか），具体的権利説（大須賀明「勤労の権利」奥平康弘＝杉原泰雄編『憲法学3』有斐閣1977年94～96頁）が唱えられたが，抽象的権利説が通説とされる。

すなわち，市民は27条1項によって，求めれば国家から必ず職場の提供を受けられることを，権利として保障されているわけではない。資本主義経済のもとでは，完全雇用は実現が困難であり，企業の側にも憲法上一定の雇い入れの自由が保障されるからである（営業の自由）。勤労権は，就労機会を求めて得られないときには「相当の生活費の支払い」を受ける権利だという説明もあるが（辻村315頁，松井560頁），むしろ勤労権とは，「就職できない場合には，雇用保険制度などを通じて適切な措置を講ずることを要求する」抽象的権利だというのが，通説の理解であろう（佐藤630頁参照）。生活困窮者が生活費の支払いを国家に求める権利は，25条の問題である。

(4) 勤労権の私人間効力

263　多数説によれば，27条1項は，民間の雇用労働者に対して，「不当に解雇されない権利」を直接保障しているとされる（佐藤630頁，631頁注(3)）。しかし，この説をより具体的にみると，その趣旨は，解雇権濫用の認定にあたって27条1項が法令解釈の指針とされたり（間接適用），他の諸法令とともに援用されうる（いわば補充的な直接適用）ということである（人権の私人間効力一般については415以下）。

◆ 3　勤労権の具体化

264　立法者は，憲法27条1項・2項によって，勤労権の保障および勤労条件法定主義を具体化する立法措置を委託されている。この委託に応えるために，職

業安定法，男女雇用機会均等法（雇用の分野における男女の均等な機会及び待遇の確保等に関する法律），雇用保険法，労働基準法，最低賃金法，労働安全衛生法，労働者派遣事業法（労働者派遣事業の適正な運営の確保及び派遣労働者の就業条件の整備等に関する法律），労働契約法など，さまざまな法律が現に制定されてきた。憲法学の観点からは，これらはすべて，27条1項・2項の具体化法令と性格づけられる。

◆ 4　勤労権の具体化の合憲性審査

　勤労権保障を具体化する法令も，理論的には27条1項の要求を満たさず違憲となることがありうる。しかし，27条1項については，これまでのところ本格的な判例・学説の展開がみられず，合憲性審査の方法が詳細に論じられてきたとはいえない。現実の問題が生じた場合には，25条をめぐる判例・学説動向を参考にしながら，立法裁量に対してどのような統制をおこなうべきかを検討することになるだろう。

Ⅱ　児童の酷使されない権利

(1)　27条3項と27条1項・2項の関係

　27条3項は，「児童は，これを酷使してはならない」と定める。27条1項・2項・3項の相互関係に関する従来の憲法解説書の整理はあいまいだが，勤労権の根拠条文は27条1項と解すべきであるから，勤労条件法定主義，および児童の酷使の禁止は，勤労権保障とはじつは別物である。27条1項は抽象的権利としての勤労権を保障し，2項は勤労権保障と関連する労働者保護立法を立法者に委託した規定であるから，1項と2項は25条の1項・2項と同様，表裏一体の関係にあるのに対して，27条3項は，これらとは別に，独自の権利を保障した規定と解釈すべきであろう。

(2)　児童の酷使

　勤労権とあわせて規定されていることから，27条3項にいう児童の酷使とは，児童の生命健康・成長発達に害を及ぼす過酷な条件で児童を労働させることを意味すると解される。日本国憲法の公定英訳文ではexploit（搾取する）という表現が用いられていることも，このことを示している（奥平267頁）。した

がって，27条3項の保護対象は，「過酷な労働条件で労働させられない状態」である。

268 **(3) 児童の酷使されない権利**

児童の酷使の禁止は，表現上は義務規定の体裁をとっているが，過酷な労働条件で労働させられない状態は，児童の権利として保障されて当然であるから，27条3項は，児童に対して，酷使されない権利を保障した規定とみるべきである。その意味でこの規定は，労働の場面に限定されている点では射程が短いものの，むしろ18条の「奴隷的拘束からの自由」「その意に反する苦役からの自由」(210〜211)と共通の権利規定だといえるだろう(佐藤功・註釈上465頁)。ただし，保護対象は「酷使されない状態(過酷な労働条件で労働させられない状態)」であるから，児童の身柄を(奴隷的に)拘束するだけで使役しない場合は含まれない点と，権利主体が児童であることから，本人同意があっても(その意に反しなくても)「酷使」は許されない点が，18条の権利とは異なる(350，376〜377)。

「酷使」の概念は，「奴隷的拘束」や「その意に反する苦役」と同程度には解釈を必要とするが，18条の権利と同様，児童の酷使されない権利は，国家との関係のみならず，私人との関係でも，直接適用されるべき具体的権利と理解してさしつかえない(阪本Ⅱ219〜220頁)。なお，児童の範囲の特定は，立法者に委ねられていることになる。ちなみに下記の「児童の権利に関する条約」は，18歳未満を児童としている。

269 **(4) 児童の酷使されない権利の具体化**

立法者は，労働基準法56条以下に雇用の場面における年少者保護規定を置き，13歳未満，15歳未満，18歳未満に分けて年少労働者の保護を定めている。こうした法制度は27条3項の権利の具体化の意味をもつ。しかし，労働条件に限定されない子どもの包括的な保護に関する最重要の法令は，「児童の権利に関する条約」である。

270 **(5) 児童の酷使されない権利の制限の合憲性審査**

これまで27条3項違反の問題を正面から取り上げた判例はないようである。児童の酷使は絶対的に禁止されているとみなすべきであるから，18条の場合と同様，国家法・国家行為による児童の酷使の疑いがある場合には，つねに厳格な合憲性審査がなされなければならない。私人による酷使が疑われる場合は，

27条3項が直接適用されるが，それ以前にまず条約等の法令違反の問題として考えるべきことになろう。

III 労働基本権

◆ 1　団結・団体交渉・その他の団体行動

(1) 憲法28条が保護する行為　271

憲法28条は，「勤労者の団結する権利及び団体交渉その他の団体行動をする権利は，これを保障する」と規定している。文言からこの条文が保護しているのは，「団結」「団体交渉」「その他の団体行動」という3つの人間行動であることがわかる。

(2) 団　結　272

団結とは，労働者が，労働条件の維持・改善を主たる目的として，使用者と対等に交渉するための団体を結成する行為である。単発的な交渉団体の結成も含まれるが，一般に念頭に置かれているのは，継続的に活動する労働組合を結成する行為である。個々の労働者が既存の労働組合に加入する行為も，ここにいう団結である。

(3) 団 体 交 渉　273

団体交渉とは，労働者側とりわけ労働組合が，使用者側と労働条件について交渉し，両者を拘束する「労働協約」を締結する行為である。

(4) その他の団体行動　274

労働法学説によれば，28条にいう「その他の団体行動」とは，「争議行為」とその他の「組合活動」を含む（菅野和夫『労働法・第9版』弘文堂2009年26頁）。他方憲法学説では，「団体行動」の中心は争議行為であることが強調されてきた（芦部262頁，伊藤394頁）。争議行為とは，労働者側とりわけ労働組合が，団体交渉を有利に展開するために，使用者に圧力をかける行為の総称である。代表的な争議行為の種類としては，同盟罷業（ストライキ），怠業（サボタージュ），ピケッティング，ボイコットなどがある。ストライキとは，雇用契約上義務づけられている職務の全面的な放棄（ex. 工場の操業停止），サボタージュとは，雇用契約上の義務の不完全な履行（ex. 工場の稼働率の意図的低下），ピケッティング

とは，使用者側によるスト破りを防止するための労働者による職場占拠，ボイコットとは，自社製品の不買運動である。

◆ 2　団結権・団体交渉権・その他の団体行動権

275　**(1) 労働基本権**

28条は，労働者に対して，これら3つの行為をおこなうことを権利として保障している。憲法の文言どおりには「団結する権利」「団体交渉をする権利」「その他の団体行動をする権利」であるが，一般に「団結権」「団体交渉権」「団体行動権」（その代表が「争議権」）とよばれ，「労働基本権」または「労働三権」と総称される。

276　**(2) 団結権**

① **団結権の主体・名宛人・自由権的側面**　労働者は，28条によって，「労働組合（ないし使用者との交渉団体）を結成する行為，およびこれに加入する行為を，国家から妨害されない権利」を保障される。団結権の自由権的側面ということができる。団結権をはじめとする労働基本権の権利主体は，事の性質上市民一般ではなく労働者である。他の人権と同様，国家が名宛人であることは当然視されている。

② **団結権の私人間効力**　憲法学説は，28条によって労働者は「労働組合を結成し，あるいはこれに加入する行為を，使用者から妨害されない権利」も保障されると解してきた。すなわち，憲法28条は，私人間に直接適用される権利の保障規定だということである（芦部262頁。421）。ただし，労働法学説では，28条は労働者と使用者との関係でも労働基本権は尊重されるべきだという「公序（民法90条）」を構成するにとどまるとする間接適用説も有力である（菅野・労働法21頁）。

③ **団結権の社会権的側面**　団結権保障の法的効果として，団結行為は民事・刑事免責を受ける。団結権の私人間効力を具体化するためにも，立法者には団結行為を保護する立法をおこなうことが義務づけられる。裏からいえば，労働者は，28条によって，団結行為を国家によって保護される抽象的権利を保障される。

④ **消極的団結の自由**　団結権は，憲法21条1項が保障する結社の自由の一部ともいえるが (112)，憲法学説では，結社の自由一般と異なり，労働者が

団結しない行為まで保障するものではないとされている。労働者保護を目的とする権利であるから，これを受けて立法者が組合への強制加入制度を設営しても（いわゆるユニオン・ショップ制），28 条（の団結しない消極的自由）の侵害ではないということである。しかし，労働法学説では，団結強制は 28 条違反だとする考え方も有力である（大内伸哉編著『働く人をとりまく法律入門』ミネルヴァ書房 2009 年 48 頁 [大内]）。

(3) 団体交渉権・団体行動権

① 労働者は，使用者と労働条件等について交渉する行為，および団体行動とりわけ争議行為を，国家から妨害されない権利をもつ（自由権的側面）。

② また労働者は，使用者との団体交渉行為，および団体行動とりわけ争議行為について，民事・刑事免責を受ける権利をもち，団体交渉および団体行動の保護を国家に求める抽象的権利を有する（社会権的側面）。

③ なお，憲法学説によれば，団体交渉権・団体行動権も私人間に直接適用される（芦部 262 頁）。しかし，団体交渉権が，労働者側の団体交渉請求権を含むかどうか，すなわち，民間の使用者側に労働者の団体交渉要求に応ずる法的義務があるかどうかについては，労働法の判例・学説では争いがある（菅野・労働法 25 頁）。

◆ 3 団結権・団体交渉権・その他の団体行動権の具体化と制限

(1) 団結権・団体交渉権・団体行動権（争議権）の具体化——組合活動の刑事・民事免責

20 世紀前半までの資本主義諸国では，労働者の組合活動は，国家による抑圧を受けるのが一般的だった。日本でも，1900 年に制定され第二次大戦後に廃止された治安警察法が，1925 年の改正まで他人を労働組合に参加させるための暴行・脅迫，他人をストライキに参加させるための誘惑・煽動を処罰する規定を置いていた。憲法 28 条は，こうした法政策の 180 度転換を意味する重要な規定である。これを受けて，労働組合法が団結・団体交渉・団体行動に関する刑事・民事責任の免責を明文で定め，28 条の労働基本権を具体化している。

(ア) **刑事免責** まず，労働組合法 1 条 2 項が，「刑法第 35 条 [正当業務行為の違法性阻却] の規定は労働組合の団体交渉その他の行為であって前項に

掲げる目的を達成するためにした正当なものについて適用があるものとする」として，正当な組合活動の刑事免責を定めた。

　(イ)　**民事免責**　　使用者は，労働組合法7条1号によって，「労働者が労働組合の組合員であること，労働組合に加入し，若しくはこれを結成しようとしたこと若しくは労働組合の正当な行為をしたことの故をもって，その労働者を解雇しその他これに対して不利益な取扱いをすること」を禁止される。また8条は，正当な争議行為については，使用者には労働組合に対する損害賠償請求権が認められないことを確認した規定である。

(2)　団結権・団体交渉権・団体行動権（争議権）の制限

　ところが，法律は，民間企業の労働者と公務員とを区別し，公務員の労働基本権には大幅な制限を加えている。現行法は，国と地方の公務員を大きく3つのグループに分けて，それぞれ労働基本権の制限を定めているので，3グループごとに制限の内容を確認しておくことにしよう。

　(ア)　**警察官・自衛官・消防職員・海上保安庁職員・刑事収容施設職員**は，団結・団体交渉・争議行為のすべてが禁止されている（国家公務員法108条の2第5項，地方公務員法52条5項，自衛隊法64条）。

　(イ)　**非現業の国家・地方公務員**（下記の現業職員を除く一般職の公務員）は，労働組合とは法的に区別される職員団体の結成，労働協約締結権を含まない団体交渉を認められているが（国家公務員法108条の2第1項〜第3項，地方公務員法52条1項〜3項），争議行為は禁止されている（国家公務員法98条2項，地方公務員法37条1項）。争議に参加した非現業公務員は，懲戒罰を受けることはあるが，刑事罰の規定はない。他方，争議行為の「あおり行為」をおこなった者は，公務員に限らず，国家公務員法110条1項17号，地方公務員法61条4号によって刑事制裁を受けうる。したがって，「あおり行為」をおこなった公務員は，刑事制裁と懲戒罰の双方を受ける可能性がある。

　(ウ)　**現業の国家公務員**（林野庁職員，特定独立行政法人職員），**現業の地方公務員**（市営バスのような地方公営企業職員）は，団結権・団体交渉権は認められているが（特定独立行政法人等の労働関係に関する法律4条1項，8条，地方公営企業の労働関係に関する法律5条，7条），争議行為は禁止されている（特定独立行政法人等の労働関係に関する法律17条1項，地方公営企業の労働関係に関する法律11条）。これらの法律には刑事制裁の規定はなく，争議行為を理由とする解雇の規定がある。

◆ Ⅲ ◆ 労働基本権

　以上の点から，第1に，現在でもすべての職種の公務員が，法律で争議行為を禁止されている。これは，他の先進民主主義国と比較して特徴的である。第2に，刑事罰という厳しい制裁を含んでいることも特徴的である。すなわち，非現業公務員の争議行為については，その「あおり行為」が刑事制裁を受け，現業公務員の争議行為・あおり行為については，特別法には刑事罰の規定がないにもかかわらず，威力業務妨害罪・建造物侵入罪といった一般刑法規定などによる処罰がおこなわれてきた。

　3公社5現業（国鉄・電電公社・専売公社，郵政・林野・印刷・造幣・アルコール専売事業）という，かつての国の「現業」部門は，戦後日本の労働運動を支える基幹的組合の母体だった。しかし，1980年代以降，これらの多くが歴代自民党内閣の新自由主義的政策によって民営化され，労働運動の中心も民間労組に移っていった。国の現業部門の規制法律も，「公共企業体等労働関係法」（公労法）から「国営企業労働関係法」を経て「特定独立行政法人等の労働関係に関する法律」へと衣替えしてきたが，争議行為の禁止には変化がないわけである。

◆ 4　公務員の争議権制限の合憲性審査

(1) 概　観

280

　上記のような公務員の労働基本権制限のうち，激しい政治的対立の的となり，最高裁判決にも大きな動きがあったのは，争議行為禁止規定の合憲性の問題である。したがって，ここでは，この問題に関する最高裁判例の流れを概観しておく。

　最高裁は，GHQ側が初期の組合保護政策を転換して，過激化した公務員労働運動の押さえ込みを図るに至った1948年以降，1966年の全逓東京中郵判決による判例変更までは，公務員の争議行為の一律全面禁止を，憲法15条2項の「全体の奉仕者」条項を根拠に全面的に合憲と判断していた（第1期）。しかし，1966年以降は，比較衡量論や合憲限定解釈といったアメリカ判例理論に由来する判断手法を取り入れ，刑事制裁に抑制をかける方向を打ち出して注目された（第2期）。当時この方針をめぐっては最高裁内部に激しい対立があり，争議行為禁止の緩和に危機感を抱いた自民党内閣の最高裁判事の人事にも影響を及ぼしたといわれる。じっさい，最高裁は，1973年には再び判例を変更し，かつての「全体の奉仕者論」を「議会制民主主義論」など新たな論拠で補強し

229

た上で，争議禁止全面合憲の結論へと回帰して今日に至っている（第3期）。

281 **(2) 第1期——政令201号事件判決**（最大判昭和28・4・8刑集7巻4号775頁）

① 事実関係 GHQが政策を転換し，日本政府に公務員労働運動の制限を求めたことを受けて，1948年に内閣は，占領期に認められていた「ポツダム政令」の制度によって，国会を通さずに「政令201号」を制定して公務員の争議行為を一律全面禁止した。これに抗議した公務員の争議行為を，当の政令201号で処罰することが許されるかどうかが争われた事件である。

② 判　旨 最高裁は，「殊に国家公務員は，国民全体の奉仕者として（憲法15条）公共の利益のために勤務し，且つ職務の遂行に当っては全力を挙げてこれに専念しなければならない（国家公務員法96条1項）性質のものであるから，団結権団体交渉権等についても，一般の勤労者とは違って特別の取扱を受けることがあるのは当然である」と述べて，政令201号は憲法28条に違反しないとした。

282 **(3) 第2期の開始——全逓東京中郵事件判決**（最大判昭和41・10・26刑集20巻8号901頁）

① 事実関係 東京中央郵便局内で勤務時間に食い込んで実施された職場集会の企画・実施にあたった全逓信労働組合の役員（現業国家公務員）が，郵便法違反を理由に起訴された刑事事件である。

② 法的構成 最高裁は，最高裁判決としてはじめて「比較衡量論」の手法をとり，労働基本権制限法律の憲法28条適合性を判断するにあたっては，(ｱ)労働基本権尊重の必要性と国民全体の利益の維持増進の必要との均衡を保つこと，(ｲ)労働基本権制限は国民生活に重大な障害をもたらすおそれのあるものについて，必要やむをえない場合に考慮されるべきこと，(ｳ)刑事制裁は特に慎重であるべきこと，(ｴ)代償措置があること，これらの点を考慮しなければならないとした。最高裁が，いわゆる「公共の福祉三段論法」(19)を脱して，丁寧な合憲性審査手法をとり始めた最初の判決としても名高い。

③ あてはめ 最高裁はこの基準で審査した上で，3公社の業務の公共性はきわめて高いとして，公労法17条の争議行為禁止は合憲と判断した。しかし，現業公務員の場合でも，正当な争議には労組法1条2項の刑事免責が適用されるとして，1条2項の適用を受ける正当な争議か否かを判断させるため原

◆ Ⅲ ◆ 労働基本権

判決を破棄差戻にした。

(4) **第 2 期の頂点** ―― **都教組事件判決, 全司法仙台事件判決**（最大判昭和 44・4・2 刑集 23 巻 5 号 305 頁, 685 頁）　283

① **事実関係**　前者は非現業地方公務員の争議行為, 後者は非現業国家公務員の争議行為を, それぞれ「あおった」とされる人の刑事事件である。

② **法的構成**――**「二重のしぼり論」**　最高裁は, 国家公務員法と地方公務員法の争議禁止・あおり処罰規定について, 禁止される争議の範囲と処罰される「あおり」の内容をどちらも限定する合憲限定解釈を採用した。これを「二重のしぼり」論という。最高裁によれば,「あおり行為等を処罰するには, 争議行為そのものが, 職員団体の本来の目的を逸脱してなされるとか, 暴力その他これに類する不当な圧力を伴うとか, 社会通念に反して不当に長期に及ぶなど国民生活に重大な支障を及ぼすとか等違法性の強いものであることのほか, あおり行為等が通常争議に随伴するものと認められるものでないことを要する」。

③ **あてはめ**　都教組事件の場合には, 東京都教職員組合の幹部が組合員に対して勤務評定導入反対運動を指令した行為であるから, 正当な争議に通常随伴する「あおり」にあたるとして, 被告人は無罪とされた。これに対して, 全司法仙台事件の場合には, 安保改定反対という労働条件の維持改善と無関係な政治的テーマで, 全司法部労組の幹部と他の公務員労組の幹部とが共謀した争議行為なので, 違法性の強い争議に関する通常随伴しない「あおり」があったとして, 被告人は有罪と判断された。

(5) **第 3 期** ―― **全農林警職法事件判決**（最大判昭和 48・4・25 刑集 27 巻 4 号 547 頁）　284

① **事実関係**　農林省（現在の農林水産省）の「職員団体」である全農林労働組合が, 岸内閣時代の警察官職務執行法改正の動きに抗議するために開催した職場集会を「あおった」として, 組合役員が起訴された刑事事件である。

② **法的構成**　最高裁は, 8 人の多数意見対 6 人の意見および 1 人の反対意見という分布で, 全司法仙台事件判決を明示的に判例変更し, 公務員も憲法 28 条の権利主体であることはこれまでどおり認めたものの, 現行法の争議禁止・あおり処罰を全面合憲とする 1966 年以前の解釈に戻った。

この判決で最高裁法廷意見は, 合憲の理由づけとして, おおむね次の点をあげた。(ｱ) 国家公務員の使用者は国民全体である（全体の奉仕者論）。(ｲ) 国家公務

231

員の勤務条件・給与については，憲法上，国会が法律・予算で決定する仕組みになっているので，争議行為は議会制民主主義に反する（議会制民主主義論）。㈦民間企業と異なって，公務員の争議行為には市場の抑制力が働かない（市場の抑制論）。㈢人事院勧告制度という「代償措置」が存在する（代償措置論）。

また多数意見は，全司法仙台事件判決の限定解釈は法文を無視したもので，「このような不明確な限定解釈は，かえって犯罪構成要件の保障機能を失わせることになる」とした。これに対して，田中二郎ほか5人の「意見」は，本件は全司法仙台事件判決の立場でも有罪の事例であるので，判例変更の必要はないと主張した。

しかし，「二重のしぼり論」は，違法性の強い争議＋通常随伴しない「あおり」という2要件を充足した場合にのみ可罰的とする解釈であるのに対して，6人の「意見」は，通常随伴する「あおり」かどうかは不問のまま，もっぱら本件が政治ストであることを理由に可罰性を認めるのであるから，石田和外ほか7人の補足意見が指摘するように，じつは全司法仙台事件判決の「二重のしぼり論」を変更した点では多数意見と同様である。

とはいえ，議会制民主主義に反するという多数意見の論拠が，本来議会制定法によっても規制できない部分を含むはずの憲法上の権利の解釈として妥当かどうかは，おおいに疑問である。また，高度成長期の終焉やバブル経済崩壊後の巨額の財政赤字に直面して，人事院が国家公務員給与の据え置きや引き下げを勧告するようになったことを考えると，今日では人事院勧告制度を争議行為の代償措置とみなすことにも疑問がある。

なお，日本国憲法下の公務員の人権制限問題として，労働基本権の制限と並んでやはり激しい政治的対立の的となった政治活動規制については，政治的表現の自由というテーマの一環として47，50〜52ですでに取り上げた。

第22章 国務請求権（裁判を受ける権利，国家賠償請求権など）

I 国務請求権

　国務請求権とは，文字どおり市民が国家の具体的行為を請求できる憲法上の権利の総称である。日本国憲法の人権条項では，裁判を受ける権利（32条），国家賠償請求権（17条），刑事補償請求権（40条），請願権（16条）の4つが国務請求権として一括されることが多い（芦部242頁以下）。

　国務請求権は，国家に対する市民の給付請求権という点では社会権と共通する面をもつが，権利の内容・性格には大きな違いがあり，思想的背景も異なっている。社会権が，19世紀末の修正資本主義・福祉国家理念に由来するのに対して，国務請求権，なかでも裁判を受ける権利は，フランス革命以来，古典的自由権・平等権とともに認められ（明治憲法24条も「法律ニ定メタル裁判官ノ裁判ヲ受クルノ権」を保障していた），直接的には法律上の権利保障を実効的なものにするための手続的権利と理解されてきた。さらに，裁判所に違憲審査権が付与されている場合には（憲法81条），他の憲法上の権利の実効性確保にとっても，裁判を受ける権利が果たす役割は大きい。

II 裁判を受ける権利

◆ 1 裁判所・裁判

(1) 裁判所

　憲法32条は，「何人も，裁判所において裁判を受ける権利を奪はれない」と規定する。「裁判所において」という文言から，2つの組織法的要請が導かれる。

① **32条の組織法的意味(1)――司法権の主体としての裁判所**　憲法32条の裁判所は，憲法76条1項が規定する司法権の主体としての裁判所である。憲法76条2項・3項は，「特別裁判所の禁止」，「行政機関による終審裁判の禁止」，「裁判官の独立」を謳っているので，76条1項の裁判所＝32条の裁判所は，特別裁判所でなく，行政機関でなく，裁判官の独立が保たれた裁判所でなければならないことになる。裁判官の独立，さらにそれを支える司法権の独立は，公正な裁判の実現にとって不可欠の制度であり，立憲民主主義統治機構の柱のひとつである。裁判を受ける権利も，この意味での裁判所を前提としている。

76条2項が禁止する「特別裁判所」とは，特別の人的管轄・事物管轄を認められているだけでなく，通常の司法裁判所の審級系列から独立した裁判所を意味する。第二次大戦前の行政裁判所や軍法会議がその例である。現行の家庭裁判所は，家庭事件・少年事件について特別の管轄権を与えられた裁判所だが，通常の司法裁判所の審級制に組み込まれているので，ここにいう特別裁判所にはあたらない。

② **32条の組織法的意味(2)――正当な管轄権を有する具体的裁判所**　32条の裁判所が，あらかじめ訴訟法で当該事件について正当な管轄権を与えられた具体的な裁判所という意味まで含むかどうかについては，判例と学説が対立している。判例が，32条の裁判所とは，76条にもとづいて，憲法および法律によって設置された裁判所を意味するに尽きるとするのに対して（最大判昭和23・3・23刑集3巻3号352頁），学説は，法律上の正当な管轄権を有する具体的裁判所の意味だと理解している。管轄権のない裁判所による裁判は法律違反ではあるが憲法違反ではないということになれば，法律上の管轄権を有する裁判所に提訴したにもかかわらず他の裁判所で審理される事態も，32条違反ではないことになって不合理だからである（佐藤功・註釈上523～524頁）。

287　**(2)　裁　判**

憲法32条は，「何人も，裁判所において裁判を受ける権利を奪はれない」と規定する。「裁判」の文言は，裁判という作用に関する特定の観念を含み，裁判の手続についても特定の要請を含む。

① **32条の作用法的意味――司法権行使としての裁判**　32条の裁判は，76条の司法権の観念を前提としている。76条の司法権とは，古典的な学説によれば，「具体的な争訟について，法を適用し宣言することによって，これを裁定

◆ Ⅱ ◆ 裁判を受ける権利

する国家の作用」である（清宮四郎『憲法Ⅰ [第三版]』有斐閣1979年335頁）。

　裁判所法3条1項は，「裁判所は，日本国憲法に特別の定のある場合を除いて一切の法律上の争訟を裁判し，その他法律において特に定める権限を有する」と規定する。判例は，ここにいう「一切の法律上の争訟の裁判」が憲法76条の司法権と同義であることを暗黙の前提として，法律上の争訟とは，「当事者間の具体的な権利義務ないし法律関係の存否に関する紛争であって，且つそれが法律の適用によって終局的に解決し得べきもの」を指すと定義している（教育勅語合憲確認等請求事件判決：最判昭和28・11・17行集4巻11号2760頁）。

　32条の裁判も，この意味での法律上の争訟の裁定を意味する。仮に，76条の司法権の観念についてこれとは別の解釈をとれば（たとえば高橋338～340頁），それと連動して裁判を受ける権利の「裁判」も別な意味をもつことになる。

　② 32条の手続法的意味──公開・対審・判決　　32条にいう裁判とは，「公開」「対審」の手続を備え，理由を付した「判決」で判断が示される法律上の争訟の裁定のことである。32条は，近代ヨーロッパ法において，公開・対審・判決の形式を備えた裁判だけが，真にその名にふさわしい裁判だとされてきた伝統を引き継ぎ，この意味の裁判を受ける権利を保障した規定なのである。ちなみに，裁判の公開を定める憲法82条も，「裁判の対審及び判決は，公開法廷でこれを行ふ」として，日本国憲法の定める裁判が，公開・対審・判決という近代ヨーロッパ法の理念にもとづく裁判であることを示している。

　公開とは，当事者のみならず（当事者公開），一般市民に対して裁判の過程と結果を公表することである（一般公開）。伝統的には，一般市民による審理の傍聴を認めることが，その主要な手段とされてきた。裁判公開は，裁判を市民の監視下におくことで，裁判の公正と信頼を確保することを意図したものである。したがって，報道の自由 (63～66) に含まれる「裁判報道の自由」も裁判公開の一手段という意味をもつが，公正な裁判の実現，および当事者のプライバシーの保護との慎重な調整が必要になる。

　対審とは，当事者が裁判官の面前で，口頭で自分の主張を展開し闘わせることである。現行訴訟手続では，民事裁判の口頭弁論手続と刑事裁判の公判手続がここでいう対審にあたる。

◆ 2　裁判所において裁判を受ける権利

(1)　裁判を受ける権利の内容

① 民事裁判・行政裁判の場合　32条にいう裁判所および裁判に関する上述の理解を前提とするならば，32条の裁判を受ける権利とは，民事事件・行政事件においては，「自己の権利義務ないし法律関係の存否に関する紛争を，訴訟法上正当な管轄権を有する裁判所において，公開・対審・判決手続を備えた裁判によって裁定してもらうことを，国家から拒絶されない市民の権利」を意味することになる（芦部244頁）。

32条は「裁判拒絶の禁止」規定だと表現されることが多いが，単に国家による裁判拒絶を禁止するだけではなく，上述のような組織法的・作用法的・手続法的要請を含んだ裁判を受ける権利の保障規定であることに注意する必要がある。

② 刑事裁判の場合　32条の裁判を受ける権利は，刑事事件においては，「訴訟法上正当な管轄権を有する裁判所において，公開・対審・判決手続を備えた裁判を受けることなしに，刑罰を科せられない権利」を意味する。

(2)　裁判を受ける権利の性格

このような通説的理解によれば，裁判を受ける権利は，民事・行政裁判に関しては国家に対する市民の積極的給付請求権（国務請求権ないし受益権）の性格をもつが，刑事裁判に関してはむしろ自由権の性格をもつことになる（芦部244頁）。

また，32条の権利内容は，刑事事件については憲法31条(196)および37条1項(218)の権利内容と重複する。そこで，権利宣言の体系的理解の観点からは，刑事事件に関する「裁判を受ける権利」「適正手続保障」は，32条ではなく31条プロパーの問題と解釈すべきだという学説もある（松井522頁）。しかし，根拠条文の理解の相違が，必ずしも権利内容に関する理解の相違を意味しているわけではないので，この本では伝統的な位置づけに従っておきたい。

◆ 3　裁判所において裁判を受ける権利の具体化と制限

裁判を受ける権利の実現は，立法者による具体的な裁判制度の設営に依存している。この点で，裁判を受ける権利には，給付請求権という意味で生存権と

◆ Ⅱ ◆ 裁判を受ける権利

類似し，また制度依存的権利という意味で財産権とも類似した面がある。

しかし，32条は，裁判制度の設営を立法者に丸投げしているわけではなく，立法者に対する上述のような組織法的・作用法的・手続法的要請を含むと理解しなければならない。したがって，立法者が実際に設営した制度が，こうした要請を満たしていない場合には，裁判を受ける権利の制限として，当然のことながら32条違反の問題を生ずることになる。

この点についてこれまで議論されてきた問題には，非訟事件と裁判を受ける権利との関係，陪審・参審制度と裁判を受ける権利との関係などがある。

◆ 4　裁判所において裁判を受ける権利の制限の合憲性審査

(1) 概　観

291

学説は，裁判を受ける権利の規制の合憲性審査については，これまでほとんど論じてこなかった（片山智彦『裁判を受ける権利と司法制度』大阪大学出版会2007年48～49頁）。以下では，個別のテーマについて，簡単に整理しておく。

(2) 非訟事件と裁判を受ける権利

292

① **非訟事件の特質**　いわゆる「非訟事件」に関する一般法としては，1898（明治31）年制定の非訟事件手続法がある。この法律は，「登記，登録，公証，各種の場合の財産管理等といった後見的権利保護にかかる非紛争的性格の事件」を取り上げ，その手続を定めたものである（戸根住夫『訴訟と非訟の交錯』信山社2008年3頁）。非訟事件手続では，公開・対審・判決という手続準則が排除され，職権探知主義（法11条）・手続の非公開（法13条）を原則とし，裁判所の判断は，「判決」ではなくより簡便な「決定」の形式で示される（法17条1項）。

このように，非訟事件が公開・対審・判決手続の例外とされる背景には，そもそも非訟事件の裁定は司法作用ではなく行政作用だという発想があった。古典的な学説によれば，「訴訟の裁判は，法規に抽象的に予定されたところを適用して紛争を解決するのに対し，非訟事件では国家が端的に私人間の生活関係に介入するために命令処分するのであって，前者は民事司法であるのに対し，後者は民事行政である」（兼子一『新修民事訴訟法体系・増訂版』酒井書店1965年40頁）。

ところが，第二次大戦期以降，（明治憲法下および現行憲法下の）立法者は，紛争の迅速処理などさまざまな政策的理由から，紛争的性格の事件にも非訟事件手続を適用する法律を制定するようになった。「訴訟の非訟化」と称される現

237

象である。戦時中の罹災都市借地借家臨時処理法上の事件（同法18条），借地非訟事件（借地借家法42条1項），各種家事審判事件（家事審判法7条，9条1項乙類），調停事件（民事調停法22条，家事審判法7条）などがその例である（戸根・前掲書3～4頁）。こうした状況をふまえて，民事訴訟法学説でも，現行制度上の非訟事件は，非訟事件手続法による法人の事務や清算の監督といった「非争訟的非訟事件」と，借地借家法41条以下の借地条件変更事件のような「争訟的非訟事件」に分類されている（伊藤眞『民事訴訟法・第3版4訂版』有斐閣2010年7～8頁）。

② **立法者の裁量権**　こうした訴訟・非訟制度の設計について，32条（および82条）は，立法者にどこまで裁量権を与えていると解すべきなのだろうか。

(ア) **立法裁量説**　この点について，当初最高裁は，立法者の制度設計を丸ごと追認するに等しい態度をとった。すなわち，戦時民事特別法19条2項により借地借家調停に準用される金銭債務臨時調停法8条では，同法の調停に代わる裁判には非訟事件手続法を適用することになっていたが，この規定にもとづいておこなわれた調停に代わる裁判について，**強制調停合憲決定**（最大決昭和31・10・31民集10巻10号1355頁）は，これも裁判であり，抗告・再抗告・特別抗告の道も開かれているとして，32条違反の主張を退けた。この大法廷決定は，実務家からも，この論理では「民事訴訟制度を全廃し，あらゆる民事紛争を対審方式によらぬ非公開手続で裁判することにしても違憲でないという驚くべき結論に到達する」と評された（戸根・前掲書7頁）。

(イ) **訴訟非訟二分論**　しかし，その後，最高裁は，**強制調停違憲決定**（最大決昭和35・7・6民集14巻9号1657頁）において，判例を明示的に変更した。この大法廷決定によれば，戦時民事特別法および金銭債務臨時調停法は，性質上非訟事件に関して調停に代わる裁判を認める趣旨であって，「純然たる訴訟事件につき，事実を確定し当事者の主張する権利義務の存否を確定する裁判のごときは，これに包含されていない」。したがって，「家屋明渡及び占有回収に関する純然たる訴訟事件」について調停に代わる裁判をおこなった下級審の決定は，金銭債務臨時調停法違反であると同時に，憲法32条違反でもある。

この決定以降の最高裁判例は，立法者の設営した制度が「純然たる訴訟事件」の裁定を目的とすると解される場合には，32条（および82条）の適用を受け，公開・対審・判決という手続保障が及ぶのに対して，そうでない場合には，

32条（および82条）は適用されないとする，いわゆる「訴訟非訟二分論」をとるようになった（笹田栄司『司法の変容と憲法』有斐閣2008年237〜246頁）。

(ウ) **二分論の問題点**　憲法76条・32条・82条が念頭に置く司法＝裁判を，「当事者間の具体的な権利義務ないし法律関係の存否に関する紛争の裁定」と捉える立場を維持した場合，立法者がそれを非訟事件扱いすることは，本来許されないはずである。しかし，少なくとも，現行制度上は非訟事件扱いされていても，実質的には司法権の発動と考えられる場合には，32条の保護が及ぶと考えなければならない（片山・前掲書45頁）。そこで，この本では，訴訟・非訟二分論を一応の前提とした上で，次の2点を確認しておきたい。

第1に，訴訟と非訟は，あくまで憲法76条＝32条の司法権概念を基準として区別されるべきである。現行法上，訴訟とされているか非訟とされているかを，32条の適用の有無の判断基準としてはならない。

第2に，古典的な司法作用（訴訟の裁断）であっても，公開・対審・判決の手続を厳格に守ることがかえって不合理な結果を招く場合もあることに配慮しなければならない。たとえば，当事者のプライバシー権保護の必要による公開原則の緩和などである。訴訟に対する32条（および82条）の要求は，あくまで原則であって例外が許される場合もある（笹田・前掲書252〜253頁）。

ちなみに，近年では立法者も，制度上は非訟事件である仮処分の一部に対審的手続保障を導入したり（たとえば民事保全法23条4項。上述第1の要請），逆に82条2項の「公序」は例示にすぎないという解釈にもとづいて，「純然たる訴訟事件」についても，プライバシーや営業秘密の保護の観点から，裁判公開の例外を設けるようになった（2003年制定・2004年施行の人事訴訟法22条，2004年改正・2005年施行の不正競争防止法6条の7，特許法105条の7。上述第2の要請）。

(3) 陪審制・参審制と裁判を受ける権利

① **陪審制・参審制**　陪審制とは，一般市民のなかから選任された一定数の陪審員が，起訴や判決に関与する制度である。アメリカの刑事陪審制には，起訴するか否かを決定する大陪審と，有罪無罪を決定する小陪審がある。日本でも，1923年に制定された「大正陪審法」によって，1928年から1943年まで，一定の刑事事件について陪審制が実施された。大正陪審法では，陪審は犯罪構成要件事実の有無の判断のみをおこない，被告人には陪審を辞退する権利が認められ，裁判官は陪審の答申を不当と判断する場合，別な陪審に事件を付する

ことができた。

　他方，参審制とは，職業裁判官と一般市民の参審員とが合議体の法廷を構成して裁判をおこなう制度である。参審員は，裁判官と同等の資格で，裁判の全過程に関与する。

② 消極的合憲論　　従来の憲法学説は，陪審・参審制は裁判官の職権行使の独立（76条3項），裁判所の裁判を受ける権利（32条），公平な裁判所の刑事裁判を受ける権利（37条1項）に違反するとし，裁判官の身分保障について規定した憲法78条～80条が陪審・参審に一切言及していないことも，憲法がこれらの制度を予定しない証左だとしていた。

　陪審制の消極的合憲論は，こうした違憲論を前提として，事実認定だけに関与する陪審（小嶋484～485頁），あるいは裁判官を拘束しない陪審（兼子一『新憲法と司法』国立書院1948年34頁），あるいはこの2つの条件を両方とも満たす陪審（伊藤571頁）だけが，かろうじて32条等に違反しないとしていた。じつは，上述の大正陪審法も，もともと明治憲法下で唱えられた同旨の消極的合憲論をふまえて設計された制度である。消極的合憲論に立てば，参審制は違憲である。

③ 積極的合憲論　　これに対して，1990年代に現れた新たな陪審・参審制合憲論は，国民の司法参加はむしろ憲法の国民主権原理にかない，司法権の政治部門（立法部・行政部）からの独立性を強化すること，裁判官の職権行使の独立も，審級制などの制約を受けることは当然視されており，陪審・参審制とも必ずしも矛盾するとはいえないこと，32条は「裁判所」の裁判と規定しており，「裁判官」の裁判を保障する明治憲法24条とは異なって，陪審員・参審員を裁判所の構成員と解釈できること，これらの諸点を陪審・参審制合憲の積極的論拠とする（常本照樹「司法権」公法研究57号1995年66頁，笹田・前掲書81頁以下）。

④ 裁判員制度と憲法32条　　裁判員法（裁判員の参加する刑事裁判に関する法律）の制定過程では，憲法問題は必ずしも十分検討されなかったが，積極的合憲論からは裁判員制度も32条違反ではないことになるだろう。

◆ Ⅲ ◆ 国家賠償請求権

Ⅲ 国家賠償請求権

◆ 1 国家賠償

一般に「国の行為に起因して生じた損害（損失）を原因者としての国が填補する」ことを「国家補償」という（宇賀克也『国家補償法』有斐閣1997年2頁）。国家補償のうち，国家の違法行為にもとづく損害の賠償が「国家賠償」であり，国家の適法行為にもとづく損失の補填が「損失補償」である（今村成和『国家補償法』有斐閣1957年1～3頁）。

国家補償制度の目的は，文字どおり国家行為によって生じた被害の金銭的補填を通じて，市民の救済を図ることにあるが，なかでも違法行為の損害賠償である国家賠償制度の究極の目的は，国家の違法行為を防止することにある。国務請求権のひとつに分類される憲法17条の保護対象は，「市民が国家の違法行為によって被害を蒙らない状態」だといってもよいだろう。

◆ 2 国家賠償請求権

(1) 国家賠償請求権の保障

憲法29条3項は損失補償請求権を定める。これについてはすでに説明した(179)。他方，憲法17条は，「何人も，公務員の不法行為により，損害を受けたときは，法律の定めるところにより，国又は公共団体に，その賠償を求めることができる」として，国家に対する市民の損害賠償請求権を保障した。

(2) 国家賠償請求権の性格

① **「国家無答責」思想からの転換**　西ヨーロッパ・北アメリカの先進的な立憲民主主義諸国でも，国家賠償制度が整備されるのはおおむね19世紀最末期から20世紀の中盤にかけてである。これは，「国王は誤りを犯さず」という絶対王政の「主権免責思想」や，公務員の違法行為は国家の行為とはいえないという「違法行為の国家帰属不能説」の影響で，いかなる場合にも国家は損害賠償責任を負わないという「国家無答責」の思想が長く支配したためである。

明治憲法下の日本でも，行政裁判法16条が，「行政裁判所ハ損害要償ノ訴訟ヲ受理セス」と規定していた。ただし，国家の私経済活動や学校施設の管理のような非権力的行為については，通常の司法裁判所が，民法の不法行為規定に

もとづいて，国の損害賠償責任を認める態度をとった（学校事故に関する**徳島遊動円棒事件**：大審院大正5・6・1判決民録22輯1088頁）。

憲法17条は，明治憲法下の国家無答責の発想を180度転換した重要な規定である。しかも，もともとマッカーサー草案にはなく，憲法改正帝国議会審議において追加された点でも注目される（高柳＝大友＝田中Ⅱ160頁）。

②　**17条の法的性格**　判例・学説上，憲法29条3項が個別具体的な損失補償請求権の根拠となると理解されているのとは対照的に，学説は当初から，憲法17条は個別具体的な国家賠償請求権の根拠となるものではないとしてきた（法協・註解上387頁。反対説として，初宿467頁）。17条に関するこの考え方はプログラム規定説とよばれることが多いが（古崎慶長『国家賠償法』有斐閣1971年260頁），生存権について説明したように(238)，いわゆる抽象的権利説の立場に立ってもこの点は同様である。17条についての従来の解釈も，憲法上の国家賠償請求権は，法律による具体化待ちの権利だという趣旨であるから，むしろ抽象的権利説とよばれるべきであろう。

◆ 3　国家賠償請求権の具体化

297　　立法者が憲法17条を具体化した最も中心的な法律が，国家賠償法である。国家賠償責任の成立に関して，同法には以下の2つの要件規定がある。「国又は公共団体の公権力の行使に当る公務員が，その職務を行うについて，故意又は過失によって違法に他人に損害を加えたときは，国又は公共団体が，これを賠償する責に任ずる」（1条1項）。「道路，河川その他の公の営造物の設置又は管理に瑕疵があったために他人に損害を生じたときは，国又は公共団体は，これを賠償する責に任ずる」（2条1項）。

国家賠償責任が成立するかどうかは，実務上はこの2つの要件規定の解釈問題として処理されているので，憲法17条の「公務員」「不法行為」「損害」「国又は公共団体」「賠償」などの文言を詳細に解釈する必要性はさほど高くない。学問上も，国家賠償の問題は，行政法学の一分野である行政救済法学の一部門と位置づけられてきた。

◆ 4　国家賠償請求権の具体化の合憲性審査

(1) 概観

憲法17条の具体化法律である国家賠償法が，憲法17条違反だという主張は基本的には存在しない。したがって，17条違反の法令の合憲性審査に関する一般論も展開されていない。そこで，ここでは，憲法17条適合性の問題が論じられた相互主義の留保の問題と郵便法違憲判決，17条の権利の現実化の一局面である立法不作為の違憲国賠訴訟という3つの個別問題を紹介するにとどめる。

(2) 相互主義の留保

憲法17条が，国家賠償請求権の主体について「何人も」と規定しているのに対して，国家賠償法6条は，「この法律は，外国人が被害者である場合には，相互の保証があるときに限り，これを適用する」として，当該外国人の所属国が日本国民に国家賠償請求権を認めていることを条件とする相互主義を採用している。

多数説は，国家賠償請求権は前国家的な人権とはいえないこと，「何人も」という文言は権利主体の判断の決め手とはならないこと (381) を根拠として，国家賠償法6条は憲法17条に違反しないとしている（佐藤615頁，伊藤406頁，野中＝中村＝高橋＝高見527頁）。

しかし，憲法17条を国家無答責思想の否定と理解するのであれば，日本国家が特に在日外国人に対しては不法行為責任を負わない合理的理由があるとはいえない以上，相互主義の留保は違憲とみるべきであろう（奥平391～393頁）。

(3) 郵便法違憲判決（最大判平成14・9・11民集56巻7号1439頁）

① 事実関係　　かつて郵便法68条1項は，郵便業務従事者が書留郵便の送達中に当該書留郵便物の「全部又は一部を亡失し，又はき損したとき」，郵政事業庁長官（この事件当時。それ以前は長く郵政大臣の所管であり，現在は民営化された。）が損害を賠償する旨規定し，同法73条は，当該郵便物の差出人またはその承諾を得た受取人を損害賠償の請求権者と規定していた。法68条は無過失責任を認める規定だが，文言上その要件は郵便物の「亡失・き損」に限定されている。

Xは，裁判所からAが有する銀行預金の仮差押命令を受けた。仮差押命令

の正本は，特別送達郵便としてAが口座を有する銀行の支店に裁判所から送達されるはずのところ，郵便業務従事者が誤ってこの支店の私書箱に投函したため送達が遅れ，その間にAは当該預金を引き出してしまった。

特別送達郵便は書留郵便として取り扱われ，損害賠償には郵便法68条・73条が適用される。そこでXは，郵便法68条・73条は故意または重過失による損害発生についても国の損害賠償責任を認める趣旨に合憲解釈されるべきであり，本件に郵便法68条・73条を適用して損害賠償を拒否することは憲法17条に違反するとして，損害賠償請求訴訟を提起した。

② **判決の一般的説示**　憲法17条は，立法者に対して「無制限の裁量権を付与」するものではない。国家賠償責任を免除ないし制限する法律の憲法17条適合性は，「当該行為の態様，これによって侵害される法的利益の種類及び侵害の程度，免責又は責任制限の範囲及び程度等に応じ，当該規定の目的の正当性並びにその目的達成の手段として免責又は責任制限を認めることの合理性及び必要性を総合的に考慮して判断すべきである」。

③ **あてはめ**　最高裁によれば，法68条が損害賠償責任の成立と賠償額を限定している目的は，大量の郵便物を，限られた人員と費用で，公平迅速かつなるべく安価に処理することにある。郵便制度はきわめて重要な社会的インフラであるから，この目的は正当である。

しかし，書留郵便物に関する「亡失・き損」以外の郵便事故について，郵便業務従事者の故意または重過失による場合も免責の対象とすることは，目的達成のための合理的手段とはいえない。また，特別送達は，書留郵便物のうちのごく一部と考えられ，訴訟法上の送達の実施方法として国民の権利実現に不可欠であり，確実な送達が強く要請されるものであるから，故意・重過失のみならず，軽過失の場合についても，免責には合理性がなく，この点で法68条・73条は憲法17条に反する。

④ **判決の特色**　第1に，国家賠償請求権は法律による具体化を必要とするが，具体化のあり方が憲法上の国家賠償請求権の制限とみなしうる場合には，自由権の制限と同様の合憲性審査をおこなうことが可能になる。その意味で，郵便物の亡失・き損の場合以外に損害賠償請求を認めない本件郵便法の規定を，憲法上の国家賠償請求権の制限とみなす発想は自然である。本件判決も，そのように捉えた上で，立法裁量を統制するために目的手段審査をおこない，審査

の密度の点では合理性審査を採用したものと理解することができる。

　第2に，この判決は，実質的には民商法・国家賠償法の過失責任主義を損害賠償制度の原型とみなし，憲法上の国家賠償請求権にこの点を読み込んで，「亡失・き損」に限定した無過失責任主義をとる郵便法を違憲と判断したとも考えられる。憲法を媒介として，一般法を特別法に優先させた点で，森林法判決 (178) のロジックと類似していると指摘されている（棟居快行・行政判例百選Ⅱ 498 頁，宍戸常寿・憲法判例百選Ⅱ 292 頁）。

　第3に，この判決は，最高裁がはじめて「条文の意味の可分的違憲判断」という手法をとった判決として，注目されている。繰り返しだが，郵便法 68 条の文言は，書留郵便物の亡失・き損等，一定の要件を満たした場合の損害賠償責任を定めるのみで，他の態様の郵便事故については何も言及していない。そこで，考え方としては，郵便法 68 条自体を憲法 17 条違反として，本件のような故意・過失による誤配達も含めて民法・国家賠償法で救済する道や，郵便法 68 条を(ア)書留郵便物の亡失・き損に関しては無過失責任，(イ)書留郵便物に関する亡失・き損以外の事故については故意・重過失責任，(ウ)特別送達郵便に関する亡失・き損以外の事故については通常の過失責任を認める趣旨の規定だと，いわば「合憲拡張解釈」する道もありえた。しかし判決は，68 条の文言が意味的に(イ)(ウ)を否定していると解釈して，この部分を違憲と判断した。難解な法的構成だが，立法者に対して(イ)(ウ)にあたる明文規定を追加するように促すシグナルの効果をねらったと推測される。現に立法者は，郵便法をそのように改正した（現行郵便法 50 条 3 項・4 項）。

(4) 立法不作為の違憲国賠訴訟

　① 「立法の不作為」の観念　　国家賠償請求訴訟で立法者の不法行為責任を追及し，損害賠償によって人権侵害の救済を得ようとする方法が，一般に「立法不作為の違憲国賠訴訟」とよびならわされている。

　法律に規定された犯罪構成要件に該当するとして起訴された市民や，法律に規定された行政処分の要件に該当するとして処分を受けた市民は，それぞれ刑事訴訟において，あるいは行政訴訟を提起して，法律の規定内容が憲法違反であることを理由に無罪判決や処分の取消判決等を求める可能性をもつ。ところが，市民に対する国家の行為が，当該市民に関する法律規定が存在しないことを根拠としている場合，すなわち，たとえば，国民年金に加入していない 20

歳以上の学生に，障害基礎年金の受給資格を認める規定が国民年金法にないため，受給資格認定の請求を却下されたという場合には（学生無年金障害者訴訟），違憲性を名指しできる法律規定がないことになる。そこで，受給資格を認める規定が存在しない事態を招いた立法者の行為を違憲だ主張する法的構成が編み出された。また，立法者が違憲の法律を長く廃止せずに放置したことで被害が拡大したような事案では，長期にわたる行政の違憲行為の原因となった立法者の怠慢自体を違憲と構成する道が探られた。

このように，立法不作為の違憲国賠という場合の「立法不作為」には，

(i) 第1に，立法者がそもそも憲法上求められているはずの法律を制定していない事態（後述，在外国民選挙権訴訟），

(ii) 第2に，制定した法律をのちに改廃したことで違憲状態が生じた事態（後述，在宅投票制事件），

の双方が含まれる。第1のケースでは違憲状態は立法者の不作為（立法不作為）によって生じ，第2のケースでは作為（立法行為）によって生じているが，いずれも「法律規定の不存在の違憲」とでもいうべき状況であることは共通している。

これに対して，現行の法律規定が原因で人権を侵害されたと考える市民は，立法不作為・立法行為の違憲ではなく，端的に法律内容の違憲を主張すればよいはずだが（戸松151〜152頁），

(iii) 第3として，立法者が廃止すべき法律を廃止しなかったために，適用機関による人権侵害が重篤化したようなまれなケースでは，立法者が法律を改廃しない不作為の違憲という構成も不可能ではない（後述，ハンセン病訴訟）。通常，以上の3つのすべてを含めて，立法の不作為とよんでいる。

最高裁は，立法者が憲法上市民に負っている立法義務はあくまで政治的義務であるから，上の意味での立法不作為があったとしても，ただちに国会議員の国家賠償法上の不法行為責任を成立させるものではないとした上で，例外的に，国家賠償法上の責任が成立する場合があるとした。判例はこの点では一貫しているが，この例外要件は，1985年の在宅投票制事件判決ではほとんど無に等しいものだったのに対して，2005年の在外国民選挙権訴訟判決では若干緩和されたと理解することができる。

② **在宅投票制事件判決**（最判昭和60・11・21民集39巻7号1512頁）

◆ Ⅲ ◆ 国家賠償請求権

(ア) **事 実 関 係**　1951年に，国会は，悪用される例があったとして在宅投票制度を廃止する公職選挙法改正をおこなった。歩行困難で屋外に出られない状態となった原告は，この改正によって1968年から72年までの間に実施された8回の公職選挙で投票の権利を奪われたとして，国を相手取って国家賠償請求訴訟を提起した。原告は，公選法を改正した国会議員の行為が，憲法14条1項，15条1項・3項，44条等に違反する不法行為にあたると主張した。

(イ) **判　旨**　「国会議員は，立法に関しては，原則として，国民全体に対する関係で政治責任を負うにとどまり，個別の国民の権利に対応した関係での法的義務を負うものではないというべきであって，国会議員の立法行為は，立法の内容が憲法の一義的な文言に違反しているにもかかわらず国会があえて当該立法を行うというがごとき，容易に想定し難いような例外的な場合でない限り，国家賠償法1条1項の適用上，違法の評価を受けない」。

③ **ハンセン病事件判決**（熊本地判平成13・5・11判時1748号30頁）

本件地裁判決は，在宅投票制事件判決が示した例外要件は絶対的なものではないという判例理解に立って，国会が「らい予防法」の改正を長期にわたって怠った立法不作為がハンセン病患者の長期に及ぶ重大な人権侵害を招いた事態について，立法不作為の国家賠償請求を認容した。成立まもない小泉政権が政治的判断で控訴を控えたため，この判決が確定した。

地裁によれば，「立法の内容が憲法の一義的な文言に違反しているにもかかわらず国会があえて当該立法を行うというがごとき」という最高裁の説示は，立法行為の違法性が認められるための絶対条件ではなく，きわめて例外的な場合に限られることを強調する趣旨である。医学的知見等から，遅くとも1960年までには，ハンセン病患者の隔離に合理的根拠がまったくないことが明白となっていた。法律の存続による人権侵害の重大性と司法的救済の必要性にかんがみると，本件はきわめて特殊な例外的な場合にあたる。したがって，遅くとも1965年以降，隔離規定を廃止しなかった国会議員の立法不作為には，国家賠償法上の違法性が認められる（194）。

④ **在外国民選挙権訴訟判決**（最大判平成17・9・14民集59巻7号2087頁）

(ア) **事 実 関 係**　外国在住の日本国民が，1998年以前の公選法では在外国民に国政選挙で投票する機会がまったく与えられていなかったこと，1998年の公選法改正後も投票は比例選挙に限定されたこと，これらの点を違憲だとし

て，選挙権を行使できる地位の確認と，立法不作為にもとづく国家賠償を求めた。

(イ) **判　旨**　最高裁は，在宅投票制事件判決と同様，2段がまえの審査方針をとり，在外国民の国政選挙権を認めない（限定する）法律の合憲性審査は厳格におこなって違憲の判断を下した上で（第1段階），法律（の不存在）の違憲はただちに国会の国家賠償責任を成立させるものではないとして，立法不作為にもとづく国家賠償請求が認容される例外的場合について，以下のような2つの新要件を示した（第2段階）。最高裁判決自身は在宅投票制判決に変化はないとしているが，学説は判例変更とみなしている。

「立法の内容又は立法不作為が国民に憲法上保障されている権利を違法に侵害することが明白な場合や［要件1］，国民に憲法上保障されている権利行使の機会を確保するために所要の立法措置を執ることが必要不可欠であり，それが明白であるにもかかわらず，国会が正当な理由なく長期にわたってこれを怠る場合［要件2］などには，例外的に，国会議員の立法行為又は立法不作為は，国家賠償法1条1項の規定の適用上，違法の評価を受ける」。

なお，本件事案は要件2のケースと考えられる。

Ⅳ 刑事補償請求権

(1) 刑事補償

302

憲法40条は，「何人も，抑留又は拘禁された後，無罪の裁判を受けたときは，法律の定めるところにより，国にその補償を求めることができる」と規定している。抑留とは一時的な身柄の拘束を指し，拘禁とは継続的な身柄の拘束を指す(216)。一旦は有罪判決が確定したのち，再審請求の結果あらためて無罪となる場合を想定すれば，40条の抑留・拘禁は，34条のそれとは異なって，確定判決による自由刑の執行，労役場留置，死刑執行のための拘置も含むことになる（樋口＝佐藤＝中村＝浦部・注解Ⅱ 389頁）。

(2) 刑事補償請求権

303

刑事補償請求権とは，無罪の裁判を受けた者が，抑留・拘禁されたことについて，補償を受ける権利である。最終的には無罪となったとしても，裁判の過程での「抑留・拘禁」自体は違法ではないから，40条は，29条3項と同様，

◆ V ◆ 請 願 権

損失補償請求権の保障と理解される（反対説として，樋口＝佐藤＝中村＝浦部・注解Ⅱ 387 頁）。

(3) 刑事補償請求権の具体化

40 条を具体化するために，刑事補償法が制定されている。この法律では，通常手続・再審手続・非常上告手続によって無罪が確定した人，免訴・公訴棄却の判決を受けたが，そうでなければ無罪判決だったと認めるに充分な事由のある人などに対して，抑留・拘禁日数分の一定額の補償を受ける権利が認められている。

(4) 刑事補償請求権の具体化の合憲性

多数説は，40 条の「無罪の裁判を受けたとき」を，刑事訴訟法による無罪判決の確定と同義と解している。したがって，刑事補償法が，上述に限らず免訴・公訴棄却判決を受けた場合一般について補償を認めているのは憲法 40 条の上乗せであり，不起訴になった場合に補償を認めていないことも 40 条違反ではない。これに対して，「無罪の裁判を受けたとき」とは，広く結果的には不必要だった身柄拘束を受けたときの意味に理解すべきだとする少数説もある（奥平 397 頁）。少数説に立てば，不起訴の場合の補償規定を欠いている点で，刑事補償法は憲法 40 条違反となる。なお，実際の取り扱いとしては，法務省訓令「被疑者補償規程」が，不起訴の場合の補償について定めている。

Ⅴ 請 願 権

(1) 請 願

「請願」とは，「国家機関に対し人民から国務に関する希望を陳述する行為」である（美濃部達吉『逐条憲法精義』有斐閣 1927 年 410 頁）。

(2) 請 願 権

① **請願権の内容**　したがって，「請願権」とは，「一般市民が国家機関に対して，国務に関する希望を述べる権利」である。国家機関側はこれを受理し誠実に処理する義務を負う。請願の内容を実行する義務ではない。一般市民が国家機関に対して国務に関する希望を述べることなど，あえて憲法に規定しなくても当然認められる権利のように思えるが，たとえば江戸時代の日本では「直訴はご法度」とされるなど，前近代社会や絶対主義国家，あるいは全体主義国

249

家では，請願そのものが許されないのが普通である。

　日本ではじめて請願の権利を認めたのは，「日本臣民ハ相当ノ敬礼ヲ守リ別ニ定ムル所ノ規程ニ従ヒ請願ヲ為スコトヲ得」と規定する明治憲法30条である。日本国憲法は，「何人も，損害の救済，公務員の罷免，法律，命令又は規則の制定，廃止又は改正その他の事項に関し，平穏に請願する権利を有し，何人も，かかる請願をしたためにいかなる差別待遇も受けない」という比較的詳細な規定を置いている（16条）。「損害の救済」等の列挙は単なる例示であって，請願事項を限定する趣旨ではない。請願の態様について，明治憲法が「相当の敬礼」を要求しているのに対して，日本国憲法が単に暴力や暴力的威嚇を伴わないこと（「平穏」）だけを求めている背景には，天皇の官吏から国民の公僕への憲法上の公務員像の変化があるとされる（小嶋288頁）。

　② **請願権の性格**　請願権は，国家機関の請願受理義務に着目して国務請求権に分類されるのが一般的であるが，市民の政治参加の一態様である点に着目して参政権に分類されることもある（小嶋288頁。芦部242頁も参照）。また，請願権は，市民が請願行為を理由に不利益を受けない権利でもあるので「自由権的側面」も有し，請願をおこなったことを理由とする差別の禁止という意味では「平等権的側面」も有する。

(3) 請願権の具体化と制限

　請願権の行使に関しては請願法が制定されているが，これは請願の方式等を定めたもので，請願権を制限する法律とは理解されていない。事実のレベルでは，請願を受けた側が，請願者に何らかの不利益を課することがありうる。国家機関ではないが，関西電力が，原子力発電所の安全性の検査を求める署名運動の署名者の電話番号を調べて，数人に署名の趣旨などを問い合わせた行為が問題となった事例がある（市川142頁）。このケースは，私人間の表現の自由の問題と捉えられるが，国家機関の行為であれば，請願権の問題とみなすことができるだろう。

第23章　参政権

I　参政権

(1) 参政権の意味

　参政権とは，文字どおり，市民が政治に参加する権利である。参政権の中心は，有権者が選挙や国民投票・住民投票に参加する権利である。被選挙権も参政権に含まれる。また，公務就任権も参政権の一種とされ，請願権を参政権に分類する学説もある（小嶋283頁）。

　参政権は民主主義を支える権利である。自由権が，国家の介入の排除（不作為）を請求する権利という意味で「消極的権利」とよばれ，社会権・国務請求権が，国家の給付（作為）を請求する権利という意味で「積極的権利」とよばれるのに対して，参政権は，国や地方の政治に参加する権利という意味で「能動的権利」と称される。

(2) 日本国憲法の参政権規定

　日本国憲法上の参政権規定には，以下のものがある。

　① 公務員の選定罷免権　　憲法15条1項は，「公務員を選定し，及びこれを罷免することは，国民固有の権利である」と規定する。これが日本国憲法上の参政権の一般規定である。もちろん，大半の公務員は有権者の選挙によって選任されるわけではなく，それらの職にはリコール制も想定されていないから，この規定はあくまで参政権の一般的抽象的宣言にとどまる。

　② 国会議員の選挙権・被選挙権　　「両議院は，全国民を代表する選挙された議員でこれを組織する」と定める43条1項，「両議院の議員及びその選挙人の資格は，法律でこれを定める」とする44条本文は，15条1項の参政権を具体化し，国民に国会議員の選挙権・被選挙権を保障する規定と解される。

　③ 地方公共団体の長・議員等の選挙権　　同様に，憲法93条2項は，「住民」

に地方公共団体の長，議員，法律で定めるその他の「吏員（＝地方公務員）」の直接選挙権を保障している。

④ 選挙権・被選挙権以外の参政権　一種のリコール制と解される憲法上の制度として（佐藤功・註釈下1017頁），79条2項の最高裁判所裁判官の国民審査がある。また，公務員の選任・罷免ではなく，事項についての有権者の決定権を定めた憲法規定として，96条1項の憲法改正国民投票権と95条のいわゆる「地方特別法」の住民投票権がある。

⑤ 公務就任権　公務就任権とは，公選によらない職も含む公務員の職に就く資格のことである。明治憲法19条は，「日本臣民ハ法律命令ノ定ムル所ノ資格ニ応シ均シク文武官ニ任セラレ及其ノ他ノ公務ニ就クコトヲ得」として，公務就任権を明文で保障していた。この規定は，政治権力を武士階級が独占していた幕藩体制の清算を意味し，出生身分制を否定する平等保障の規定でもあった（小嶋284頁）。日本国憲法は，14条でより包括的な平等保障を規定したこともあって，こうした公務就任権の明文規定をもっていない。しかし，学説は，日本国憲法も公務就任権の保障を含むとし，その根拠条文としては，15条1項（浦部504頁），14条1項（小嶋284頁参照），または13条（佐藤464頁，638頁）をあげる。しかし，公務就任権は，職業の自由の一部だと考えることも可能である（芦部246頁，高橋247頁）。

このようにみてみると，憲法が予定する有権者の政治参加の主たるルートは，国会議員の選挙と，地方公共団体の長および議員の選挙であることがわかる。

Ⅱ 選挙権

◆ 1　選挙

311　選挙とは，広くは多数人が合同行為によって，特定の職に就く人を選定する行為である。憲法学にいう選挙とは，有権者団（選挙人団）という合議制の国家機関が，他の国家機関を選定する行為である（宮沢俊義『選挙法要理』一元社1930年3頁，林田和博『選挙法』有斐閣1958年31頁）。

◆ Ⅱ ◆ 選 挙 権

◆ 2　選 挙 権

(1) 選挙権の性格

① **選挙の公務性**　選挙に際して個々の有権者（選挙人）は，有権者団（選挙人団）という時限的な国家機関を形成して，選挙行為を通じて国会，地方議会，地方公共団体の長という国家機関を選定する。この面から見れば，選挙は（有権者団という）国家機関による公務の執行であり，選挙権とは，この公務に参加する資格，すなわち「選挙人となる資格」を意味する。

② **選挙の権利性**　他面，有権者は選挙を通じて，直接的には誰が公職に就くべきかについて，間接的には国政や地方政治の方針について，自己の意思を表明し，民主的決定過程に参加する。この面からみれば，選挙権とは，「投票の権利」を意味する。したがって，選挙行為，より正確には各有権者の投票行為は，権利の行使である。15条1項が「公務員を選定……することは，国民固有の権利である」とするのは，こうした権利としての選挙権を一般的な形で保障したものである。

③ **二 元 説**　つまり，選挙権には「選挙人となる資格」という意味と「投票の権利」という意味とが含まれ，選挙は「国家機関を選定する公務」の性格と「投票権という権利の行使」の性格とをあわせもつことになる。この考え方は，選挙権に二重の意味を認めるので「二元説」とよばれる。

④ **二元説のもつ意味**　二元説によれば，選挙権は他の権利のように自己利益の追求の法的承認という意味をもつだけにとどまらず，公権力の行使という性格もあわせもっているので，特殊な制限が許される。たとえば，公職選挙法11条による受刑者の選挙権（および被選挙権）の停止は，このような選挙権の特殊性によって正当化されている。しかし，選挙犯罪の受刑者のみならず，一般受刑者についても選挙権を停止することは（公選法11条1項2号・3号），過剰規制で違憲の疑いがあるとする学説もある（戸波335頁）。

(2) 選挙権の内容

長い政治的闘争の結果と経験の積み重ねから，現代立憲民主主義国家では，「普通選挙」「平等選挙」「秘密選挙」「自由選挙」「直接選挙」という5つの制度原理にもとづいて設営された選挙制度が，そうでない選挙制度と比べて，より民主的で公正な選挙を保障すると考えられている。

第23章　参　政　権

　現代立憲民主主義国家では，これらの制度原理は，憲法や法律で確認されているのがふつうである。有名な例としては，「ドイツ連邦議会議員は，普通，直接，自由，平等および秘密選挙によって選出される」とするドイツ基本法38条1項がある（高田敏＝初宿正典編訳『ドイツ憲法集・第6版』信山社2010年233頁〔初宿訳〕）。日本国憲法の場合，ドイツ基本法のような簡潔に整備された規定ぶりにはなっていないが，やはりこの5つの制度原理を保障していると理解されている。

　一般に憲法解説書では，5つの制度原理は，「選挙に関する憲法上の原則」という位置づけで説明される（伊藤113頁以下，佐藤109頁以下，野中＝中村＝高橋＝高見Ⅱ16頁以下）。しかし，たとえば「公務員の選挙については，成年者による普通選挙を保障する」と定める憲法15条3項は，立法者に対して普通選挙制度の設営を義務づけると同時に，有権者には普通選挙権を保障した規定だと解されるべきである。つまり，5つの制度原理は，有権者にとっては単なる反射的利益を意味するのではなく，同時に憲法上の選挙権の内容を意味する。

　言い換えると，有権者は，(ア)普通選挙において投票する権利，(イ)平等選挙において投票する権利，(ウ)秘密選挙において投票する権利，(エ)自由選挙において投票する権利，(オ)直接選挙において投票する権利を憲法上保障されているということである。以下，それぞれの内容を説明しておこう。

　① **普通選挙**　　普通選挙とは，国籍と年齢以外には，有権者資格に原則として制限を設けない選挙制度である。いまみたように，日本国憲法の場合には，15条3項が明文規定を置いている。

　これに対して，国籍・年齢以外の要件で有権者資格を制限する選挙制度が制限選挙である。制限要件の歴史的実例としては，性別と財産が一般的である。そのほか人種や宗教が制限要件とされる例もあった。制限選挙は，誰が国民代表にふさわしい人物かを適切に判断するためには，一定の経済的余裕，教育，見識が必要だという理由で正当化された。しかし，その真意は，体制側が，当該社会で長期にわたって差別や不利益扱いの対象となってきた集団（社会的少数派＝マイノリティとよばれる。必ずしも人数の多寡の問題ではない）の反体制的・反政府的投票行動を恐れて，彼らを選挙から排除するところにあった。

　日本の場合，1890年の第1回帝国議会衆議院議員選挙から1925年の衆議院選挙法改正までの間，衆議院議員の選挙権は，一定以上の直接国税を納付する

◆ Ⅱ ◆ 選 挙 権

25歳以上の男性日本国民だけに認められていた。性別および財産による制限選挙である。しかし，その後，「大正デモクラシー」の成果である1925年の選挙法改正によって納税額要件が撤廃された。いわゆる「男子普通選挙」の実現である。これが選挙権拡大にとって大きな一歩であったことはまちがいないが，女性の選挙権を認めないのであるから，現代の観念では「普通選挙」とはいえない。女性の選挙権は，第二次大戦敗北後の1946年衆議院選挙の際にはじめて認められた。

② **平等選挙**　普通選挙も広い意味では平等選挙であるが，普通選挙と区別していう場合の平等選挙とは，有権者の選挙権の内容に格差を設けない選挙制度を意味する。平等選挙の標語は「1人1票」である。日本国憲法には，この意味の平等選挙を明確に保障する規定はないが，14条1項の一般平等規定，44条但書，さらには15条1項を総合して導かれる制度原理だと理解されている。

これに対して，有権者の選挙権の内容に格差を設ける選挙が，「不平等選挙」ないし「差等選挙」とよばれる。歴史的な例としては，「男子普通選挙」のもとで，35歳以上で妻子があるなど，一定の要件を満たす有権者に3票までの投票権を認めた1893〜1920年のベルギー下院選挙法（「複数投票制」）や，有権者を納税額によって3グループに分け，少人数の高額納税者に圧倒的多数の低額納税者と同数の下院議員を選出する権利を認めた1848〜1918年のプロイセン階級選挙制度が有名である（林田・前掲書27〜28頁，小嶋338頁）。

不平等選挙制度も，制限選挙と同様の理由で正当化されたが，その真意と機能も制限選挙と同じである。後述する議員定数不均衡違憲の問題は，憲法が平等選挙権を保障していることから導かれる帰結である。

③ **秘密選挙**　秘密選挙とは，有権者の投票内容の秘密が保護される選挙制度である。日本国憲法は15条4項で，「すべて選挙における投票の秘密は，これを侵してはならない」という明文の保障を置く。

これに対して，有権者の投票内容が第三者に開示される選挙制度が「公開選挙」である。最も露骨な公開選挙は，有権者が投票用紙に自分の氏名を記載する「記名選挙」である。

公開選挙は，第三者が有権者の投票内容を監視し，投票内容にもとづく法的・事実的不利益扱いをすることを可能にする制度であるから，有権者の自由

な選択を大きく阻害する。裏からいえば，秘密選挙は自由選挙を実質化するために不可欠の制度前提である。日本の場合，1889年制定の最初の衆議院議員選挙法は記名選挙を採用していたが，1900年の改正で秘密投票制が導入された（宮沢・前掲書21頁）。

④ **自由選挙** 自由選挙とは，有権者に自由な選択が保障される選挙制度を意味する。他の4つの制度原理と異なって，自由選挙の対立概念をひとことで表現する用語は存在しない。言い換えれば，有権者による自由な選択を阻害する制度や国家行為は，すべて自由選挙に反する。

その最も強力な形態は，憲法や法令によって，たとえば旧ソ連のように政党が共産党1党に限定されたり，旧東欧諸国のように国政の指導政党が共産党に公定されているシステムである。政治学者は，前者を「一党独裁制」，後者を「ヘゲモニー政党制」とよぶ（G・サルトーリ／岡沢憲芙・川野秀之訳『現代政党学Ⅱ』早稲田大学出版部1980年366頁以下，381頁以下）。これらの制度の対立物が「複数政党制」である。複数政党制は自由選挙権の基盤である。日本国憲法は，政党の設立および活動の自由を保障する明文規定を置いていないが，21条1項の結社の自由（112以下）が複数政党制の保障を含むと理解されている。

一党独裁制ほど極端ではないが，たとえば警察等の国家機関による野党の選挙運動の妨害，開票作業における不正など，さまざまな選挙干渉も自由選挙に反する。こうした現象は今日でも世界中でみられ，国際的な選挙監視団が派遣される例も多い。日本国憲法の場合には，この種のさまざまな公権力の介入を受けない選挙活動・政治運動の自由は，憲法21条の表現の自由の一部だと理解されている（44, 53）。

戦前の日本では，国家機関による露骨な選挙干渉がおこなわれることもあった。また，日中戦争，三国同盟など，全体主義的総力戦体制が色濃くなった1940年に，近衛内閣の音頭で既成政党が自主的に解散して発足した「大政翼賛会」は，ドイツやソ連の一党独裁制ほど強力なものではないが，やはり複数政党制・自由選挙の否定形態である。日本国憲法のもとでは当然許されない。

ところで，多数説は，憲法上の自由選挙権は「棄権の自由」の保障も含むと理解している（芦部250頁）。有権者の選択の自由には棄権も含まれるという考え方である。しかし，国際社会では，自由選挙とは，複数政党制のもとで，野党への弾圧や開票の不正など国家権力による選挙妨害なしに実施される選挙と

◆ Ⅱ ◆ 選 挙 権

理解されており，投票率の極端な低下を防ぐため，棄権者に低額の科料を課すような仕組み（「強制投票制」とよばれる）が，自由選挙の否定だとは考えられていない。現行公職選挙法には，強制投票制は存在しないが，制裁の如何を問わずその導入がただちに違憲だとまではいえないだろう。

⑤ **直接選挙** 直接選挙とは，有権者の投票の結果によって公職の当選者が決定される選挙制度である。これに対して，有権者が「中間選挙人」を選出し，中間選挙人が公職就任者を選出する制度が，間接選挙である。また，市議会議員が市長を互選する仕組みのように，ある公職者が別の公職者を選出する制度は「複選制」とよばれ，特定の公職者を選出する職務だけのために中間選挙人が選出される間接選挙とは区別されている。アメリカ合衆国の大統領選挙は，今日でも形式は大統領選挙人によって大統領が選出される間接選挙であるが，実質的には一般有権者による直接選挙であることはよく知られている。また複選制の有名な例は，現行フランス上院の選挙である。

間接選挙・複選制は，一般有権者の意思で公職者を決定しないことによって，民主主義を弱めることを意図する制度である。日本の場合，第二次大戦前には，都道府県知事が内務大臣任命の「官選知事」であり，市町村長も市町村会議員によって互選されていた。これに対して，日本国憲法では，地方自治の拡充を意図して，地方自治の章のなかに「地方公共団体の長，その議会の議員及び法律の定めるその他の吏員は，その地方公共団体の住民が，直接これを選挙する」という規定が設けられた（93条2項）。

日本国憲法は，国会議員選挙については，直接選挙の明文規定を欠いている。しかし，多数説は，衆参両院は「選挙された議員でこれを組織する」とする43条1項が直接選挙の保障を含むと解してきた。しかし，憲法が両院制を採用していることを根拠に，参議院については間接選挙の採用も許されるとする有力説もある（宮沢・全訂355頁，大石Ⅰ97頁）。

(3) **まとめ**

314

憲法15条・43条・44条・93条によって，国民（有権者）は，国政選挙および地方選挙において，普通・平等・秘密・自由・直接選挙制度のもとで投票する権利を保障されている。

◆ 3　選挙権の具体化と制限

315　**(1)　選挙制度と立法裁量**

　憲法44条本文は,「両議院の議員及びその選挙人の資格は,法律でこれを定める」とし,47条は,「選挙区,投票の方法その他両議院の議員の選挙に関する事項は,法律でこれを定める」としている。また,憲法92条は,「地方公共団体の組織及び運営に関する事項は,地方自治の本旨に基いて,法律でこれを定める」と規定している。

　このように憲法は,選挙権の具体化を含む選挙制度の設営について,立法者に広汎な裁量権を与えている。しかし,上述した憲法上の選挙権の5つの内容は,こうした立法裁量の限界をなす。したがって,その制限は,選挙権侵害の問題を生ずることになる。

316　**(2)　選挙権制限の例**

　選挙制度の設営や運用のあり方が,選挙権の侵害とならないかという点について,これまで問題となった代表的なテーマには,以下のものがある。

　① 選挙権行使自体の否定　　選挙権の制限には,立法者の制度設計によって,そもそも選挙権の行使自体が認められていないケースも含まれる。過去に問題となった例としては,公職選挙法の改正によって在宅投票制度が廃止されたケース,同じく公職選挙法上,在外国民の投票制度が設けられていなかったケースがあげられる。

　② 議員定数不均衡問題　　1960年代には,1人1票という平等選挙の原則は「投票価値の平等」も含むという憲法解釈が次第に有力になっていった。その結果,人口の都市部への集中現象が続くなか,立法者が選挙区割りを見直さないことに起因する議員定数1人あたり有権者数の選挙区間較差が,平等選挙権の侵害にならないかが憲法問題として意識されるようになった。

　③ 選挙運動の規制　　公職選挙法にはさまざまな選挙運動の規制がある。これらは,自由選挙権の制限として,違憲の問題を生ずる。問題となった例としては,公職選挙法129条の事前運動の禁止,同法138条1項の戸別訪問の禁止(53),同法142条以下の選挙運動用文書図画の規制などがある（野中＝中村＝高橋＝高見Ⅱ23頁以下）。

　④ 秘密選挙の制限　　秘密選挙の保護と選挙の公正の確保とが,緊張関係に

◆ Ⅱ ◆ 選 挙 権

立つ場合がある。具体的には，選挙無効訴訟・当選無効訴訟や，選挙犯罪の刑事訴訟で，選挙人の投票内容を調査することは許されるかという問題である。

◆ 4　選挙権の制限の合憲性審査

(1) 概　観

選挙権の制限が問題となった上述①～④は，それぞれ問題の性質が異なり，裁判所の合憲性審査のスタンスも異なっているので，テーマごとの理解が必要である。

(2) 選挙権行使自体の否定の合憲性審査

選挙権行使自体の否定の問題としては，立法者がそもそも法律を制定していないか（立法不作為），あるいは法律を改正することによって（立法行為），あるカテゴリーの人に選挙権行使の機会を与えないことが，憲法15条等の参政権の侵害にあたらないかが争われた。

この点について，**在外国民選挙権訴訟判決**（最大判平成17・9・14民集59巻7号2087頁。301も参照）は，「立法の内容又は立法不作為が国民に憲法上保障されている権利を違法に侵害するものであることが明白な場合［要件1］や，国民に憲法上保障されている権利行使の機会を確保するために所要の立法措置を執ることが必要不可欠であり，それが明白であるにもかかわらず，国会が正当な理由なく長期にわたってこれを怠る場合［要件2］などには，例外的に」国会の行為の国家賠償責任が成立するとし，この事案では，公職選挙法が長く在外国民の投票制度を設けず，制度化したのちも比例代表選挙に限定してきたことが要件2にあたるとして，国家賠償請求を認容した。うがった見方をすれば，判例のあげた［要件2］は，まさに選挙権という権利の制度依存性に着目して，この事案を念頭に置いて定立されたとも推測される。

(3) 選挙運動規制の合憲性審査

公職選挙法による選挙運動規制は，ふつう表現の自由の規制の問題と捉えられている。この本でも，政治的表現の自由の規制の問題として言及した(53)。しかし，選挙運動規制は，候補者の自由な選挙運動の規制，有権者の自由な選択の規制という意味で，自由選挙権の制限と構成することも可能である。

(4) 議員定数不均衡の合憲性審査

上述のように，憲法による平等選挙権の保障は，複数投票制のような制度的

259

な不平等選挙を禁止するのみならず，投票価値の（計算上の）平等の保護も含むと解釈され，法律によって選挙区に割り振られた議員定数1人あたりの人口比の較差が，場合によっては平等選挙権侵害となると考えられるようになった。衆議院・参議院・地方議会のそれぞれについて問題となり，最高裁の違憲判決も存在する重要なテーマである。

① 衆議院の議員定数不均衡の合憲性審査（中選挙区制時代）

(ア) **最大判昭和51・4・14**（民集30巻3号223頁）

(a) **事実関係**　1972年の総選挙当時，議員1人あたり人口最大区と最小区の較差は，4.99：1であった。このような較差のもとでの選挙について，千葉1区の有権者が，公職選挙法204条にもとづく選挙無効訴訟を東京高裁に提起した。なお，原告の所属する千葉1区と，人口最小区である兵庫5区との較差は，4.81：1であった。

(b) **法的問題**　4つの重要な論点があるので，以下に分説しておく。

第1の論点として，訴訟形式の問題がある。本来，公職選挙法204条は，開票の不正など選挙が違法に執行された当該選挙区の選挙を無効として，再選挙をおこなわせるための制度であるから（現行公選法109条4号，33条の2第1項参照），公職選挙法自体の違憲を理由とする訴訟まで予定したものではない。しかし，最高裁は，「他に是正を求める機会はない」として，本件訴訟の適法性を認めた。

第2の論点は，投票価値の平等の意味理解である。最高裁は，投票価値の平等が憲法14条1項，15条1項，44条但書等で保障されているとし，「各選挙区における選挙人の数と選挙される議員の数との比率上，各選挙人が自己の選ぶ候補者に投じた一票がその者を議員として当選させるために寄与する効果に大小が生ずる場合も」，投票価値の不平等の一場合だとして，投票価値の平等を，結局，「議員定数1人あたり人口の選挙区間比例（人口比例原則）」に還元した。いわゆる中選挙区制のもとで，たとえば人口100万人のA選挙区に法律で5議席が割り振られ，人口20万人のB選挙区にも同様に5議席割り振られているとすれば，A選挙区とB選挙区の議員1人あたり人口には5：1の較差があるということになる。

第3の論点は，合憲性の判断方法である。最高裁は，広汎な立法裁量と定数配分見直しのための合理的期間を認め，これらを考慮してもなお許容限度を超

◆ Ⅱ ◆ 選 挙 権

える場合には違憲となるとする。まず，選挙制度の具体化は憲法上国会に委ねられた裁量事項であり，裁量にあたっては，非人口的要素（都道府県という単位，従来の選挙の実績，選挙区としてのまとまり，市町村などの行政区画，面積の大小，人口密度，住民構成，交通事情，地理的状況等諸般の事情）も考慮することが許される。ただし，国会が通常考慮しうるこれらの要素について「しんしゃく」してもなお，較差が「一般的に合理性を有するものとはとうてい考えられない程度に達しているときは」違憲となる。

さらに，較差が違憲状態となっても，公職選挙法をただちに違憲とすべきではなく，「合理的期間内における是正が……行われない場合に初めて憲法違反と断ぜられる」というのである。

事案について最高裁は，本件選挙時，議員１人あたり人口の較差が約５：１であったこと，1964 年の公選法改正から本件 1972 年 12 月総選挙まで，８年半にわたって較差の拡大が放置されてきたことを理由に，違憲と判断した。

第４の論点として，違憲判断の及ぶ範囲と判決の効力の問題がある。法廷意見は，公選法別表第一（衆議院議員の定数配分規定）を一体不可分のものと捉え，配分規定は「単に憲法に違反する不平等を招来している部分のみでなく，全体として違憲無効の瑕疵を帯びる」とした。そうなると，違憲判断は本来選挙全体の無効を帰結することになる。しかし，４年前にさかのぼって衆議院の不存在を招きかねないことによる国政の混乱を理由に，判決主文では違憲の宣言をおこなうにとどめ，選挙無効の判決は下さなかった。いわゆる「事情判決」である（行政事件訴訟法 31 条１項参照）。

(ｲ) **最大判昭和 58・11・7**（民集 37 巻 9 号 1243 頁）　　1975 年の公選法改正で，較差は 2.92：1 に縮小したが，本件訴訟の対象となった 1980 年総選挙当時は，較差は再び 3.94：1 にまで拡大していた。最高裁は，不平等状態は一旦解消されたが再び違憲状態に達していると認定した。しかし，1975 年の改正から本件選挙まで５年，改正法の施行時点からは３年半しかたっていないことを指摘し，是正のための合理的期間が経過したと断定することはできないとして，結局，合憲判決を下した。にもかかわらず，政治家の利害が複雑にからむ公職選挙法の改正がいっこうに進まなかったため，1985 年には２回目の違憲判決が出された（**最大判昭和 60・7・17** 民集 39 巻 5 号 1100 頁）。

最高裁が，許容される較差と合理的期間について具体的な数字を示したこと

はない。しかし，この判決からは，衆議院について許容される較差はおおむね3倍，是正期間については，直近の法改正から8年程度の放置は違憲だが5年ではまだ違憲とはいえないという目安が読みとれる。これに対して，学説は従来から，非人口的要素を考慮しても，議員1人あたり人口の選挙区間較差は2：1未満でなければ1人1票の原則に反すると主張してきた（芦部136頁）。

② **衆議院の議員定数不均衡の合憲性審査**（小選挙区・比例代表並立制時代）

(ｱ) **1994年の衆議院選挙制度改革**　1994年の公職選挙法改正で，70年の歴史をもつ「中選挙区制」が廃止され，「小選挙区・比例代表並立制」が導入された。新制度は，300議席を小選挙区制で選出し，180議席（当初は200議席）を全国11ブロック別集計による厳正拘束名簿式の比例代表制で選出する仕組みである。ブロック別集計の比例代表制についても議員定数不均衡問題は生ずるが，議員定数の不均衡が特に重大な問題となるのは小選挙区制である。

新制度では，内閣府のもとに「衆議院議員選挙区画定審議会」が設置された。衆議院議員選挙区画定審議会設置法は，47都道府県に選挙区を1つずつ設けた残り（現行の議席数の場合300−47＝253）を人口比例で都道府県に配分して小選挙区を設置すること，各選挙区間の較差を2分の1未満にとどめるのを基本とすることを規定した（法3条）。そして，選挙区画定審議会が，直近の国勢調査にもとづいて，必要と考えれば選挙区割りの変更を総理大臣に勧告し，総理大臣はこの勧告を国会に報告することとなった（法2条・5条）。法3条は，従来からの学説の主張の立法化として注目される。

(ｲ) **最大判平成11・11・10**（民集53巻8号1441頁）　公選法改正後はじめての1996年衆議院議員総選挙時，小選挙区間の較差は2.309：1に達していた。最高裁は，選挙区割りに際して無視できない「基礎的な要素」としての都道府県の尊重，過疎化現象への配慮など，国会は非人口的要素も考慮することが許されていることを理由に，選挙区画定審議会法の議席配分方法は立法裁量を逸脱するとはいえないし，較差もまだ不合理な程度に達したとまではいえないと判断した。しかし，2009年8月の総選挙時の較差2.30：1について，大阪・広島・福岡・名古屋高裁が違憲判断，東京・高松・福岡高裁那覇支部が違憲状態を認める判断をそれぞれ示して注目されている。

③ **参議院の議員定数不均衡の合憲性審査**（最大判昭和58・4・27民集37巻3号345頁，最判昭和63・10・21判時1321号123頁，最大判平成16・1・14民集58巻1号56頁，最大判

◆ Ⅲ ◆ 被選挙権

平成 18・10・4 民集 60 巻 8 号 2696 頁，最大判平成 21・9・30 判時 2053 号 18 頁）

　都道府県を選挙区として実施される参議院選挙区選挙では，人口移動に伴う選挙区間の議員 1 人あたり人口の較差が著しい。しかし，最高裁は，憲法 46 条が参議院の半数改選制を定めていることから，人口の多寡にかかわらず 1 選挙区に最低 2 議席割り振ることに合理性があること，憲法 42 条の定める両院制のもとで，参議院に地域代表の性格もあわせもたせることには合理性があることなど，参議院の特殊性を根拠として，5.26：1（昭和 58 年判決），5.85：1（昭和 63 年判決），5.06：1（平成 16 年判決），5.13：1（平成 18 年判決），4.86：1（平成 21 年判決）などの較差を合憲と判断してきた。また，**最大判平成 8・9・11**（民集 50 巻 8 号 2283 頁）は，較差 6.59：1 を違憲状態としながら，合理的期間を徒過していないとして合憲判決を下した。

　ここから，参議院選挙区選挙に関して，従来最高裁が想定してきた較差の許容限度は，おおむね 6：1 未満であったことが推測される。しかし，平成 16 年判決には 6 裁判官，平成 18 年判決と平成 21 年判決にはそれぞれ 5 裁判官の反対意見があり，参議院選挙についても較差 2：1 未満を原則と考える最高裁裁判官も現れるようになった。平成 21 年判決の法廷意見は，平成 16 年判決を受けた公職選挙法改正によって，較差が 5.13：1 から 4.86：1 に縮小したこと，参議院内部で今後も検討が続けられる予定であることを指摘して，較差を違憲とは認定しなかったものの，「なお大きな不平等が存する状態である」として，選挙制度自体の見直しまで視野に入れた改正を強く促している点が注目される。他方，有力な学説は，衆参両院を等しく国民代表と位置づける憲法 43 条からして，参議院の地域代表性を安易に認める判例の憲法解釈には根拠が乏しいとして，せいぜい 2：1 未満をやや緩和できる程度だと主張してきた（芦部 140 頁）。

Ⅲ　被選挙権

(1)　**被 選 挙**　　　　　　　　　　　　　　　　　　　　　　　　　321

「被選挙」とは文字どおり「選挙される」ということである。

(2)　**被 選 挙 権**　　　　　　　　　　　　　　　　　　　　　　　　322

それでは，選挙される「権」とは何か。多数説は，選挙権と同様，被選挙権

にも二重の意味があるとする。すなわち，被選挙権とは，選挙によって選出された者が当選人となる資格（被選挙資格）を意味すると同時に，立候補する権利（立候補の自由）も意味するというのである。

憲法は被選挙権についての明文規定を欠くため，学説には，被選挙権（立候補の権利）を憲法上の権利とみなす必要はないとする少数説もあるが（高橋276〜277頁），通説は，15条には被選挙権の保障も含まれると解してきた（芦部246頁，佐藤109頁，野中＝中村＝高橋＝高見Ⅰ515頁，辻村334頁）。「両議院の議員……の資格」を法律事項とする44条本文も，意味上，被選挙権の保障を含むと解すべきだろう。

最高裁も，**三井美唄炭鉱労組事件判決**（最大判昭和43・12・4刑集22巻13号1425頁）で，「憲法15条1項には，被選挙権者，特にその立候補の自由について，直接には規定していないが，これもまた，同条同項の保障する重要な基本的人権の一つと解すべきである」と述べて，被選挙権が権利の面をもち，その具体的内容が立候補の自由であること，立候補の自由が憲法15条1項で保障されていることを認めた。

323　**(3)　被選挙権の制限とその合憲性**

現行法上，国と地方の一般職の公務員は，一般職公務員の政治的中立性保持のためとして，公職選挙での立候補を禁止されている（公選法89条1項，国家公務員法102条2項）。しかし，当選後の兼職禁止を超えて，立候補まで全面禁止することは，被選挙権の過剰規制であって違憲だとする学説もある（渋谷426頁）。

第24章　個人の尊重と幸福追求権

I　個人の尊重

◆ 1　「個人として尊重される」

　13条前段は「すべて国民は，個人として尊重される」と定めている。日本国憲法の人権宣言の冒頭部分に位置するこの規定は，憲法の権利条項全体に共通の「個人主義」思想を宣言する総則的規定である。しかし，この規定の「個人主義」の性格については，次のような解釈の対立がある。

　① **通説的理解**　通説は，13条前段の「個人主義」を人間尊重主義と理解し，ドイツ基本法の「人間の尊厳」の尊重規定と同旨と考えてきた。典型的な説明を引用しておこう。13条前段は，「個人主義の原理ないし人間主義を表現したものと解される」。24条2項の「個人の尊厳」も同じ意味である。「ここに個人主義とは，人間社会における価値の根元が個々の人間にあるとし，何よりも先に個人を尊重しようとする原理をいう。個人主義は，一方において，他人の犠牲において自己の利益のみを主張しようとするエゴイズムに反対し，他方において，『全体』というような個人を超えた価値のために個人を犠牲にしてかえりみない全体主義に反対し，すべての個々の人間を自主的な人格として平等に尊重しようとする。西ドイツ憲法（1949年）が，その人権宣言のはじめで，『人間の尊厳……は侵されない。これを尊重し，保護することは，すべての国家権力の義務である』（1条）というのも，同じ趣旨である」（宮沢II 213～214頁）。

　② **反対説**　これに対して，「個人の尊重」と「人間の尊厳」の尊重とは異なるという反対説もある。13条の「個人としての尊重」は，「個性の尊重」の意味であり，ドイツ基本法1条1項が「共同体の拘束を受ける人間」像の宣

言と解されているのと異なり，憲法上，特定の人間像を指定する意味をもたないというのである（ホセ・ヨンパルト「日本国憲法解釈の問題としての『個人の尊重』と『人間の尊厳』・上下」判タ 377 号 1979 年 8 頁以下・378 号 13 頁以下，押久保倫夫「個人の尊重か人間の尊厳か」法の理論 19 号 2000 年 201～205 頁など）。

　この 2 つの読み方のうち，この本では通説に立って，13 条の「個人の尊重」を「人間の尊厳の尊重」の意味に理解する。「国民を個人として尊重する」とは，国民各個人を人間として尊重するという趣旨であり，すべての個人に人間としての尊厳を認める趣旨だと解されるからである。つまり，この規定は，どのような属性をもつ人，どのような個性をもつ人，あるいはどれほど非人間的なおこないをした人も，誰もがみな国家から人間として遇されるべきだという原則の表明である。通説的理解も，憲法上の人間像を特定して，これと合致しない個人の「人間性」を否定する趣旨ではまったくない。マッカーサー草案では，「日本の封建的制度は，廃止されるべきである。すべての日本人は，人間であるが故に個人として尊重される」となっていたことや（高柳＝大友＝田中Ⅰ 273 頁），ドイツ基本法の「人間の尊厳」規定も，「生きるに値しない生命」の抹殺というナチスの行為に対する深刻・厳粛な反省から導入されたことが想起されるべきである。

　ちなみに，クローン技術等規制法（ヒトに関するクローン技術等の規制に関する法律）1 条は，クローン技術等が，その用いられ方いかんによっては，「人の尊厳の保持，人の生命及び身体の安全の確保並びに社会秩序の維持に重大な影響を与える可能性があることにかんがみ」，規制をおこなうことを謳っており，現行法では唯一，「人間の尊厳」を明文で保護法益とする法律である（127）。通説に立てば，クローン技術等規制法 1 条にいう「人の尊厳の保持」は，憲法 13 条に由来する法益だということになる。

◆ 2　「個人として尊重される」権利？

325　　学説のなかには，13 条前段は，個別の権利規定の前提となる個人主義思想の原理的表明にとどまらず，同時に独自の権利を保障した規定だとするものもある。この説によれば，13 条前段は個人の自律の核心にかかわる権利，後段は一般的自由という，それぞれ別の権利を定めた規定であり，文言上，後段の権利は公共の福祉による制約を受けるのに対して，前段の権利は受けないとさ

れる（長谷部155頁。大石Ⅱ40頁以下も，個人の尊重原理から私生活の自由，プライバシー権，奴隷的拘束の禁止を直接導き出す構成をとっている）。

　またかつては，下級審判例のなかにも，「日本国憲法のよって立つところでもある個人の尊厳という思想は，相互の人格が尊重され，不当な干渉から自我が保護されることによってはじめて確実なものになるのであって，そのためには正当な理由がなく他人の私事を公開することが許されてはならないことは言うまでもない」と述べて，「個人の尊厳」からプライバシー権が導かれることを示唆する例があった（後述「宴のあと」事件判決：東京地判昭39・9・28下民集15巻9号2361頁）。

　しかし，通説は，13条前段の「個人の尊重」規定を，憲法上の基本原理を表明した規定であって，権利規定ではないと理解している（樋口＝佐藤＝中村＝浦部・注解Ⅰ254頁）。抽象的にはどの権利も公共の福祉を根拠に制限されうるが，制限がはたして公共の福祉のためと評価できるかどうかを慎重に判断することが肝心だというこの本のスタンスは，個人の尊重規定から公共の福祉の制約を受けない権利が直接導かれるという少数説の解釈とは相容れないことになるだろう。

Ⅱ 幸福追求権

◆ 1　生命・自由・幸福追求

(1)　生命・自由・幸福追求の相互関係

　13条後段は，「生命，自由及び幸福追求に対する国民の権利については，公共の福祉に反しない限り，立法その他の国政の上で，最大の尊重を必要とする」と定める。

　「生命，自由及び幸福追求」という表現は，直接的には，「われわれは，自明の真理として，すべての人は平等に造られ，造物主によって，一定の奪いがたい天賦の権利を賦与され，そのなかに生命，自由および幸福の追求の含まれることを信ずる」という，1776年アメリカ独立宣言の有名な一節に由来する。そして，アメリカ独立宣言の思想は，「生命・自由・財産」を自然法にもとづく各人の権利対象としたジョン・ロックの自然権論（10～12）に源流をもつ。

このように，「生命・自由・財産」「生命・自由・幸福追求」という表現は，各人に帰属する法益の全体を示す標語として用いられてきたので，これを受け継いだ 13 条についても，「生命，自由及び幸福追求」とは，憲法上の権利が保護する行為・状態・法的地位の総称と理解されてきた。この流れから，学説は伝統的に，「生命」「自由」「幸福追求」という 3 つの構成要件の意味内容を個別に考察するというアプローチをとらず，全体として「幸福追求権」の保障規定と理解している。

これに対して，13 条後段を「生命権」「自由権」「幸福追求権」という 3 つの独立した権利の保障規定と読むべきだとする少数説もある（山内敏弘『人権・主権・平和』日本評論社 2003 年 5〜7 頁）。特に先端科学技術の発展との関係で，13 条後段にいう「生命」を，「生命権」という独立の権利の保護対象として再評価する試みが現れてきたことは注目される（たとえば，嶋崎健太郎「憲法における生命権の再検討」法学新報 108 巻 3 号 2001 年 31 頁以下，青柳幸一『憲法における人間の尊厳』尚学社 2009 年 143 頁以下）。

市民の生命・身体の保護は，すべての国家，すべての法秩序の主要な目的であるから，国家に対する市民の権利を承認する立憲民主主義憲法においては，国家自身によって生命・身体を害されない市民の権利も，憲法典に明文があるかどうかにかかわらず，当然保障される。日本国憲法の場合には，これを 13 条後段に含まれる「生命権」として統一的に捉える構想も十分可能である（前掲嶋崎論文，渋谷 176 頁も「ライフスタイルの自己決定権」を 13 条の「生命」を含む個別の法益に分解する）。しかし，「生命権」を 13 条の独立の権利と捉えると，解釈のバランス上は，13 条独自の「幸福追求権」「自由権」についても詰めた考察をおこなうのが自然である。その困難さを考えると，多数説のように，生命・身体に対する権利については，「ライフスタイルの自己決定権」と「環境権」の文脈で考察することが，ロー・コストという意味で合理的選択であろう。

(2) 13 条後段が独自に保護する行動・状態の範囲 ── 人格的利益と一般的自由

前述のように，第 1 に，生命・自由・幸福追求という構成要件を一括して捉えること，また後述（328）のように，第 2 に，その意味での「幸福追求権」が他の個別人権の保護対象の単なる総和にとどまらない独自の保護対象をもつと解すること，この 2 点を前提とした上で，13 条後段解釈の最大の争点は，13

◆ Ⅱ ◆ 幸福追求権

条後段が独自に保護している行為・状態・法的地位の範囲をどのように理解するかという問題であった。この点については，狭い理解（人格的利益説）と広い理解（一般的自由説）の対立がある。

① **人格的利益説（人格的生存説）**　幸福追求権は，個別の人権規定で保護されない行為・状態・法的地位のすべてを保護対象とするわけではなく，「個人の人格的生存に不可欠な」（芦部115頁）行為・状態・法的地位だけを保護対象とするという説である。この説の代表者の説明を聞いておこう。

「『幸福追求権』とは，人格的自律の存在として自己を主張し，そのような存在であり続ける上で必要不可欠な権利・自由を包摂する包括的な主観的権利である。このように，『幸福追求権』は，人格的自律性を基本的特性としつつ，各種の権利・自由を包摂する包括性を備えているものであって，『基幹的な人格的自律権』とでも称しうる性質のものである。それは，人間の一人ひとりが〝自らの生の作者である〟ことに本質的価値を認めて，それに必要不可欠な権利・自由の保障を一般的に宣言したものである」（佐藤448頁）。

② **一般的自由説**　これに対して，一般的自由説とは，幸福追求権は個別の人権規定で保護されると解釈できない行為・状態・法的地位を広く保護対象としていると考える説である。しばしば，「一般的行為自由説」とよばれるが，行為のみならず状態や法的地位の保護も想定されているので，よび方としては正確でない。

一般的自由説にも，さらに広狭2つの見解がある。広義説は，殺人・強姦・窃盗などの純然たる他者加害行為も，形式論としては「一応」幸福追求権の保護対象であるが，他者の重大な法益侵害を理由として，合憲的に規制できるという法的構成をとる（内野正幸『憲法解釈の論理と体系』日本評論社1991年323〜326頁）。これに対して，狭義説は，純然たる他者加害行為は，そもそも幸福追求権の保護対象ではないと考える。狭義説の代表者のことばを引いておこう。「国家権力を制限して個人の権利・自由を擁護することを目的とする近代立憲主義の理念に照らせば，個人の自由は広く保護されなければならないと解される。散歩，登山，海水浴，自動車の運転など，たとえ個人の行為に人格的価値が認められない行為であっても，国家は正当な理由なく制限してはならないのであって，その意味で，憲法上の保護は個人の自由な行為に広く及ぶと解するのが妥当である」（戸波176〜177頁）。「一般的自由があらゆる自由を取り込むと

すれば，殺人の自由，自殺の自由，強盗の自由なども憲法上の権利行使となり，常識に反するという批判があり，これには理由がある。そこで，一般的自由にも限界があり，それを『他人の権利を侵害しない』ということに求めるのが妥当である」（戸波江二「幸福追求権の構造」公法研究58号1996年18頁）。

　広義の一般的自由説は，常識に反するのみならず，人権思想の出発点であるロック的な自然権論（10～12）とも相容れない。他方，人格的利益説も，伝統的な人権がけっして道徳的に高く評価される行為だけを保護対象としてきたわけではなく，他人からみれば無意味な行為や愚かな行為も保護してきたこととバランスがとれない。また，人格的利益説が，「人格的生存」にとって不可欠な行為・状態・法的地位であるか否かの判断を本人に委ねる趣旨であれば，人格的利益説は実質的には一般的自由説と変わりがないことになる。これらの点を考慮するならば，純然たる他者加害かどうかの判断に困難を伴う場合もあるが，狭義の一般的自由説が穏当であろう。

◆ 2　生命・自由・幸福追求の権利

(1)　独自の権利性の問題

　① **否　定　説**　憲法制定後の10数年間は，「生命，自由及び幸福追求に対する国民の権利」とは，一般原則の宣言ないし個別の具体的人権の総和であって，14条以下とは別の独立の権利を保障したものではないという見方が主流だった（美濃部・原論145頁）。今日の憲法学説にも，具体的権利性を否定する少数説がある（伊藤229頁）。

　② **肯　定　説**　しかし，高度成長期に入って日本社会が大きく変貌してきた1960年代半ばになると，14条以下に列挙された権利規定で保護されていると主張することがむずかしい行為や状態についても，憲法上の保護を求める要求が切実となり，これと連動して，13条後段を「新しい人権」の根拠規定として見直す見解が現れるようになった（種谷春洋「生命，自由及び幸福追求の権利(1)」岡山大学法経学会雑誌14巻3号1964年55頁）。こうした見解が急速に支持され，通説的地位を確立して現在に至っている。最高裁も1969年の「京都府学連事件判決」以降，憲法13条が独自の具体的権利保障規定であることを承認している（339）。

　すなわち，通説・判例は，13条後段が，14条以下では保障されていない独

◆ Ⅱ ◆ 幸福追求権

自の，しかも裁判的救済を得られる具体的な権利の根拠規定となることを認めている。13条後段の「公共の福祉」は単なる訓示にすぎず，すべての人権の制約根拠となるわけではないとする学説（法協・註解上339頁）が支持されない主たる理由も，それでは13条後段を独自の権利規定と読むことが難しくなる点にあった（芦部98頁。19参照）。

(2) **権利の性格**　　　　　　　　　　　　　　　　　　　　　　　　　329

13条後段が独自に保障する幸福追求権は，自由権の一種だという説明も見受けられるが（芦部257頁），幸福追求権から導かれるプライバシー権については，個人情報の開示請求権，すなわち一種の給付請求権を含むという理解が一般的であることからわかるように（芦部118頁），通説は，じつは幸福追求権を自由権的側面と社会権的側面を含む複合的な権利だと理解していることになる（佐藤功・註釈上195頁）。

(3) **幸福追求権の内容**　　　　　　　　　　　　　　　　　　　　　　330

以上の説明をまとめると，次のようになる。市民は，13条後段の幸福追求権によって，「他の人権ではカバーされず，純然たる他者加害ではない行為・状態・法的地位全般を国家から妨害されない権利と，場合によってはこうした行為・状態・法的地位の積極的保護を国家に求める権利」を保障されている。

◆ 3　生命・自由・幸福追求の権利の具体化

憲法上の個別的な権利のなかにも，たとえば，財産権や生存権のように，具　　331
体化を必要とするものがあった。これらの権利の場合，具体化の任務を負うのは第一次的には立法者である。これに対して，幸福追求権を具体化することが求められているのは，すなわち，「他の個別人権では保護されず，純然たる他者加害ではない行為・状態・法的地位」の中身を具体化することが求められているのは，国家ではなく一般市民である。この点に，市民の新たな人権主張の受け皿として，幸福追求権がもつ独自の重大な意義がある。

なお，幸福追求権から具体的権利が導き出されるためには，その具体的権利を承認する社会意識の存在が必要だとする学説もあるが（芦部117〜118頁，戸波175〜176頁），権利保障の機能が少数者の保護であることを考えると，この学説が13条後段を根拠とする新しい人権の成立を多数者の意識に依存させる趣旨だとすれば，適切な13条解釈とはいえないだろう。

◆ 4　生命・自由・幸福追求の権利の制限の合憲性審査

332　以上のように，幸福追求権は，市民のイニシアティヴによって新しい具体的権利が誕生する母体であるから，幸福追求権一般の制限の合憲性審査のあり方を論ずることは困難であるし，不適切でもある。

　ただし，人格的利益説をとれば，幸福追求権の保護対象は，人格的生存に不可欠な行為・状態・法的地位に限定されるので，人格的生存に不可欠とはいえないと評価される行為等の規制については，そもそも幸福追求権侵害の可能性がなく，したがって，合憲性審査のあり方を論ずるまでもないことになる。しかし，現実の人格的利益説論者は，喫煙であれ，飲酒であれ，とりあえず何であれ，少なくとも当該事案では人格的生存に不可欠と評価しておいて，その規制の合憲性について厳格な審査を要求するという発想をとることが多いようである。

Ⅲ　プライバシー権

◆ 1　プライバシー

333　**(1) 古典的プライバシー観念 ── 私生活の秘密保持**

　13条後段を根拠として，今日確立した権利として承認されているのが，プライバシー権である。そこで以下では，プライバシー権の保護対象，プライバシー権の内容，その制限および制限の合憲性について，これまでの議論を概観することにしよう。

　まず，この権利の保護対象である「プライバシー」の観念を確認しておかなければならない。19世紀後半のアメリカで，ゴシップ専門の「イエロー・ジャーナリズム」が急速に発展し，とりわけ有名人の私生活の平穏が脅かされるようになったことを直接の契機として，1890年にウォーレンとブランダイスという2人の弁護士が，共著で「プライバシーへの権利 The Right to Privacy」という論文を発表した。これがプライバシー権提唱の先駆とされる。この論文は，プライバシー権を，「ひとりにしておいてもらう権利 right to be let alone」と定式化している。すなわち，古典的なプライバシーの観念は，「ひと

りにしておいてもらう」状態，言い換えると「私生活の秘密と平穏が保持されている状態」である。

(2) 現代日本のプライバシー観念 ── 情報プライバシー　　334

　今日でも，プライバシー概念の中核が，各人の私生活の秘密保持であることに変わりはない。しかし，コンピュータ社会の到来によって，自宅の壁の内側を他人の目から守るという発想だけでは，私生活の秘密を保持することはできなくなった。氏名・住所・電話番号などの単純個人識別情報から，預貯金の口座記録，クレジットカードの利用記録，病院の診療記録，学校の成績原簿など，さまざまな個人情報が電磁的記録で作成保存されるようになったため，これらを結合すれば，本人のあずかり知らないところで，その人の人物像，価値観，私生活を描き出し，この情報を行政活動やビジネスに利用することが可能になったからである。そこで，現代日本の憲法学は，プライバシーの観念を再構成し，このような「個人情報の収集・利用を本人がコントロールできる状態」をプライバシーと捉えるようになった。

(3) アメリカ法の広義のプライバシー ── 自己決定　　335

　なお，日本のプライバシー権論の輸入元ともいえるアメリカ法のプライバシー観念は，こうした「情報プライバシー」の観念よりもさらに広義なので注意が必要である。合衆国最高裁の判例では，たとえば夫婦の性的自己決定や，妊婦の妊娠中絶が，プライバシー権の問題として取り扱われてきた。このような人生のさまざまな局面における自己決定は，日本の憲法学ではプライバシー権の保護対象とは別枠で論じられている（後述「ライフスタイルの自己決定権」。346以下参照）。

◆ 2　プライバシー権

(1) 古典的プライバシー権　　336

　日本で裁判所がプライバシー権をはじめて承認したのは，1964年の「宴のあと」事件東京地裁判決である（後述）。この判決は，民法上のプライバシー権を「私生活をみだりに公開されない権利」と定義した。「宴のあと」事件は，モデル小説による私事の公開が争われた事案であったため，「私事を公開されない状態」を保護対象とみているが，私事の公開（暴露）以前に，そもそも「盗撮・盗聴などによる私生活への侵入を受けない状態」も，当然プライバ

シー権の保護対象であるから，古典的プライバシー権は，「私生活に侵入され，私生活の内容を暴露されない権利」と捉えられるべきであろう。この権利は，もともと他の市民に対して主張できる権利として構想されているが（民法上のプライバシー権），同時に，国家に対しても主張できると考えられている（憲法上のプライバシー権）。後者の根拠条文が新しい権利の受け皿である憲法13条なのである。

つまり，憲法13条は，「国家から私生活に侵入され，私生活の秘密を開示されない市民の権利」を保障しているということになる。

337　**(2) 現代的プライバシー権 ── 自己情報コントロール権**

しかし，学説は，上述のようにプライバシーの観念を拡張的に捉えるようになり，これに対応して，プライバシー権の概念も「自己情報コントロール権」として拡張的に捉えている。

すなわち，憲法13条は，「国家による個人情報の収集・保存・利用をコントロールする市民の権利」を保障しているということである（芦部118頁，佐藤454頁，戸波182頁）。

◆ 3　プライバシー権の制限

338　国家によるプライバシー権の制限には，個人情報の収集の局面と，収集した個人情報の提供の局面がある。収集の局面についてこれまで判例で問題となった事案には，警察による市民の容ぼう・姿態の撮影や録画，外国人に対する指紋押なつの強制，「住基ネットワーク」の構築などがあり，提供の局面について問題となった事案には，前科情報の提供などがある。

なお，直接には国家対市民の紛争ではないが，現代社会においては，報道によるプライバシー権侵害の問題も重要である。これについては，報道の自由と名誉権の関係に付随して取り上げた(78)。

◆ 4　プライバシー権の制限の合憲性審査

339　**(1) 判例の流れ**

上述のように，日本の裁判所がはじめて明示的にプライバシー権を承認したのは，1964年の「宴のあと」事件東京地裁判決である。原告の死亡により，控訴審で遺族と被告が和解して事件が決着したため，下級審判決であるにもか

◆ Ⅲ ◆ プライバシー権

かわらず，この東京地裁判決がのちの判例に大きな影響を与えた。

　他方，最高裁は，長い間プライバシーという用語を避け，この言葉を使うようになってからも，プライバシー概念を体系化することはまったくしていない。しかし，個別の事案ごとに，学説がプライバシーの一部と見なす状態の法的保護を認めてきたので，学説はふつう，最高裁も憲法および民法上の「プライバシー権」を承認していると理解している。以下，最も代表的な判決の概要をみておこう。プライバシーという用語とその意味内容に関する最高裁の態度の変化にも注目しておきたい。

　①**「宴のあと」事件判決**（東京地判昭和 39・9・28 下民集 15 巻 9 号 2317 頁）　三島由紀夫の小説『宴のあと』の登場人物のモデルとなった政治家が，プライバシー権侵害の不法行為だとして謝罪広告と損害賠償を求めた訴訟である。

　東京地裁は，プライバシー権を「私生活をみだりに公開されないという法的保障ないし権利」と定義し，この意味のプライバシー権が日本でも民法上保護され，その侵害が不法行為となることを認めた。

　モデル小説によるプライバシー権侵害が争われている事案では，まず第 1 に，登場人物と実在の人物の同一性を読者が確認できるかどうかが出発点となる。これを「同定可能性」という。「宴のあと」判決などの諸判決は，一般読者による「同定可能性」を当然の前提としてきたが，「石に泳ぐ魚」事件判決は，事案によってはモデルとされた人物の周囲の人々が同一性を確認できるだけで，プライバシー権侵害が成立しうるとしている (78)。

　「宴のあと」判決によると，同定可能性がある場合には，公開された内容が，㋐「私生活上の事実または私生活上の事実らしく受け取られるおそれのあることがらであること」，㋑「一般人の感受性を基準として当該私人の立場に立った場合公開を欲しないであろうと認められることがらであること」，㋒「一般の人々に未だ知られていない事柄であること」，この 3 要件が充足されることによって，プライバシー権侵害が成立する。

　その上で，判決は，さらに特段の違法性阻却事由が存在するかどうかを審査すべきだとしている。ただし，本件の具体的事実関係については，違法性阻却事由の存在を認めなかった。

　このように，「宴のあと」事件は，純然たる民事事件であるが，裁判所が憲法 13 条も引きつつ，はじめてプライバシー権の存在を承認した判決として，

憲法学でも取り上げられてきた。
　② **京都府学連事件判決**（最大判昭和44・12・24刑集23巻12号1625頁）
　(ア) **事実関係**　　本件は，プライバシー権の保護対象の一部と考えられる各人の「容ぼう・姿態」に対する国家の介入が問題となったことで，実質的には，憲法上のプライバシー権の侵害がはじめて争われた事件である。

　警察官が，許可条件違反のデモ行進の参加者を，本人たちの承諾なしに写真撮影していたところ，参加者から暴行を受けたということで，当該参加者が公務執行妨害罪等で起訴された刑事事件である。被告人は，公安条例の違憲性などとともに，本件撮影は憲法上の肖像権を侵害する違法な行為だとして，無罪を主張した。

　(イ) **裁判所の判断**　　最高裁によれば，憲法13条は，「国民の私生活上の自由が，警察権等の国家権力の行使に対しても保護されるべきことを規定」したもので，こうした「私生活上の自由の一つとして，何人も，その承諾なしに，みだりにその容ぼう・姿態を撮影されない自由を有する」。

　しかし，最高裁は，この自由も公共の福祉のための制約は受けるとし，(ア)「現に犯罪が行われもしくは行われたのち間がないと認められる場合であって」（現行犯性），(イ)「しかも証拠保全の必要性および緊急性があり」（証拠保全の必要性・緊急性），(ウ)「かつその撮影が一般的に許容される限度をこえない相当な方法をもって行われるとき」（撮影方法の相当性）は，相手方の承諾がなく，裁判官の令状もなくても，警察官による犯罪捜査のための写真撮影が許されるとした。

　(ウ) **本件判決の意義**　　この判決は，第1に，「国家から容ぼう・姿態を撮影されない状態」を幸福追求権の保護対象と認めたこと，第2に，刑事訴訟法の明文の根拠すら存在しないにもかかわらず，最高裁自身が合憲となるための要件を定立し，この3要件の充足を条件としてこのような写真撮影行為を許容したこと，第3に，「肖像権」に関する判例理論の展開（344，345）の出発点となったことで注目される。

　③ **前科照会事件判決**（最判昭和56・4・14民集35巻3号620頁）
　(ア) **事実関係**　　弁護士が訴訟活動のために，弁護士法にもとづいて，弁護士会経由の弁護士照会制度を利用して，京都市に訴訟の相手方の前科を照会したところ，市側がこれに応じた。そこで，前科を明らかにされた人物が，京

◆ Ⅲ ◆ プライバシー権

都市を相手取って国家賠償請求訴訟を起こした事案である。

(イ) **裁判所の判断**　最高裁は，前科等は「人の名誉，信用に直接にかかわる事項であり，前科等のある者もこれをみだりに公開されないという法律上の保護に値する利益を有する」とした上で，事案については，照会申出書に「中央労働委員会，京都地方裁判所に提出するため」という記載しかないのに，漫然とこれに応じたことは公権力の違法な行使にあたると認めた。

(ウ) **本件判決の意義**　この判決は，憲法論にはふれず，国家賠償法上の権利侵害のレベルで事案を処理した。たとえ弁護士照会への対応であっても，公務員が事情を慎重に確認せず，漫然と前科を開示すれば違法となることは示されたが，前科の開示が違法とならない一般的要件を明らかにしたわけではない。

なお，この判決には，事案を正面からプライバシー権侵害の問題と捉え，前科は個人情報のなかでも最も他人に知られたくないものであるから，裁判のための公開であっても，「その公開が公正な裁判の実現のために必須のものであり，他に代わるべき立証手段がないときなどのように，プライバシーに優越する利益が存在するのでなければ」許されないとする伊藤正己補足意見が付されている。利益衡量の手法を明確化しており，この問題を考える際の参考となる。

④ **指紋押なつ事件判決**（最判平成7・12・15刑集49巻10号842頁）

(ア) **事実関係と裁判所の判断**　外国人登録法は，1999年の改正まで，外国人に対して指紋押なつを義務づけていた。本件は，押なつを拒否した外国人が，外国人登録法違反で起訴された刑事事件である。最高裁は，京都府学連事件と同様，国家による13条後段の権利の侵害問題と捉え，以下のように「みだりに指紋押なつを強制されない自由」が憲法13条で保護されていることを認めた。しかし，外国人登録法の諮問押なつ制度については，目的手段審査をおこなった上でその合理性と必要性を肯定し，合憲の判断を示した。

「指紋は，指先の紋様であり，それ自体では個人の私生活や人格，思想，信条，良心等個人の内心に関する情報となるものではないが，性質上万人不同性，終生不変性をもつので，採取された指紋の利用方法次第では個人の私生活あるいはプライバシーが侵害される危険性がある。このような意味で，指紋の押なつ制度は，国民の私生活上の自由と密接な関連をもつものと考えられる。」「憲法13条は，国民の私生活上の自由が国家権力の行使に対して保護されるべきことを規定していると解されるので，個人の私生活上の自由の一つとして，何

277

人もみだりに指紋の押なつを強制されない自由を有する……」。

(イ) **本件判決の意義**　この判決は，最高裁の法廷意見がはじめてプライバシーという用語を使用したことで注目された。ただし，上に引用した判決文によれば，プライバシーは私生活と同義に使用されており，指紋自体をプライバシー権の保護対象とみなす学説の通念と同趣旨だとは必ずしもいえない。

なお，2006年に出入国管理及び難民認定法が改正され，今度はテロ対策の一環という位置づけで，外国人に対する指紋押なつ制度が復活した。新制度では，短期滞在者を含めて日本に入国するすべての外国人について，電子認証のために指紋が採取されることになった。旧押なつ制度とは反対に，永住資格者は採取対象から除外されている。

⑤ **早稲田大学講演会事件判決**（最判平成15・9・12判時1837号3頁）

(ア) **事実関係**　中国の江沢民国家主席の講演会が早稲田大学で開催された折，大学側は出席希望学生に氏名・住所等をあらかじめ申告させた。大学は，警察の警備当局からこの名簿の提出を求められてこれに応じた。これを知った当日の出席者が，大学を相手取ってプライバシー権の侵害を理由とする損害賠償請求訴訟を提起した事案である。

(イ) **裁判所の判断**　最高裁は，一審原告の請求を認める判断を下した。最高裁によれば，学籍番号・氏名・住所・電話番号は，単純な個人識別情報であって，秘匿の必要性は高くない。「しかし，このような個人情報についても，本人が，自己が欲しない他者にはみだりにこれを開示されたくないと考えることは自然なことであり，そのことへの期待は保護されるべきであるから，本件個人情報は，上告人らのプライバシーに係る情報として法的保護の対象となる」。

最高裁は，このケースでは警察への名簿提出について，大学側が参加予定者の承諾を得ることができない特段の事情があったとは認められないとして，「原判決の説示する本件個人情報の秘匿性の程度，開示による具体的な不利益の不存在，開示の目的の正当性と必要性などの事情は，上記結論を左右するに足りない」と判断した。

(ウ) **本件判決の意義**　私立大学による警察への情報提供の違法性が争われた民事事件であるので，厳密には国家による市民のプライバシー権侵害に関する事案ではない。そのためか，判決では憲法論はまったく展開されていない。

◆ Ⅲ ◆ プライバシー権

しかし，指紋押なつ事件判決とは異なって，この判決で最高裁ははじめて，単純な個人識別情報の自己コントロールを，明示的に（直接的には民事法上の）プライバシー権の保護対象と認めたことで注目される。判決は，一方で開示の必要性と，他方で個人情報の秘匿性の程度，開示による不利益等とを，比較衡量する審査手法をとったといえるだろう。

⑥ **住基ネット訴訟判決**（最判平成20・3・6民集62巻3号665頁）

(ア) **事実関係**　1999年に施行された改正住民基本台帳法によって，国・地方公共団体は，住民の氏名・生年月日・性別・住所・住民コード・変更情報という個人識別情報を共有するネットワーク・システムを構築した。いわゆる「住基ネット」である。国・地方公共団体は，住基ネットを逐次行政事務の効率化と住民サービスの向上に利用していく方向である。これに対して原告らは，それぞれが居住している市が住基ネットに加入したことによって，プライバシー権等の人格権を侵害されたとして，国家賠償請求訴訟を提起した。

(イ) **裁判所の判断**　控訴審は，一部「自己情報コントロール権」の侵害を認めたことで注目された（**大阪高判平成18・11・30**判時1962号11頁）。

上告を受けた最高裁も，「憲法13条は，国民の私生活上の自由が公権力に対しても保護されるべきことを規定しているものであり，個人の私生活上の自由の一つとして，何人も，個人に関する情報をみだりに第三者に開示又は公表されない自由を有するものと解される」として，早稲田大学講演会事件判決と同様，広く個人情報が開示されない状態が憲法13条の保護対象に含まれることを認めた。

しかし，住基ネットについて最高裁は，それによって管理・利用される情報は単純個人識別情報であって，「個人の内面にかかわるような秘匿性の高い情報とはいえない」こと，住民サービスの向上，行政事務の効率化という目的は正当であること，外部からの不正アクセスについては防止手段が講じられ，情報漏洩の具体的危険は存在しないことなどを理由として，行政機関が住基ネットを管理・利用する行為は，憲法13条の権利を侵害するものではないと判断した。

(2) **合憲性審査のスタンス**

以上のように，判例は，警察権の行使などの国家行為が直接問題となった刑事事件では，13条後段の権利侵害を正面から論じている。このうち，京都府

学連事件では，合憲となる要件をみずからが定立することで法律の空白を埋める「要件定立型審査」の手法がとられ，指紋押なつ事件では，外国人登録法の13条適合性について，「目的手段審査」をおこなう手法がとられた。住基ネット事件は民事訴訟であるが，直接には法令を適用する国家行為の13条適合性を，やはり目的と手段の両面から正当化した判決ということができる。

しかし，国家による個人情報の提供（前科照会事件），あるいは私人による国家への個人情報の提供（早稲田大学講演会事件）が争われた民事訴訟では，最高裁は憲法には言及せず，利益衡量論の枠組みで不法行為の成否を判断している。

他方，学説は，一般的な審査方針としては，個人の思想・信条・病歴のような「プライバシー固有情報」と，単純個人識別情報のような「プライバシー外延情報」とを区別し，前者の侵害が問題となる場合については厳格な目的手段審査，後者の侵害が問題となる場合については合理性の審査がなされるべきだという提案をおこなっている（佐藤454～455頁，芦部120～121頁）。とはいえ，プライバシー権侵害の合憲性審査について，判例批評から離れた独自の見解を学説が体系的に展開してきたとはいいがたい状況である。

IV 肖像権

◆ 1 肖像

341　ここにいう肖像とは，特定の人物の容ぼう・姿態である。容ぼう・姿態とは，いうまでもなく，ある人の顔や身体の外観を指す。

◆ 2 肖像権

342　したがって，13条後段を根拠とする肖像権とは，自分の顔や身体を，写真撮影やビデオ録画などの手段で国家によって採取されない市民の権利である。肖像権の保護対象は，自分の容ぼう・姿態を国家から採取されないという，一定の状態だということになる。

学説は，肖像権を13条後段が保障するプライバシー権の一部と位置づけてきた。しかし，判例は，肖像権の制限をめぐって，プライバシー権一般とは異なる展開を示してきたので，この本ではプライバシー権とは独立に説明してお

くことにしたい。

◆ 3　肖像権の制限

　これまで警察は，刑事訴訟法など個別の法律の明文規定なしに，犯罪の捜査や，ときには予防を目的として，市民の容ぼう・姿態の撮影・録画をおこなってきた。

◆ 4　肖像権の制限の合憲性審査

（1）　判例の流れ

　このような肖像権の制限，すなわち本人承諾のない容ぼう・姿態の写真撮影等の合憲性に関しては，以下のような一連の判例の流れがある。

　① **京都府学連事件判決**（最大判昭和 44・12・24 刑集 23 巻 12 号 1625 頁）。肖像権関係判例の出発点となったこの判決については，前項ですでに説明した。

　② **自動速度監視装置事件判決**（最判昭和 61・2・14 刑集 40 巻 1 号 48 頁）。被告人は，高速道路上の 3 箇所で，それぞれ制限速度を約 70 キロオーバーして走行中，これを感知した自動速度監視装置によって容ぼう・姿態とナンバープレートを撮影され，この写真を主たる証拠として道路交通法違反で起訴された。被告人側は，13 条の権利侵害を主張したが，最高裁は，本件撮影は京都府学連事件判決が定立した 3 つの要件を充足するとして，13 条違反の主張を斥けた。

　この判決は，現行犯罪性と証拠保全の必要性・緊急性の認定を，生身の警察官ではなく機械がおこない，人間が現場を視認していない機械による自動撮影でも足りることを認めた点で，京都府学連判決の適用範囲を拡張した意味をもつ。

　③ **釜が崎監視カメラ事件判決**（大阪地判平成 6・4・27 判時 1515 号 116 頁）。労働者の簡易宿泊所などが集中する大阪の釜が崎地区で，警察が公道上の 15 箇所に監視カメラを設置していたところ，市民団体が，その撤去等を求めて大阪府を被告とする民事訴訟を提起した。一審判決は，プライバシー権侵害と肖像権侵害とを区別してそれぞれ別々に判断し，「解放会館」前に設置された 1 台によって建物内の人物を監視することが可能であるから，プライバシー権が侵害されるとしてこの 1 台の撤去を命じたが，警察官がモニターを通じて毎日一定時間監視しているが，録画はしていないという警察の主張を根拠に，肖像権侵

害のほうは認めなかった。控訴審・上告審（最判平成10・11・12判例集未登載）も一審判決を追認している（棟居・フィールドノート37頁）。

釜が崎監視カメラ判決は，従来のような「写真機」による撮影とは異なる撮影・録画機器の進歩を受けて，モニターの視認だけで，録画していない場合には撮影とはいえないという解釈をとり，肖像権侵害の成立を限定した点に特徴がある。

④ **Nシステム訴訟判決**（東京地判平成13・2・6判時1748号144頁）。警察は，全国の高速道路を中心とした幹線道路約500箇所（この事案の提訴当時）に，すべての通過車両のナンバープレートを含む正面部分を撮影する「Nシステム」とよばれる装置を設置している。特定の車両が特定箇所を通過した事実を迅速正確に把握し，車両盗難事件や車両利用犯罪の捜査に役立てるためと説明されている。このシステムはプライバシー権を侵害するとして，市民が国家賠償請求訴訟を提起した。しかし，東京地裁は，Nシステムでは車両正面の画像は自動的に消去され，ナンバープレートの記録のみが捜査に利用されているとする警察側の主張を根拠として，そもそも画像が録画されていないことから，肖像権の制限は存在しないとし，特定個人の日常行動を跡づけられるほどの密度で設置されているわけではないという理由で，プライバシー権侵害の主張も斥けた。釜が崎判決と同様，肖像権とプライバシー権とを別々に論ずるアプローチである。なお，控訴審でも一審原告が敗訴した（東京高判平成17・1・19判タ1183号345頁。また別な訴訟の控訴審判決として東京高判平成21・1・29判タ1295号193頁，小泉良幸・平成21年度重要判例解説10頁参照）。

⑤ **最決平成20・4・15刑集62巻5号1398頁**　行方不明者のキャッシュカードを使って預金を引き出した人物について，警察がATMの防犯ビデオ映像を入手し，被疑者とこの人物との同一性を判断するため，自宅付近を歩く被疑者の容ぼうをビデオカメラで隠し撮りした。のちの刑事裁判で，これらの画像の証拠能力が争われた。

最高裁は，京都府学連事件判決は「警察官による容ぼう等の撮影が，現に犯罪が行われ又は行われた後間がないと認められる場合のほかは許されないという趣旨まで判示したものではない」として，京都府学連事件判決の射程をはじめて明示的に限定した。

決定理由のなかで，最高裁は，本件撮影を適法と判断する理由を次のように

述べている。「被告人が犯人である疑いを持つ合理的な理由が存在していたものと認められ，かつ，前記各ビデオ撮影は，強盗殺人等事件の捜査に関し，防犯ビデオに写っていた人物の容ぼう，体型等と被告人の容ぼう，体型等との同一性の有無という犯人の特定のための重要な判断に必要な限度において，公道上を歩いている被告人の容ぼう等を撮影したものであり，いずれも，通常，人が他人から容ぼう等を観察されること自体は受忍せざるを得ない場所におけるものである」。したがって，撮影は，捜査目的に必要な範囲において，相当な方法でおこなわれたものといえる。

(2) **合憲性審査のスタンス** 345

国家による写真撮影・ビデオ録画，あるいは監視カメラの設置については，その許容要件を具体的な明文で規定する法律が存在しない。判例は，こうした状況のなかで，肖像権規制の許容性の要件をみずから定立するという手法で，合憲性審査をおこなってきた。したがって，学説としては，判例が展開している要件を確認し吟味すると同時に，法律の根拠なしの規制自体の違憲性についても考える必要があるだろう。

V ライフスタイルの自己決定権

◆ 1 ライフスタイルの自己決定

(1) 自己決定と憲法上の権利 346

これまでの各章で説明してきたように，憲法上の権利はどれも，市民の何らかの行為・状態・法的地位を保護対象としている。このうち，行為の保護とは，たとえば集会に参加する，宗教団体に加入する，コンサートを開く，転職する，あるいは集会・宗教団体などに参加しない，転職しないなど，いずれも市民の作為・不作為の自己決定の保護である。財産権という法的地位の保護も，具体的には特定の財物を取得・維持・処分するといった市民の自己決定の保護を意味する。

他方，国家によって自分の個人情報を収集されたり開示されない状態(334参照)，国家によって差別的取り扱いを受けない状態(359)など，一定の状態を保護対象とする権利もある。こうした一定の状態の保護は，市民の側の作

為・不作為の保護ではない。しかし，状態を保護する権利についても，たとえば個人情報の収集や開示に対する同意，あるいは写真撮影・ビデオ録画に対する同意など，市民の側の自己決定が，権利制限の合憲性要件となることがある。

こう考えると，憲法上の権利の大半は，市民の自己決定を保護しているといってもよい。人権≒自己決定権なのである。

(2) ライフスタイルの自己決定

しかし，自己決定の対象事項はいろいろあり，そのなかには，憲法が明文で定める個別的権利の保護対象とはいえないものもある。ところが，人々の意識や社会生活の大きな変化が原因となって，個別的権利の保護対象には含まれないようなライフスタイルに関する自己決定も，13条後段の幸福追求権を媒介に保護されるという考え方が出てきた。

他の人権では保護されていないこうしたライフスタイル上の自己決定には，㋐結婚・離婚・避妊・中絶・出産といった「家族形成・リプロダクション」に関する自己決定，㋑安楽死・尊厳死・治療方針の決定といった「生命・身体の処分」に関する自己決定，㋒服装・髪型の選択，冬山登山のような危険行為など，「その他のライフスタイルの選択」に関する自己決定が含まれる。

一般に学説は，このようなライフスタイルに関する種々の自己決定も，13条後段の保護対象に含まれると理解している（芦部121〜122頁，佐藤459〜462頁）。この意味の自己決定を保護する13条の権利を，学説は特に「自己決定権」とよんでいる。上述のように，他の人権も大なり小なり自己決定を保護していることを考えると，このネーミングは必ずしも適切ではない。しかし，すでに用語法として定着しているので，この本でもこれに従う。

なお，人格的利益説に立つ論者のなかにも，服装・髪型など種々のライフスタイルに関する自己決定を13条の保護対象とみなしている例がある（たとえば芦部121頁）。もしこの見解が，一方で13条後段は人格的生存に不可欠な行為・状態・法的地位のみを保護すると理解しながら，他方でおよそ人格的生存に不可欠かどうかを問わずに，広くライフスタイルに関する自己決定を13条の保護対象と認めるのだとすれば，そこには矛盾があることになりそうだ。この矛盾を回避しようとすれば，髪型などの自己決定もすべて人格的生存に不可欠だと説明せざるをえないだろう。しかし，日常のライフスタイルに関する選択行為をすべて人格的生存に不可欠と考えるとすれば，一般的自由説との実質的な

相違は存在しないことになると思われる。

◆ 2　ライフスタイルの自己決定権

いずれにせよ，学説によれば，13条後段の幸福追求権によって，市民は，「家族形成・リプロダクションの決定，安楽死・尊厳死や治療方針の選択という生死の問題に関する決定，服装・髪型や趣味などその他のライフスタイルに関する行動の選択を，国家の介入から保護される権利」を保障される。

しかし，判例は，こうした包括的な「ライフスタイルの自己決定権」が13条で保障されるという理解を示めさず，個別事案ごとの解決に自己限定してきた。

◆ 3　ライフスタイルの自己決定権の制限

学説の立場に立てば，たとえば安楽死・尊厳死を幇助した医師の免責規定を置かない刑法，服装・髪型について詳細な規制を設ける公立学校の校則などは，いずれも，13条の自己決定権の制限ということになって，合憲性の問題を生ずる。

◆ 4　ライフスタイルの自己決定権の制限の合憲性審査

(1) パターナリズムによる権利制限の可否

「ライフスタイルの自己決定権」の制限の合憲性を論ずる際には，他人（憲法上の権利に関しては国家）は，本人の意思に反しても，本人の利益（と国家が判断するもの）を守ることが許されるかという，いわゆる「パターナリズム」（家長的干渉主義）にもとづく権利制限について考えなければならない。パターナリズムにもとづく権利制限の合憲性は，憲法上の権利のすべてについて問題となりうるが，尊厳死の不承認，服装や髪型の規制，危険行為の禁止など，ライフスタイルの自己決定権の制限の場合，本人の意思に反しても本人の利益を守るべきだというパターナリズムの考え方が根拠となっていることが多いからである。

憲法学説は，人権保障は多くの場合自己決定の保護であるという理解から，パターナリスティックな制限は原則として違憲だとしている。パターナリスティックな制限が合憲となる場合については，「限定されたパターナリズム」

を認める説と，「弱いパターナリズム」を認める説の2つの発想がある。

「限定されたパターナリスティックな制約」説とは，生死にかかわる決定のように，本人に回復不可能なほど永続的な不利益をもたらす場合に，例外的に本人の意思に反する介入を認める説である（佐藤405～406頁）。この説は，法が自殺一般や安楽死を保護しないこと，あるいは他者加害的とはいえないような一定の危険行為を禁止することを，合理的に説明することができる。

他方，「弱いパターナリズム」とは，「説明と同意」についての判断能力が明らかに不十分な未成年者や障害者に対するパターナリズムのことで，一般の成人に対するパターナリズム（「強いパターナリズム」）と区別される。「弱いパターナリズム」の立場から，（親が子の養育権・教育権を濫用している例外的な場合に限り）国家のパターナリスティックな介入が許される場合があるとする考え方もある（阪本Ⅱ174～175頁）。

351　**(2) 具体的な問題**

① 概　観　家族形成・リプロダクション，安楽死・尊厳死・治療方針の決定，服装・髪型などその他のライフスタイルという3つの領域ごとに現状をごく簡単にみておこう。

リプロダクションの領域に関しては，日本ではキリスト教社会と異なって避妊・妊娠中絶が厳しい法的規制を受けておらず，社会的意識も寛容なので，これらの権利が裁判で問題となることもなかった。

生命・身体の処分の領域に関しては，これまで，下級審が，医師による安楽死の容認の要件として，(ｱ)患者が耐えがたい肉体的苦痛に苦しんでいる，(ｲ)死期が迫っている，(ｳ)患者の肉体的苦痛を除去する手段を尽くしたが，他に代替措置がない，(ｴ)患者の明示的意思表示がある，という4つを示したことがある（**東海大学安楽死事件判決**：横浜地判平成7・3・28判時1530号28頁）。しかし，この要件を満たすとして，医師による殺人罪が不成立とされた例はない。

その他のライフスタイルの領域で問題となってきた校則による服装・髪型規制の事案でも，裁判所が生徒側の主張を認めた例はほとんどない。

② エホバの証人輸血拒否事件判決（最判平成12・2・29民集54巻2号582頁）　関連する最高裁判決をひとつだけ取り上げておく。

(ｱ) 事 実 関 係　Xは悪性の肝臓腫瘍の診断を受け，いかなる場合にも輸血を絶対に認めない宗教上の信念から，かねて無輸血治療で有名なY医師

◆ Ⅴ ◆ ライフスタイルの自己決定権

の治療を受けるため転院した。XはY医師らに対して，輸血を要する治療は絶対に拒否する旨の意思を明確に表明した。

　Y医師の勤務する病院は，患者が宗教的信念にもとづいて絶対無輸血を求める場合にはできる限り尊重していたが，輸血以外に救命手段がない事態に至ったときには患者の諾否にかかわらず輸血することを方針としていた。ところがY医師は，この方針および手術すれば輸血が必要となる可能性があることをXに説明することなく手術を実施し，大量の出血で生命の危険が生じたため輸血を実施した。

　手術の成功後，この事実をY医師から告げられたXは，診療契約違反を理由に病院と設置者である国を訴えるとともに，自己決定権の侵害を理由にY医師らを不法行為で訴え，損害賠償を求めた。

　(イ) **裁判所の判断**　　控訴審（東京高判平成 10・2・9 高民集 51 巻 1 号 1 頁）は，患者にはライフスタイルの自己決定権に由来する手術同意権があり，Y医師らの行為は自己決定権の侵害にあたることを認めた。

　最高裁も，「患者が，輸血を受けることは自己の宗教上の信念に反するとして，輸血を伴う医療行為を拒否するとの明確な意思を有している場合，このような意思決定をする権利は，人格権の一内容として尊重されなければならない」として，本件の事実関係を前提にすると，輸血の可能性について説明を怠ったY医師らの行為は，人格権侵害の不法行為にあたると認めた。

　(ウ) **本件判決の意義**　　患者が，宗教上の確固たる信念にもとづいて，きわめて明確で揺るぎない輸血拒否の意思を表明した場合という本件の事実関係を超えて，この判決がいかなる射程をもつかは不明確である。しかし，最高裁は，Y医師らの不法行為責任の成否が争われた事件であるためか，控訴審とは違って憲法上の自己決定権についてはふれず，もっぱら民法上の非財産的権利という趣旨の「人格権」侵害の有無を論じたこと，最高裁が生命身体の処分権一般を承認したとも，治療拒否権一般を承認したともいえないこと，この点は確認しておく必要がある。

　つまり，判例の法的構成上の特徴は，第1に，患者の治療方針決定権の問題を，医療機関が国公立であると私立であるとを問わず，医療機関や医師との民事法的な関係として捉えていること，第2に，そうだとしても，私人間の人権問題(422)の一種とみなすことが可能であるにもかかわらず，そういう構成も

VI 環境権

◆ 1　環境

352　憲法25条の解説でもふれたように (236)，環境という言葉は，広く文化財・社会的インフラといったいわゆる「社会環境」を含めて使われる場合と，より狭く動植物・微生物・土壌・大気・水・気候など，「自然環境」だけを指して使われる場合がある。「環境権」の保護対象についても両方の理解があるが，自然環境と捉えるのがふつうであろう。

しかし，良好な自然環境という一種の「財」ないし状態は，通常の憲法上の権利の保護対象のように個人に独占的に帰属させることができない。すなわち，表現，信仰，特定物の財産権，人間らしい暮らしなどは，（Aの小説，Bの信仰，Cの宝石，Dの暮らしといった具合に）他者と区別された特定個人に帰属しうる行為・法的地位・状態であるのに対して，清浄な空気・水・土壌，多様な生態系などの良好な自然環境は，個人に分割的に帰属させられるものではないし，もっといえば人間だけの利益でもない。「環境権」という権利の保護対象のこうした特殊性には注意する必要がある。

◆ 2　環境権

353　公害が重大な社会問題となっていた1970年，大阪弁護士会の有志が，民事差止請求の根拠として憲法上および民法上の環境権を主張して以来，憲法学の多数説も，環境権を日本国憲法上の権利として認めてきた（小林・講義上561頁，芦部256頁。否定説として松井592頁）。環境権の根拠条文としては，25条と13条の双方をあげるのが一般的である（芦部256頁，野中＝中村＝高橋＝高見Ⅰ489頁）。

環境権は，「良好な（自然）環境を享受する市民の権利」と定式化される。しかし，「環境」という保護対象の上述のような特殊性から，環境権の主張にも通常の権利とは異なる面がある。

第1に，自然環境の悪化は，特定個人の被害に直結するわけではない。たとえば，上流の工場地帯から有毒物質がたれ流された結果，下流の水や土壌に深

◆ Ⅵ ◆ 環 境 権

刻な汚染が広がって，動植物に広範な被害が出ていても，下流地帯に居住する住民がいなければ，とりあえず人間には被害が生じないこともありうる。しかし，このような事態を，環境権侵害はないとして放置しておいてよいことにはならないだろう。それは環境権論の本意ではない。つまり，憲法上の環境権というコンセプトは，むしろ「国家は，憲法 25 条と結びついた憲法 13 条によって，良好な自然環境を保全する憲法上の義務を負う」という規範命題の言い換えなのである。環境基本法をはじめとする環境保護法令の制定は，憲法学の観点からは，この義務の履行と評することができるだろう。

　第 2 に，憲法 25 条と結びついた憲法 13 条後段は，「国家が原因者である自然環境の悪化によって，自己の生命・身体を害されない市民の権利」を保障する。原因者が私人である場合については，民法が同様の権利を保障していると理解することができる。このような「自然環境の悪化によって生命・身体を害されない権利」のことを，ここでは短く「環境人格権」とよぶことにしよう。判例は，（環境）人格権侵害を理由とする損害賠償請求を認容することはあるが，（環境）人格権侵害を理由とする差止め請求には応じていない。

　第 3 に，環境人格権の侵害には，特定の被害者がいるはずであるから，古典的な権利侵害理論の土俵に乗るのに対して，特定の被害者が存在しない環境破壊については，環境権侵害を争える原告が存在しないことになる。日本の判例には，被害者の（環境）人格権侵害を超える意味での環境権侵害の主張を認めた例はない。そこで，こうしたケースについても，訴訟を通じた市民の側のイニシアティヴを生かそうとすれば，たとえば，一定の環境保護団体の原告適格を認めるなど，憲法上の環境権を具体化する訴訟制度の整備が必要となるだろう。

第25章 法の下の平等

◆ 1 平等

(1) 平等の理念

 人権思想は，すべての個人は人間として尊重されるべき存在であり，すべての個人には人間として不可欠の権利があるという考え方であるから，そこには平等の理念がはじめから内在している。人権思想は「人格価値の平等」思想なのである。ロックが，自然状態における人間を，自然法のもとで自由・平等な存在と想定していたことや，アメリカ独立宣言が，「すべての人は平等に造られ」と謳っていたことを，いま一度想起しておきたい (10~12)。

 歴史的にみると，もともとヨーロッパ近代の平等思想の主要なターゲットは出生身分制度であった。つまり，平等とは身分制度の打破を意味し，たとえば男女の平等，家族構成員相互の平等，人種間の平等，異なる宗教間の平等などは，じつはまったく視野に入っていなかった。しかし，現代社会では，平等思想ははるかに長い射程を獲得し，巨大な社会的役割を果たしている。現代の日本でも，さまざまな実定法が社会のいろいろな領域における平等の実現を意図している。その中核に位置するのが憲法14条1項である。

(2) 憲法14条1項の「平等」の意味

 14条1項の保護対象は「法の下の平等」である。平等とは，権利者からみれば，国家から平等な取り扱いを受けているというひとつの状態である。それでは，平等状態とは，何を意味するのか。人々がどのように取り扱われること，人々のどのような状態が，この規定の想定する平等なのか。この点については，次の3つの論点を押さえておく必要がある。

  (i) 14条1項は，「法適用の平等」を要請しているのか，それとも「法内容の平等」を要請しているのか。

(ⅱ) 14条1項は,「絶対的平等」扱いを求めているのか,「相対的平等」扱いを求めているのか。

(ⅲ) 14条1項は,「形式的平等」扱いを求めているのか,「実質的平等」扱いを求めているのか。

① 法適用平等説(立法者非拘束説)と法内容平等説(立法者拘束説)

(ア) **法適用平等説**　法適用平等説とは,14条1項は法適用機関(すなわち行政機関・司法機関)だけを拘束し,法適用機関に対して法令の平等な適用執行を要請しているという説である。

「国家は法を適用するに当り,すべての国民を平等に取扱うべきである……。即ち,国家は,法の定める事実に該当する者が如何なる国民であるかを問わないで,同等に法を適用して取扱うべきである。すべての国民が法の規定[の内容]において同等に取扱われる,ということではない。法の下の同等ということであって,法の内の同等ということではない」(佐々木425~426頁)。

(イ) **法内容平等説**　これに対して法内容平等説とは,14条1項は法律をはじめとする法の内容が市民を平等に扱うものであることを要請するという説である。

19世紀ヨーロッパ大陸型の立憲民主主義憲法は,憲法上の権利を全面的な法律の留保のもとに置いていた。つまり,憲法上の権利の具体化と制限は,国民代表である議会の専権事項であった。これは,裏からいえば,憲法上の権利規定は立法者を拘束しないということである。14条1項に関する法適用平等説(立法者非拘束説)は,こうした全面的法律留保制度の平等条項版である。しかし,日本国憲法では,立法者も憲法上の権利を無制限に規制できるわけではないので(18),法適用平等説は憲法14条1項の解釈としては適切でない。14条1項に関する通説・判例は,当然のことながら法内容平等説に立っている。

② 絶対的平等説と相対的平等説

(ア) **絶対的平等説**　絶対的平等説とは,14条1項は国家が国民を「絶対的に平等扱い」することを命じているとする説である。絶対的平等の理念とは,「事実上の事情の差異に拘らず,法律上に於て一切の人を一切の点に於て均等に取扱はんとする主張を意味する」(柳瀬良幹『行政法の基礎理論』清水弘文堂書房1940年初版・1967年再版80~81頁)。絶対的平等観の背後には,「神の前の平等」の思想があるといわれる。

(ｲ) **相対的平等説**　これに対して相対的平等説とは，14条1項は国家が市民を「相対的に平等扱い」することを命じているとする説である。「相対的平等説とは要するに事実上相同じきものを法律上も相同じく取扱ふことを以て平等の原則の内容となす主張で」ある（柳瀬・前掲書101頁）。

　法適用平等説をとるならば，絶対的平等の実現は必ずしも不可能ではない。立法者は，14条1項の拘束を受けずに市民を相互に別扱いする法律を適宜制定し，法適用機関がこれを絶対的に平等に（すなわち無条件に）適用することで，絶対的平等の要請は満たされたことになるからである。しかし，法内容平等説を前提とする以上，全面的な絶対的平等は，現世では不可能かつ不合理である。子ども，高齢者，障害者，労働者，富裕層など，市民をさまざまなカテゴリーに分けて，異なる処遇を定める法令は，すべて差別法令ということになるからである。したがって，14条に関する通説・判例は，当然のことながら相対的平等説に立つ。

　ただし，法内容平等＋絶対的平等という考え方も，特定の事項に限定すれば合理的な場合がある。年齢と国籍以外には市民間の相違を一切しんしゃくしてはならないとされる選挙権の平等は，その代表例である（313）。

③ **形式的平等説と実質的平等説**

(ｱ) **形式的平等説**　形式的平等説とは，14条1項は国家が市民を「形式的に平等に取り扱う」ことを要請するという説である。「形式的に平等に取り扱う」とは，たとえば進学・就職・結婚・旅行・行事への参加など，市民が一定の行動を選択する際の「機会の平等」を保障することである。

(ｲ) **実質的平等説**　これに対して実質的平等説とは，14条1項は国家が市民を「実質的に平等に取り扱う」ことを許容する場合があるとする説である。実質的平等説は，さらに条件平等説と結果平等説とに分類することができる。

　条件の平等の実現とは，国家が一定の施策を通じて「機会の平等の実質化」を図ることを意味する。たとえば，大学受験の機会均等を保障するだけでなく，経済的事情から進学を断念せざるをえない生徒に国家が奨学金を給付するのは条件平等の発想である。労働者保護，借家人保護，累進課税制度などもそういう意味をもつと説明される（佐藤466頁）。

　結果の平等の実現とは，たとえば男女差別や人種差別のように，差別が人々の意識や行動様式に深く根ざしているため，機会の平等や条件の平等に配慮す

るだけでは，平等の理念を現実化できないと考えられる場合に，国家が「積極的差別是正措置」（アファマティヴ・アクション）を講じて，人為的に同一の結果を実現することを指す。たとえば，法律で，学生の入学定員，公務員の任用数，議員の定数などに女性枠や有色人種枠を設ける制度がその端的な例である。

学説は一般に，14条1項は条件平等や結果平等の実現を国家に義務づけるものではないと理解している。とりわけ結果の平等の追求は，平等と並ぶ憲法理念である自由の実現との葛藤を生むのみならず，逆差別の問題も生ずるので，その14条適合性についてはむしろ慎重な判断を必要とする。

（3） 14条1項後段列挙事由の意味

14条1項は，「人種，信条，性別，社会的身分又は門地」によって差別されないと規定している。そこで，14条1項が，人々に対するどのような取り扱い，どのような状態を保護しているのかを理解するためには，これらの概念の内容を確認しておく必要がある。

① **人 種**　人種とは，皮膚や目の色，骨格や頭髪の特徴など，人間の生物学的特徴を基準とする分類である。通常，黄色人種・黒色人種・白色人種などに分類されてきた。関連する概念として「民族」がある。民族とは，血統・言語・宗教・風俗習慣といった諸要素のすべてまたは一部の共通性を基盤として，互いにアイデンティティー意識を抱いた人間集団である。これまで，日本社会には，異なる人種グループはほとんど存在しなかったため，アメリカなどと違って人種差別は大きな問題とならなかったが，在日韓国・朝鮮系の人々，アイヌの人々に対する民族差別は重大な社会問題である。

② **信 条**　14条1項にいう信条とは，19条の保護対象である思想・良心と，20条の保護対象に含まれる信仰を包括する概念と理解されている（芦部130頁）。この点はすでに説明した (132)。

③ **性 別**　いうまでもなく，男性と女性である。家族生活に関する男女平等については，364～366 参照。

④ **社会的身分**　この概念の理解について，学説は「狭義説」「中間説」「広義説」の3つに分類されている（芦部・憲法学Ⅲ 47～52頁）。狭義説によれば，14条1項の「社会的身分」とは，「出生によって決定される社会的な地位または身分」を意味する（宮沢Ⅱ 284頁）。江戸時代の士農工商やインドのカーストのような出生身分がその典型である。日本国憲法下では，もちろん法的な出生身

分制度は存在しないが，江戸時代の身分制度に由来する被差別部落出身者の差別問題は，この意味の社会的身分による差別といえよう（野中＝中村＝高橋＝高見Ⅰ290頁）。

これに対して，広義説は，社会的身分を，「人が社会において一時的ではなしに占めている地位」の意味に理解する（法協・註解上350頁，佐藤功・註解上217～218頁，最大判昭和39・5・27民集18巻4号676頁——この判決については後述）。広義説では，労働者，学生，社長など，ある人が占めるある程度継続的な社会的地位は，すべて14条1項の社会的身分に含まれることになる。

狭義説に立つと，社会的身分は門地とほぼ同義となって，独自の意味が薄れる。他方で，後述のように，14条1項違反の審査に際していわゆる「後段列挙事由特別意味説」をとる場合，社会的身分を広義説のように理解すると，国家による市民の別扱いのほとんどが厳格な違憲審査の対象となり，違憲と判断される蓋然性が過度に高くなる。この2つの結論を回避するためには，14条1項の社会的身分を，「人が社会において継続的に占める地位で，自分では脱却できず，社会的なマイナス評価を受けうる先天的・後天的地位」と解する中間説が適切である（芦部132頁）。こう解すると，たとえば，破産者とか同性愛者というカテゴリーも14条1項の「社会的身分」にあたることになる。

⑤ **門　地**　　家柄を意味する。ニュアンスとしては，社会的評価の高い「よい家柄」「高貴な血筋」の意味である。

◆ 2　平　等　権

(1)　権利の主体

357

14条1項は，「すべて国民は，法の下に平等であって，…差別されない」と規定しており，文言上は国民を権利主体としている。しかし，憲法上の権利は，人権＝人間にとって不可欠の権利と性格づけられるものであるから，性質上可能な限り外国人にも保障される (380)。したがって，14条1項の保障も，日本に滞在・居住する外国人に及ぶと理解されている（佐藤功・註釈上227頁）。

(2)　義務の主体

358

憲法上の権利規定の義務者は国家と解されているから (417)，14条1項の義務主体も国家である。多くの差別問題は，社会のなかで，一般市民相互間で発生しているが，憲法14条1項が直接的な規律の対象としているのは，国家に

よる市民の差別的取り扱いである。14条1項は，平等問題に取り組む法秩序全体の指導理念的規定ではあるが，その直接の対象は，あくまで国家の行為である点に注意が必要だ。

359　(3)　平等権の内容

　法内容平等説・相対的平等説・形式的平等説を基軸としたこれまでの通説・判例によれば，「憲法14条1項は，市民に対して，立法者を含む国家機関から，等しい者は等しく，異なる者はその違いに応じて取り扱われ，とりわけさまざまな場面で機会均等の処遇を受ける権利を保障した規定だ」という結論になる。

360　(4)　平等権の特徴と平等原則

　① 平等権特有の性質と他の人権との関係　ところで，平等理念の実現の有無は，つねに他人との比較によってしか確認することができない。この点で，平等権の性質は，他の人権とは大いに異なっている。表現の自由，信教の自由，職業の自由などについては，他の人々が国家から受けている取り扱いとは独立して，「私の」自由の規制の合憲性を問題にできるのに対して，平等権の場合には，つねに国家による複数の市民の処遇の相違が問題となるからである。したがって，平等権侵害の問題は，多くの場合，他の人権侵害と重複的に，個別人権横断的に発生する。たとえば，ある特定宗教だけを狙い撃ちにした国家の規制は，信教の自由の侵害問題と同時に，その特定宗教の信者の平等権侵害という問題も引き起こすことになる。

　② 平等権と平等原則との関係　14条1項は，国家に対して市民を平等に取り扱うことを命じている点に着目して平等原則規定とよばれ，市民が国家から不平等扱いを受けない権利を保障している点に着目して平等権規定とよばれるが，この両者は完全には一致しない。国家が，市民を不平等に取り扱うことは，平等原則違反であると同時に，市民の平等権侵害でもある。しかし，平等権については，権利侵害はつねに比較上不利に扱われた人についてだけ生ずる。国家から比較上有利な取り扱いを受けている市民は，自分の平等権侵害を主張することができない。また，有利な取り扱いを受けている市民は，自分の権利利益の保護を目的とする主観訴訟の枠組のなかでは，平等原則という憲法上の客観的原則の侵害を主張しても認められず，自分と比較して不利に扱われている他人の平等権侵害を主張しても，やはり認められないことになる。

　③ 平等権の救済の特殊性　また，平等が比較の問題であることから，平等

権侵害の救済については，他の人権にはみられないような立法者の裁量権の問題が生ずる。たとえば，夫の不倫は処罰対象とせず，妻の不倫のみに刑事罰を科していた刑法旧183条を，憲法14条1項違反と判断する場合，立法者には，第二次大戦後の改正で実際そうしたように姦通罪自体を廃止する選択肢と，逆に夫の姦通も処罰対象とする選択肢がある。このように，優遇されていたグループの優遇措置を廃止しても平等権侵害は是正されるが，この方法が平等権以外の人権を侵害しないか，また政策的に妥当かは，別途検討を要する問題である。

◆ 3　国家による市民相互の別扱い

一般に，法令の規定や国家のさまざまな措置は，何らかの観点から市民を複数のグループに区別し，何らかの事項についてそれぞれのグループを相互に別扱いすることが多い。

たとえば，累進課税を定める所得税法は，所得額を基準として市民を複数のグループに分け，各グループの所得税率に違いを設ける。老齢基礎年金の受給開始年齢を65歳と定める国民年金法は，年齢を基準として老齢基礎年金の受給資格者を2つのグループに分け，給付の有無について違いを設ける。明治憲法下の衆議院議員選挙法は，まず性別で国民を2グループに分け，さらに1925年までは男性国民を直接国税納付額によってさらに2グループに分けて，選挙権を認めるか否かについて異なる取り扱いを定めていた。

このように，14条1項の平等問題とは，国家が，何かを基準として市民をグループ分けし，グループごとに何らかのテーマについて何らかの別扱いをすることが，差別とならないかという問題である。「すべて国民は，法の下に平等であって，人種，信条，性別，社会的身分又は門地により，政治的，経済的又は社会的関係において，差別されない」という文言のうち，「人種，信条，性別，社会的身分又は門地」は，いずれもこうしたグループ分けの基準となるものの一種であり，「政治的，経済的又は社会的関係」とは，別扱いがおこなわれるテーマないし事項を意味する。たとえば，上述のように女性の選挙権を否定する選挙法は，「性別」を基準として「政治的関係」で別扱いを設ける法律である。

◆ 4　国家による市民相互の別扱いの合憲性審査

(1)　目的手段審査と後段列挙事由の位置づけ

① 平等判断の構造　そこで，法令の内容が憲法 14 条 1 項に違反していないかどうかの判断は，まず第 1 に，どういう基準でグループ分けがおこなわれ，各グループが何についてどういう異なる取り扱いを受けているかを確認する作業からはじまる。

次に，法令が採用するグループ分けの仕方と，各グループ間の取り扱いの差異が，はたして憲法 14 条 1 項違反となるかどうかを判断しなければならない。

相対的平等説を前提にすると，仮にグループ間の別扱いがおこなわれていても，「等しい者は等しく，異なる者はその違いに応じて」取り扱われているということができれば，その別扱いは 14 条 1 項違反ではないことになる。この点をどのように見極めるのか。これが 14 条 1 項の最大の解釈問題である。

この点に関する判例と学説の判断方法の大枠は共通している。すなわち，グループ分けおよび別扱いの目的を審査し，別扱いのあり方がこの目的といかなる関係に立つかを審査するいわゆる「目的手段審査」である。目的手段審査は，さまざまな人権規制の合憲性審査に適用されるが，判例・通説は，平等権侵害の審査にもこの審査手法を採用している。ただし，目的手段審査の強度については，判例と学説に対立がある。

② 後段列挙事由例示説（判例）　判例は，14 条 1 項後段列挙の「人種，信条，性別，社会的身分又は門地」は単なる例示であって，これらを基準とするグループ分けはつねに違憲，そうでないグループ分けはつねに合憲というわけではないとする。判例によれば，法令によるグループ分けおよびグループ間の取り扱いの差異が「合理的」であれば合憲，「不合理」であれば違憲と判断される（後出）。

③ 後段列挙事由特別意味説　これに対して 1982 年に出版された憲法解説書で伊藤正己が主張して以来，多数説は，法令が市民をグループ分けする基準が 14 条 1 項後段列挙事由に含まれる場合には，14 条 1 項適合性の審査は厳しくおこなわれるべきだと考えてきた。後段列挙事由は，本人の努力では変えられない属性や，個人の基本的なアイデンティティーを構成する属性で，歴史的にみて偏見や迫害の原因となってきたものばかりだからである。

「平等権が裁判で争われる場合、それが合理的差別であるかどうかが重要な争点となろう。この場合、14条1項後段が一定の事由を列挙していることは意味があると解される。すなわち、そこに列挙された事由による差別は、民主制のもとで通常は許されないものと考えられるから、その差別は合理的根拠を欠くものと推定される。したがって、それが合憲であるためにはいっそう厳しい判断基準……に合致しなければなら」ない（伊藤249～250頁）。

③ **二重の基準説**　芦部信喜は、後段列挙事由特別意味説を前提としつつ、さらに、後段列挙事由に含まれない基準による別扱いであっても、法令が市民を相互に別扱いしている事項が重要な人権にかかわる場合には、14条1項適合性の審査は厳しくおこなわれるべきだと主張し、平等審査に二重の基準論(33)を導入する。

「厳格な基準の適用が求められる憲法14条1項後段の列挙事由以外の事由（たとえば財産、学歴、年齢など）による取扱い上の差異が平等原則違反で争われる場合でも、先に述べた『二重の基準』の考え方に基づき、対象となる権利の性質の違いを考慮して、立法目的と立法目的を達成する手段の二つの側面から合理性の有無を判断するのが妥当であると考える」（芦部127頁）。

(2) 平等権侵害に関する主要判例

これに対して判例は、基本的には合理性の審査一本で、平等権侵害の有無を判断してきた。最高裁判例の流れを以下に概観しておこう。

最高裁は、当初14条1項が人格価値の平等を保護することを明言していた(①)。しかし、平等権侵害の審査方針を確定したといえるのは、14条1項は相対的平等の保障であり、後段列挙事由は例示であり、国家による市民の別扱いが平等権侵害となるかどうかは「差別の合理性」で判断するとした1964年の公務員待命処分事件判決(②)と、「差別の合理性」の有無を目的手段審査の手法で審査しはじめた1973年の尊属殺重罰違憲判決(③)である。その後の平等関係判例は、すべてこの判断枠組に従っているといえるだろう。

その上で、生存権（福祉受給権）の平等問題については、堀木訴訟の一審判決と最高裁判決(④)、租税負担と平等の問題については1985年の大島サラリーマン税金訴訟判決(⑤)を知っておく必要がある。

また、比較的近年の判決では、1995年の非嫡出子相続分格差訴訟大法廷判決(⑥)で反対意見がとった審査手法や、2008年の国籍法違憲大法廷判決(⑦)

の審査手法が，従来の判例動向とは異なるその厳格さの点で注目される。

① **傷害致死罪合憲判決**（最大判昭和25・10・11刑集4巻10号2037頁）　刑法旧205条2項が憲法14条1項に違反しないことを確認した判決である。14条1項は，「人格の価値がすべての人間について平等であり，従って人種，宗教，男女の性，職業，社会的身分等の差異にもとずいて，あるいは特権を有し，あるいは特別に不利益な待遇を与えられてはならぬという大原則を示したものに外ならない」として，人格価値の平等という憲法原理を確認した。

② **公務員待命処分事件判決**（最大判昭和39・5・27民集18巻4号676頁）　年齢が満55歳に達し，かつ勤務状態も良好でないとして，町長の待命処分を受けた職員が，町の決定の無効確認等を求めた訴訟である。とりわけ問題となったのは，年齢によるグループ分けとそれにもとづく取り扱いの差異である。

最高裁は，高齢は14条1項後段列挙事由の「社会的身分」にはあたらないこと，いずれにせよ後段列挙事由は例示にすぎないことを指摘した上で，14条1項は「合理的差別」を許容するとした。14条は「国民に対し絶対的な平等を保障したものではなく，差別すべき合理的な理由なくして差別することを禁止している趣旨と解すべきであるから，事柄の性質に即応して合理的と認められる差別的取扱いをすることは，なんら右各法条の否定するところではない」。日本語の語感では，「差別」には不合理な別扱いのニュアンスがあるので，「合理的差別」という言い方には違和感があるが，いずれにせよ，最高裁の14条1項解釈を集約的に示した判決である。

③ **尊属殺重罰規定違憲判決**（最大判昭和48・4・4刑集27巻3号265頁）　刑法の旧200条は，「自己又ハ配偶者ノ直系尊属ヲ殺シタル者ハ，死刑又ハ無期懲役ニ処ス」と定めていた。本件判決は，公務員待命処分事件判決の14条1項解釈を前提とした上で，刑法旧200条の14条1項適合性を，目的手段審査の手法で判断した。上述のように，この判決以降，最高裁は，平等権侵害の判断に際して目的手段審査をおこなうようになって現在に至っている。またこの判決は，最高裁がはじめて特定の法律規定自体を憲法違反と判断したことでも名高い。

問題となったのは，「自己または配偶者の直系尊属を殺害した人」と「それ以外の人を殺害した人」というグループ分けと，両グループの刑法上の取り扱いの差異である。違憲判断に賛成した14人の裁判官中8人は，尊属殺重罰規

定の目的を，尊属殺を特に強く禁圧するためと認定し，「尊属に対する尊重報恩は社会生活上の基本的道義」であるから，「このような自然的情愛ないし普遍的倫理を維持」しようとして，尊属殺を独立の構成要件とすることは合憲だと評価した。しかし，死刑・無期懲役刑のみという法定刑は「目的達成手段として甚だしく均衡を失し，…その差別は著しく不合理」だと評して手段違憲の結論をとった。

これに対して6人の裁判官は，刑法200条の背景には封建時代の尊属殺重罰思想があり，配偶者の尊属の殺人も含まれることには明治憲法時代に重視された「家」制度維持との深い関係も読み取れるとして，直系尊属をその他の人々と別枠とし，尊属殺を独立の構成要件とする目的自体が，日本国憲法の拠って立つ「個人の尊厳，人格価値の平等の尊重・保障という民主主義の根本理念」と相容れないとして目的違憲判断を下した。

刑法200条違憲の結論には実務も学説も異論がないが，学説の多くは6人の裁判官の目的違憲判断を支持している。なお，今日の学説に従えば，手順としては尊属・卑属が14条1項の「社会的身分」に含まれるかどうかを検討した上で，審査のグレードを決定すべきだということになるだろう。

最高裁の違憲判断が示されたにもかかわらず，自民党内の反対によって法改正はなかなか進まなかったが，1995年の刑法口語化に際して，ようやく尊属殺（刑法旧200条）・尊属傷害致死（刑法旧205条2項）・尊属遺棄（刑法旧18条2項）・尊属逮捕監禁（刑法旧220条2項）という4つの尊属重罰規定のすべてが廃止された。

④ **堀木訴訟判決**（最大判昭和57・7・7民集36巻7号1235頁）　最高裁判決の概要については244を参照。14条1項との関係で問題となったのは，児童扶養手当法4条3項3号のいわゆる併給禁止条項によって，「障害福祉年金受給者であると同時に児童を監護する母」というカテゴリーが，「障害福祉年金を受給する父がいる家庭」というカテゴリー，および「健常者であって児童を監護する母」というカテゴリーとの関係で，何ら合理的な理由もないのに差別されているのではないか，という点である。一審判決（神戸地判昭和47・9・20行集23巻8・9号711頁）は，これを認めた。

しかし，最高裁判決はごく簡単に，障害福祉年金の受給資格者とそうでない者との間に児童扶養手当の受給に関して「差別」が生ずるとしても，この別扱

いは 25 条違反ではないと判断されること，原審が指摘するように生活保護制度など他の諸施策が存在すること，これらの点に照らすと，併給禁止規定は「不合理な差別」とはいえないと判示したにとどまる。

生存権（福祉受給権）関係の訴訟では，比較上不利益扱いを受けている側にとって，平等権侵害の主張を 25 条違反の主張とあわせて提起することはつねに考えてよいことである。とはいえ，最高裁の合理性審査の壁は厚い。生存権にかかわる平等権侵害問題については，学生障害者無年金訴訟（245）も参照せよ。

⑤ **大島サラリーマン税金訴訟判決**（最大判昭和 60・3・27 民集 39 巻 2 号 247 頁）所得税法が，事業所得者等の必要経費の実額控除を認めながら，給与所得者には認めていないことが，憲法 14 条 1 項に違反するとして，ある給与所得者が所得税決定処分の取消しを求めた訴訟である。問題となったのは，所得税法が採用している「給与所得者」と「事業所得者」等というグループ分けと，必要経費の計算方法に関するグループ間の取り扱いの差異である。

最高裁は，「租税法の定立については，国家財政，社会経済，国民所得，国民生活等の実態についての正確な資料を基礎とする立法府の政策的，技術的な判断にゆだねるほかはなく，……立法目的が正当なものであり，かつ，当該立法において具体的に採用された区別の態様が右目的との関連で著しく不合理であることが明らかでない限り」違憲とはいえないという基準を示した上で，合憲の判断を下した。租税負担の平等問題については，広い立法裁量を前提として，明白性の審査で足りるという姿勢である。

⑥ **非嫡出子相続分格差訴訟決定**（最大決平成 7・7・5 民集 49 巻 7 号 1789 頁）非嫡出子の相続分を嫡出子の 2 分の 1 と規定する民法 900 条 4 号が，憲法 14 条 1 項に違反しないかが争われた。いうまでもなく，問題は，民法 900 条 4 号による嫡出子・非嫡出子というグループ分けと，相続分に関する取り扱いの差異である。

最高裁法廷意見は，相続制度をどのように定めるかは立法府の合理的な裁量に委ねられているという前提に立って，現行法では被相続人の遺言制度，共同相続人の協議制度などもあり，法定相続分の規定はあくまでこれらの補充規定にすぎないことを強調した上で，民法 900 条の目的手段審査をおこない，合憲の結論を導いた。法廷意見によれば，民法が採用する法律婚主義・重婚禁止・

一夫一婦制はいずれも憲法24条に違反しない。900条4号の目的は、法律婚の尊重と非嫡出子保護との調整を図ることで、これには「合理的な根拠」がある。非嫡出子の相続分2分の1という手段も、「右立法理由との関連において著しく不合理」とはいえない。

これに対して5裁判官反対意見は、本件は「精神的自由に直接かかわる事項ではないが、本件規定で問題となる差別の合理性の判断は、基本的には、非嫡出子が婚姻家族に属するか否かという属性を重視すべきか、あるいは被相続人の子供としては平等であるという個人としての立場を重視すべきかにかかっている」と位置づけて、「財産的利益に関する事案におけるような単なる合理性の存否」の判断ではなく、目的の正当性、目的と手段の実質的関連性という「より強い合理性の存否」を審査すべきだとした。その上で反対意見は、法律婚の尊重という立法目的は是認できるが、非嫡出子の保護は900条4号の目的とは認定できず、みずからの生まれには何の責任もない非嫡出子を法律上差別することには、目的との間に合理的関連性さえ見出せないと判断した。

この反対意見は、非嫡出子の相続分問題というテーマが精神的自由と同種の重要性をもつことを理由として、より厳しい合憲性審査を求めるものであるから、上述の「二重の基準説」を連想させる点が興味深い。他方、仮に「特別意味説」に立つとすれば、非嫡出子が後段列挙事由の「社会的身分」にあたるかどうかを論じ、あたるとなれば、より厳しい合憲性審査が妥当すると考えることになろう。

なお、2010年7月10日の新聞報道によると、最高裁第三小法廷は、民法900条4号の合憲性が争われている係属中の事件を7月7日付で大法廷に回付した。この問題が久々に大法廷の審理対象となるわけで、平成7年大法廷決定が見直される可能性も出てきた。

⑦ **国籍法違憲訴訟判決**（最大判平成20・6・4民集62巻6号1367頁）

(ア) **国籍法の規定と事実関係**　国籍法2条1号は、「出生の時に父又は母が日本国民であるとき、」生まれた子には日本国籍が付与されるとし、同法3条1項は、「父母の婚姻及びその認知により嫡出子たる身分を取得した子で二十歳未満のもの（日本国民であつた者を除く。）は、認知した父又は母が子の出生の時に日本国民であ」り、今も日本国民であれば、日本国籍が付与されるとする。

2条1号の「出生の時に母が日本国民であるとき」には、(i)「日本人母と外

国人父の嫡出子」、(ⅱ)「日本人母と外国人父の非嫡出子」が含まれ、同じく 2 条 1 号の「出生の時に父が日本国民であるとき」には、(ⅲ)「日本人父と外国人母の嫡出子」、(ⅳ)「日本人父と外国人母の非嫡出子で父に胎児認知された子」が含まれる。また、(ⅴ)「父の生後認知を受け、かつ日本人父と外国人母が子の出生後婚姻した子」は、3 条 1 項により日本国籍を付与される。これら(ⅰ)〜(ⅴ)のグループに対して、(ⅵ)「日本人父と外国人母の非嫡出子で父の生後認知を受けた子」については、**最判平成 14・11・22** 判時 1808 号 55 頁が認知の遡及効を否定したため、2 条 1 号の「出生の時父が日本国民であるとき」にはあたらないことになり、また 3 条 1 項の「父母の婚姻」の要件も満たさないため、この第(ⅵ)グループだけが日本国籍を認められないことになる（松本和彦「判例批評」民商法雑誌 140 巻 1 号 2009 年 61〜62 頁）。

　日本人の父とフィリピン人の母の間の子である X は、父から生後認知を受けたが、両親が婚姻していないため、法務大臣は X の国籍取得届を受理しなかった。そこで、X は、国籍法 3 条 1 項が憲法 14 条 1 項に反することを理由に国籍の確認、退去強制処分の取消しを求める行政訴訟を提起した。一審は違憲判断、控訴審は合憲判断であった。

　(イ) **最高裁の判断**　最高裁は、国籍法 3 条 1 項が憲法 14 条 1 項に反することを認め、本件についての是正措置として、X の日本国籍を認めた。判決によれば、国籍法 3 条 1 項が、父による胎児認知を受けていない子の日本国籍取得に、父の認知と父母の婚姻の双方を求める目的は、法律上の親子関係に加えて日本との密接な結びつきを求めることにある（グループ分けおよび取扱いの違いとその目的の認定）。この目的自体は合理的である（目的の評価）。しかし、非嫡出子の増加や国際化の進展など、家族生活や親子関係の実態が多様化し、大きく変化してきたことを考慮すると、日本国との密接な結びつきの指標として父母の婚姻を求めることには、目的との合理的関連性が失われた（手段の立法事実審査と手段の評価）。したがって、3 条 1 項の父母の婚姻を要件とする部分は、出生時に母が日本国民であった者、出生前に父が認知していた者が、法 2 条 1 号によって父母の婚姻を条件とせずに国籍を取得できることとの対比で差別的取扱いにあたり、憲法 14 条 1 項に反する。

　この違憲判断を前提として、最高裁法廷意見は、国籍法 3 条 1 項の「父母の婚姻」要件を適用しないことで、一審原告に国籍を認めることとした。

第 25 章　法の下の平等

(ウ)　**本件判決の意義**　　この判決は，従来の判例と同様，合理的理由のない差別的取り扱いが違憲となるとしながら，国籍が重要な法的地位であることを強調して，「日本国籍取得の要件に関して区別を生じさせることに合理的な理由があるか否かについては，慎重に検討することが必要である」とした。合理性を慎重に審査するというこの方針は，学説のいわゆる「厳格な合理性の審査」と実質的には類似しているようにも思われる。

　そう解すると，最高裁は，合理性審査に終始してきた従来の平等審査の方針を変更したことになる。現に法廷意見は，目的審査では，法律婚の尊重，偽装認知の防止という国側の主張した立法目的を認定せず，手段審査では，制定後の立法事実の変化を強調することで，立法者の判断の合理性を厳しく問うている。最高裁が示した新傾向といえるかどうか，今後の動向を観察する必要があるだろう。

◆ 5　婚姻の自由，家族生活における平等権

(1)　**憲法 24 条の位置づけ**

① **24 条の内容**　　14 条と関連が深い 24 条にもここでふれておきたい。24 条は，1 項において，「婚姻は，両性の合意のみに基いて成立し，夫婦が同等の権利を有することを基本として，相互の協力により，維持されなければならない」と規定し，2 項において，「配偶者の選択，財産権，相続，住居の選定，離婚並びに婚姻及び家族に関するその他の事項に関しては，法律は，個人の尊厳と両性の本質的平等に立脚して，制定されなければならない」と規定している。

② **制定の経過**　　GHQ 民政局内で「人権に関する小委員会」が作成した 24 条の当初案は，家族の保護，婚姻と家族に関する両性の平等，母性の保護，非嫡出子の差別の撤廃，医療・雇用における児童の保護，女性の社会進出の権利などを含むきわめて包括的なものだったが，日本側に提示されたいわゆるマッカーサー草案段階で大幅な整理を受けた（辻村みよ子『女性と人権』日本評論社 1997 年 152～156 頁）。マッカーサー草案 23 条は，冒頭に，「家庭は，人類社会の基礎であり，その伝統は，善きにつけ悪しきにつけ国全体に浸透する」という文章があったほかは，現行 24 条とほぼ同一である（高柳＝大友＝田中Ⅰ 277 頁）。日本側の要請でこの冒頭部分が削除されて政府の帝国憲法改正案となり（笹川

隆太郎＝布田勉「憲法改正草案要綱の成立の経緯(4)」石巻専修大学経営学研究4巻2号1993年79～80頁)，帝国議会審議ではさまざまな議論があったものの，結局大きな修正を受けずに24条が成立した (辻村・前掲書210～213頁)。

③ **起草者の位置づけ**　GHQ の人権小委員会案では，人権宣言の全体が4つの節に区分されており (233)，24条の当初案は，その第3節「社会的権利および経済的権利」の冒頭に置かれていた。マッカーサー草案では節の区分は削除されたが，現24条の前身である23条の位置づけは変わらず，これは日本国憲法にそのまま引き継がれている。こうした起草者意思と条文の位置を重視すれば，24条は25条～29条とひとくくりの権利ということになる。

④ **学説の位置づけ**　しかし，学説はそのような理解には立ってこなかった。主要な憲法解説書には24条の説明を欠くものもあるが (芦部，佐藤)，14条の平等の説明のなかで，性別と平等，家族と平等といった項目を立てて，24条にも言及する解説書が一般的である (伊藤253頁，野中＝中村＝高橋＝高見Ⅰ293頁，高橋149頁，戸波201頁，辻村194頁，長谷部189頁，松井384頁)。これは，学説が24条を14条にいわば吸収し，24条独自の規範意味を発展させてこなかったことを意味する。これに対して，近年では，家族を集会・結社と並んで個人の社会的結合の一形態と捉え，24条を集会の自由，結社の自由と同一グループの権利と位置づける新たな考え方も提唱されている (初宿313頁，渋谷411頁)。

⑤ **本書での位置づけ**　みてのとおり，この本では，通説と同様，法の下の平等の解説のなかで24条を取り扱う。24条にかかわる個別の論点の大半は平等の問題だからである。しかし，両性の合意のみによる婚姻の成立，家族生活における個人の尊厳と両性の平等を定める24条は，14条のみならず，13条前段の個人の尊重や (324以下)，13条後段の幸福追求権 (特に346～351のライフスタイルの自己決定権) とも密接な関連を有しており，平等保障を超える規範内容をもっている (工藤達朗「憲法における婚姻と家族」赤坂＝井上＝大沢＝工藤・ファーストステップ152～153頁)。24条を人的結合の権利の一種と再解釈する少数説が通説と実質的に異なる点も，24条が平等保障のみならず婚姻の自由の保障を含むことを重視するところにある。少数説のこの指摘は適切だが，規定内容に即して日本国憲法の権利カタログにおける24条の位置づけを考えるなら，24条は，個人の尊重，幸福追求権，法の下の平等を，家族の問題に関して具体化した条項という意味で，13条および14条の特則だと理解するのが自然だろう。

13条・14条の特則としての24条は，婚姻の自由と家族生活における平等権という2つの権利を含む。

(2) 婚姻の自由

① **婚　姻**　　24条にいう婚姻とは，一組の男女が，性的結合を基盤として，生活共同体を形成する行為と，そのようにして維持される共同生活を意味する。「両性の合意」「夫婦の権利」という表現から，過去には日本でもよくみられた一夫多妻制や，近年欧米で議論をよんでいる同性カップルの共同生活は，24条の婚姻概念には含まれないと解される（工藤・前掲論文153頁，二宮周平『家族法・第3版』新世社2010年31頁）。24条は，13条の個人の尊重，個々人の幸福追求権の承認，14条の男女平等という諸理念を，ひとりの女性とひとりの男性の自発的な契約による生活共同体の結成・維持の保護という形で具体化した規定とみなすことができる。

② **婚姻の自由**　　1項が婚姻は両性の合意のみにもとづいて成立すると規定し，2項が配偶者の選択，離婚，婚姻に関する法的規律は個人の尊厳の理念に立脚すべきだと規定していることから，24条は，「婚姻すること，しないこと，離婚すること，しないことを，国家から妨害されない権利」を，すべての市民に保障していると解される。

また，24条の文言は，この規定が旧民法の「家」制度を意識し，立法者にその解体を命ずる趣旨であることを示している。

③ **婚姻の自由の具体化と制限**　　日本国憲法の制定と並行しておこなわれた民法親族相続編の全面改正は，家制度廃止という24条の趣旨を具体化する立法措置であった。

家制度とは，戸主を中心とする「家」という親族団体を法が保護し，家構成員は居所指定権・婚姻同意権など戸主の強い命令・監督権に服し，戸主の地位は父から長男へと「家督相続」される制度である（二宮・家族法4頁）。ボアソナードが起草した最初の民法の家族法が，激しい論争の末施行延期となったのち（「法典論争」。反対派は「民法出でて忠孝亡ぶ」と主張した），武士の慣習を基礎とする家制度が導入された。家制度は，天皇を慈父，国民をその忠良な子に見立てる天皇制イデオロギーの支えとなり，男女差別の制度的支柱ともなった。

1947年の親族相続編の全面改正によって，家，戸主，家督相続の制度が廃止され，民法上，家族は夫婦を基本単位として構成されることとなった。民法

は，一組の男女の自由な合意と戸籍法上の届出による婚姻の成立を認め（739条・742条），夫婦が合意すれば理由を問わず離婚を認める（協議離婚制度。763条）。これは，24条の婚姻（および離婚）の自由の具体化である。しかし，民法には，当事者の合意以外にも婚姻の実質的要件に関する規定があり（731条～737条），そのなかには合憲性が問われているものもある。争点の中心は平等問題なので，家族生活の平等権の項でまとめて取り上げる。

366 **(3) 家族生活における平等権**

① **家族生活** 24条2項は，家族に関する事項として，「配偶者の選択」「財産権」「相続」「住居の選定」「離婚」「婚姻」を具体的に列挙し，さらに「家族に関するその他の事項」をあげて，これらに関する立法が個人の尊厳と両性の平等という2つの理念に立脚すべきことを指示している。ここでいう家族生活とは，これらの事項を指す。

② **家族生活における平等権** 24条2項が，配偶者の選択，財産権，相続，住居の選定，離婚，婚姻を特に列挙して，個人の尊厳，両性の平等の理念を謳っているのは，旧民法ではこれらすべてが戸主に帰属するか，戸主の同意権・監督権に服していたことのアンチテーゼであり，上述のように家制度廃止の意思表明と理解できる。それと同時に，24条は，夫婦および家族構成員間の法的な平等取り扱いを，対国家的な憲法上の権利として保障した規定でもある。

③ **家族生活における平等権の制限** しかし，親族相続編の全面改正にあたっても，24条の理念に従って旧来の家制度が完全に廃止されたとまではいえず（二宮・家族法7頁），社会意識においてはさらに色濃く「家」の観念が存続した一方で，高度経済成長期以降，家族をめぐる社会状況が激変しつつあるため，民法のいくつかの規定については，改正を求める政策提言や合憲性に対する疑義が提出され，議論をよんできた。

その代表的な論点として，男女の婚姻適齢の差異（民731条），女性の再婚禁止期間（民733条），夫婦同氏制度（民750条），夫婦別産制（民762条1項），非嫡出子の法定相続分の格差（民900条4号）があげられる（伊藤254頁，野中＝中村＝高橋＝高見Ⅰ293～294頁，戸波201～202頁，松井385～386頁）。

④ **家族生活における平等権の制限の合憲性審査**

㈠ **概　観** 法令が24条の家族生活における平等権を侵害するか否かは，

第 25 章　法の下の平等

14 条と同様，当該法令が家族生活について，性別をはじめとするいかなる基準でグループ分けをおこない，何の目的でグループ間にどのような取り扱いの違いを設けているのかを確認し評価することで判断される。非嫡出子の法定相続分格差問題については，14 条の解説でやや詳しくふれたので (363)，ここではその他の論点について簡単にみておく。

　(イ)　**婚姻適齢の差異**　民法 731 条は，法律婚が認められる年齢を，男性満 18 歳以上，女性満 16 歳以上としている。1947 年改正以前は男性満 17 歳・女性満 15 歳以上であった (旧民法 765 条)。これらの規定の趣旨は，15 歳または 16 歳にもならない女性に結婚を強いるような社会風潮から女性を守るという，早婚の防止にあった (青山道夫＝有地亨編『新版注釈民法(21)』有斐閣 1989 年 193 頁［上野雅和］)。しかし，日本の社会状況と人々の意識の大きな変化を考慮すると，今日では婚姻適齢の男女格差規定に合理的な立法事実は認められず，民法 731 条は憲法 24 条・14 条に反するというべきだろう。

　(ウ)　**女性の再婚禁止期間**　民法 733 条 1 項は，「女は，前婚の解消又は取消しの日から六箇月を経過した後でなければ，再婚をすることができない」として，女性だけに再婚禁止期間を定めている。この規定の立法目的は，「再婚後に出生した子の父親が，前婚の夫か，後婚の夫かわからなくなるのを避けるためだとされる」(二宮・家族法 44 頁)。しかし，民法 772 条 2 項によって，婚姻成立から 200 日経過後に生まれた子は後婚の子，婚姻解消から 300 日以内に生まれた子は前婚の子と推定されるので，女性には婚姻解消後 100 日間再婚制限を課せば嫡出推定の重複は生じず，上記の立法目的は達成されることになる。したがって，6 ヵ月の再婚禁止は過剰規制にあたる。その上，再婚を法律上禁止しても事実婚や複数の男性との性交渉を妨げることはできないし，今日では DNA 鑑定による実父確認という方法もあるので，733 条 2 項に合理的根拠を見出すことはできず，24 条・14 条違反というべきである (二宮・家族法 46 頁，辻村 192 頁，渋谷 414〜415 頁，棟居ほか・事件簿 46 頁以下［笹田栄司］)。にもかかわらず，判例は合憲の判断を示している (最判平成 7・12・5 判時 1563 号 81 頁。なお，民法 772 条 2 項の改正問題について，本山敦「いわゆる『300 日問題』とは何か」法学教室 325 号 2007 年 6 頁参照)。

　(エ)　**夫婦同氏制度**　民法 750 条によれば，「夫婦は，婚姻の際に定めるところに従い，夫又は妻の氏を称する」。憲法学説は，どちらの姓を選択してもよ

いことを理由に，民法750条自体は24条・14条違反とまではいえないとしてきた（伊藤254頁，野中＝中村＝高橋＝高見Ⅰ294頁，戸波201頁）。しかし，ほとんどの夫婦は夫の姓を選択しており，妻の社会的・職業的キャリアにとって事実上の不利益が生じていることから，婚姻時に夫婦が婚姻後もそれまでの姓を名乗ることを選べる選択的別姓制を導入する民法改正が提言されている。にもかかわらず，長く政権を担当してきた自由民主党内部には家族の絆が薄れるといった反対論が根強いため，実現に至っていない。

　(オ) **夫婦別産制**　民法762条1項は，婚姻前から有する財産と，賃金など婚姻中に自分の名義で得た財産を，夫または妻の単独所有の財産（「特有財産」）としている。これを夫婦別産制という。夫婦別産制は，夫婦がそれぞれ経済的に自立しているケースでは合理的な仕組みだが，事実上，妻が担うことが多い家事労働の財産的評価が不十分な点で，夫婦の実質的平等の観点からは24条違反の疑いがある。しかし，判例は，財産分与権・相続権・扶養請求権など，「夫婦相互の協力，寄与に対しては，……夫婦間に実質上の不平等が生じないよう立法上の配慮がなされている」として，民法762条1項は24条に違反しないと判断している（**最判昭和36・9・6**民集15巻8号2047頁。批判として二宮・家族法61〜63頁参照）。

　なお，民刑事法等の内閣提出法案を審議する法務省の法制審議会は，1996年2月26日開催の総会において，男女の婚姻適齢を満18歳にそろえること，女性の再婚禁止期間を100日に短縮すること，夫婦の選択的別姓制度を導入すること，非嫡出子の相続分格差を廃止することを骨子とする民法改正案を決定したが，政権党であった自民党の了承を得られず，結局国会に上程されないまま今日に至っている。

第26章 憲法上の権利の主体(1)——序論

◆ 1　憲法上の権利の人的保護対象

(1) **憲法解説書における人権主体論の取り扱い**

仮に法的な権利を，「誰かが(i)，別の誰かに対して(ii)，法を根拠として(iii)，何かを要求することを(iv)，認める法的な力(v)」と捉えたとして (13)，これまで頁を割いてきた個別人権の解説では（第3章〜第25章），(i)〜(v)の権利構成要素のうち，憲法にもとづいて「何を要求できるのか」という点（iv・v）に考察の主眼があった。各権利はどのような行為・状態・法的地位を保護しているのか（「権利の事項的保護対象」），そして，それに対する規制は憲法上正当化されるのか，これらが問題の焦点であった。もちろん，その権利は誰の権利かという点に議論がある場合には，当該権利の解説でふれることもできるし，現にそうした場合もある（たとえば，公務員の人権規制について 47, 50〜52, 279〜284）。

しかし，伝統的に憲法解説書は，「誰の」権利かという問題（「権利の人的保護対象」）を各権利の解説に分散させず，一括して取り扱うのを例とする。そこで，この本でもこうした伝統に従い，憲法上の権利は「誰の」権利かという問題を，あらためて以下の4つの章で集中的に取り扱うことにしたい。

(2) **人権主体論の主要なテーマ**

国家の権力機構を樹立し，国家と国民の基本的な関係を規律するという憲法の目的を想起すれば，国民が憲法上の権利主体であることは容易に想像がつく。現に日本国憲法は，第三章の標題を「国民の権利及び義務」としている。

そうすると，国民でない人々（外国人）の憲法上の権利主体性についてはどう考えるべきかが解釈問題となる（378 以下）。

また，人であり，多くは国民でもあるのに，憲法上の権利が特殊な制限を受けている代表格として，公務員と刑事収容施設被収容者の権利も，別枠で考察

するのが伝統である（389 以下）。

　さらに，日本国憲法上の権利が人権（人の権利）であることから，人ではないさまざまな組織体（法人や法人格のない団体）は憲法上の権利主体ではないのかという問題もある（402 以下）。

369　**(3)　その他の人権主体論**

　ところで日本社会の一般的な用語法では，人権という言葉は必ずしも国家に対する市民の権利に限定されず，もっと広い意味で使われることが多い（417）。のみならず，「子どもの人権」「高齢者の人権」「障害者の人権」など，社会的弱者のグループごとに，それぞれのカテゴリーにふさわしい，いわば特殊な人権が主張されることも多い（辻村 137～142 頁参照）。しかしながら，人権論の基盤がすべての人に妥当すべき標準的権利の観念であることは，あらためて確認しておく必要があるだろう（奥平康弘「"ヒューマン・ライツ"考」和田英夫教授古稀記念論集刊行会『戦後憲法学の展開』日本評論社 1988 年 117 頁以下，特に 135～139 頁）。子どもや障害者についても，平均人と同レベルの権利保障を実効化するためには，国家によるどのような特殊な制限や保護が必要なのかということが，「人」権論本来の検討課題である。憲法上の権利の一般的解説を課題とするこの本では，個別の人的カテゴリーごとに特殊な人権を構想することには踏み込まないことにしたい。

　ただ，あとの3つの章で比較的詳しく取り上げる「外国人の人権」「国家と特別な法律関係に立つ人々の人権」「法人・団体の人権」以外で，多くの憲法解説書に説明がある「天皇・皇族の人権」（芦部86頁，伊藤199頁，佐藤415頁，野中＝中村＝高橋＝高見Ⅰ227頁，戸波134頁，長谷部130頁，渋谷106頁）と「未成年者の人権」（伊藤200頁，佐藤411頁，野中＝中村＝高橋＝高見216頁，戸波150頁，渋谷103頁）については，この章で簡単にふれておく。

◆ 2　天皇・皇族の人権

370　**(1)　天皇・皇族**

　天皇という称号は6世紀末から7世紀初頭に使われるようになったといわれる（高橋紘＝所功『皇位継承』文春新書 1998 年 20 頁）。日本国憲法1条は，国家および国民統合の象徴という特殊な国家機関を設置し，長い歴史をもつ天皇の称号を受け継いできた血統（天皇家）に属する人が就任することを当然の前提とし

312

て，この国家機関に天皇の名称を与えた。また，憲法2条の授権を受けた皇室典範は，天皇の地位に就く人の一定範囲の親族を皇族とし，憲法2条の要求である皇位の世襲に備えている。

(2) 天皇・皇族の人権

したがって，天皇・皇族の人権とは，いうまでもなく国家機関である天皇の地位に就く自然人と，皇族に属する自然人の憲法上の権利主体性の有無という問題を指す。この点について，主な憲法解説書では肯定説と否定説が拮抗している。

① **否定説**　否定説は，世襲の天皇制とこれを支える皇族の存置は「門地」による差別を禁止する憲法14条1項の憲法自身が定める例外であって，天皇・皇族はそもそも憲法第三章の「国民」には含まれないとする（尾吹87頁，伊藤199～200頁，佐藤416～417頁，長谷部130～131頁）。

② **肯定説**　他方，肯定説は，天皇・皇族も憲法上の権利主体であり，一般国民との待遇の相違は，特権的待遇であれ，国民にはない制約であれ，天皇の憲法上の地位・権限と皇位の世襲に適合的な必要最小限度に限って合憲だと考える（宮沢Ⅱ243頁，佐藤功・註釈上172頁，芦部86頁，戸波135頁，大石Ⅱ21頁）。

(3) 天皇・皇族の特典と制約

実際に，天皇・皇族の地位にある自然人は，現行法上，一般国民とは異なるさまざまな特典を認められ，また特別の制約を受けている。

① **特典**　一般国民と異なる主な特典には，たとえば次のようなものがある。皇統に属する男系の男子のみが天皇の地位を継承する（皇室典範1条）。天皇・皇族には陛下・殿下の敬称が定められ（典範23条），成年に達すると叙勲される（1963年の閣議決定）。生活費として，国庫から「内廷費」「皇族費」が支給され，所得税は免除される（皇室経済法4条・6条，所得税法9条1項12号）。天皇および在任中の摂政は刑事責任を負わない（摂政について典範21条），などである。

② **制約**　他方，一般国民にはないさまざまな制約もある。天皇・皇族は養子をとることができず（典範9条），皇族男子の婚姻には皇室会議の議決が必要である（典範10条）。皇室の財産授受には原則として国会の議決が必要とされる（憲法8条）。天皇は「主権の存する日本国民」には含まれず，参政権をもたない。実際上の取り扱いとしては，皇族も選挙権・被選挙権を認められて

いない。天皇・皇族には，移動の自由，職業の自由も事実上認められず，表現の自由にも厳しい制約がある。

373　**(4) 天皇・皇族の特典および制約の合憲性審査**

　肯定説に立てば，憲法上の天皇の地位・権限および皇位の世襲にとって必要最小限度でなければ，これらの制約は天皇・皇族の憲法上の権利侵害の問題を惹起することになる。現に皇族の選挙権を認めないのは違憲だとする見解もある（宮沢Ⅱ 312～313 頁）。しかし，事柄が事柄だけに，天皇・皇族の置かれた状況が人権問題として裁判で争われたことはない。したがって，合憲性審査のあり方について理論の進展もみられない。その意味では，肯定説と否定説の違いには実益はないともいえるが，外国人の人権に関する通説の姿勢が示しているように (380)，憲法が「人権」の理念に立脚していることを憲法解釈の基軸とするなら，天皇・皇族たる自然人の人間としての権利を承認し，これに配慮する発想のほうがより憲法適合的であろう。

　なお，天皇を被告とする民事訴訟において，天皇の民事被告適格を象徴規定（憲法1条）を根拠に否定した判例があるが（**天皇と民事裁判権**：最判平成元・11・20 民集 43 巻 10 号 1160 頁），これに対しては，天皇の訴訟適格の否定は憲法からは導き出されず，立法政策の問題と解すべきだとする批判がある（野中＝中村＝高橋＝高見Ⅰ 111～112 頁）。

◆ 3　未成年者の人権

374　**(1) 未 成 年 者**

　憲法条文上，年齢が享有の要件となっている権利には，以下のものがある。第1に，憲法 15 条 3 項は，「成年者による普通選挙」を保障することで，選挙権に関する成年者と未成年者の区別を容認しているが，成年者の年齢は特定せず，その決定を立法者に委任している (313)。第2に，26 条 2 項は，「子女」に義務教育を受けさせる国民の義務という表現で，15 条 3 項とは逆に，子どもが義務教育を受ける権利を明文化している (251)。第3に，27 条 2 項は，「児童の酷使されない権利」を保障している (266～270)。これらの場合以外には，憲法は，法的取扱いに年齢区分を設けるべきか否かの判断と，年齢の具体的決定を，立法者に授権していると考えられる。

　現行法には，20 歳未満の者を未成年者とするものと（たとえば，公職選挙法 9

314

条1項・2項，民法4条，少年法2条1項），18歳未満の者を未成年者とするものがある（たとえば，憲法改正手続法3条，児童買春・児童ポルノ処罰法2条1項）。なお，選挙権をはじめ，未成年者の国際標準は18歳未満であることもあって，18歳成人への法令の統一化の動きがある。

(2) 未成年者の人権 375

未成年者も人間として当然憲法上の権利主体である。未成年者の人権というテーマで問題とされる憲法上の権利は，未成年者の特別扱いが広範囲にわたることの結果として，幸福追求権，平等権，参政権，教育権，勤労権，刑事手続的人権，知る権利（表現受領権）など，憲法典の権利カタログの全般に及ぶ。

(3) 未成年者の人権の制限 376

未成年者と成年者の別扱いを定める法令には，たとえば児童の権利に関する条約，労働基準法56条以下，児童福祉法，児童虐待防止法，児童買春・児童ポルノ処罰法（児童買春，児童ポルノに係る行為等の処罰及び児童の保護等に関する法律），少年法，都道府県の青少年保護育成条例のように，未成年者保護の傾向が強いものと，民法731条の婚姻適齢をはじめとする民法上の行為能力の制限規定，未成年者飲酒禁止法，未成年者喫煙禁止法，公職選挙法137条の2第1項の選挙運動禁止規定のように，行動規制の性格が強いものとがある。しかし，保護と制限はコインの両面であるから，この区別は相対的なものにすぎない。

(4) 未成年者の人権の制限の合憲性審査 377

① **考 え 方**　保護に重点があるにせよ，制限に重点があるにせよ，こうした別扱いが未成年者と成人の相違を適切に反映して，未成年者の憲法上の権利を最適化しているかどうか，とりわけ，未成年者に本人の意思に反して別扱いを強制する規定については，こうしたパターナリスティックな規制（350）が正当化できるかどうかが合憲性審査の焦点となる。

このような過剰な保護≒制限と並んで，成人との同一扱いも，過少保護として未成年者の人権侵害の問題を惹起することがある。

② **判 例**　未成年者の人権制限に関連する判例として，ここでは**岐阜県青少年保護育成条例事件判決**（最判平成元・9・19刑集43巻8号785頁）を紹介しておく。条例にもとづき，県知事による「有害図書指定」を受けたため，未成年者に販売することを禁止された書籍を自動販売機で販売したとして，条例違反で起訴された業者の刑事裁判である。法廷意見は，ごく簡単な理由づけで，条

例の有害図書指定制度と自動販売機への収納禁止規定を憲法21条1項・2項に違反しないと判断したが，伊藤正己裁判官の詳細な補足意見は，検閲禁止との関係や明確性の原則の理解などと並んで，未成年者の知る権利の合憲性審査に関しても興味深い説示を含んでいる。ここではこの点だけを紹介しておく。

　㋐ **未成年者の知る権利の保障とその程度**　　伊藤補足意見によれば，本件条例は憲法21条1項で保障された「青少年の知る自由を制限するものである」が，「青少年は，一般的にみて，精神的に未熟であって，［情報の］選別能力を十全には有しておらず，その受ける知識や情報の影響をうけることが大きいとみられるから」，知る自由の「保障の程度が成人の場合に比較して低いといわざるをえない。」

　㋑ **未成年者の知る権利の制限の合憲性審査**　　「青少年保護のための有害図書の規制について，それを支持するための立法事実として，それが青少年非行を誘発するおそれがあるとか青少年の精神的成熟を害するおそれのあることがあげられるが，そのような事実について科学的証明がされていないといわれることが多い。たしかに青少年が有害図書に接することから，非行を生ずる明白かつ現在の危険があるといえないことはもとより，科学的にその関係が論証されているとはいえないかもしれない。しかし，青少年保護のための有害図書規制が合憲であるためには，青少年非行などの害悪を生ずる相当の蓋然性のあることをもって足りると解してよいと思われる。」

　㋒ **本件条例の合憲性**　　「現代における社会の共通認識からみて，青少年保護のために有害図書に接する青少年の自由を制限することは，右にみた相当の蓋然性の要件を満たす」。また，自販機への収納禁止という手段は，たしかに「成人の知る自由に対するかなりきびしい制限であるということができるが，他の方法でこれらの図書に接する機会が全く閉ざされているとの立証はないし，成人に対しては，特定の態様による販売が事実上抑止されるにとどまるものであるから，有害図書とされるものが一般に価値がないか又は極めて乏しいことをあわせ考えるとき，成人の知る自由の制約されることを理由に本件条例を違憲とするのは相当ではない。」

　伊藤補足意見の論証の説得性に対する評価は分かれるとしても，論証の構成には学ぶべき点が多い。とりわけ，未成年者による有害図書アクセスの規制の合憲性について，「害悪発生の相当の蓋然性」という基準を提示した点が注目

される。これは，泉佐野市民会館事件判決で，公共施設利用の許可制の合憲性審査について法廷意見が採用した「明らかな差し迫った危険発生の具体的予見」という基準（111）よりも緩やかで，よど号ハイジャック記事抹消事件判決で，刑事収容施設被収容者の新聞閲読制限の合憲性審査について法廷意見が採用した基準（399）と同一である。

第27章 憲法上の権利の主体(2)──外国人

◆ 1 外 国 人

(1) 外国人の意味

外国人という言葉は，厳密にいうと2つの異なる意味で用いられる。ひとつは，民族としての日本人に属するという自意識をもつ人々の側から，外見的特徴，話す言葉，服装その他の風俗習慣などからみて，この意味の日本人ではないと判断された人々である（「ガイジン」！）。街なかで外国人を識別する場合の外国人とは，このような人々を指す。「事実的意味の外国人」とよぶことができる。

他方，外国人という言葉は，日本国籍をもたない人，とりわけ，日本に居住・滞在する日本国籍をもたない人の意味でも使われる。外見的特徴や話す言葉にかかわりなく，国籍の有無を基準とするのであるから，「事実的意味の外国人」に対して「法的意味の外国人」とよぶことができる。これには外国籍の人と無国籍の人が含まれる。法的意味の外国人に属する人と事実的意味の外国人に属する人の範囲は，重なり合うが同一ではない。

もし，自分を民族的意味の日本人と意識している人々が，事実的意味の外国人に対して差別的言動をとれば，それも人権問題となりうる。しかし，こうした社会問題は，憲法論の視角からは14条1項後段の「人種」（民族を含む）にもとづく私人間の差別と捉えられることになるだろう（「私人間の人権」については415以下参照）。

これに対して，外国人には日本国憲法上の権利が保障されるのかというテーマが論じられる場合，そこにいう外国人とは，法的意味の外国人である。すなわち，外国人の憲法上の権利主体性とは，日本国家が日本国籍をもたない人を日本国籍をもつ人と比べて不利益に扱うことは，憲法上の権利侵害を引き起こ

さないのかという憲法問題なのである。

379　**(2) 法的意味の外国人の類型**
　憲法上の権利主体性が問題となる法的意味の在日外国人も，その法的地位の違いから，いくつかの類型に分類される。後述（386, 387）のように学説は，これらの類型の違いに応じて，憲法上の権利保障の有無や程度も変わってくる場合があると考えてきた。
　① **定住外国人**　定住外国人とは，日本国が永住資格を認めた外国人（芦部89〜90頁），またはより広く，「日本に生活の根拠をもち，その生活実態において自己の国籍国を含む他のいかなる国にもまして日本と深く結びついており，その点では日本に居住する日本国民と同等の立場にあるが，日本国籍を有しない者」の意味で用いられる（芦部・憲法学Ⅱ 130頁）。永住外国人の範囲は法的に明確であるが，後者の意味での定住外国人の範囲は論者によって異なることになる。
　② **難　民**　難民とは，難民条約（難民の地位に関する条約）と出入国管理法（出入国管理及び難民認定法）にもとづいて，日本国が難民と認定して在留を認めた外国人である。日本語では，自国政府から政治信条・宗教・所属民族などを理由として迫害を受け，単独あるいは少人数で自国を脱出し，他国に受け入れられた人のことは，ふつう「亡命者」とよぶ。しかし，難民も亡命者も，もともと英語ではrefugeeであり，難民条約など日本の法令用語でも，難民はいわゆる亡命者を含む。
　③ **その他の外国人**　出入国管理法は，投資事業・企業内転勤・研究・留学・研修・興行・短期滞在（観光等）などの在留資格を限定列挙し（法別表第一），これらのいずれかの目的で，3年を超えない範囲の期間を特定して（法2条の2第3項），法務大臣が外国人の入国を許可する制度を設けている。このカテゴリーの許可を受けて，日本国内に入国・滞在する外国人が，定住外国人でも難民でもない一般の外国人である。
　④ **不法入国者・不法滞在者**　不法入国者とは，正規の手続を経ないで日本に密入国した外国人，不法滞在者（不法残留者）とは，法務大臣の許可を受けて適法に入国したが，在留期間が切れたのちも違法に在留し続けている外国人を指す。

第 27 章 憲法上の権利の主体(2)——外国人

◆ 2 外国人の人権

(1) 外国人の人権主体性

① **否定説** 憲法第三章の標題が「国民の権利及び義務」とされていることを主要な根拠として、法的意味の外国人は憲法上の権利主体ではないとする学説もかつては存在した。もっとも、この学説も、法律によって外国人に国民と同等の待遇を認めることは合憲であり、政治道徳上はそうすべき場合が多いとしている点には注意しなければならない。

「憲法第三章『国民の権利及び義務』という題の下に定める条項は、その条項の定める法律事実が国民について発生する場合であることを前提とするものである。……第三章の条項中には、何人も何々することが出来るとか、何人も何々せられないとかいうことがあるが、それは、日本国人について、何人も、というのであって、外国人を含むのではない。即ち憲法第三章の定める権利及び義務は、国民のみについてその権利、義務を定めるのである。」「憲法が、ある事項について、国民に与えている地位は、外国人にもこれを与えることを、政治道義上妥当とする場合が少なくない」（佐々木468頁、471頁。なお、近年では小嶋156〜157頁が佐々木説を継承し、松井319〜320頁が、憲法は民主的政治過程に対する国民の参加を保障する法だという、プロセス憲法観にもとづく独自の見解を説いている）。

② **肯定説** これに対して、外国人も日本国憲法上の権利主体であるとする肯定説が通説・判例である。日本国憲法は、憲法上の権利の主体について、明確な規定を置いていない。しかしながら、憲法典の中心内容のひとつは国家と国民との基本的な関係の規律であること、日本国憲法のもとで生活する人の大多数は日本国籍保有者だと想定されること、憲法第三章の標題が「国民の権利及び義務」であること、これらの諸点から、国民が憲法上の権利主体であることに疑問の余地はない。

しかし、逆にこれらの諸点から、否定説のいうように在日外国人の憲法上の権利主体性が当然に否定されるかというと、必ずしもそうはいえない。むしろ通説・判例は、憲法11条・97条が「基本的人権」すなわち（国民ではなく）人間の基本的な権利の保障を基本理念として明示している点、憲法前文・98条2項が国際協調主義を宣言している点、この2つを根拠として、在日外国人も憲法上の権利主体だと理解してきた。

（2） 外国人の人権主体性の判断基準

① 文言説と性質説　とはいえ肯定説も，在日外国人全員が，憲法上の権利のすべてを，つねに日本国民とまったく同程度に保障されなければ違憲だと主張しているわけではなく，じつは憲法上の権利には外国人に保障されないものや保障の程度が低くても許されるものがあることを認める。したがって肯定説は，まず第1に外国人に保障される権利と保障されない権利を何らかの方法で判別する見解だということになる。ではその判別はどのようにおこなわれるのか。この点については2つの発想があるとされてきた。

ひとつは，権利規定の主語が「何人も」となっている場合，当該権利の主体には文字どおり在日外国人も含まれ，「国民は」となっている場合には，当該権利の主体は日本国民に限定されるとする発想である。文言で区別することから「文言説」とよばれる。

しかし，この点を注意深く意識して起草されたわけではない日本国憲法に関して，文言説を貫徹することは不可能だ。その証左としてつねにあげられてきたのが，憲法22条2項である（190）。この規定は，「何人も」外国移住・国籍離脱の自由を侵されないとする。しかし，日本国には，外国人が母国から別な国家に移住し，あるいは現在の国籍を捨てて別な国家の国籍を取得する行為を保障したり阻止する権限がないことは明白なので，22条2項は，「何人も」という文言にもかかわらず日本国民だけの権利規定と読むほかない。

そこで第2の可能性が「性質説」である。性質説とは，外国人に対する適用の有無と程度は，それぞれの権利の性質によって判断されるべきだとする学説である。文言説が外国人の権利保障に yes か no で答えるゼロサム的発想であるのに対して，性質説は保障の有無だけでなく程度も性質で判断するというグラデーション的発想である点も注目される。性質説が通説・判例の立場である。なお，原則として条文の文言で判断し，それでは合理的な結論が得られないと解される場合に，権利の性質を考慮すべきだとする少数説もある（初宿78頁）。

② 性質の判断　では，どのような性質の権利であれば在日外国人には保障されず，あるいは国民とは保障の程度が異なってくるのであろうか。主な憲法解説書はいずれも性質説に立つが，この点について一般的基準を明示するものは見当たらない（芦部90頁，奥平52頁，野中＝中村＝高橋＝高見Ⅰ219頁，初宿78頁，戸波136頁，辻村142～143頁，渋谷110頁参照）。

肯定説は，外国人の権利主体性の根拠を人権の「前国家性」に求めることが多い（芦部 90 頁，戸波 136 頁）。そこで，肯定説≒性質説は，憲法上の権利のうち，前国家的と観念される権利は外国人にも保障され，後国家的と観念される権利は国民にのみ保障されるという発想に立つのかもしれない。

　しかし，憲法上の権利のうち，何が前国家的権利であり何が後国家的権利であるのか，この点の解釈も一致しない上，公務員の不法行為にもとづく国家賠償請求権（17条）のように，後国家的とされる権利（宮沢 II 200～201 頁）でも，だからといって当然に外国人には保障されないともいいきれない (299)。むしろ，日本国憲法上の権利は，いずれも人間にとって不可欠だとの価値判断から保障された権利という意味で，そのすべてを「人権」と性格づけることができる (5)。他方で，世界が今日なお主権国家を主要な構成単位としている事実も，日本国憲法の前提である。各国家は，その独立性の保持を憲法の当然の前提とし，また自国の構成員（国籍保有者）を保護する憲法上の義務を負う。日本国憲法上の権利は，すべて人権として，原則的には在日外国人にも保障されるが，この原則は，主権国家体制という国際社会の現実にもとづく国家の独立性の保持および自国民保護という別の要請による修正を受ける場合がありうる。

　性質説は，暗黙のうちにこのような前提に立って，国家の独立性の保持および自国民保護の要請が，外国人に対する当該権利の保障を排除するか否か，または当該権利の保障に対する特殊な制限を正当化するか否かを，権利ごとに検討する見解だということになるだろう。

(3) まとめ

382

　法的意味の外国人は，日本国憲法の人権理念と国際協調主義にもとづいて，原則として憲法上のすべての権利の主体である。しかし，主権国家体制のもとで日本国家に求められる国家の独立保持および自国民保護の要請にもとづいて，権利によっては外国人の享有主体性が否定されたり，国民に対する制限よりも強い制限が許容される場合がある。

◆ 3　外国人の人権の制限

　上述のように，通説・判例によれば，憲法上の権利はすべて，原則的には外国人にも保障される。したがって，憲法上の権利について外国人が日本国民とは異なる制限を受けている場合には，つねに違憲の問題を生ずることになる。

383

外国人に対する現行法令上の主な制限の例としては，たとえば次のようなものがある。

(i) 出入国管理法は，外国人の入国・在留・出国に関して，国民とは異なる制限をおこなっている（憲法22条の移動の自由の制限）。

(ii) 公職選挙法は，外国人に選挙権・被選挙権を認めていない（憲法15条の参政権の制限）。

(iii) 外交官などを別とすれば法令上の明文の根拠はないにもかかわらず，いわゆる「当然の法理」にもとづいて，外国人の就任が認められない公務員の職が数多く存在し，管理職への昇任も一般に認められていない。「当然の法理」とは，「公務員に関する当然の法理として，公権力の行使または国家意思の形成への参画にたずさわる公務員となるためには，日本国籍を必要とする」という1953年の人事院事務総長見解に由来する一種の不文法である（中村・30講29頁）。こうした制限は，憲法15条等に含まれる公務就任権の制限，あるいは22条の職業の自由の制限と捉えられている（公務就任権については310）。

(iv) 政治資金規正法22条の5は，外国人が政党等の政治団体に政治献金をおこなうことを禁止している（憲法21条の政治的表現行為の制限）。

(v) 外国人の職業選択や財産権の享有については，各種の法令で，国民が受けない制限が定められている（公証人法12条1項，外国人土地法1条など，芦部94頁の例示を参照。いずれも憲法22条1項・29条の特殊な制限にあたる）。

(vi) かつては国民年金法・国民健康保険法など，多くの社会保障関係法令の受給資格に国籍要件が存在したが，1982年に自国民と難民との社会保障給付の平等規定（24条）を含む難民条約に加入した際に，国籍要件を撤廃する関連法令の改正がおこなわれた（野中＝中村＝高橋＝高見Ⅰ 225～226頁）。

◆ 4 外国人の人権の制限の合憲性審査

(1) 概　観

以下では，こうした外国人の人権に関係するさまざまな制限や特例のうち，実際に裁判で争われ，一定の議論の深まりが見られる代表的なテーマを取り上げておく。すなわち，外国人の入国の自由，地方選挙権，管理職公務員就任の権利，社会保障給付における国籍要件の問題である。

それぞれの具体的な紛争の性格や構造には大きな相違があるが，最高裁の態

第 27 章　憲法上の権利の主体(2)——外国人

度をごくおおざっぱに要約すれば，どの問題についても立法裁量や行政裁量を最大限尊重しようとしてきたということになるだろう。

(2) 入国の自由——マクリーン事件判決（最大判昭和 53・10・4 民集 32 巻 7 号 1223 頁）

① **事実関係**　X は 1969 年，日本政府から 1 年間の在留許可を得て，東洋音楽の研究を目的として入国した。当時はちょうどベトナム戦争が泥沼化していた時代で，アメリカ国内では反戦運動が大規模に展開される状況だった。日本でも，評論家小田実らを中心に「ベトナムに平和を，市民連合」（ベ平連）が結成され，在日外国人による「外国人ベ平連」も結成されていた。X はこの外国人ベ平連に加入して，ベトナム戦争反対，日米安保体制反対，入国管理法案反対などのテーマで，定例集会・デモ行進・ビラ配りに一般会員として参加した。

X が在留期間の更新を申請したところ，法務大臣は当時の出入国管理令（現行出入国管理法）21 条 3 項にもとづいて，更新不許可の決定を下した。X は，この処分が違憲違法であるとして，処分の取消しを求める行政訴訟を提起した。

② **下級審**　一審（東京地判昭和 48・3・27）は，出入国管理令 21 条 3 項の「在留期間の更新を認めるに足りる相当の理由があるときに限り，これを許可することができる」という文言は，法務大臣に広い行政裁量権を与えているが，X がおこなった政治活動が日本国の利益を害したとは断定できず，憲法の国際協調主義と人権保障の理念にかんがみると，大臣の処分は裁量権の逸脱にあたり違法だとした。

これに対して，控訴審（東京高判昭和 50・9・25）は，国側の主張を認めて裁量権の逸脱を否定したため，X が上告して争った。

③ **最高裁**　最高裁は X の上告を棄却した。最高裁判決の内容は，以下のように要約することができる。

まず，国際慣習法上，国家は外国人の受け入れについて自由に決定することができる。憲法 22 条も，外国人の入国の自由を保障するものではない。

出入国管理令 21 条 3 項は，法務大臣に広汎な裁量権を付与しているので，大臣の判断は「全く事実の基礎を欠き又は社会通念上著しく妥当性を欠くことが明らかな場合に限り」裁量権の逸脱として違法となる。

「憲法第三章の諸規定による基本的人権の保障は，権利の性質上日本国民の

みをその対象としていると解されるものを除き、わが国に在留する外国人に対しても等しく及ぶものと解すべきであり、政治活動の自由についても、わが国の政治的意思決定又はその実施に影響を及ぼす活動等外国人の地位にかんがみこれを認めることが相当でないと解されるものを除き、その保障が及ぶ」。

しかし、外国人の人権保障は在留制度の枠内で与えられたものにすぎず、法務大臣が、憲法で保護された外国人の行為を在留更新の判断にあたって不利益に「しんしゃく」しても違法ではない。

Xの行為には憲法の保障が及ぶものも含まれていたが、日米関係に悪影響を及ぼすおそれがあるものも含まれ、更新にあたって不利益材料と評価した大臣の判断は、「全く事実の基礎を欠き又は社会通念上著しく妥当性を欠くことが明らか」であるとはいえない。

④ 最高裁判決の意義

(ア) **外国人の人権主体性の承認**　この判決は、通説と同様、一般論としては外国人も日本国憲法上の権利主体であること、権利保障の有無と程度は当該権利の性質で判断されるべきこと、これらの点（肯定説かつ性質説）を明示した判決として重要である。

(イ) **判決の論理**　判決の思考の流れは次のように整理できる。(i)憲法22条は外国人に対して入国の自由を保障していない。→(ii)入国規制は立法問題である。→(iii)出入国管理令（現行出入国管理法）21条3項は、法務大臣にきわめて広汎な行政裁量権を付与しているが、この点について違憲問題は生じない。→(iv)大臣の行政裁量権行使については、裁判所はその濫用・逸脱の有無だけを審査する。→(v)外国人は原則として憲法上の権利の主体であり、政治活動の自由も保障される。しかし、法務大臣が、在留期間の更新にあたって、申請者の政治活動を不利益要素として考慮することも、（たとえば人違いのように）まったく事実の基礎を欠くか社会通念上著しく妥当性を欠くごく例外的な場合を除いて、令21条が付与した行政裁量権の濫用ではない。

(ウ) **入国の自由の否定**　最高裁は、国際慣習法を引き合いに出して、憲法22条は外国人に入国の自由を保障するものではないとした。通説も共有するこの見解の背後には、外国人の入国を憲法上の権利と認めることは、国家の独立性の保持と相容れないという感覚が存在するように思われる。しかし、憲法22条の保護対象には外国人の入国も含まれるという解釈をとって（作間忠雄

「外国人の基本的人権」小嶋和司編『憲法の争点・新版』有斐閣 1985 年 70 頁）判決の(i)→(ii)→(iii)の発想そのものを否定し，出入国管理法による入国制限が憲法 22 条に違反していないかどうかを目的手段審査の枠組で審査する考え方もありうる(190)。

(エ)**「踰越濫用型裁量統制」に対する批判**　しかしながら，学説の批判が集中しているのはこの点ではなく，判決の(iv)→(v)である（行政法学者の詳細な検討として亘理格『公益と行政裁量』弘文堂 2002 年 32 頁以下）。仮に出入国管理令の規定を前提とするとしても，本件判決のようなきわめて緩やかな行政裁量統制が一義的に導かれるわけではない。X の本件行為のような平和的なデモ行進・ビラ配布が憲法 21 条の保護対象に含まれることを認めながら，それを在留期間の更新審査で不利益事由として考慮してもよいことになれば，日本に長期滞在することを望む外国人は，憲法上保護を受ける行動であっても，日本政府ににらまれるような行動は自粛することになる。いわゆる「萎縮効果 chilling effect」である。これは，外国人の権利主体性を認める最高裁の大前提とも本来相容れないはずである。その意味で，本件の場合，出入国管理令の行政裁量権を憲法によって枠づける発想に立って裁量権の濫用を認定した一審判決の発想が，はるかに憲法適合的だと評してもよいだろう。

(3)　地方選挙権

① **学説の概観**　参政権の中核である選挙権・被選挙権は，さらに国政選挙権・国政被選挙権・地方選挙権・地方被選挙権の 4 つに分類することができる。すなわち，国会議員の選挙権・被選挙権（憲法 44 条，公職選挙法 9 条 1 項・10 条 1 項），地方の長（都道府県知事，市町村長）の選挙権・被選挙権，地方議会（都道府県議会・市町村議会）議員の選挙権・被選挙権（憲法 93 条 2 項，公職選挙法 9 条 2 項・10 条 1 項）である（選挙権・被選挙権については 311～314, 321～323）。

外国人の参政権が論じられる場合の外国人として念頭に置かれているのは，上述の永住外国人または定住外国人である。また，参政権には以上の 4 つが含まれるので，それぞれについて禁止説（外国人に認めることは憲法違反だと考える説），要請説（逆に外国人に認めないことが憲法違反だと考える説），許容説（憲法上は外国人に認めても認めなくてもよいと考える説）が想定可能である。

(ア)**全面禁止説**　かつては，国政選挙権・国政被選挙権・地方選挙権・地方被選挙権のすべてについて，これらを外国人に認めることは憲法違反だとす

る全面禁止説が当然視されていた。全面禁止説は，一般にその憲法上の根拠として国民主権原理をあげる（たとえば宮沢Ⅱ241頁）。こうした全面禁止説は，今日ではむしろ少数説とみてよいだろう。

　(イ) **全面要請説**　全面禁止説とはまったく逆に，定住外国人に対しては，国政選挙権・国政被選挙権・地方選挙権・地方被選挙権のすべてを認めなければ憲法違反になるとする少数説も存在する（浦部483～484頁・514～515頁，辻村149頁，渋谷116頁）。全面要請説とよぶことができる。その特徴は，国民主権原理にいう国民を，通説のように国籍保有者をベースとして捉えるのではなく，国籍の有無を問わず日本に生活の本拠があるすべての人と捉えて，いわゆる定住外国人を「主権の存する日本国民」（憲法前文・1条）に含める点である。国民概念をこのように拡張すれば，全面要請説はむしろ国民主権原理の当然の帰結だということになる。

　(ウ) **地方選挙権要請説**　全面禁止説と全面要請説の中間には，いろいろな考え方がありうるが，現実の学説としては，地方選挙権要請説がある（高田篤「外国人の選挙権」法律時報64巻1号1992年83頁以下）。憲法93条2項は，「住民」に対して地方の長・議員等の直接選挙権を保障している。地方選挙権要請説は，93条2項にいう住民とは，地方政治に密接な利害関係をもつ者のことで，必ずしも国籍保有者たる国民の部分集合ではないと解して，定住外国人に地方選挙権を認めることが憲法93条の要請だとするのである。

　(エ) **地方選挙権許容説**　これらに対して，学説分布の現状では，公職選挙法を改正して定住外国人に地方選挙権を付与しても，憲法には抵触しないとする地方選挙権許容説が多数説を形成している（芦部90頁，佐藤272頁・420頁，野中＝中村＝高橋＝高見Ⅰ222頁，高橋83頁，戸波138頁）。

　これらの学説のうち，禁止説が根拠とする国民主権原理の実質的内容は，国家の独立性保持・自国民保護の要請だとみてよいだろう。これに対して，要請説もやはり国民主権原理を引き合いに出すが，その実質は民主主義的決定に参加すべき人は誰かという民主主義のメンバーシップ論に帰着すると思われる。他方，地方選挙権に限定した要請説・許容説は，憲法上の地方自治の拡充という別の論拠を立脚点としている。なお，要請説は，全面要請説にせよ地方選挙権要請説にせよ，立法者が公職選挙法の国民要件を改正しないで放置している現状は立法不作為の違憲状態（立法不作為の国家賠償請求については301）だと主張

することを含意しうる点にも，注意が必要である。
　② **判　例**── 最判平成7・2・28民集49巻2号639頁
　　(ア) **事 実 関 係**　　韓国籍の原告らは，1990年9月作成の選挙人名簿に登録されていなかったことを理由に，原告らが居住する大阪市の各選挙管理委員会に対して異議の申出をおこなった。しかし，選挙管理委員会が異議の申出を却下したので，当該選挙管理委員会を相手取ってこの却下決定の取消しを求める行政訴訟を提起した。
　　(イ) **最高裁の見解**　　従来から最高裁は，憲法15条1項の「国民」は国籍保有者を意味し，93条2項の「住民」は国籍保有者たる地方住民を意味するとしており，この点はこの判決でも変化していない。したがって，最高裁の解釈からは全面禁止説が自然な帰結であるように思われる。ところが，この判決は，以下のように法的意味での永住者に限らず，より広くいわゆる定住外国人について地方選挙権許容説を明示したことで注目された。
　憲法第八章は，「民主主義社会における地方自治の重要性に鑑み，住民の日常生活に密接な関連を有する公共的事務は，その地方の住民の意思に基づきその区域の地方公共団体が処理するという政治形態を憲法上の制度として保障しようとする趣旨に出たものと解されるから，我が国に在留する外国人のうちでも永住者等であってその居住する区域の地方公共団体と特段に緊密な関係を持つに至ったと認められるものについて，その意思を日常生活に密接な関連を有する地方公共団体の公共的事務の処理に反映させるべく，法律をもって，地方公共団体の長，その議会の議員等に対する選挙権を付与する措置を講ずることは，憲法上禁止されているものではない」。
　(4) 管理職公務員就任の権利 ── **外国人管理職訴訟判決**（最大判平成17・1・26民集59巻1号128頁）
　① **事 実 関 係**　　特別永住者である韓国籍の女性が，1988年に東京都に保健師（婦）として任用された。この女性が，東京都人事委員会の実施した管理職選考を受験しようとしたが，外国籍を理由に受験を認められなかったので，国家賠償請求等を提起した事件である。
　② **最高裁の見解**　　最高裁は，外国人を地方公務員に任用することは法令上禁止されていないとしながら，以下のように「公権力行使等地方公務員」という新たな概念を立てて，国民主権原理を根拠に，外国人をこの職に登用するこ

とは原則として憲法違反になる旨判示した。その上で，地方公務員の任用制度の構築に関する地方公共団体の裁量権を認めて，東京都の管理職任用制度の合憲性・適法性を承認した。

「地方公務員のうち，住民の権利義務を直接形成し，その範囲を確定するなどの公権力の行使に当たる行為を行い，若しくは普通地方公共団体の重要な施策に関する決定を行い，又はこれらに参画することを職務とする者……すなわち，公権力行使等地方公務員の職務の遂行は，……住民の生活に直接間接に重大なかかわりを有するものである。それゆえ，国民主権の原理に基づき，国及び地方公共団体による統治の在り方については日本国の統治者としての国民が最終的な責任を負うべきものであること……に照らし，原則として日本の国籍を有する者が公権力行使等地方公務員に就任することが想定されているとみるべきであ」る。

「普通地方公共団体が，公務員制度を構築するに当たって，公権力行使等地方公務員の職とこれに昇任するのに必要な職務経験を積むために経るべき職とを包含する一体的な管理職の任用制度を構築して人事の適正な運用を図ることも，その判断により行うことができるものというべきである。そうすると，普通地方公共団体が上記のような管理職の任用制度を構築した上で，日本国民である職員に限って管理職に昇任することができることとする措置を執ることは，合理的な理由に基づいて日本国民である職員と在留外国人である職員とを区別するものであり，上記の措置は，労働基準法3条にも，憲法14条1項にも違反するものではない……。そして，この理は，前記の特別永住者についても異なるものではない。」

東京都の「管理職のうちに，企画や専門分野の研究を行うにとどまり，公権力行使等地方公務員に当たらないものも若干存在していたとしても，上記判断を左右するものではい。」

③ **判決の意義**　法廷意見は，外国人には憲法上の公務就任権が保障されるかという点については明確な態度を示さず，憲法問題としては東京都の管理職任用制度の14条1項適合性について合理性を承認するにとどまった。しかし，少数意見をみると，最高裁内部には，一方では憲法上の公務就任権の保障は外国人には及ばないと明示した上で，地方公務員の任用制度について地方公共団体の広汎な裁量権を認め，司法審査は裁量権の踰越・濫用の統制にとどめるべ

きだとする金谷利廣意見・上田豊三意見から，他方では特別永住者について職業選択の自由の一環として公務就任権が保障されることを逆に明示的に認め，就任・昇任制限の憲法22条1項適合性は厳格な合理性の基準で審査されるべきだという立場に立って，本件を違憲と判断する泉徳治反対意見に至る，きわめて大きな見解の対立が存在したことがわかる。

　本件については，学説はむしろ，控訴審判決（東京高判平成9・11・26判時1639号30頁）に好意的である。控訴審は，性質上外国人にも就任が許される公職があり，この種の公職に就く資格は憲法22条1項・14条1項の保護を受けることを明示した上で，公務員を(i)国の統治作用を直接行使する公務員，(ii)公権力の行使または公の意思形成への参画によって間接的に統治作用にかかわる公務員，(iii)その他の公務員に区分し，(ii)の公務員にも外国人の就任が認められるべきものがあるとした。控訴審は，この立場から本件を審査し，広く管理職一般を同一の試験で選考する東京都の制度は(ii)の職種についての配慮を欠くので，一審原告の受験を認めなかった本件措置は違憲だとして，国家賠償請求を認容している。最高裁によって破棄されたとはいえ，注目すべき法的構成を含んでいる。

(5) 社 会 権

① 考え方　可能性としては，外国人には日本国憲法上の社会権は保障されないという説（否定説），保障されるが保障の程度は国民より劣ってもよいという説（いわば低保障説），社会権の一部は何らかの理由で外国人にも国民と同一の保障が及ぶとする説（部分的肯定説），社会権のすべてについて外国人も権利主体だとする説（全面肯定説）が想定できる。

　学説の多数説は，今日でも否定説と理解してよいだろう。しかし，後述のように，部分的肯定説も有力である。意外なことに，判例の論理は低保障説と解される。

② 学　説

(ア) 否 定 説　多数説（古典的な例として宮沢Ⅱ241頁。今日の学説として芦部92頁，伊藤197〜198頁）の根拠は，社会権は限られた財源の配分が問題となる権利であること，生活が成り立たない外国人を救済する義務を負うのは，本来その外国人の所属国であることである。多数説は，自国民保護の要請が外国人の社会権保障に優先するという発想に立つことになる。ただし，近年では，立法政

策として外国人を社会保障給付の対象とすることは違憲ではないことが強調されており（芦部・憲法学Ⅱ 136〜137 頁，辻村 146〜147 頁），この点は参政権と異なる。上述のように，実際にも今日では，社会保障給付関係の法律には国籍要件がないのがふつうである。

　(ｲ) **部分的肯定説**　ふつう否定説が多数説と理解されているが，社会権の一部について外国人の権利主体性を認める見解もじつは少なくない。外国人のカテゴリーの違いを重視して，定住外国人には国民と同様，憲法上の社会権が保障されると考えるのが，そのひとつのタイプである（浦部 59〜60 頁）。この説によれば，定住外国人は外国人ではないのだから，この結論は当然である。これに対して，社会権といっても権利の性格がさまざまなので権利ごとに考えるべきだとする学説が，もうひとつのタイプである。その例としては，ギリギリの生存が問題となる 25 条，義務教育に関する 26 条の権利は，外国人にも当然保障されるとする説や（渋谷 112 頁），労働基本権と教育を受ける権利は外国人にも当然保障されるとする説があげられる（戸波 140 頁）。

　多数説が外国人の社会権享有主体性を否定する根本的な理由は，財源に限界がある社会保障給付に関する自国民（の優先的）保護の要請である。そうすると，多数説の立場にたっても，憲法 25 条〜28 条の権利に含まれる自由権的側面については，外国人の権利主体性を否定する理由はないことになるだろう。

　③ **判例——塩見訴訟判決**（最判平成元・3・2 判時 1363 号 68 頁）

　(ｱ) **事実関係**　1934 年に日本で出生し，戦後は大韓民国籍であった X は，幼少時に失明し，1959 年時点で国民年金法の別表が定める 1 級の障害状態にあった。X は，1970 年 12 月に帰化によって日本国籍を取得し，1972 年に知事に対して障害福祉年金裁定請求をおこなった。しかし，国民年金法が 1959 年 11 月 1 日に日本国民ではない者には障害福祉年金の受給資格を認めない旨を規定していたため，知事はこの請求を却下した。そこで X が却下処分の取消訴訟を提起した。

　(ｲ) **最高裁の見解**　最高裁は，概略以下のような理由づけで，X の上告を棄却した。国は，「当該外国人の属する国との外交関係，変動する国際情勢，国内の政治・経済・社会的諸事情等に照らしながら，その政治的判断によりこれ［社会保障施策上の在日外国人の処遇］を決定することができるのであり，その限られた財源の下で福祉的給付を行うに当たり，自国民を在留外国人より

優先的に扱うことも，許される」。国民年金法が，制度発足日である 1959 年 11 月 1 日に国籍保有者であったことを，障害福祉年金の受給資格としていることも，合理性を欠くとはいえない。

　この論理は，憲法 25 条が広汎な立法裁量を認める規定であり，国民年金法の仕組みは裁量の逸脱とはいえないというものであるから，これを額面どおりに受け取れば，最高裁は外国人も憲法 25 条の権利主体であることを認めた上で，その具体化を広汎な立法裁量に委ねたことになる。上に「低保障説」とよんだ所以だが，国籍要件によってそもそも受給対象者から排除することも 25 条の裁量の範囲内だとするのであるから，実質的には否定説と同様である。否定説の態度を明示するほうが，法的構成としては明快だったということになるだろう。

第28章 憲法上の権利の主体(3)
——国家と特別な法律関係に立つ人々

I 問題の位置づけ

　公務員のようにみずからの意思にもとづいて，あるいは刑事収容施設の被収容者のように強制的に，一般市民とは異なる法律関係を国家との間でとり結ぶ人々がいる。彼ら彼女らは，もちろん人間として当然憲法上の権利主体である。しかし，こうしたカテゴリーの人々は，憲法上の権利について，明治憲法下はもとより現行憲法のもとでも，一般市民にはない特殊な制限を受けてきた。そこで，このような特殊な制限が許されるのかが憲法問題となる。

　従来の憲法解説書では，この問題は「国家と特別な法律関係に立つ者の人権」として一括されるのがふつうである。この本もこの伝統に従う。ところで，学説は，明治憲法時代に説かれた「特別権力関係論」を現行憲法の解釈上は拒否しつつ，公務員と刑事収容施設被収容者の人権を論ずる前提としてこの理論を紹介するのを通例とする（芦部103～104頁）。しかしながら，「特別権力関係」概念不要説に立ちながら，読者にこの概念に対する注意を喚起するのはある種の背理であるから，ここではその紹介は省略してもよいだろう。

　また，これまでの憲法解説書は，「国家と特別な法律関係に立つ者の人権」というテーマを，人権の享有主体の問題とは独立に取り上げることが多かった。だが，その体系的な位置づけは，人権制限の一般論の一部とされたり（芦部103頁，高橋119頁，松井353頁），人権保障が及ぶ範囲の部分問題とされるなど（佐藤429頁，長谷部142頁，渋谷140頁），さまざまである。しかし，問題は，人権主体としての一般市民がたまたま公務員や刑事収容施設被収容者となった場合の特殊な人権制限の許容性であるから，この本では人権主体論のひとつと位置づけておく（伊藤202頁，辻村153頁）。もっとも，こうした位置づけの相違が具体的な見解の相違と直結しているわけではない。

II 公務員の人権

◆ 1 公 務 員

390　日本国憲法では，15条1項・2項・3項，16条，17条，36条，99条，103条の都合8つの条項に公務員という言葉が登場するが，その中心的規定は15条である。学説は，15条の公務員を最広義に解し，「広く国又は公共団体の事務を継続的に担当する者を指し，選任方法の如何を問わず，また立法・行政・司法の各部を問わない」とした上で，さらに「私人に公務を委任又は委託した場合には，その限度で私人もここでいう公務員にあたる」としている（法協・註解上364頁，370頁。同旨，佐藤功・註釈上237〜239頁）。

◆ 2 公務員の人権

391　**(1) 公務員の人権制限の現状**

公務員の人権というテーマは，理論的にはこうした最広義の公務員の憲法上のあらゆる権利にかかわる。しかし，当然のことながら，実際に問題となるのは，現に法令が特定の公務員について一般市民とは異なる人権制限を定めている場合である。このような実際的意味での公務員の人権問題として，過去に激しい論議の対象となってきたのが，労働基本権の特殊な制限の合憲性と，政治活動制限の合憲性である。なお，すでにふれたように (370〜373)，きわめて特殊な「公務員」である天皇の人権については，別に論ずるのを通例とする。

392　**(2) 公務員の人権制限の根拠**

公務員の人権に対する特殊な制限を許容する憲法規定を探すとすれば，それは「すべて公務員は，全体の奉仕者であつて，一部の奉仕者ではない」と定める15条2項のいわゆる「全体の奉仕者」条項だということになるだろう。この規定は，公務員の位置づけを，明治憲法下の「天皇の官吏」から「国民の公僕」へと，180度転換する規定と理解されてきた（法協・註解上365頁，宮沢・全訂219〜220頁，佐藤功・註釈上242〜243頁）。したがって，「全体の奉仕者」条項は，憲法自身が国民の公僕としての公務員の職に必要な範囲で，公務員の特殊な人権制限を許容している根拠規定とみなすことが可能である。

しかし，とりわけ初期の最高裁判例には，公務員の人権制限の合憲性を導く

にあたって,「全体の奉仕者」条項を安易に援用して事足れりとする傾向が顕著だった。そのため,学説は「全体の奉仕者」条項を重視することに否定的となり,それぞれの公務員の職務の性質に応じた制限のみが許されると主張したり（宮沢・全訂 221 頁。のちに「職務性質説」とよばれた）,公務員の特別扱いが憲法秩序の構成要素として必要とされる範囲内で,特殊な人権制限も許されると主張するようになった（芦部・憲法学Ⅱ 259 頁のいわゆる「憲法秩序構成要素説」）。

　しかしながら,これらの学説も,じつは 15 条 2 項が公務員の人権制限の条文上の根拠であることを否定しているわけではない。問題はむしろ,公務員の職種と権限,制限される人権の種類と制限の態様等に応じて,当該公務員について何が全体の奉仕者たる地位に適合的な制限であるかを詰めることである。この点には学説の一致があるといってよいだろう。たとえば,上述のように 15 条の公務員を最広義に解する以上,そこには国会議員・国務大臣・地方首長・地方議会議員といった政治的公務員も含まれるわけだから,15 条 2 項から単純一律に公務員の政治的中立性の要請を根拠づけることはできない。

◆ 3　公務員の人権の制限とその合憲性審査

　公務員の政治活動制限とその合憲性審査については表現の自由の文脈で（47・50〜53）,労働基本権制限とその合憲性審査については労働基本権の解説で（279〜284）,それぞれすでに取り上げた。

393

Ⅲ 刑事収容施設被収容者（在監者）

◆ 1　刑事収容施設被収容者（在監者）

　ここにいう刑事収容施設被収容者とは,刑事収容施設被収容者処遇法（刑事収容施設及び被収容者等の処遇に関する法律）にもとづいて,刑事施設・留置施設・海上保安留置施設に収容される者の総称で,「受刑者」（懲役受刑者・禁錮受刑者・拘留受刑者）,「未決拘禁者」（被逮捕者・被勾留者等）,「死刑確定者」,その他の「各種被収容者」からなる。なお,刑事施設とは旧監獄法時代の刑務所・拘置所を指し,留置施設とはかつてのいわゆる代用監獄を指す。

394

◆ 2　刑事収容施設被収容者(在監者)の人権

395　刑事収容施設被収容者も，もちろん人間として当然憲法上の権利主体である。しかし，有罪判決にもとづく受刑者として，あるいは起訴前・起訴後の未決拘禁者として，強制的に刑事収容施設に収容されていることで，移動の自由にはじまる憲法上のすべての権利について，極端な制限を受けることが容易に想像される。主要な判例で問題となった人権制限はすべて旧監獄法時代のものである。そこで問題となった在監者（監獄法時代についてはこのようによぶ）の人権には，喫煙の自由（憲法13条の幸福追求権），新聞閲読の自由（憲法21条の情報受領権），通信の自由（憲法21条2項後段）などがある。

◆ 3　刑事収容施設被収容者(在監者)の人権の制限

396　1908年に制定された監獄法は，在監者（監獄に収監された者）については法律の根拠なしに憲法上の権利を制限できるとする特別権力関係論を前提として，在監者の処遇について行政機関に広汎な裁量権を認めていた。監獄法は，明治憲法から現行憲法への憲法の変動にもかかわらず，大きな改正を受けずに100年近く存続してきた。しかし，2002年に発覚した名古屋刑務所内での拷問事件をひとつの契機として，在監者の人権問題がクローズアップされ，法務省が設置した行刑改革会議の提言を受けて，2005年5月には監獄法中の受刑者の処遇部分を全面改正する刑事施設受刑者処遇法が制定され，さらに2006年6月には未決拘禁者・死刑確定者の処遇についても監獄法の全面改正が成立して，2005年改正とあわせて刑事収容施設被収容者処遇法となった。

　新法では，宗教行為の原則的保障と例外的制限（67条），自弁の書籍等閲覧の原則的保障と例外的制限（69条・70条），報道受領の機会保障（72条）と制限（71条）が明文化され，面会（111条〜123条），信書の発受（126条〜145条），電話（146条・147条）という「外部交通」についても，被収容者のカテゴリー別に詳細な保障と制限の規定が設けられた。これによって，在監者の権利制限には法律の根拠を必ずしも要しないとする監獄法体制は，ようやく清算されたといってよいだろう。

◆ 4　刑事収容施設被収容者(在監者)の人権の制限の合憲性審査

(1) 概　観

主要な判例には，**喫煙制限事件判決**（最大判昭和 45・9・16 民集 24 巻 10 号 1410 頁），**よど号ハイジャック記事抹消事件判決**（最大判昭和 58・6・22 民集 37 巻 5 号 793 頁），通信制限に関する 2 つの判決（最判平成 11・2・26 判時 1682 号 12 頁，最判平成 18・3・23 判時 1929 号 37 頁）がある。

(2) 喫煙制限事件判決（最大判昭和 45・9・16 民集 24 巻 10 号 1410 頁）

① **事実関係**　公職選挙法違反容疑で 10 日余り勾留された X は，その間喫煙を許されなかった。そこで X は，喫煙禁止が人権侵害にあたること，禁止の根拠である監獄法施行規則 96 条（「在監者ニハ酒類又ハ煙草ヲ用ウルコトヲ許サス」）には，監獄法の明示の委任規定が欠けており，法律の根拠のない人権制限であること，これらを理由に，国家賠償請求訴訟を提起した。

② **最高裁の判断**　一審・控訴審は，在監関係はいわゆる特別権力関係であるので，法律の根拠なく憲法上の権利を制限してもただちに違憲とはいえないとしたが，上告審ではこの論点は取り上げられず，もっぱら，施行規則 96 条の喫煙禁止が憲法上の権利侵害にあたるか否かが審査された。最高裁は比較衡量の構成をとり，被拘禁者の自由の制限の合憲性は，制限の必要性の程度と，制限される人権の内容および具体的制限の態様との「較量」によって決せられるとした。その上で，喫煙を認める弊害として，火災発生のおそれ，通謀のおそれ，罪証隠滅のおそれ，火災時の被拘禁者の逃走をあげ，他方，禁止は相当の精神的苦痛を感じさせるとしても，たばこは奢侈（しゃし）品にすぎず，禁止が人体に障害を与えることもないとして，必要かつ合理的な規制だと判断した。

なお，「嫌煙権」が重視される今日では，そもそも幸福追求権は「喫煙権」を含むのかという問題もある。本件判決は，「喫煙の自由は，憲法 13 条の保障する基本的人権の一に含まれるとしても，あらゆる時，所において保障されなければならないものではない」という表現で，13 条が喫煙権を含むことを認めた。一般的自由説をとるこの本でも (327)，喫煙行為は 13 条の一応の保護対象だと考えることになるだろう。

(3) よど号ハイジャック記事抹消事件判決（最大判昭和58・6・22民集37巻5号793頁）

① 事実関係　Xらは，1969年の国際反戦デー闘争と1970年の佐藤首相訪米阻止闘争において公務執行妨害罪等を犯した容疑で，拘置所に未決勾留され，勾留中，新聞を定期購読していたが，1970年3月31日夕刊から4月2日朝刊まで，折から「赤軍派」学生が起こした日航機乗っ取り事件の記事を墨塗りで判読不能にした新聞を配布された。これに対してXらは，「文書，図画ノ閲読ニ関スル制限ハ命令ヲ以テ之ヲ定ム」とする監獄法31条2項と，「文書図画ノ閲読ハ拘禁ノ目的ニ反セズ且ツ監獄ノ紀律ニ害ナキモノニ限リ之ヲ許ス」とする監獄法施行規則86条1項は憲法19条・21条に反するとして，記事抹消措置の国家賠償請求訴訟を提起した。

② 最高裁の判断　最高裁は，上掲喫煙制限事件判決をそのまま引用して，逃亡または罪証隠滅防止のため必要かつ合理的な自由制限は許されるとし，必要性・合理性は制限の必要性の程度と，制限される自由の内容・性質および制限の態様・程度との較量で決せられるとした。その上で，閲読禁止が許されるには，被拘禁者の性向，監獄内の管理，保安状況，当該記事の内容等の具体的事情から，「閲読を許すことにより監獄内の規律及び秩序の維持上放置することのできない程度の障害を生ずる相当の蓋然性があると認められることが必要」であるという新たな基準を定立した。本件の具体的事案については，原審認定事実から，この基準にもとづく相当の蓋然性が認められると判断した。

(4) 通信制限に関する2つの判決（最判平成11・2・26判時1682号12頁，最判平成18・3・23判時1929号37頁）

平成11年判決の事件は，死刑確定拘禁者が，死刑制度の是非について新聞投書しようとしたところ拘置所長による発信不許可の処分を受けたため，当該処分は監獄法46条1項の裁量権を逸脱し，国際人権規約および監獄法46条1項に反するとして，処分の取消しと国家賠償を請求した事案である。他方，平成18年判決の事件は，国会議員に向けた請願書の内容等について取材を求める新聞社宛の手紙の発信を，監獄法46条2項にもとづいて刑務所長に禁止された受刑者が，表現の自由を侵害されたとして，国家賠償を求めた事件である。

平成11年判決は，監獄法46条1項が拘置所長に信書発送の許否について裁量権を与える規定であることを前提として，この裁量権は，死刑確定者の心情

◆ Ⅲ ◆ 刑事収容施設被収容者（在監者）

の安定への十分な配慮，死刑執行までの社会からの隔離，拘置所内の規律と秩序が放置できない程度に害されることの防止，これらにとって必要かつ合理的かどうかを判断して行使されるべきだという基準を示した。事案については，簡単に原審認定事実によると裁量権の逸脱はないとした。

　他方，平成 18 年判決は，監獄法 46 条 2 項が刑務所長に付与した裁量権を，憲法 21 条の観点から合憲限定解釈し，信書発受の制限は，上掲よど号ハイジャック記事抹消事件判決の定立した比較衡量によって必要かつ合理的と判断される場合にのみ許されるとした。その上で，事案では，刑務所長はこの衡量を怠ったという理由で，国家賠償請求を認容する判断を示した（通信の秘密については 100〜104）。

(5) 合憲性審査の特色

401

　第 1 に，喫煙制限事件の下級審判決が，特別権力関係論を正面から認める構成をとったのに対し，最高裁はこの概念にコミットするのを避けた。しかし，最高裁も，在監者の行動を制限する根拠法令の形式にはきわめて鈍感で，制限措置の内容が必要かつ合理だと認定できれば，法律による委任の有無（喫煙制限事件）と委任の仕方（よど号ハイジャック記事抹消事件）の合憲性，制限措置の合憲性（喫煙制限事件・よど号ハイジャック記事抹消事件）と適法性（通信制限に関する平成 11 年判決）のいずれの論点もクリアできるという態度である。

　しかし，第 2 に，制限措置の必要性と合理性の判断については，一定の配慮がうかがえる。すなわち，未決拘留者の情報受領権が問題となったよど号ハイジャック記事抹消事件判決と，受刑者の表現（通信）の自由が問題となった通信制限の平成 18 年判決は，情報の発受信の制限措置が合憲であるためには，「監獄内の規律・秩序維持にとって放置できない程度の障害が生ずる相当の蓋然性」が必要だとした。この基準は，一般市民の集会に対して，公共施設の利用を拒否できる基準として，泉佐野市民会館事件判決 (111) が定立した「人の生命，身体又は財産が侵害され，公共の安全が損なわれる明らかな差し迫った危険の発生が具体的に予見される場合」という要件よりは緩やかだが，刑事収容施設被収容者（在監者）についても表現の自由に一定の配慮を示したと評することができるだろう（未成年者の知る権利の制限の合憲性について，岐阜県青少年保護育成条例事件判決の伊藤正己補足意見 (377) は，同じく「相当の蓋然性」の基準を提唱している）。

341

第29章 憲法上の権利の主体(4) ―― 法人・団体

◆ 1 法人・団体

(1) 法 人

① **法人の意味**　法人とは，生物学的な個体としての「人」(民法3条～32条の2。法学用語では「自然人」という) 以外で，法令が権利義務の主体としての資格を認めたもののことである (法人に関する最も一般的な規定は民法33条～37条)。

② **法人の例示**　(以下の説明については，川井健『民法概論Ⅰ・第4版』有斐閣2009年69頁以下，後藤巻則＝山野目章夫『民法総則』弘文堂2008年41頁以下参照)。

(ア) **会社法上の営利法人**　現行法上の法人にはさまざまなものがあり，それらはいろいろな観点から分類されている。なかでも，営利法人と非営利法人の区別とその具体的種類を知ると，日本法上の法人のイメージがわきやすいだろう。営利法人とは，「法人の活動によって得た利益を構成員に分配することを目的とする」法人で (川井77頁)，具体的には会社法によって設立される株式会社と持分会社 (合名会社・合資会社・合同会社) がこれにあたる。

(イ) **一般法人法上の非営利法人**　これに対して，非営利法人とは，文字どおり営利を目的としない法人である。2006年に制定され，2008年に施行された一般法人法 (一般社団法人及び一般財団法人に関する法律) が非営利法人に関する一般法である。この法律にもとづいて設立された非営利法人のうち，公益法人認定法 (公益社団法人及び公益財団法人の認定等に関する法律) にもとづいて特に公益性を認定された法人は，公益法人の一種ということになる。

(ウ) **特別法上の公益法人・中間法人**　(ア)(イ)と区別される第3のグループとして，特別法にもとづく公益法人・中間法人がある。これには，宗教法人法にもとづく宗教法人，私立学校法にもとづく学校法人，医療法にもとづく医療法人，社会福祉法にもとづく社会福祉法人，特定非営利活動促進法にもとづく

NPO法人などの公益法人と，農業協同組合・生活協同組合・労働組合などの（公益法人と営利法人の）中間法人が含まれる。

(エ) **公法人** (ア)〜(ウ)はすべて，民間人が設立するいわゆる私法人であるが，これらとは別に，国家自身が設立するいわゆる公法人のグループがある。現行法には明文規定はないが，そもそも日本国自体もひとつの法人として構成され（「国（くに）」とよばれる），現に法人としての国が民間企業と売買契約や請負契約を締結したり，訴訟の被告となったりしている。地方公共団体も国とは別の法人である（地方自治法2条1項）。このほか，たとえば放送法にもとづく日本放送協会，日本銀行法にもとづく日本銀行，国立大学法人法にもとづく国立大学，国立の美術館・博物館のような独立行政法人などなど，さまざまな公法人が存在する。

日本法上の法人は，厳密にいうと以上に尽きるわけではないが，社会でどのような法人が活動しているかは，(ア)〜(エ)によっておおむね想像できるだろう。構成員個々人とは別に，団体に法人格を与えて財産権・契約・訴訟などの主体として認めることが，現代社会においては必須の法技術であることも容易に理解できよう。

(2) 団 体

ある団体が法人格を取得するためには，法令にもとづく設立行為が必要である。現行法上の法人の設立にはいろいろな態様がある。たとえば，弁護士会のように国家によって設立が強制されている法人（強制主義），宗教法人やNPO法人のように法律の定める設立要件を満たしていることを所轄行政庁に確認してもらうことが必要な法人（認証主義），株式会社やふつうの一般社団法人のように根拠法上の要件を満たして法人登記すれば設立できる法人（準則主義）などである。

しかし，現実社会では，たとえば大学のサークルのように，かつては法人格の取得が認められなかった団体や，法令上は可能でもあえて設立登記をしていない団体が数多く存在し，現に活動している。この章のタイトルで法人・団体という場合の団体とは，法人とは区別して，このように法人格をもたない団体のことを念頭に置いている。

◆ 2　法人・団体の人権

(1) 法人・団体の人権主体性という問題

　株式会社は会社法で定められた権利義務、宗教法人は宗教法人法で定められた権利義務といった具合に、法人はもちろんそれぞれの根拠法上の権利義務を有する。しかし、これらの権利と、憲法上の権利とは次元が別であるから、たとえば株式会社は会社法で新株予約権を発行する権利を認められているとしても、それと同じように憲法21条の表現の自由も保障されていると考えてよいのかという疑問が生ずる。これが「法人の人権」という問題である。

　法人の法令上の権利主体性と憲法上の権利主体性とが別物だということは、逆に法令上は法人格取得を認められていない団体も、だからといって当然に憲法上の権利も認められないわけではないことを意味する。これが（法人以外の）団体の人権主体性の問題である。

　このように、問題は自然人ではないさまざまな団体も日本国憲法上の権利主体なのかということであるから、このテーマは本来「団体の人権」と表現されるべきであり、そういうものとして考察されるべきである。しかし、後述のように、判例で問題となった事案では法人の人権が争点だったので、最高裁は問題を法人の人権と定式化してきたこと、のみならず、判例による問題の処理方法は、法人の権利能力論と分かちがたく結びついていること、これらの点から、この本では、法人の人権と（それ以外の）団体の人権を一応区別して表示しておきたい。主な憲法解説書には、もっぱら法人の人権を論ずるもの（芦部87頁、野中＝中村＝高橋＝高見Ⅰ229頁、戸波147頁、長谷部132頁）と、問題を団体の人権と捉えるもの（初宿95頁、内野38頁、松井314頁）がある。

(2) 法人・団体の人権主体性に関する肯定説と否定説

　① **肯定説**　判例および多数説は、直接には法人の憲法上の権利主体性を認めている。しかし、これは、法人以外の団体の憲法上の権利主体性を否定する趣旨ではないから（最高裁も、**サンケイ新聞反論権訴訟判決**：最判昭和62・4・24民集41巻3号490頁において、表現と名誉との調整については「被害者が個人である場合と法人ないし権利能力のない社団、財団である場合とによって特に差異を設けるべきものではない」として、直接には私人間の民事訴訟ではあるが、法人格のない団体の人権を示唆したことがある）、法人・団体の人権主体性肯定説が判例・通説だと要約してもよ

い。ただし，後述するように，判例が認めるのは「内国法人」（日本法にもとづいて設立された法人）の人権主体性であるのに対して，学説はそのような限定を想定していない点には大きな相違がある。

　肯定説は一般にその根拠として，法人・団体が現代社会において活発に活動し大きな役割を果たしていること，法人・団体の人権主体性を承認する効果が結局構成員個人に帰属することをあげている。しかし，法人・団体の社会的役割を肯定的に評価することと，民法学説上の「法人実在説」とは同義ではないから，判例・通説が法人実在説に立つというわけでは必ずしもない。個人の尊重を謳う日本国憲法は（13条。324参照），国家をはじめ何らかの団体を生物のような有機体とみなして，構成員個人をあたかもその単なる細胞のように位置づける団体主義の発想とは相容れないとみるべきだろう。

　むしろ，法人・団体の人権主体性を認める根拠としてまずあげなければならないのは，憲法自身が結社の自由を明文で保障していることである（21条1項。112～115）。通説によれば，結社の自由は，個人の団体結成行為・加入行為のみならず，結成された団体自体の活動も保護対象とし，しかも保護される団体の目的は，政治・経済・学問・芸術・趣味など原則として限定されない（芦部206頁，伊藤303頁，佐藤550頁，野中＝中村＝高橋＝高見Ⅰ357頁）。結社の自由に関するこの解釈に立てば，宗教団体の宗教行為，マスメディアの報道行為，企業の経済活動，学術団体の研究行為，労働組合の組合活動なども，本来は20条・22条・23条・28条といった他の人権規定を援用するまでもなく，結社の自由によって保護対象とされていることになる。

　② **否定説**　これに対して，もともと人権思想では，個人だけが自然権の主体とみなされていたこと，この理念に忠実に，大革命直後のフランスでは，教会・同業組合などのいわゆる中間団体が個人の自由の敵として解体されたこと，このような人権思想と立憲民主主義国家の原点を重視して，法人・団体の人権主体性を否定する学説もある（樋口182～184頁。法人の人権主体性をあくまで例外的とする渋谷123頁，法人・団体の人権は国家に対してのみ主張でき，個人に対しては団体としての規律権を主張できるにすぎないとする高橋86～87頁，プロセス憲法観に立って表現行為を目的とする団体だけに人権主体性を認める松井316頁も通説とは異なる）。否定説は，日本の社会では会社をはじめとする法人・団体が個人の自律を妨げ，個人をむしろ抑圧する傾向が強いという社会認識にも支えられている。

第29章　憲法上の権利の主体(4)——法人・団体

たしかに，憲法学も，法人・団体の活動が個人の人権的利益を実質的に侵害する危険性を軽視することはできない (418)。しかし，上述のように，結社の自由の承認が法人・団体の人権主体性を含意することも否定できない。また，法人・団体の人権主体性を認めなければ，結社の自由の章（112〜120）でふれた破壊活動防止法のような，国家による団体規制を合憲性審査の俎上に載せることにも理論的な困難が生ずる。世界的には，今日でも，時の政権による野党勢力や反政府メディアの規制・弾圧が日常茶飯事であることを思うと，憲法による結社保護の意義もまた等閑視するわけにはいかない。個人との関係のみならず，人権論の本来のフィールドである国家との関係も考慮するならば，肯定説が適切だという結論に落ち着く。

(3)　法人・団体に認められる人権

406

　肯定説を前提とした場合，法人・団体には憲法上の権利のうちのどれが保障されるのか。この問いに対する通説の回答は「性質説」とよばれる。ここにいう性質説の具体的内容は，当然のことながら外国人の人権に関する性質説 (381) とはまったく異なり，保護対象が生物学的個体としての個人の属性にかかわる場合には，その権利は性質上，法人・団体には保障されないという趣旨である。

　第1に，個人の生命・身体を直接の保護対象とする権利は，法人・団体に保障しようとしても性質上不可能なので，当然保障されない。たとえば，法人・団体は餓死することがないから，25条の生存権は保障されない。法人・団体の身柄を拘束することなどできないから，33条の令状なしに逮捕されない権利は保障されない。法人・団体を拷問にかけるわけにはいかないから，36条の拷問の禁止は保障されない，などである。

　第2に，個人の内心を直接の保護対象とする思想・良心・信仰の自由も，法人・団体には保障されない（伊藤201頁，長谷部133頁）。労働委員会が不当労働行為を「深く陳謝する」旨の文書を掲示するよう会社に命ずる「ポストノーティス」命令が，憲法19条違反か否かが争われた事件で，最高裁は，ポストノーティス命令の趣旨は不当労働行為の再発防止にあり，陳謝の意思の表明の強制にはあたらないとした（ポストノーティス事件判決：最判平成3・2・22判時1393号145頁）。しかし，この論法は，会社に思想・良心が認められることを前提にしていることになるため，学説からは疑問視されている（佐藤489頁，辻村

200 頁。団体の思想・良心を想定できるとする反対説として，初宿 96 頁）。

　これらに対して，法人の営業活動，法人の財産権，法人の表現行為，法人の研究活動など，法人名義の行為も個人と同様保護対象として想定できる場合には，その人権については法人も権利主体と認められる。法人の人権主体性は，株式会社なら営業，宗教法人なら宗教活動，マスメディアなら報道といった具合に，当該法人の設立目的に限定されるという見解もあるが，一般にはそうは考えられていない。

　法人以外の団体の人権主体性も理屈は同じだが，財産権のように法人の民事法上の権利能力と不可分に結びついた人権については，法人とは扱いが異なる場合もあるだろう。

407　**(4) 公法人の人権主体性**

　前述した公法人のうち，国と地方公共団体は，国家権力そのものであるから，当然人権主体ではない（417・423）。また，それ以外の公法人も，国・地方公共団体とは別立ての法人になっているものの，組織的には国家権力機構の一部であるから，原則として人権主体ではない。特に市民との関係では，まさに公権力の主体であるから，みずからの人権を援用できない。しかし，国・地方公共団体との関係では人権を主張できると考えなければ，法人として別立てにした趣旨が実現できない場合も出てくる。たとえば，NHK の放送の自由，国立大学の学問の自由，公立図書館の選書の自由（表現の自由の一種）などである（戸波 147 頁参照）。

3　法人・団体の人権の規制

408　結社の自由の章（116 以下）で説明したように，民法・会社法・一般法人法・宗教法人法・特定非営利活動促進法など，法人に関係する諸法律は，通常は結社の自由の具体化法と理解されている。法人の人権の具体化法と言い換えてもよい。

　これに対して，やはり結社の自由の章で取り上げた破壊活動防止法・暴力団規制法（暴力団員による不当な行為の防止に関する法律）・オウム真理教対策法（無差別大量殺人を行なった団体の規制に関する法律）・組織犯罪処罰法（組織的な犯罪の処罰及び犯罪収益の規制に関する法律）は，端的に団体の活動規制法であり，したがって法人・団体の人権規制法である。

規制法はもちろんのこと，具体化法によっても，法人・団体の人権が侵害される事態はありうる。しかし，結社の自由の章でも指摘したことだが，日本国憲法のもとで結社規制の合憲性が争われたケースが少ないこともあって，憲法解釈学上の議論も深まっていない。これまで，憲法解説書が，法人・団体の人権というテーマで取り扱ってきたのは，もっぱら法人・団体の人権的利益と個人の人権的利益との調整問題である（420。「人権的利益」とは，憲法上の権利の保護対象となっている行為・状態・法的地位のことを指す）。

◆ 4　法人・団体の人権と個人の人権の調整の合憲性審査

(1) 概　観

法人・団体の人権的利益と個人の人権的利益の調整が問題となった主な最高裁判決として，以下では**八幡製鉄事件判決**，**国労広島地本判決**，**南九州税理士会事件判決**，**群馬司法書士会事件判決**を取り上げておく。

なお，弁護士会・税理士会・司法書士会のように，設立および加入が法律上義務づけられている公益性の高い強制加入団体は，民間団体というよりもむしろ国家の一部とみなされるべきなので，憲法上の権利主体ではないという解釈もある（渋谷153頁。高橋221頁も参照）。しかし，この本では，判例・通説の伝統的な立場と同様，これらは私人間の人権的利益の衝突とその調整が問題となった事案だという理解に立って判例を概観しておきたい（人権の名宛人，私人間の人権については415〜418）。もし税理士会や司法書士会が国家の一部であるなら，政治献金にせよ，災害救援資金の提供にせよ，自己の権利によって保護された行為だ主張して，構成員の人権に対抗することはそもそもできないはずだが，判例はそのような処理をしておらず，強制加入団体を国家の一部とみなす見解も，そうは考えていないようである。

判例はいずれも法人の事案に関するものである。法人であるから，それぞれ根拠法上の権利をもつ。そこで，最高裁は，個人の人権的利益と抵触する当該法人の行為が，根拠法上の権利能力の範囲内の行為であるか否かをまず問題にしてきた。判例のなかには，権利能力の範囲内かどうかの審査にあたって，当該行為がいかなる個人のいかなる人権的利益とどのように抵触するのかも同時に検討した上で，権利能力の認否と構成員の協力義務の有無を一度に判断する手法をとるタイプがある（いわば「1段階型」）。南九州税理士会事件判決はこち

第29章　憲法上の権利の主体(4)——法人・団体

らである。他方で，問題の行為が当該法人の権利能力内の行為といえるかどうかをまず審査し，続いてこの行為と自分の人権的利益とが抵触すると主張する構成員の協力義務の有無を審査して，最終的に協力の義務づけの合法性を判断するタイプもある（いわば「2段階型」）。国労広島地本判決・群馬県司法書士会事件判決はこちらである。構成員個人の人権的利益と抵触する行為はそもそも権利能力外と評価されうる1段階型よりも，構成員個人に強制しなければ，法人としては当該行為を適法におこなう可能性が残る2段階型のほうが，法人にやさしい審査手法といえるだろう。

　また，最高裁は，営利法人の場合には権利能力を広く，非営利法人，とりわけ法令上設立が強制されているいわゆる強制加入団体の場合には，権利能力を限定的に捉える傾向がある。

　団体の憲法上の権利主体性は，その団体の法人格の有無とは無関係であるから，最高裁のように，根拠法上の権利能力の判断のなかに人権的利益の調整を読み込む手法は，本来適切ではない。しかし，学説も，法人の根拠法上の権利能力の問題とまったく独立に当該法人の人権問題を考察してきたとはいえず，むしろ判例理論の影響を強く受けている。また，学説は，法人の人権的利益と個人の人権的利益が衝突する場合には個人の人権的利益が優先されると主張してきたが，これはあくまで一般論であって，個別の事案では，法人の行為を容認することに好意的な場合もある。

　法人の人権を根拠法上の権利能力の問題として論ずる判例・学説の立場に立つと，法人ではない団体の人権的利益と個人の人権的利益との調整をどのように考えるべきかという問題が，未解決のまま残されていることになる。

410　**(2)　八幡製鉄事件判決**（最大判昭和45・6・24民集24巻6号625頁）

　① **事実関係**　　1960年，八幡製鉄株式会社の代表取締役Yらが，会社を代表して自由民主党に350万円の政治献金をおこなった。これに対して，株主の1人Xが，政治献金は違憲・違法であり，代表取締役は違法に会社財産に損害を与えたとして，Yらを相手取って商法267条（現行会社法847条3項）の「株主代表訴訟」提起した。

　② **最高裁の判断**

　(ｱ)　**会社の権利能力**　　会社は，定款に定められた目的の範囲内で，権利能力を有する。しかし，目的の範囲内の行為は，定款明示の目的自体に限局され

350

ず，目的遂行に直接間接に必要な行為を包含する。必要性の判断は，行為の客観的性質に即して，抽象的におこなわれなければならない。会社は，定款に明示されていなくても，災害救援資金の寄付，地域社会への財産上の奉仕，各種福祉事業への資金協力など社会通念上期待ないし要請される行為をおこなうことができる。

(ｲ) **会社の政治献金と定款**　以上の点は，政党への政治資金の寄付にもあてはまる。政党は議会制民主主義の不可欠の要素であり，憲法は政党の存在を予定している。政党の健全な発展に協力することは，会社に当然期待される。会社の政治献金は，社会の一構成単位としての会社に期待・要請されたものであって，会社の特定構成員の利益や政治的志向のためにおこなわれるものではないから，特定構成員の政治的信条と異なる場合も許される。

(ｳ) **法人の人権**　「憲法第三章に定める国民の権利及び義務の各条項は，性質上可能なかぎり，内国の法人にも適用される」。したがって，会社は，憲法上政治的行為の自由を有する。「政治資金の寄附もまさにその自由の一環」である。政党への寄附は，国民個々人の参政権の行使に直接影響を及ぼすものではない。大企業の巨額の政治献金による金権腐敗といった弊害への対処は，「さしあたり，立法政策にまつべきこと」である。したがって，会社の政治献金は，自然人たる国民のみに参政権を認めた憲法に違反し，民法90条の公序良俗に反する行為だという株主側の主張は採用できない。

(3)　**国労広島地本事件判決**　(最判昭和50・11・28民集29巻10号1698頁)

① **事実関係**　1960年から61年にかけて当時の国鉄労働組合（国労）から脱退した元組合員に対して，国労が未納の一般組合費・臨時組合費の支払いを請求した民事訴訟である。支払義務の有無を判断する前提として，労働組合の権利能力と組合員の協力義務の範囲が問題となった。

② **最高裁の判断**　元組合員側は，本件臨時組合費は公共企業体等労働関係法17条で禁止されている争議行為 (279) の闘争資金を含むので，資金徴収決議は公序良俗に反すると主張した。しかし，最高裁は，原審認定事実に照らすと禁止に反する争議行為であるとの一事をもって公序良俗違反とはいえないとして，本件資金徴収決議は組合の権利能力内の行為であることを認めた。

そこで次に，組合員の協力義務の有無が問題となる。最高裁は，労働組合員には脱退の自由が認められているが，組合活動の多様化とともに組合活動と組

合員の人権との矛盾衝突も増大していること，脱退の自由は事実上大きな制約を受けていることを理由に，組合の権利能力内の行為であっても，協力義務の有無は「問題とされている具体的な組合活動の内容・性質，これについて組合員に求められる協力の内容・程度・態様等を比較考量し，多数決原理に基づく組合活動の実効性と組合員個人の基本的利益の調和という観点から……協力義務の範囲に合理的な限定を加えることが必要である」として，比較衡量論という一般的指針を定立した。

比較衡量の結果として，最高裁は，他の組合を支援する目的の炭労資金と，安保反対闘争そのものではなく，反対闘争の結果不利益処分を受けた組合員の救援目的である本件安保資金については，個々の組合員の政治的見解との抵触は小さいとして，控訴審判決を破棄して元組合員の支払義務を認めた。これに対して，政治意識昂揚資金については，選挙における政党・候補者の支持は組合員各人が決定すべき事柄であるとして控訴審判決を維持し，組合側の上告を棄却した。

(4) 南九州税理士会事件判決（最判平成8・3・19民集50巻3号615頁）

① 事実関係　南九州税理士会(Y)は，政治資金規正法上の政治団体である南九州各県の税理士政治連盟に対して税理士法改正運動の特別資金として寄付するため，特別会費5000円を各会員から徴収することを定期総会で決定した。

会員Xがこの特別会費を納入しなかったため，Yは同会役員選挙規則の規定にもとづき，Xを選挙人名簿に登載せず役員選挙を実施した。

これに対して，Xは，本件政治献金はYの目的の範囲外の行為であるから，特別会費徴収決議は違法無効であり，滞納を理由とする役員選挙権・被選挙権の停止は不法行為にあたるとして，Yを相手取って決議の無効確認等を求める訴えを提起した。

② 最高裁の判断　税理士会が政党など政治資金規正法上の政治団体に献金することは，税理士法49条2項の定める税理士会の目的の範囲外の行為である。

税理士会は，「税理士の義務の遵守及び税理士業務の改善進歩に資するため，会員の指導，連絡及び監督に関する事務を行うことを目的として」法が設立を義務づけ，大蔵大臣（現財務大臣）の監督に服する法人で，会員には実質的に脱

退の自由がない強制加入団体である。したがって，税理士会の目的の範囲は，会社と同一には論じられない。

　税理士会は強制加入団体であるから，会員にはさまざまの思想・信条，主義・主張をもつ者が含まれることが当然予定されている。政治献金をおこなうかどうかは，会員各人が市民として自主的に決定すべき事柄であるから，税理士会が多数決原理によって政治献金を決定し，会員に協力を義務づけることはできない。

(5) **群馬司法書士会事件判決**（最判平成 14・4・25 判時 1785 号 31 頁）

　① **事実関係**　群馬県司法書士会は，阪神淡路大震災で被災した兵庫県司法書士会に 3000 万円の復興支援拠出金を送るため，会員から登記申請 1 件あたり 50 円の復興支援特別負担金を徴収することを決議した。これに対して，ある会員が，この総会決議の無効を主張し，債務不存在の確認請求訴訟を提起した事案である。

　② **最高裁の判断**　最高裁は，復興支援拠出金送金の目的を，「被災者の相談活動等を行う［兵庫県］司法書士会ないしこれに従事する司法書士への経済的支援を通じて司法書士の業務の円滑な遂行による公的機能の回復に資すること」にあったと認定し，これは司法書士法 14 条 2 項の定める司法書士会の権利能力の範囲内だとした。

　その上で，本件負担金徴収は，会員の政治的・宗教的立場や思想信条の自由を害するものではないこと，登記申請 1 件あたり 2 万 1000 円の平均報酬に対して 50 円という額も社会通念上過大とはいえないことを理由として，司法書士会が強制加入団体であることを考慮してもなお，本件徴収決議は違法ではないと判断した。

(6) **まとめ**

　八幡製鉄事件判決は，会社の政治献金が株主の参政権を侵害するとは認めなかったので，厳密には事案を個人の人権的利益と法人の行為の衝突とは評価しなかったことになる。したがって，本来は法人の人権に言及する必要のない事案だったともいえるが，にもかかわらず最高裁は，内国法人の人権主体性を明示し，そのなかには政治的表現の自由，しかも政治献金の自由が含まれることを示して注目された。こうした法人の人権論を背景として，営利法人の法令上の権利能力をかなり拡張的に解する点も特徴的である。

第29章 憲法上の権利の主体(4)——法人・団体

　これに対して，同じ政治献金がテーマとなった南九州税理士会事件判決は，強制加入団体の権利能力についてきわめて厳格に解釈する態度を示して，八幡製鉄事件と事案を区別した。審査手法は「1段階型」である。ところが，同じく強制加入団体の事案でありながら，群馬県司法書士会事件判決は，震災復興事業に取り組む同業者の支援という事案の特殊性と，負担の程度の軽さを中心的な考慮要素として，「2段階型」審査によって構成メンバーの協力義務を認めた。この2つの事件は，いずれも特別会費の徴収決議が問題となったため，違憲・違法審査の対象が特定しやすかったが，一般会費からの支出であっても問題は同一である。

　国労広島地本判決は，営利法人と強制加入団体の中間的な法人の事案である。政治資金の徴収について，比較的きめ細かな利益衡量をおこなった点も，政治献金にきわめて甘い八幡製鉄事件判決と，逆に厳しい南九州税理士会事件判決の中間といえるだろう。

　総じて判例は，法人の性格，行為の内容，構成員個人の人権の内容と法人の行為との抵触の度合いを総合考慮して，結論を導き出していると要約することが可能である。また，これらの判例は，公序良俗違反の判断や不法行為の成立の判断にあたって，法人と個人の人権的利益の調整をおこなっているのであるから，私人間の人権問題に関する判例という性格も有している（422）。

第30章 憲法上の権利の名宛人（私人間の人権）

◆ 1 私 人

　憲法上の権利の義務者は国家である(13)。これをもう少し正確にいえば、憲法上の権利の拘束を受けるのは、国・地方公共団体などの公法人の行為、あるいはこれらの機関の行為だということである。これに対して、国・地方公共団体などの公法人およびその機関以外のさまざまな主体が、ここにいう「私人」である。したがって、「私人間の人権」（私人と私人の間の人権）というテーマの対象となっているのは、私人（公法人およびその機関以外の者）の行為だということになる。

◆ 2 私人間の人権

(1) 私人間の人権というテーマ

　「私人間の人権」「人権の私人間効力」とよばれるテーマは、私人の行為は憲法上の権利の拘束を受けるのかという憲法解釈問題である。ドイツの学説の影響で、人権の「第三者効力」という言い方もする。本来の名宛人ではないという意味で第三者である私人の行為に対して、憲法上の権利が拘束力をもつかという問題だからである。

(2) なぜ国家が名宛人なのか

　上述のように、憲法上の権利は、伝統的に対国家的権利と考えられてきた（佐藤435頁、戸波159頁、長谷部134頁、松井329頁、渋谷123頁）。これが立憲民主主義の自明の前提である。もう少し補足しておこう。

　成文憲法は、国家権力を設営し、その組織・権限の基本事項を定めることを目的とする制定法であるから、成文憲法の第一次的な名宛人（義務者）は国家である。したがって、成文憲法の一部である人権規定の名宛人も当然国家だと

いうことになる。人権規定は，国家およびその機関の権限行使を制約する「制限規範」なのである。憲法13条後段が，「生命，自由及び幸福追求に対する国民の権利については，公共の福祉に反しない限り，立法その他の国政の上で，最大の尊重を必要とする」と規定しているのは，この点を確認する趣旨と解される。

ジョン・ロックの説いたような自然法論では，「自然状態」における個人の自然権（生命・自由・財産に対する個人の権利）は，万人に対して主張できる権利と観念されていた。しかし，ロックのストーリーにおいても，いったん国家が設立されれば，私人による他の私人の自然権侵害行為は，国家が予防・調整・処罰してくれるはずなので（民・刑事法），あとは国家自身が自然権の侵害者（独裁・圧政）とならないことが，憲法上の権利保障の課題となったわけである（10〜12）。今日でも，国家権力は自国内で最強の権力であり，社会秩序の維持に重大な役割を果たしているが，同時に市民の自由にとって最大の脅威でもあり続けている。他方で，私人の相互関係は，国家が準備した民・刑事法の枠組みのなかで，当事者同士の自由意思にもとづいて自律的に形成され規律されるべきである（私的自治）。これが，個人の自由の保護を第一義的目標とする立憲民主主義―近代市民法の基本構想である。

人権問題というと，まず職場内のセクハラ，家庭内暴力や児童虐待などが連想され，国家機関である法務省が一般市民に人権擁護をよびかけることからわかるように，日本の社会意識においては，人権の第一次的義務者は国家であるという，立憲民主主義の基本思想，日本国憲法の基本構造に対する理解が，しばしば希薄であるように見受けられる。したがって，憲法上の権利の義務者は国家だというこの基本前提を，まず強調しておく必要がある。

418　**(3) ではなぜ私人の行為に対する憲法上の権利の拘束力が問題となるのか**

ところが，19世紀後半から20世紀なかばにかけて，先進資本主義諸国では，大企業に代表される巨大な民間団体が数多く出現し，社会的に大きな力をもつに至った。そのため，個人がこうした巨大組織の強力な支配を受け，形式的には当事者の合意という形をとっている場合でも，とりわけ雇用関係の領域などで，実質的には社会的強者による社会的弱者の人権侵害といってよいような事態が目につくようになった。そこで，こうした社会問題に対処する憲法解釈の

必要性が意識されることになった。ちなみに，日本の学説のひな型となったドイツの「第三者効力論」が成立したのは，1950年代の初頭である（芦部信喜『現代人権論』有斐閣 1974 年 11 頁）。

◆ 3　私人間の人権的利益の衝突

(1)　私人間の人権問題の諸相

このように，私人間の人権という問題は，もともとはたとえば大企業とその従業員の関係のような，事実上の力関係がきわめて非対称的な私人の相互関係について提起されたテーマである。しかしながら，私人間の人権というと，一見したところ私人の行為にかかわるさまざまな問題を包摂するような印象を与える。憲法上の権利によって保護されている行為・状態・法的地位を人権的利益とよぶとすれば，ある市民の人権的利益が別の市民によって侵害されている状況は，広い意味ではすべて私人間の人権問題と考えてもよいようにみえる。

しかし，以下のような事案は，私人間の人権問題という構成をとらずに処理することが可能であるし，また現に処理されてきた。そこで，私人相互の紛争ではあるが，私人間の人権というテーマの対象とならない問題があることを，まず確認しておくことにしたい（私人間の人権問題が多様な紛争を含むという観点からの解説として，戸松 213～214 頁参照）。

① 私人Bの人権的利益と抵触する私人Aの行為が，それ自体は人権的利益に含まれるとはいえず，かつ，すでに刑事罰など法的制裁の対象となっていて，こうした刑事制裁等の合憲性に疑義がない場合には，この対立関係は私人間の人権問題ではない。たとえば，殺人・強姦・強盗などの刑法上のいわゆる自然犯は，（幸福追求権について最広義の一般的自由説をとらない限り—327）人権的利益とは到底いえず，その刑事制裁自体に異論はないので，たとえば殺人者Aとその被害者Bの利害対立は，私人間の人権問題ではない。もちろん，殺人の被疑者・被告人も，捜査や裁判において，国家権力との関係で人間の尊厳や刑事手続的人権を主張できることはいうまでもない。

② 私人Aと私人Bの人権的利益が直接対立していても，その調整方法を定めた個別の具体的な法令が存在し，それに従うことについて当事者間に合意がある場合は，私人間の人権という構成を必要としない。ただし，憲法学説は，たとえば，報道と名誉を調整する刑法 230 条の 2 の関連判例など (74～77)，こ

第30章　憲法上の権利の名宛人（私人間の人権）

の種の紛争事例も憲法問題として取り扱っている場合がある。しかし，それは，法律で調整済みの私人間の対立利益が（たとえば表現と名誉という）人権的利益であることに由来するいわば慣習であるから，これをことさら私人間の人権問題と構成する必要はない（主な憲法解説書でこの点を意識したものとして，戸波163頁参照）。

　③　私人Aと私人Bの人権的利益が衝突しており，その調整方法を定めた具体的な法令も存在するが，AまたはBがこの法令自体の合憲性を攻撃しているという場合も，私人間の人権問題とみなす必要はない。裁判所による法令自体の合憲性審査のあり方は，国家と私人が直接向き合う訴訟の場合と変わらないからである。森林法事件（178）や非嫡出子相続分格差訴訟（363）がその適例である。ただし，純然たる民事訴訟で適用法令自体の合憲性審査がおこなわれる場合，国家（国の代理人となる訟務検事など）に当該法令の合憲性を論証する機会が与えられないまま，私人の主張をベースとして法令審査がおこなわれるという手続的な問題点は指摘されている（棟居・解釈演習230頁）。

　④　これらに対して，私人Aの人権的利益と私人Bの人権的利益とが衝突し，この衝突を調整する個別の法令が存在しない場合と，私人Bの人権的利益と抵触する私人Aの行為は人権的利益とはいえないが，この行為の法的制裁を定めた個別の法令は存在しない場合が，私人間の人権問題だということになる。

　なお，訴訟で敗訴した市民は，直接には自分を敗訴させた裁判判決，すなわち国家の行為によって不利益を受けることになるが，裁判判決がつねに国家による市民の人権制限だとみなされてきたわけではない。④のケースは，中間に裁判判決が介在しても，国家と市民の関係ではなく私人間の人権問題と構成される（後述する三菱樹脂事件参照）。ただし例外はある。たとえば，北方ジャーナル事件（78）は，民間雑誌社の報道と政治家個人の名誉が衝突する事案であったが，裁判所による出版差止めの仮処分が国家賠償請求の対象となったため，国家（裁判所）による私人の人権制限問題として処理された。

(2)　私人間の人権問題の定式化

以上の①〜④をまとめると，私人間の人権問題として構成されなければならないのは，

(ⅰ)　紛争の当初において，私人Aの行為（人権的利益に含まれる場合が一般的だが，そうでない場合もありうる）が私人Bの人権的利益と衝突し，かつ，

(ii) この紛争に適用される具体的な法令が存在しない事案である

ということになる。以下では、これだけを「私人間の人権問題」とよぶ。裏からいうと、(i)に該当しても、当該紛争に適用されることに合意のある具体的な法令が存在する場合と、当該紛争に適用される具体的な法令は存在するが、それ自体の合憲性が攻撃されている場合は、いずれも私人間の人権問題として処理しなくてよい。

ここまでは、一応、一定の理屈にもとづく私人間の人権問題の限定である。ところが、これまでの憲法解釈学では、この(i)(ii)の条件を満たす紛争であっても、私人間の人権問題として扱われなかった事案がある。その代表は「法人・団体の人権」である（402〜414）。法人・団体の行為が国家によって直接規制されている場合は、「結社の自由」そのものの問題であるため（112〜120）、憲法解説書の「法人・団体の人権」の章で論じられているのは、じつは法人・団体の人権的利益と、これと衝突する個人の人権的利益の調整問題である。この意味の「法人・団体の人権」は、上述(i)(ii)に該当する「私人間の人権」の部分問題であるから、これを別枠で取り扱う理論的根拠はほんとうは存在しないといえるだろう。同じ紛争が、法人・団体には当該人権的利益が認められるかという観点から「法人・団体の人権」問題とみなされたり、法人・団体の当該行為は個人の人権的利益を侵害するのではないかという観点から「私人間の人権」問題とみなされたりしてきた、ということになりそうだ。この本も、理論的には中途半端なこうした伝統に従っているのだが（404）、法人・団体の対国家的な人権問題は「結社の自由」の章に吸収し、法人・団体の人権的利益と個人の人権的利益の調整問題は「私人間の人権」の章に吸収するほうが、理論的にはすっきりするといえるだろう。

◆ 4　私人間の人権的利益の衝突の調整

(1)　学説の考え方

421

憲法上の権利の義務者は国家であるのが原則だが、日本国憲法上の権利には、国家のみならず私人を直接の義務者とする権利もあると理解されてきた。まず、15条4項は、「選挙人は、その選択に関し公的にも私的にも責任を問はれない」と明文で規定しているので、「選挙における秘密投票権」は、私人も義務者とする権利である（野中＝中村＝高橋＝高見Ⅰ243頁は15条4項だけをあげる。同旨、

辻村158頁)。また，28条の労働基本権も，企業などの民間使用者を義務者に含む権利と解されている (276)。さらに18条も，私人の行為を直接拘束する権利だとされる (208)。この3つに加えて，さらに24条をあげる学説 (長谷部134頁) や，27条3項をあげる学説 (阪本Ⅱ219～221頁) もある (268, 270)。

　国会を設置し，広汎な立法権を付与した憲法の基本構想に照らせば，このように私人の行為を直接拘束する人権は別として，私人による私人の人権的利益の侵害に対処し，私人の人権的利益相互の調整をおこなうことは，まさに国会の任務である。現に国会は，労働基準法・労働組合法・最低賃金法・男女雇用機会均等法・労働契約法など，雇用労働の場面で私的自治を修正し労働者を実質的に保護するための労働法制の整備，児童虐待防止法 (児童虐待の防止等に関する法律)・DV防止法 (配偶者からの暴力の防止及び被害者の保護に関する法律)・ストーカー行為規制法 (ストーカー行為等の規制等に関する法律) など，従来は私人の自由に委ねられていた市民生活において，人権的利益を保護することを目的とする諸法律の制定など，この種の立法に取り組んできた。

　① **無適用説**　　しかし，こうした法律が制定されていない場合の対処方法としては，憲法上の権利は私人の行為を拘束しないという大原則に立ち戻るというスタンスもありうる。私人間には憲法上の権利規定は適用されないとする学説であるから，「無適用説 (無効力説)」とよばれる。この説に立てば，立法者が新たな社会問題に対処するために既存の法令を改正したり新規法律を制定していない以上，裁判所はどうしようもないということになる。無適用説は19世紀立憲主義理論の通念であり，日本国憲法制定後まもない時期にも通説だったといってよい (たとえば，佐々木422頁参照)。

　② **直接適用説**　　無適用説とは正反対に，私人Aの行為によって私人Bの人権的利益が脅かされているにもかかわらず，これに対処する具体的な法令が欠けている場合には，裁判所は憲法の人権規定を直接適用してBの救済を図るべきだという学説が，文字どおり「直接適用説」である。ドイツで説かれた直接適用説は，現代憲法の人権規定は単に国家を義務づけるばかりでなく，一国の法秩序全体を指導する「客観的な秩序規範」だという解釈に立って，原則としてすべての人権が，必要があれば私人関係に直接適用されると主張した (芦部編・憲法Ⅱ 62～67頁 [芦部] 参照)。

　これに対して，日本の直接適用説は，特定の人権規定だけが直接適用される

とする「限定的」な直接適用説である。どの権利をそう理解するかは、学説によって異なっている（ちなみに、芦部109頁は、橋本公亘『日本国憲法・改訂版』有斐閣1988年164～168頁の記述を念頭に置いて、「直接適用説は、ある種の人権規定（自由権ないし平等権あるいは制度的保障）が私人間にも直接効力を有すると説く」としているが、日本の限定的直接適用説にはほかの見解もあり、また橋本説の紹介としても簡略すぎるきらいがある。芦部編・憲法Ⅱ70～73頁［芦部］、芦部・憲法学Ⅱ284～294頁の解説のほうが、より詳細正確である）。

直接適用説は、私人ABのいずれかのうち、実質的な力関係が優越する私人の側を国家と同一視する考え方である。憲法上の権利の義務者である国家は、私人との関係でみずからの憲法上の権利を主張できない。つまり国家には人権は保障されない。直接適用説は、ある種の私人にこの理屈をそのままあてはめる説であることに、注意が必要だ。

③ **国家同視説**　ドイツ由来の直接適用説とは別に、アメリカの判例理論も紹介されてきた。それによると、アメリカ合衆国最高裁は、一定の場合に私人を国家とみなして、当該私人の行為が憲法上の権利の拘束を受けることを認める。私人の行為を国家の行為と同視する構成なので、「国家行為 state action の法理」とか「国家同視説」とよばれる。判例の多くは、私人による人種差別行為の違法性が争われた事案に関するものである。合衆国最高裁判決には、裁判所構内の民間食堂による人種差別、職員給与や施設維持費の大半が市によって賄われていた民間図書館の人種差別などを、国家による人種差別とみなした例がある（芦部『現代人権論』23～47頁。state action の法理に関する近年の研究としては、木下智史『人権総論の再検討』日本評論社2007年69～162頁）。アメリカ流の国家同視説も、限定的直接適用説の一種だと考えることができる。

④ **間接適用説**　無適用説は、立法者が対処するまで、裁判所は私人間の人権問題について何もできないとする無策の勧めに等しい。他方、直接適用説は、私人Aと私人Bとの対立関係においてAの力が優越する場合、Aを国家とみなすことで、この対立に関してはAの憲法上の権利を国家並みに「ゼロ収縮」させてしまう。これは、私的自治という近代市民法の基本原則の否定につながり、国家に対してAを国家類似と認定してその自由を大きく制限する過度の権力を与えることになる。このような批判から、ドイツでも日本でも憲法学者の多くが支持したのが「間接適用説」である（芦部109頁、伊藤30～31頁、野中＝

中村＝高橋＝高見Ⅰ244～245頁，戸波160～161頁，辻村159頁参照）。

　間接適用説は，私人間の人権問題を民法の一般条項を適用して解決し，解決にあたっては憲法上の人権の理念を民法の一般条項の解釈指針として尊重すべきだという見解である。こうした一般条項としては，問題となっている私人の行為が法律行為である場合には，公序良俗違反の法律行為を無効とする民法90条，事実行為である場合には，不法行為の成立要件規定である民法709条が，とりわけ念頭に置かれている。私人間の行為に憲法上の権利規定を直接適用するのではなく，公序良俗や不法行為の解釈にあたって斟酌するという発想なので，「間接適用」説とよばれる。

　⑤ **新無適用説**　間接適用説に対しては，憲法上の権利はあくまで国家だけを拘束するので，民法の一般条項の解釈にあたって指導理念となり考慮要素となるべき人権的利益は，憲法上の法益ではなく民法の背後にある自然法的法益とみなされるべきであるから，憲法規定の間接適用という説明は誤りだとする学説が近年説かれている（高橋97頁以下，特に106～107頁）。憲法上の権利は私人を拘束せず，民法の背後にある「自然権」が拘束するのだという見解なので，「新無適用説」とよばれることがある（安西ほか・現代的論点265頁［巻美矢紀］，君塚正臣『憲法の私人間効力論』悠々社2008年175頁）。

　たしかに，権利は，保護対象となる行為・状態・法的地位のみならず，主体と名宛人も含んだ法的構成物と観念できるので (13, 367)，憲法上の権利は国家だけを名宛人とするのか，私人も名宛人とするのか2つに1つであって，中間的解答はないともいえる。しかし，「自然法」を引き合いに出すまでもなく，憲法上の権利の保護対象となっている市民の行為・状態・法的地位（人権的利益）は，私人間でも尊重されるべきだというのが憲法の前提であり，そのためにこそ憲法は立法者に広汎な立法権を付与し，民法・刑法・労働法などの諸分野の法律を適切に制定することを期待しているとみなければならない。また，新無適用説は，無適用説とは異なって，私人間の人権問題を処理する裁判所が，民法の一般条項を経由して当事者の人権的利益を考慮することを認めている点で，間接適用説の発想を土台としており，問題解決方法自体は間接適用説と異ならない。

　⑥ **国家の基本権保護義務論**　1990年代に入ると，1970年代後半に確立したドイツ憲法学上の「国家の基本権保護義務論」を受容し，私人間の人権問題

もこのなかに位置づけ直すべきだとする学説が説かれるようになった。その主唱者の見解の中心部分を紹介しよう。ちなみに，基本権とは，この本でいう憲法上の権利（人権）のことである。

「国家の基本権保護義務とは，他の私人による侵害から各人の基本権法益を保護すべき，国家の作為義務のことである。」「従来の基本権問題が国家と個人の二極間の関係として構成されたのに対し，基本権保護義務は国家，加害者たる私人，被害者たる私人の三極間の関係として構成される……。これにより，国家には基本権の『敵』に加えて『擁護者』としての役割が与えられる。基本権は，国家の措置の上限だけではなく，必要的下限も画することになる。過剰な侵害が違憲となるのと同様に［過剰規制の禁止］，憲法が要請する最低限の保護を下回ることも違憲となる［過少保護の禁止］。」「私人間効力が問題となる事例についても上述の法的三極関係の一場面として説明できること……からすれば，私人間効力問題を司法権（民事裁判権）による保護義務履行の問題として再構成するのは理にかなったことである」（小山剛「基本権の私人間効力・再考」法学研究（慶応義塾大学）78 巻 5 号 2005 年 40 頁～42 頁）。

国家に市民の人権を保護する義務があること自体は，ロック的社会契約論 (10～12) でも当然視されており，もともと立憲民主主義思想の共通前提といってもよいだろう。現に憲法 12 条・13 条の「公共の福祉」の内容を，他者の人権保護と捉えることが，学説の通念となってきたほどである（宮沢Ⅱ235頁，芦部98頁. 19）。ただし，これまでの憲法学説の力点は，私人Ｂの人権を保護する目的であっても，そのための国家の行為によって私人Ａの人権が侵害されるのを防止することにあった。

これに対して，基本権保護義務論の新鮮さは，憲法が国家に対して私人Ａの人権制限と私人Ｂの人権保護とのバランスをとることを要請していると考え，伝統的に合憲性審査の対象となってきた私人Ａの人権の「過剰規制」とともに，私人Ｂの人権の「過少保護」も合憲性審査の俎上にのせる点にある。しかし，同時にこの点が，国家の過剰介入を招くとして，伝統的憲法学説の警戒感をよびおこしてきたことも否定できない（芦部113頁）。

基本権保護義務論の射程は長いので，前項①～④で述べた私人間紛争の４つの類型を，いずれも国家の基本権保護義務の一場面とみなすことも可能である。しかし，これらを基本権保護義務の問題と捉えても，一般的には紛争の解決方

法がこれまでと変化するとはいえない。

　ただし，この本でいう私人間の人権問題については，基本権保護義務論が，従来の間接適用説では解決困難な紛争に解決の可能性を提供する場合がある。基本権保護義務は国家の義務であるから，基本権保護義務論に立つと，私人間の人権問題について，私人Ａの行為によって人権的利益を侵害されたと考える私人Ｂが，加害者Ａを相手にするのではなく，Ａの加害行為を防止できなかった国家を相手取った訴訟で救済を求める可能性が根拠づけられるからである。この法的構成は，たとえば，健康被害の直接の原因者である加害企業がすでに存在せず，被害当時，当該企業活動を直接規制する具体的法令も存在しなかったような事案について，立法機関の基本権保護義務違反（これは実際には立法不作為の違憲国賠訴訟である。立法不作為の違憲国賠訴訟については301参照），および行政機関の基本権保護義務違反を追及する道を開く（アスベスト訴訟はそのような性格の紛争といえるだろう。永田秀樹「基本権保護義務論の射程と可能性」森英樹編『現代憲法における安全』日本評論社2009年215頁参照）。

　⑦　**まとめ**　　以上の解説とコメントをまとめると，ここで定式化した私人間の人権問題については，原則として「間接適用説」で対処し，補充的に「国家（立法・行政）の基本権保護義務論」という法的構成で解決が図られるべきだというのが，この本の態度である。

　すなわち，第1に，自分の人権的利益が他の私人によって侵害され，この状況に対応する適切かつ具体的な法令が見当たらないと考える私人は，事案によって不法行為ないし公序良俗違反の法律行為を理由に加害私人を訴えればよい。裁判所は，民法の一般条項を適用して事案を解決することになる。その際，裁判所は，両当事者の人権的利益の有無・種類，両当事者の事実的力関係，加害の態様・程度を考慮して，比較衡量の手法で憲法の人権理念の実現に最適の解を探求すべきである。

　第2に，この方法が不可能ないし不十分な場合，被害私人は，立法者の立法不作為または行政機関の基本権保護義務違反の不作為を理由に，国・公共団体を相手取って国家賠償請求訴訟を提起する。裁判所は違憲の過少保護の有無を判断することになる。

（2）　**判　例**

　①　**概　観**

私人間の人権問題に関する判例として，主要な憲法解説書が取り上げるのは，**三菱樹脂事件判決，昭和女子大事件判決，日産男女別定年制事件判決**の3件である（芦部 109〜111 頁，佐藤 439〜440 頁，高橋 104〜105 頁，戸波 161〜162 頁，辻村 160〜161 頁，長谷部 136 頁，松井 328〜329 頁参照。例外的に，私人間の人権問題を類型化し，判例もそれに応じてやや広く取り上げる解説として，野中＝中村＝高橋＝高見 Ⅰ 247〜249 頁，渋谷 132〜140 頁）。この本でも，以下ではやはりこの3つの判決を取り上げる。

　しかし，この3件以外に，㋐法人・団体と個人の人権的利益を調整した**八幡製鉄事件判決，国労広島地本事件判決，南九州税理士会事件判決，群馬司法書士会事件判決**（410〜413），㋑民事不法行為訴訟で私人間の表現と名誉・プライバシーの調整が問題となった**「宴のあと」事件判決**（339），**「石に泳ぐ魚」事件判決**（78），㋒やはり民事不法行為訴訟で私立大学による学生の個人情報の取り扱いがプライバシー権侵害として争われた**早稲田大学講演会事件判決**（339），国立病院を当事者としながら，患者の治療方針決定権の問題がもっぱら病院側の契約責任のレベルで論じられた**エホバの証人輸血拒否事件判決**（351）など，これまでさまざまな箇所で取り上げた判例にも，私人間の人権的利益が衝突し，これを調整する具体的な法律規定が欠けている事案という意味で，私人間の人権判例と位置づけるべきものがあった。

　しかしながら，従来の判例・学説は，これらの事件を私人間の人権問題のひとこまとは必ずしも意識せずに，したがって，自覚的に間接適用説を採用する構成をとることもなく，実質的には間接適用説的発想に立って私人間の人権的利益を調整してきた。この本でも，それぞれの箇所ですでに解説したこれらの判例をここで再び取り上げることはしないが，私人間の人権判例という視点から，これらの判例にもここであらためて注意を喚起しておきたい。

　② **三菱樹脂事件判決**（最大判昭和 48・12・12 民集 27 巻 11 号 1536 頁）

　私人間の人権問題の指導的判例とされる最高裁判決である。

　㋐ **事　実　関　係**　　X は Y 会社の社員採用試験に合格し，1963 年 4 月から 3 カ月の試用期間つきで Y 会社の従業員として採用された。しかし，Y 会社は，X が採用試験時に提出した会社所定の身上書の記載と，面接試験での返答に虚偽・秘匿があったことを理由に，X の本採用を拒否した。すなわち，Y 会社は，X が，身上書の「自治会，…学内諸団体委員…の経験」欄に，学校の

承認を得ない自治会の中央委員の地位にあった事実と，大学生協組織部長の地位にあった事実を記載しなかったこと，1960 年 5 月から 1962 年 9 月までの間，日米安保条約改訂反対などのため無届集会・無届デモ・ピケに参加していたにもかかわらず，面接試験時になされた学生運動歴を問う質問に対して，「アルバイトに忙しく，学生運動に参加する余裕がなかったし，興味もなかった」と答えた事実が，虚偽・秘匿にあたるとした。

X は，Y 会社の本採用拒否を解雇と見なし，本件解雇行為は憲法 19 条・14 条，労働基準法 3 条，民法 90 条に違反するとして，Y 会社を相手取って雇用契約にもとづく権利の確認と賃金の支払を求める民事訴訟を提起した。

Y 会社は，一審・控訴審で敗訴して上告した。

(イ) **最高裁の判断**

(i) 私人間の人権　　憲法の人権規定は，「国または公共団体の統治行動に対して個人の基本的な自由と平等を保障する目的に出たもので，もっぱら国または公共団体と個人との関係を規律するものであり，私人相互の関係を直接規律することを予定するものではない。」「私的支配関係においては，個人の基本的な自由や平等に対する具体的な侵害またはそのおそれがあり，その態様，程度が社会的に許容しうる限度を超えるときは，これに対する立法措置によってその是正を図ることが可能であるし，また，場合によっては，私的自治に対する一般的制限規定である民法 1 条，90 条や不法行為に関する諸規定等の適切な運用によって，一面で私的自治の原則を尊重しながら，他面で社会的許容性の限度を超える侵害に対し基本的な自由や平等の利益を保護し，その間の適切な調整を図る方途も存する。」

(ii) 会社側の採用面接時の質問等の違法性　　企業には，憲法上，財産権・営業その他経済活動の自由が保障されており，雇入れの自由も保障されている。したがって，企業が特定の思想・信条を有する者の雇入れを拒んでも違法とはいえない。企業が，労働者の採用にあたってその思想・信条を調査し，これに関連する事柄の申告を求めても違法ではない。

学生運動への参加のような行動は，なんらかの思想・信条とのつながりをもっていることは否定できない。したがって，学生運動歴に関する質問は，政治的思想・信条と全く無関係とはいえない。しかし，企業における雇用関係は，一種の継続的な人間関係として相互信頼を要請するものであるから，この種の

質問も違法だとはいえない。

　(iii) 会社側の本採用拒否の法的性格と違法性の判断　　本件本採用拒否は，留保解約権つき雇用契約の留保解約権行使にあたる。通常の雇入れの拒否でもなく，通常の解雇でもない。留保解約権の行使は，その「趣旨，目的に照らして，客観的に合理的な理由が存し社会通念上相当として是認されうる場合にのみ許される」。客観的に合理的な理由があれば，本採用拒否は違法ではない。

　本件の場合，留保解約権行使による解雇を正当化する客観的に合理的な理由が存したかどうかについて審理が尽くされていない。原判決破棄差戻し。

　㈦ **判決の意義**

　第1に，この判決は，憲法上の権利の名宛人は国家であること，私人間の人権的利益の調整は立法者の任務であること，具体的法律規定が存在しない場合には，裁判所は私的自治を制限する民法の一般規定の解釈によって紛争を解決すべきことを説示したことで（上掲(イ)の(i)），間接適用説を明示的に採用した判決と考えられる。

　第2に，しかし判決は，公序良俗違反の判断の決め手を「社会的許容性の限度」内か否かに求め（やはり(イ)の(i)），許容限度を緩やかに判断することによって，事実上，無適用説と同様の結果を生んだと批判されている。その後，最高裁は，三菱樹脂事件と同様政治活動が問題となった昭和女子大事件では，許容性を緩やかに判断する一方で，雇用の場での男女平等が論点となった日産男女別定年制事件では，許容性の限度を慎重厳格に判断した。判例は，事案によって許容性の限度の判断を変えているといえるだろう。

　第3に，最高裁によれば，「使用者は，労働者の国籍，信条又は社会的身分を理由として，賃金，労働時間その他の労働条件について，差別的取扱をしてはならない」と定める労働基準法3条は，企業による労働者の雇い入れには適用されないが，解雇には適用される。そして，本件本採用拒否は，留保解約権行使による解雇であるから（上掲(イ)の(iii)），労働基準法3条の適用を受ける。その上で最高裁は，本件解雇に労働基準法3条違反の事情がなかったかどうかについて，高裁に審理のやり直しを命じた。つまり，本件については，結局労働基準法3条が企業と従業員の人権的利益を調整する具体的法令だということである。そうであるなら，最高裁は，労働基準法3条の解釈だけを論じて本件を解決してもよかったことになる。その意味で，三菱樹脂事件は，じつは憲法問

題としての私人間の人権紛争ではなかったといってもよい。にもかかわらず，最高裁は，下級審での論議を意識して，この判決で私人間の人権問題について基本方針を示したということだろう。

③ その他の判例

(ア) **昭和女子大事件判決**（最判昭和49・7・19民集28巻5号790頁）　大学の「生活要録」に反して無届で政治活動をおこない，これを理由に停学処分を受けた学生が，メディアのインタヴューに答えて事の経緯を語ったことを理由に退学処分を受けた。これに対して，学生側が大学を相手取って身分確認訴訟を提起した事案である。

最高裁は，三菱樹脂判決を引用して，憲法19条・21条・23条は私人間には適用されないとした上で，大学は学生に対して，設置目的の達成に必要な包括的な規律権をもつので，実社会の政治的社会的活動を理由に退学処分に付すことも，ただちに公序良俗違反とはいえないとした。

(イ) **日産男女別定年制事件判決**（最判昭和56・3・24民集35巻2号300頁）　男性従業員の定年を満55歳，女性従業員の定年を満50歳と定めていた会社の就業規則の違法性が争われた事案である。

最高裁は，原審認定の事実によれば当該会社では女性従業員も相当広範な職種にわたって勤務しており，女性であることを理由に男性従業員よりも一律に5年早く退職させる合理的理由は認められないとした。「就業規則中女子の定年年齢を男子より低く定めた部分は，専ら女子であることのみを理由として差別したことに帰着するものであり，性別のみによる不合理な差別を定めたものとして民法90条の規定により無効であると解するのが相当である（憲法14条1項，民法1条ノ2参照）。」

◆ 5　国家の私法行為

(1)　問題の所在と考え方

私人間の人権問題に関連して，国家の私法行為は憲法（上の権利）の拘束を受けるのかという問題も取り上げられることがある（芦部111頁，高橋105〜106頁。野中＝中村＝高橋＝高見Ⅱ273〜274頁，戸波447〜448頁，辻村480〜481頁のように，違憲審査の対象の文脈で取り上げられることもある。松井58頁は憲法の拘束力の問題のなかで論じている）。たとえば，国が民間業者と物品購入契約や行政庁舎の建設請

負契約を締結することはいわば日常茶飯事だが，この場合の国は警察権や徴税権のような強制権力を行使する場合とは異なって，法律的には私人と同様の地位に立つ。そこで，このような私法関係の当事者としての国家も憲法の拘束を受けるのか。これが問いである。

　答えはイエスだ。国家は，いかなる形式で行動する場合も，つねに憲法の拘束を受ける。そう解さなければ，国家は行為形式の選択によって，いかようにでも憲法の拘束を潜脱できることになって，立憲民主主義の基本構想とまったく相容れない事態が生ずるからである。

　それでは，私法関係の当事者としての国家は，私人に対して自己の人権的利益を主張できるのか。答えはノーだ。市民は国家に対して自己の人権を主張できるが，人権の一方的義務者である国家は，市民に対して自己の人権を主張できない。市民は他の市民に対して自己の人権的利益の尊重を求めることができるが，国家は私法関係の当事者としても自己の人権的利益を援用できない。国が私人に対して主張できる財産権や契約上の権利は，あくまで民事法上の権利にすぎず，それを超える憲法上の人権的利益を私人に向かって主張できるわけではない。

　要するに，国家は，私法関係の当事者としても，憲法に拘束される憲法上の義務者であり，憲法上の人権的利益を援用できない。

(2)　**関連判例——百里基地事件判決**（最判平成元・6・20民集43巻6号385頁）

　① **事実関係**　Xは，1958年5月，茨城県の航空自衛隊百里基地の予定地内にあった所有地を，Yに売り渡す契約を締結した。しかし，Yが売買代金306万円中の110万円を内金として支払ったのち，支払期日を過ぎても残金を支払わなかったので，Xは同年6月にYとの売買契約を解除し，同地を国に270万円で売却した。Xと国がYを相手取って所有権確認，所有権移転仮登記抹消等の民事訴訟を提起したところ，Yは自衛隊が憲法9条に反することを理由に，Xと国との売買契約の無効等を主張する反訴を提起した。下級審はYの主張を斥けた。

　② **最高裁の判断**　憲法の最高法規性を定める憲法98条1項にいう「国務に関するその他の行為」とは，「公権力を行使して法規範を定立する国の行為を意味し，……私人と対等の立場で行う国の行為は，……憲法98条1項にい

う『国務に関するその他の行為』に該当しない……。」したがって，本件売買契約も，国務に関するその他の行為に該当しない。

「憲法9条は，……私法上の行為の効力を直接規律することを目的とした規定ではなく，人権規定と同様，私法上の行為に対しては直接適用されるものではない……。」国が締結する私法上の契約は，「実質的にみて公権力の発動たる行為となんら変わりがないといえるような特段の事情のない限り，憲法9条の直接適用を受け」ない。XはYが売買残代金を支払わないので売買契約を解除し，そののち国と売買契約を締結したのであるから，契約解除は自衛隊の基地建設という国の目的とは無関係の行為であり，国の用地取得も純粋に私法上の行為であって，公権力の行使にあたる特段の事情もない。したがって，「本件売買契約に憲法9条が直接適用される余地はない」。

③ **判決の評価**　　上述のように，国家権力を設営するとともに制限する立憲民主主義憲法の目的に照らせば，国家の私法行為も憲法に拘束されると解すべきであるから，この判決にはその基本的発想に憲法理解の誤りがあることになろう（浦田一郎・憲法判例百選Ⅱ380頁，野中＝中村＝高橋＝高見Ⅱ274頁，高橋106頁，戸波49頁・447頁，松井58頁）。自衛隊基地用地を取得するための国の売買契約も，自衛隊の設置の合憲性を前提としなければ違憲となる。契約の有効性を導くためには，裁判所は自衛隊の合憲性を正面から認めるか，少なくとも統治行為論によって合憲性の直接的判断を回避する法的構成をとるべきだったことになるだろう。

ただし，契約を違憲無効とする場合には，国の私法行為の合憲性を信頼してこれに応じた私人の権利保護に配慮する必要が生ずる。たとえば，国を相手取った債務不履行訴訟による救済が考えられる。

事項索引

◆ ア 行 ◆

あおり行為……………………………228
悪徳の栄え事件………………………45
上尾市福祉会館事件…………………91
旭川学テ事件…………………………218
朝日訴訟………………………………206
アファマティヴ・アクション（積極的差別是正措置）…………………294
安藤事件………………………………193
あん摩師・はり師・きゅう師法事件……70
家制度…………………………………307
家永訴訟………………………………219
違憲審査基準論………………………15
石井記者事件…………………………55
「石に泳ぐ魚」事件………………66, 365
泉佐野市民会館事件………90, 317, 341
一元的外在制約説……………………13
一元的内在制約説……………………14
一事不再理……………………………190
一党独裁制……………………………256
一般的自由説……………269, 339, 357
一般法人法………………………97, 343
移　動…………………………………164
　　──の自由……………………164
「宴のあと」事件……………275, 365
営　業…………………………………138
　　──の自由……………………141
　　──の自由論争………………139
営業許可制……………………………139
営業遂行の自由………………………141
営業選択の自由………………………141
営利事業………………………………138
営利的表現……………………………69
　　──の自由……………………69
営利法人と非営利法人………………343
NHK記者証言拒否事件………………56
Nシステム訴訟………………………282
愛媛玉串料訴訟………………………131
エホバの証人輸血拒否事件……286, 365
LRA……………………………28, 36, 148
押　収…………………………………186
オウム真理教解散命令事件………99, 119

◆ カ 行 ◆

大分県屋外広告物条例事件……………31
大阪市売春取締条例事件……………176
大島サラリーマン税金訴訟…………302
外国移住………………………………163
外国人…………………………………319
　　──の参政権…………………327
外国人管理職訴訟……………………329
外務省秘密漏洩事件…………………55
学　習…………………………………213
学習権……………………………214, 218
学習指導要領…………………………217
学生無年金障害者訴訟………………209
革命権…………………………………8
学　問…………………………………101
　　──の自由……………………102
加持祈祷事件…………………………115
河川附近地制限令事件………………160
釜ヶ崎監視カメラ事件………………281
川崎民商事件……………………189, 193
環　境……………………………199, 288
環境権……………………………199, 288
環境人格権……………………………289
監獄法……………………………338, 340
監獄法施行規則…………………339, 340
関税定率法旧21条（現関税法69条の11）…44
間接選挙………………………………257
間接適用説………………………361, 367
鑑定留置………………………………185
管理職公務員就任の権利……………329
議員定数不均衡………………………259
　　参議院の──…………………262
　　衆議院の──…………………260
棄権の自由……………………………256
吉祥寺駅構内ビラ貼り事件……………31
喫煙権…………………………………339
喫煙制限事件…………………………339
岐阜県青少年保護育成条例事件…315, 341
君が代訴訟……………………………119
義務教育無償制事件…………………218
記名選挙………………………………255
客観訴訟………………………………126

371

事 項 索 引

救貧施策	200
教 育	213
——を受ける権利	215
教育基本法	217
教育勅語	216
教育勅語合憲確認等請求事件	235
教科書検定制度	219
強制加入団体	349
強制調停違憲決定	238
強制調停合憲決定	238
行政手続と憲法 31 条	172
強制投票制	257
京都市古都保存協力税条例事件	119
京都府学連事件	276, 281
許可推定条項	86
居住・移転	163
緊急逮捕制度	192
勤 労	221
勤労権	221
具体的権利説	202, 222
クローン技術等規制法	104
群馬司法書士会事件	353, 365
警察規制	145
形式的平等説と実質的平等説	293
刑事収容施設被収容者	337
刑事収容施設被収容者処遇法	338
刑事補償請求権	248
刑 法	
130 条	41
175 条	44
230 条の 2	59, 357
月刊ペン事件	60
結 社	95
——の自由	96, 348, 359
検 閲	49, 219
嫌煙権	339
厳格審査	26
厳格な合理性の審査	25, 147
健康で文化的な最低限度の生活	198
現実の悪意の法理	62
検 証	186
現代的プライバシー権	274
剣道受講拒否事件	116
権 利	9, 311
——の規制	12
——の侵害	12

——の制限	12
——の制約	12
言 論	18
小泉総理大臣靖国参拝訴訟	133
公安条例	85
勾 引	185
公益法人	343
公益目的	60
公 開	235
公開裁判	187
公開選挙	255
公開・対審・判決	235
公共の福祉	13, 153
公共の福祉三段論法	14, 46, 167
公共利害事実	60
拘 禁	185
合憲限定解釈	50
公権力行使等地方公務員	329
麹町中学内申書事件	113
公衆浴場事件	143
公職選挙法 204 条	260
公正な論評	61
皇 族	313
後段列挙事由特別意味説	298
後段列挙事由例示説	298
公的扶助	198
幸福追求権	271
公平・迅速・公開の刑事裁判を受ける権利	187
公平な裁判所	187
公法人	344
——の人権主体性	348
公務員	140, 336
——の人権	336
——の政治活動の制限	34
——の選定罷免権	251
——の労働基本権制限	229
公務員待命処分事件	300
公務就任権	252
拷 問	191, 338
——を受けない権利	191
小売市場事件	144
合理性の審査	25, 154
合理的期間	261
勾 留	185
告 示	220
国籍法違憲訴訟	303

事 項 索 引

国籍離脱	163
国選弁護人依頼権	188
告知・聴聞	170
告知・弁解・防御	170, 175
国　民	4
「国民の教育権」説	215
国務請求権	233
国労広島地本事件	351, 365
個人主義	265
個人の尊厳	265, 306
個人の尊重	265
国　家	3
――の基本権保護義務論	362
――の私法行為	368
――の宗教的中立性	121
狭義の――	3
広義の――	3
国家行為（state action）の法理	361
国家公務員法	34, 228
国家三要素説	3
国家神道	121
国家同視説	361
「国家の教育権」説	215
国家賠償	241
国家賠償請求権	241
国家賠償法	242
国家補償	241
国家無答責思想	241
古典的プライバシー権	272, 273
戸別訪問禁止規定合憲判決	40
コミュニケーション	18
雇用労働	221
婚　姻	307
婚姻適齢の差異	309

◆ サ　行 ◆

在外国民選挙権訴訟	247, 259
罪刑法定主義	171
財産権	151
――の制限	153
在宅投票制事件	246
裁　判	234
――を受ける権利	236
裁判員制度	183, 240
裁判拒絶の禁止	236
裁判所	233

――による事前差止め	63
裁判所法	
3条1項	235
52条1号	35
札幌税関検査事件	48, 177
差等選挙	255
差別的表現	72
サボタージュ	225
猿払事件	36, 92
残虐な刑罰	192
――を受けない権利	192
サンケイ新聞反論権訴訟	345
参審制	240
参政権	251
自衛官合祀訴訟	127
塩見訴訟	332
死　刑	194
自己決定権	285
ライフスタイルの――	284, 285
自己情報コントロール権	274
自己負罪拒否特権	189
事後法の禁止	190
私　人	355
私人間の人権	355
自然環境	199, 288
自然権	7
自然状態	7
自然人	343
事前の規制と事後の規制	21
事前の内容規制	51
自然法	7
自然法論	356
思想・信条	109
思想・良心	109
思想・良心・信仰	109
――の自由	111
実質的関連性の審査	28
質問検査権	194
私的自治	356, 361
自動速度監視装置事件	281
児童の酷使	223
児童の酷使されない権利	181, 224
児童扶養手当（法）	208
自白の証拠能力・証明力の制限	189
自白法則	189
司法官憲	185

373

事項索引

司法事実……………………………28
市　民………………………………4
指紋押なつ事件…………………277
社会契約……………………………8
社会権………………………197, 331
社会国家的公共の福祉…………14
社会的影響力説…………………77
社会的身分………………………294
社会福祉…………………………198
社会保険…………………………198
社会保障…………………………198
謝罪広告強制事件………………112
自　由………………………………5
集　会………………………………83
　──の自由……………………85
就学必需費無償説………………218
週刊文春記事差止事件…………67
衆議院議員選挙区画定審議会…262
衆議院選挙制度改革……………262
住基ネット訴訟…………………279
宗　教……………………………109
宗教団体…………………………122
宗教的活動………………………124
宗教的人格権論…………………125
宗教法人アレフ観察処分事件…99
自由権の基本権…………………197
自由国家的公共の福祉…………14
私有財産制度……………………152
自由主義……………………………6
自由選挙…………………………256
周波数帯稀少説…………………77
住民訴訟…………………………126
14 条 1 項後段列挙事由…………294
授業料無償説……………………218
取　材………………………………53
　──の自由……………………53
出入国管理及び難民認定法……320
出入国管理令 21 条 3 項…………325
出　版………………………………19
酒類販売免許制事件……………143
準ハードコア・ポルノ…………47
障害基礎年金……………………210
傷害致死罪合憲判決……………300
障害福祉年金………………210, 332
消極的権利………………………251
消極目的規制……………………145

証券取引法事件…………………156
条件平等説と結果平等説………293
小選挙区・比例代表並立制……262
肖像権……………………………280
証人審問権・証人喚問権………187
条文の意味の可分的違憲判断…245
情　報………………………………18
情報プライバシー………………273
昭和女子大事件…………………368
職　業………………………137, 221
　──の自由……………………140
職業規制…………………………141
職業遂行…………………………138
　──の規制……………………141
　──の自由……………………140
職業選択…………………………138
　──の規制……………………141
　──の自由……………………140
女性の再婚禁止期間……………309
所有権……………………………153
ジョン・ロック……………7, 356
知る権利…………………………20
　未成年者の──………………316
人格価値の平等…………………291
人格的利益説（人格的生存説）…269
新規参入規制……………………142
信　教……………………………109
人権規定の名宛人………………355
人権思想……………………………7
人権の利益………………349, 357
人権の過剰規制と過少保護……363
人権の私人間効力………………355
人権の第三者効力………………355
人権の保護対象……………………11
信　仰……………………………109
人口比例原則……………………260
人事院勧告制度…………………232
人事院規則 14-7……………………34
真実性の証明……………………61
神社神道…………………………121
人　種……………………………294
人種差別撤廃条約…………………72
信　書………………………………79
信　条………………………111, 294
信書開披罪…………………………81
人身の自由………………………165

374

事項索引

迅速な裁判	187
神道指令	122
新無適用説	362
森林法事件	154, 358
ストライキ	225
生活扶助基準	207
生活保護法3条	202
請　願	249
請願権	249
税関検査	44
政教分離	121
政教分離原則	122
政教分離人権説	125
制限選挙	254
政見放送削除事件	73
政治的表現	33
——の自由	34
青少年保護育成条例	315
生存権	197
生存権規定の自由権的側面	203
生存権的基本権	197
制度後退禁止原則	204
制度的保障	102, 125
性表現	43
——の自由	44
政　府	3
政府情報開示請求権	20
生命権	268
生命・自由・財産	267
生命, 自由及び幸福追求	267
政令201号事件	230
積極的権利	251
積極目的規制	145
積極目的・消極目的	157
接見交通権	193
絶対的平等説と相対的平等説	292
前科照会事件	276
選　挙	252
——に関する憲法上の原則	254
——の公務性	253
選挙運動規制	35, 259
選挙干渉	256
選挙権	253
全司法仙台事件	231
全体の奉仕者	229, 336
全逓東京中郵事件	230

煽動的表現	70
——の自由	71
全農林警職法事件	231
争議権	227
争議行為	225
捜　索	186
相当性の証明	61
相当の蓋然性	316, 340
総評サラリーマン税金訴訟	211
遡及処罰の禁止	190
遡及適用	195
訴訟の非訟化	237
訴訟非訟二分論	64, 238
その意に反する苦役	181
——からの自由	224
その他一切の表現	19
空知太神社訴訟	135
損失補償	241
尊属殺重罰規定違憲判決	300

◆ タ 行 ◆

大学の自治	102
怠　業	225
第三者所有物没収事件	174
第三者の権利主張	51, 175
大正陪審法	239
対　審	235
逮　捕	184
代用監獄	337
高田事件	187, 195
多数決民主主義	6
立川ビラ配布事件	41
団　結	225
団結権	226
男子普通選挙	255
団　体	344
団体交渉	225
団体交渉権	227
団体行動	225
団体行動権	227
治安維持法	122
地方公務員法36条	34
地方選挙権	327
地方選挙権許容説	328
地方選挙権要請説	328
チャタレー事件	45

375

事項索引

中間審査……………………………………26
中間団体……………………………………346
中間法人……………………………………343
抽象的権利説………………………201, 222
中選挙区制…………………………………262
直接選挙……………………………………257
直接適用説…………………………………360
治療拒否権…………………………………287
沈黙の自由…………………………………113
通常審査……………………………………26
通　信………………………………………79
　　——の自由……………………………80
　　——の秘密……………………………80
津地鎮祭事件………………………………127
低価値表現…………………………………46
定義づけ衡量…………………………43, 59
定住外国人……………………320, 328, 332
TBS 事件……………………………………55
敵意ある聴衆の法理………………………91
「適正」な刑事手続法……………………170
適用違憲判断…………………………37, 176
適用審査……………………………………42
デュープロセス条項………………………169
寺西事件……………………………………39
伝習館高校事件……………………………219
天　皇………………………………………312
　　——の民事被告適格…………………314
天皇・皇族の人権…………………………313
伝聞法則……………………………………188
東海大学安楽死事件………………………286
東京都公安条例……………………………86
東京都公安条例事件………………………88
当然の法理…………………………………324
投票価値の平等……………………………260
同盟罷業……………………………………225
都教組事件…………………………………231
徳島市公安条例事件…………………89, 176
特別永住者…………………………………331
特別権力関係論………………………335, 338
特別裁判所…………………………………234
奴　隷………………………………………179
奴隷的拘束…………………………………179
　　——からの自由……………………180, 224

◆ ナ 行 ◆

内閣総理大臣の異議………………………89

内国法人……………………………………346
内在・外在二元的制約説…………………14
内在的制約……………………………11, 14
内容の規制と内容中立的規制……………21
長崎教師批判ビラ事件……………………62
ナショナル・ミニマム……………………89
奈良県文化観光税条例事件………………119
成田新法事件……………………………89, 177
難　民………………………………………320
難民条約……………………………………320
新潟県公安条例……………………………86
新潟県公安条例事件………………………87
25条1項・2項分離論……………………200
二重の危険…………………………………190
二重の基準論…………………24, 145, 166, 299
二重のしぼり論……………………………231
日曜参観事件………………………………115
日産男女別定年制事件……………………368
日本テレビ事件……………………………55
入国の自由…………………………………325
任意性の原則………………………………189
人間の尊厳……………………………104, 265
農地改革事件………………………………159
能動的権利…………………………………251

◆ ハ 行 ◆

陪審制………………………………………239
破壊活動防止法……………………………97
博多駅事件…………………………………56
パターナリスティックな規制………285, 315
パターナリズム……………………………285
　　限定された——………………………285
　　弱い——………………………………286
発達権………………………………………214
パブリック・フォーラム論………………30
ハードコア・ポルノ………………………47
ハンセン病事件………………………167, 247
判断代置型統制……………………………209
比較衡量……………………………57, 339, 352
非訟事件……………………………………237
非訟事件手続法……………………………237
被選挙権……………………………………264
非嫡出子相続分格差訴訟……………302, 358
ビニ本事件…………………………………45
秘密選挙……………………………………255
百里基地事件………………………………369

376

事 項 索 引

表　現……………………………17
　　──の自由……………………19
表現行為…………………………18
表現物……………………………18
平　等…………………………291
平等権と平等原則……………296
平等選挙………………………255
比例原則審査…………………27
広島市暴走族追放条例事件…92
夫婦同氏制度…………………309
夫婦別産制……………………310
フェア・コメント……………61
福岡県青少年保護育成条例事件…177
複選制…………………………257
付随的・間接的規制論………38
普通選挙………………………254
不平等選挙……………………255
プライバシー…………………272
プライバシー権…………239, 273
ブランデンバーグの原則……71
プロイセン階級選挙制度……255
プログラム規定説……201, 222, 242
兵役義務………………………183
併給禁止条項…………………208
ヘゲモニー政党制……………256
弁護人依頼権…………………188
帆足計事件……………………167
法　人…………………………343
　　──の権利能力……………350
　　──の人権…………………345
法人・団体の人権……………359
法人・団体の人権主体性……345
法人実在説……………………346
放　送…………………………75
　　──と通信の融合現象……80
　　──の自由…………………76
法定手続の保障を受ける権利…172
法廷メモ採取事件……………55
法適用平等説…………………292
報　道…………………………53
　　──の自由…………………53
報道機関………………………54
法内容平等説…………………292
法の下の平等…………………291
防貧施策………………………200
亡命者…………………………320

法　律…………………………13
　　──の留保…………………13
法律上の争訟…………………235
補強法則………………………189
ポスティング規制……………41
ポストノーティス事件………347
牧会事件………………………115
北海タイムス事件……………55
北方ジャーナル事件………63, 358
ポポロ事件……………………106
堀木訴訟…………………208, 301

◆ マ 行 ◆

マクリーン事件………………325
マスメディアの部分的規制論…78
マッカーサー草案……170, 197, 200, 242, 305
未成年者の人権………………315
三井美唄炭鉱労組事件………264
三菱樹脂事件…………………365
南九州税理士会事件………352, 365
箕面忠魂碑・慰霊祭訴訟……127
民主主義………………………6
民法の一般条項………………362
無適用説（無効力説）………360
明確性（の原則, 審査, 要請）
　　………………29, 50, 72, 89, 92, 176
明白かつ現在の危険…71, 87, 91, 98, 167
明白性の審査………25, 146, 155, 209
メイプルソープ事件…………52
名　誉…………………………58
名誉毀損………………………58
名誉毀損罪……………………59
名誉毀損的表現の自由………59
名誉権…………………………59
メディアの特権承認論………54
目的効果基準論………………128
目的手段審査………23, 144, 155, 157, 298
目的二分論…………………145, 157
黙秘権…………………………188
文言説と性質説………………322
門　地…………………………295

◆ ヤ 行 ◆

薬事法事件……………………144
靖国懇…………………………133
靖国神社法案…………………133

377

事項索引

靖国訴訟……………………………………… 133
八幡製鉄事件……………………… 350, 365
夕刊フジ事件………………………………… 62
夕刊和歌山時事事件………………………… 61
郵便法違憲判決…………………………… 243
踰越濫用型裁量統制……………………… 327
要件定立型審査……………………………… 65
抑　留………………………………… 184, 185
四畳半襖の下張り事件……………………… 45
よど号ハイジャック記事抹消事件…… 317, 340
より制限的でない他の手段………………… 28

◆ ラ 行 ◆

「濫用・踰越型」統制…………………… 209
リコール制………………………………… 252
立憲民主主義………………………………… 5
立候補の自由……………………………… 264
立法事実……………………… 28, 149, 155

立法者拘束説……………………………… 292
立法者非拘束説…………………………… 292
立法不作為………………………… 245, 364
　　——の違憲確認訴訟………………… 202
　　——の違憲を理由とする国家賠償…… 203
理念的民主主義……………………………… 6
留　置……………………………………… 184
両性の平等………………………………… 306
旅　行……………………………………… 163
令状なしに捜索・押収されない権利…… 186
令状なしに逮捕されない権利…………… 184
レモン・テスト…………………………… 130
労　働……………………………………… 221

◆ ワ 行 ◆

わいせつ物…………………………………… 46
ワイマール憲法…………………… 165, 197
早稲田大学講演会事件…………… 278, 365

判 例 索 引

〈最高裁判所〉

最大判昭和 23・3・12 刑集 2 巻 3 号 191 頁 …………………………………………………… 194
最大判昭和 23・3・23 刑集 3 巻 3 号 352 頁 …………………………………………………… 234
最大判昭和 23・5・5 刑集 2 巻 5 号 447 頁 ……………………………………………………… 187
最大判昭和 23・6・30 刑集 2 巻 7 号 777 頁 …………………………………………………… 192
最大判昭和 24・5・18 刑集 3 巻 6 号 789 頁 …………………………………………………… 188
最大判昭和 24・5・18 刑集 3 巻 6 号 839 頁 ……………………………………………………… 71
最大判昭和 24・11・2 刑集 3 巻 11 号 1737 頁 ………………………………………………… 188
最大判昭和 25・9・27 刑集 4 巻 9 号 1805 頁 ………………………………………………… 191
最大判昭和 25・10・11 刑集 4 巻 10 号 2037 頁〔傷害致死罪合憲判決〕………………… 300
最大決昭和 27・8・6 刑集 6 巻 8 号 974 頁〔石井記者事件〕………………………………… 55
最大判昭和 28・4・8 刑集 7 巻 4 号 775 頁〔政令 201 号事件〕…………………………… 230
最判昭和 28・11・17 行集 4 巻 11 号 2760 頁〔教育勅語合憲確認等請求事件〕………… 235
最大判昭和 28・12・23 民集 7 巻 13 号 1523 頁〔農地改革事件〕………………………… 159
最大判昭和 29・11・24 刑集 8 巻 11 号 1866 頁〔新潟県公安条例事件〕………………… 87
最大判昭和 30・1・26 刑集 9 巻 1 号 89 頁〔公衆浴場事件旧判例〕……………………… 143
最大判昭和 30・4・27 刑集 9 巻 5 号 924 頁 …………………………………………………… 186
最大判昭和 30・12・14 刑集 9 巻 13 号 2760 頁 ……………………………………………… 192
最大判昭和 31・7・4 民集 10 巻 7 号 785 頁〔謝罪広告強制事件〕………………………… 112
最大決昭和 31・10・31 民集 10 巻 10 号 1355 頁〔強制調停合憲決定〕………………… 238
最大判昭和 32・3・13 刑集 11 巻 3 号 997 頁〔チャタレー事件〕………………………… 45
最大判昭和 32・11・27 刑集 11 巻 12 号 3132 頁 …………………………………………… 174
最大決昭和 33・2・17 刑集 12 巻 2 号 253 頁〔北海タイムス事件〕……………………… 55
最大判昭和 33・9・10 民集 12 巻 13 号 1969 頁〔帆足計事件〕…………………………… 167
最大決昭和 35・7・6 民集 14 巻 9 号 1657 頁〔強制調停違憲決定〕……………………… 238
最大判昭和 35・7・20 刑集 14 巻 9 号 1243 頁〔東京都公安条例事件〕………………… 88
最大判昭和 35・10・19 刑集 14 巻 12 号 1574 頁 ……………………………………………… 175
最大判昭和 36・2・15 刑集 15 巻 2 号 347 頁〔あん摩師・はり師・きゅう師法事件〕…… 70
最判昭和 36・9・6 民集 15 巻 8 号 2047 頁 …………………………………………………… 310
最大判昭和 37・5・30 刑集 16 巻 5 号 577 頁〔大阪市売春取締条例事件〕……………… 176
最大判昭和 37・11・28 刑集 16 巻 11 号 1593 頁〔第三者所有物没収事件〕…………… 174
最大判昭和 38・5・15 刑集 17 巻 4 号 302 頁〔加持祈祷事件〕…………………………… 115
最大判昭和 38・5・22 刑集 17 巻 4 号 370 頁〔ポポロ事件〕……………………………… 106
最大判昭和 39・2・26 民集 18 巻 2 号 343 頁〔義務教育無償制事件〕…………………… 218
最大判昭和 39・5・27 民集 18 巻 4 号 676 頁〔公務員待命処分事件〕…………………… 300
最大判昭和 41・6・23 民集 20 巻 5 号 1118 頁 ………………………………………………… 61
最大判昭和 41・10・26 刑集 20 巻 8 号 901 頁〔全逓東京中郵事件〕…………………… 230
最大判昭和 42・5・24 民集 21 巻 5 号 1043 頁〔朝日訴訟〕……………………………… 206
最大判昭和 43・11・27 刑集 22 巻 12 号 1402 頁〔河川附近地制限令事件〕…………… 160
最大判昭和 43・12・4 刑集 22 巻 13 号 1425 頁〔三井美唄炭鉱労組事件〕…………… 264
最大判昭和 44・4・2 刑集 23 巻 5 号 305 頁〔都教組事件〕……………………………… 231
最大判昭和 44・4・2 刑集 23 巻 5 号 685 頁〔全司法仙台事件〕………………………… 231

判例索引

最大判昭和44・6・25 刑集23巻7号975頁〔夕刊和歌山時事事件〕･････････････････････････61
最大判昭和44・10・15 刑集23巻10号1239頁〔悪徳の栄え事件〕････････････････････････45
最大決昭和44・11・26 刑集23巻11号1490頁〔博多駅事件〕････････････････････････････56
最大判昭和44・12・24 刑集23巻12号1625頁〔京都府学連事件〕････････････････････276, 281
最大判昭和45・6・24 民集24巻6号625頁〔八幡製鉄事件〕････････････････････････350, 365
最大判昭和45・9・16 民集24巻10号1410頁〔喫煙制限事件〕････････････････････････････339
最大判昭和47・11・22 刑集26巻9号554頁〔川崎民商事件〕････････････････････････189, 193
最大判昭和47・11・22 刑集26巻9号586頁〔小売市場事件〕････････････････････････････144
最大判昭和47・12・20 刑集26巻10号631頁〔高田事件〕････････････････････････････187, 195
最大判昭和48・4・4 刑集27巻3号265頁〔尊属殺重罰規定違憲判決〕････････････････････300
最大判昭和48・4・25 刑集27巻4号547頁〔全農林警職法事件〕････････････････････････231
最大判昭和48・12・12 民集27巻11号1536頁〔三菱樹脂事件〕･･･････････････････････････365
最大判昭和49・7・19 民集28巻5号790頁〔昭和女子大事件〕･･･････････････････････････368
最大判昭和49・11・6 刑集28巻9号393頁〔猿払事件〕･･････････････････････････････36, 92
最大判昭和50・4・30 民集29巻4号572頁〔薬事法事件〕･･･････････････････････････････144
最大判昭和50・9・10 刑集29巻8号489頁〔徳島市公安条例事件〕････････････････････89, 176
最大判昭和50・11・28 民集29巻10号1698頁〔国労広島地本事件〕･････････････････351, 365
最大判昭和51・4・14 民集30巻3号223頁〔衆議院議員定数訴訟〕･･･････････････････････260
最大判昭和51・5・21 刑集30巻5号615頁〔旭川学テ事件〕･････････････････････････････218
最大判昭和52・7・13 民集31巻4号533頁〔津地鎮祭事件〕･････････････････････････････127
最決昭和53・5・31 刑集32巻3号457頁〔外務省秘密漏洩事件〕････････････････････････55
最大判昭和53・10・4 民集32巻7号1223頁〔マクリーン事件〕･･･････････････････････････325
最判昭和55・11・28 刑集34巻6号433頁〔四畳半襖の下張り事件〕･･････････････････････45
最判昭和56・3・24 民集35巻2号300頁〔日産男女別定年制事件〕･･････････････････････368
最判昭和56・4・14 民集35巻3号620頁〔前科照会事件〕･･･････････････････････････････276
最判昭和56・4・16 刑集35巻3号84頁〔月刊ペン事件〕･････････････････････････････････60
最判昭和56・6・15 刑集35巻4号205頁〔戸別訪問禁止規定合憲判決〕･･･････････････････40
最大判昭和57・7・7 民集36巻7号1235頁〔堀木訴訟〕･･････････････････････････208, 301
最判昭和58・3・8 刑集37巻2号15頁〔ビニ本事件〕････････････････････････････････45
最大判昭和58・4・27 民集37巻3号345頁〔参議院議員定数訴訟〕･･･････････････････････262
最大判昭和58・6・22 民集37巻5号793頁〔よど号ハイジャック記事抹消事件〕･･････317, 340
最大判昭和58・11・7 民集37巻9号1243頁〔衆議院議員定数訴訟〕･･････････････････････261
最大判昭和59・12・12 民集38巻12号1308頁〔札幌税関検査事件〕････････････････････48, 177
最判昭和59・12・18 刑集38巻12号3026頁〔吉祥寺駅構内ビラ貼り事件〕･･･････････････････31
最大判昭和60・3・27 民集39巻2号247頁〔大島サラリーマン税金訴訟〕･････････････････302
最大判昭和60・7・17 民集39巻5号1100頁〔衆議院議員定数訴訟〕･･････････････････････261
最大判昭和60・10・23 刑集39巻6号413頁〔福岡県青少年保護育成条例事件〕･･････････････177
最判昭和60・11・21 民集39巻7号1512頁〔在宅投票制事件〕･･･････････････････････････246
最判昭和61・2・14 刑集40巻1号48頁〔自動速度監視装置事件〕･･･････････････････････281
最大判昭和61・6・11 民集40巻4号872頁〔北方ジャーナル事件〕･･････････････････63, 358
最判昭和62・3・3 刑集41巻2号15頁〔大分県屋外広告物条例事件〕･･････････････････31
最大判昭和62・4・22 民集41巻3号408頁〔森林法事件〕･･･････････････････････････154, 358
最判昭和62・4・24 民集41巻3号490頁〔サンケイ新聞反論権訴訟〕･････････････････････345
最大判昭和63・6・1 民集42巻5号277頁〔自衛官合祀訴訟〕････････････････････････････127
最判昭和63・7・15 判時1287号65頁〔麹町中学内申書事件〕････････････････････････････113
最判昭和63・10・21 判時1321号123頁〔参議院議員定数訴訟〕･･････････････････････････262

判例索引

最決平成元・1・30 刑集 43 巻 1 号 19 頁〔日本テレビ事件〕……………………………………………55
最判平成元・2・7 判時 1312 号 69 頁〔総評サラリーマン税金訴訟〕……………………………211
最判平成元・3・2 判時 1363 号 68 頁〔塩見訴訟〕………………………………………………………332
最判平成元・3・7 判時 1308 号 111 頁〔公衆浴場事件新判例〕……………………………………143
最大判平成元・3・8 民集 43 巻 2 号 89 頁〔法廷メモ採取事件〕……………………………………55
最判平成元・6・20 民集 43 巻 6 号 385 頁〔百里基地事件〕……………………………………………369
最判平成元・9・19 刑集 43 巻 8 号 785 頁〔岐阜県青少年保護育成条例事件〕………………315
最判平成元・11・20 民集 43 巻 10 号 1160 頁〔天皇と民事裁判権〕………………………………314
最判平成元・12・21 民集 43 巻 12 号 2252 頁〔長崎教師批判ビラ事件〕…………………………62
最判平成 2・1・18 民集 44 巻 1 号 1 頁〔伝習館高校事件〕…………………………………………219
最判平成 2・4・17 民集 44 巻 3 号 547 頁〔政見放送削除事件〕…………………………………… 73
最決平成 2・7・9 刑集 44 巻 5 号 421 頁〔TBS 事件〕……………………………………………………55
最判平成 2・9・28 刑集 44 巻 6 号 463 頁 ………………………………………………………………… 71
最判平成 3・2・22 判時 1393 号 145 頁〔ポストノーティス事件〕………………………………347
最大判平成 4・7・1 民集 46 巻 5 号 437 頁〔成田新法事件〕……………………………………89, 177
最判平成 4・12・15 民集 46 巻 9 号 2829 頁〔酒類販売免許制事件〕……………………………143
最判平成 5・2・16 民集 47 巻 3 号 1687 頁〔箕面忠魂碑・慰霊祭訴訟〕…………………………127
最判平成 5・3・16 民集 47 巻 5 号 3483 頁〔第 1 次家永訴訟〕……………………………………219
最判平成 7・2・28 民集 49 巻 2 号 639 頁〔外国人地方選挙権訴訟〕……………………………329
最判平成 7・3・7 民集 49 巻 3 号 687 頁〔泉佐野市民会館事件〕………………………90, 317, 341
最大決平成 7・7・5 民集 49 巻 7 号 1789 頁〔非嫡出子相続分格差訴訟〕……………302, 358
最判平成 7・12・5 判時 1563 号 81 頁〔女性の再婚禁止期間〕……………………………………309
最判平成 7・12・15 刑集 49 巻 10 号 842 頁〔指紋押なつ事件〕……………………………………277
最決平成 8・1・30 民集 50 巻 1 号 199 頁〔オウム真理教解散命令事件〕………………99, 119
最判平成 8・3・8 民集 50 巻 3 号 469 頁〔剣道受講拒否事件〕……………………………………116
最判平成 8・3・15 民集 50 巻 3 号 549 頁〔上尾市福祉会館事件〕…………………………………91
最判平成 8・3・19 民集 50 巻 3 号 615 頁〔南九州税理士会事件〕…………………………352, 365
最大判平成 9・4・2 民集 51 巻 4 号 1673 頁〔愛媛玉串料訴訟〕…………………………………131
最判平成 9・9・9 民集 51 巻 8 号 3804 頁〔夕刊フジ事件〕……………………………………………62
最大決平成 10・12・1 民集 52 巻 9 号 1761 頁〔寺西事件〕……………………………………………39
最判平成 11・2・26 判時 1682 号 12 頁…………………………………………………………………340
最大判平成 11・3・24 民集 53 巻 3 号 514 頁〔安藤事件〕……………………………………………193
最大判平成 11・11・10 民集 53 巻 8 号 1441 頁〔衆議院議員定数訴訟〕…………………………262
最判平成 12・2・29 民集 54 巻 2 号 582 頁〔エホバの証人輸血拒否事件〕……………286, 365
最大判平成 14・2・13 民集 56 巻 2 号 331 頁〔証券取引法事件〕…………………………………156
最判平成 14・4・25 判時 1785 号 31 頁〔群馬司法書士会事件〕……………………………353, 365
最大判平成 14・9・11 民集 56 巻 7 号 1439 頁〔郵便法違憲判決〕………………………………243
最判平成 14・9・24 判時 1802 号 60 頁〔「石に泳ぐ魚」事件〕………………………………66, 365
最判平成 14・11・22 判時 1808 号 55 頁…………………………………………………………………304
最判平成 15・9・12 判時 1837 号 3 頁〔早稲田大学講演会事件〕…………………………278, 365
最大判平成 16・1・14 民集 58 巻 1 号 56 頁〔参議院議員定数訴訟〕……………………………262
最大判平成 17・1・26 民集 59 巻 1 号 128 頁〔外国人管理職訴訟〕……………………………329
最大判平成 17・9・14 民集 59 巻 7 号 2087 頁〔在外国民選挙権訴訟〕…………………247, 259
最判平成 18・3・23 判時 1929 号 37 頁……………………………………………………………………340
最判平成 18・6・23 判時 1940 号 122 頁〔小泉総理大臣靖国参拝訴訟〕…………………………133
最決平成 18・10・3 民集 60 巻 8 号 2647 頁〔NHK 記者証言拒否事件〕……………………………56

判 例 索 引

最大判平成 18・10・4 民集 60 巻 8 号 2696 頁〔参議院議員定数訴訟〕 …………………………263
最判平成 19・2・27 民集 61 巻 1 号 291 頁〔君が代伴奏拒否訴訟〕 ………………………………119
最判平成 19・9・18 刑集 61 巻 6 号 601 頁〔広島市暴走族追放条例事件〕 ………………………92
最判平成 19・9・28 民集 61 巻 6 号 2345 頁〔学生無年金障害者訴訟〕 …………………………209
最判平成 20・2・19 民集 62 巻 2 号 445 頁〔メイプルソープ事件〕 ………………………………52
最判平成 20・3・6 民集 62 巻 3 号 665 頁〔住基ネット訴訟〕 ……………………………………279
最判平成 20・4・11 刑集 62 巻 5 号 1217 頁〔立川ビラ配布事件〕 …………………………………41
最決平成 20・4・15 刑集 62 巻 5 号 1398 頁 …………………………………………………………282
最大判平成 20・6・4 民集 62 巻 6 号 1367 頁〔国籍法違憲訴訟〕 …………………………………303
最大判平成 21・9・30 判時 2053 号 18 頁〔参議院議員定数訴訟〕 ………………………………263
最大判平成 22・1・20 判タ 1318 号 57 頁〔空知太神社訴訟〕 ……………………………………135

〈高等裁判所〉

東京高判平成 9・11・26 判時 1639 号 30 頁〔外国人管理職訴訟〕 ………………………………331
東京高決平成 16・3・31 判タ 1157 号 138 頁〔週刊文春記事差止事件〕 …………………………67
福岡地判平成 16・4・7 判時 1859 号 76 頁〔小泉総理大臣靖国参拝訴訟〕 ……………………134
東京高判平成 17・1・19 判タ 1183 号 345 頁〔N システム訴訟〕 …………………………………282
東京高判平成 17・3・25 判時 1899 号 46 頁〔学生無年金障害者訴訟〕 …………………………211
大阪高判平成 17・9・30 訟月 52 巻 9 号 2801 頁〔小泉総理大臣靖国参拝訴訟〕 ………………134
大阪高判平成 18・11・30 判時 1962 号 11 頁〔住基ネット訴訟〕 …………………………………279
東京高判平成 21・1・29 判タ 1295 号 193 頁〔N システム訴訟〕 …………………………………282

〈地方裁判所・簡易裁判所〉

東京地判昭和 39・9・28 下民集 15 巻 9 号 2317 頁〔「宴のあと」事件〕 ……………………275, 365
奈良地判昭和 43・7・17 行集 19 巻 7 号 1221 頁〔奈良県文化観光税条例事件〕 ………………119
神戸地判昭和 47・9・20 行集 23 巻 8・9 号 711 頁〔堀木訴訟〕 ………………………………301
神戸簡判昭和 50・2・20 判時 768 号 3 頁〔牧会事件〕 ……………………………………………115
京都地判昭和 59・3・30 行集 35 巻 3 号 353 頁〔京都市古都保存協力税条例事件〕 …………119
東京地判昭和 61・3・20 行集 37 巻 3 号 347 頁〔日曜参観事件〕 ………………………………115
大阪地判平成 6・4・27 判時 1515 号 116 頁〔釜が崎監視カメラ事件〕 …………………………281
横浜地判平成 7・3・28 判時 1530 号 28 頁〔東海大学安楽死事件〕 ……………………………286
東京地判平成 13・2・6 判時 1748 号 144 頁〔N システム訴訟〕 …………………………………282
熊本地判平成 13・5・11 判時 1748 号 30 頁〔ハンセン病事件〕 ……………………………167, 247
東京地判平成 13・6・13 判時 1755 号 3 頁〔宗教法人アレフ観察処分事件〕 ……………………99
東京地判平成 16・3・24 判時 1852 号 3 頁〔学生無年金障害者訴訟〕 …………………………210

〈著者紹介〉

赤坂 正浩（あかさか・まさひろ）
1956年 東京都に生まれる
1979年 東北大学法学部卒業
1984年 東北大学大学院法学研究科博士後期課程満期退学
　　　 日本大学，神戸大学勤務を経て
現　在 立教大学法学部教授

〈主要著作〉
『世紀転換期の憲法論』（信山社，2015年）
『立憲国家と憲法変遷』（信山社，2008年）
『憲法１人権』（共著，有斐閣，初版・2000年，第６版・2016年）
『憲法２統治』（共著，有斐閣，初版・2000年，第６版・2016年）
『基本的人権の事件簿』（共著，有斐閣，初版・1997年，第５版・2015年）
『Law Practice 憲法』（共著，商事法務，初版・2009年，第２版・2014年）
『ケースブック憲法』（共著，弘文堂，初版・2004年，第４版・2013年）
『プロセス演習憲法』（共著，信山社，初版・2004年，第４版・2011年）
『シュテルン・ドイツ憲法Ｉ』（共訳，信山社，2009年）

法律学講座

❖ ❖ ❖

憲法講義（人権）

2011（平成23）年４月15日　第１版第１刷発行
2016（平成28）年４月15日　第１版第２刷発行

著　者　赤　坂　正　浩
発行者　今井 貴・今井 守
発行所　株式会社 信 山 社
〒113-0033　東京都文京区本郷6-2-9-102
Tel 03-3818-1019　Fax 03-3818-0344
info@shinzansha.co.jp
笠間才木支店　〒309-1611 茨城県笠間市笠間林515-3
Tel 0296-71-9081　Fax 0296-71-9082
笠間来栖支店　〒309-1625 茨城県笠間市来栖2345-1
Tel 0296-71-0215　Fax 0296-72-5410
出版契約 2011-8031-9-01010　Printed in Japan

ⓒ赤坂正浩,2011, 印刷・製本／亜細亜印刷・渋谷文泉閣
ISBN978-4-7972-8031-9 C3332　分類323.342-c003 憲法
8031-9：P408　¥3800E 012-060-020

JCOPY 〈(社)出版者著作権管理機構 委託出版見物〉
本書の無断複写は著作権法上での例外を除き禁じられています。複写される場合は，
そのつど事前に，(社)出版者著作権管理機構（電話 03-3513-6969, FAX03-3513-6979,
e-mail:info@jcopy.or.jp）の許諾を得てください。

◆赤坂 正浩 著

2015年11月最新刊

世紀転換期の憲法論
立憲国家と憲法変遷

◆クラウス・シュテルン 著◆
ドイツ憲法 I
総論・統治編

赤坂正浩・片山智彦・川又伸彦・小山剛・高田篤 編訳
鵜澤剛・大石和彦・神橋一彦・駒林良則・須賀博志・
玉蟲由樹・丸山敦裕・豆理興 訳   A5変 592頁

◆クラウス・シュテルン 著◆
ドイツ憲法 II
基本権編

井上典之・鈴木秀美・宮地基・棟居快行 編訳
伊藤嘉規・浮田徹・岡田俊幸・小山剛・杉原周治・
西土彰一郎・春名麻季・門田孝・山崎栄一・渡邉みのぶ 訳
A5変 504頁

ドイツ憲法判例研究会 編

◆ 講座 憲法の規範力 ◆

第1巻　規範力の観念と条件
　　　　編集代表 古野豊秋・三宅雄彦
第2巻　憲法の規範力と憲法裁判
　　　　編集代表 戸波江二・畑尻剛
第4巻　憲法の規範力とメディア法
　　　　編集代表 鈴木秀美　全5巻(第3巻、第5巻続刊)

プロセス演習憲法(第4版)

棟居快行・小山剛・工藤達朗 編集代表　赤坂正浩他

下級審からの争点形成と規範のあてはめの流れを再現し、基本的解説を加える。さらに、異なる事件を想定することで判例の射程の理解を助ける。徹底したプロセス志向の憲法演習教材。法科大学院生、学部学生必携の一冊。

―― 信山社 ――